O Projeto Unicórnio

Obras de Gene Kim

Ficção

O Projeto Fênix: Um Romance sobre TI, DevOps e sobre Ajudar o Seu Negócio a Vencer (2013, publicação original; 2017 no Brasil), em coautoria com Kevin Behr e George Spafford

O Projeto Unicórnio: Um romance sobre Desenvolvedores, Disrupção Digital e Sucesso na Era dos Dados

Não Ficção

Accelerate: The Science of Lean Software and DevOps: Building and Scaling High Performing Technology Organizations (2018), em coautoria com Nicole Forsgren, PhD e Jez Humble

Beyond The Fênix Project: The Origin and Evolution of DevOps (Audio) (2018), em coautoria com John Willis

Manual de DevOps: Como Obter Agilidade, Confiabilidade e Segurança em Organizações Tecnológicas (2018), em coautoria com Jez Humble, Patrick Debois e John Willis

Visible Ops Security: Achieving Common Security and IT Operations Objectives in 4 Practical Steps (2008), em coautoria com Paul Love e George Spafford

The Visible Ops Handbook: Implementing ITIL in 4 Practical and Auditable Steps (2005), em coautoria com Kevin Behr e George Spafford

O Projeto Unicórnio

Um Romance sobre Desenvolvedores, Disrupção Digital e Sucesso na Era dos Dados

Gene Kim

ALTA BOOKS
GRUPO EDITORIAL

Rio de Janeiro, 2021

O Projeto Unicórnio

Copyright © 2021 da Starlin Alta Editora e Consultoria Eireli.
ISBN: 978-65-5520-344-8

Translated from original The Unicorn Project. Copyright © 2019 by Gene Kim. ISBN 978-1942788768. This translation is published and sold by permission of IT Revolution Press, the owner of all rights to publish and sell the same. PORTUGUESE language edition published by Starlin Alta Editora e Consultoria Eireli, Copyright © 2021 by Starlin Alta Editora e Consultoria Eireli.

Todos os direitos estão reservados e protegidos por Lei. Nenhuma parte deste livro, sem autorização prévia por escrito da editora, poderá ser reproduzida ou transmitida. A violação dos Direitos Autorais é crime estabelecido na Lei nº 9.610/98 e com punição de acordo com o artigo 184 do Código Penal.

A editora não se responsabiliza pelo conteúdo da obra, formulada exclusivamente pelo(s) autor(es).

Marcas Registradas: Todos os termos mencionados e reconhecidos como Marca Registrada e/ou Comercial são de responsabilidade de seus proprietários. A editora informa não estar associada a nenhum produto e/ou fornecedor apresentado no livro.

Impresso no Brasil — 1ª Edição, 2021 — Edição revisada conforme o Acordo Ortográfico da Língua Portuguesa de 2009.

Erratas e arquivos de apoio: No site da editora relatamos, com a devida correção, qualquer erro encontrado em nossos livros, bem como disponibilizamos arquivos de apoio se aplicáveis à obra em questão.
Acesse o site **www.altabooks.com.br** e procure pelo título do livro desejado para ter acesso às erratas, aos arquivos de apoio e/ou a outros conteúdos aplicáveis à obra.

Suporte Técnico: A obra é comercializada na forma em que está, sem direito a suporte técnico ou orientação pessoal/exclusiva ao leitor.

A editora não se responsabiliza pela manutenção, atualização e idioma dos sites referidos pelos autores nesta obra.

Produção Editorial
Editora Alta Books

Gerência Comercial
Daniele Fonseca

Editor de Aquisição
José Rugeri
acquisition@altabooks.com.br

Produtores Editoriais
Illysabelle Trajano
Maria de Lourdes Borges
Thales Silva

Marketing Editorial
Livia Carvalho
Gabriela Carvalho
Thiago Brito
marketing@altabooks.com.br

Equipe de Design
Larissa Lima
Marcelli Ferreira
Paulo Gomes

Diretor Editorial
Anderson Vieira

Coordenação Financeira
Solange Souza

Produtor da Obra
Thiê Alves

Equipe Ass. Editorial
Brenda Rodrigues
Caroline David
Luana Rodrigues
Mariana Portugal
Raquel Porto

Equipe Comercial
Adriana Baricelli
Daiana Costa
Fillipe Amorim
Kaique Luiz
Victor Hugo Morais
Viviane Paiva

Atuaram na edição desta obra:

Tradução
Carolina Palha

Copidesque
Rafael Fontes

Revisão Gramatical
Isis Rezende
Kamila Wozniak

Diagramação
Joyce Matos

Dados Internacionais de Catalogação na Publicação (CIP) de acordo com ISBD

K49p	Kim, Gene
	O Projeto Unicórnio: um romance sobre Desenvolvedores, Disrupção Digital e Sucesso na Era dos Dados / Gene Kim ; traduzido por Carolina Palha. - Rio de Janeiro, RJ : Alta Books, 2021.
	352 p. : il. ; 15,7cm x 23cm.
	Inclui bibliografia.
	ISBN: 978-65-5520-344-8
	1. Literatura americana. 2. Romance. 3. Desenvolvedores. 4. Disrupção Digital. 5. Era dos Dados. I. Palha, Carolina. II. Título.
	CDD 813.5
2021-2924	CDU 821.111(73)-31

Elaborado por Vagner Rodolfo da Silva - CRB-8/9410

Ouvidoria: ouvidoria@altabooks.com.br

Editora afiliada à:

Rua Viúva Cláudio, 291 — Bairro Industrial do Jacaré
CEP: 20.970-031 — Rio de Janeiro (RJ)
Tels.: (21) 3278-8069 / 3278-8419
www.altabooks.com.br — altabooks@altabooks.com.br

DEDICATÓRIA

Ao meu pai, Byung Kim (1937–2019), que queria do fundo do coração que eu concluísse este livro.

Aos amores da minha vida: minha esposa, Margueritte, e nossos três filhos, Reid, Parker e Grant, que também queriam muito, muito que eu concluísse este livro.

Para as conquistas do cenário da DevOps Enterprise, que inspira este livro e é celebrado nele.

NOTA AO LEITOR

O Projeto Unicórnio é um romance ambientado "nos dias atuais", similar a *O Projeto Fênix* (que também acontece "nos dias atuais"). Os eventos de ambos os livros ocorrem simultaneamente, embora certos elementos situacionais de *O Projeto Unicórnio* tenham sido alterados para dar conta das mudanças pelas quais nosso setor passou.

Embora ambos os livros abordem a Parts Unlimited, *O Projeto Unicórnio* foi escrito como um livro autônomo — não há absolutamente nenhuma necessidade de ler ou de reler *O Projeto Fênix* primeiro! (Talvez você reconheça alguns personagens de *O Projeto Fênix* — mas, novamente, não se preocupe se isso não acontecer!)

Como há seis anos de diferença entre os dois livros, o leitor precisa comprar algumas distorções da presente realidade — por exemplo, a ciência de todos sobre o Apocalipse do Varejo e o uso da carona compartilhada (Uber, Lyft) são muito maiores agora do que quando *O Projeto Fênix* foi escrito.

Para aqueles que precisam de referências mais concretas, os personagens que apareceram em *O Projeto Fênix* são assim indicados no elenco de personagens, e há uma linha do tempo aproximada dos dois livros na nota final (cuidado, há alguns spoilers!).

COLABORADORES DA PARTS UNLIMITED

REDSHIRTS
Maxine Chambers, arquiteta e líder de Dev
Kurt Reznick, gerente de Controle de Qualidade
"Dave Nervosinho" Brinkley, líder de Dev
Shannon Corman, engenheira de Segurança
Adam Flynn, engenheiro de Controle de Qualidade
Dwayne Cox, líder de engenharia de Infraestrutura
Purna Sathyaraj, gerente de Liberações e de Controle de Qualidade
➤ Brent Geller, engenheiro-chefe

EQUIPE EXECUTIVA
Randy Keyes, gerente de Dev
Rick Willis, gerente de Controle de Qualidade
➤ William Mason, diretor de Controle de Qualidade
➤ Wes Davis, diretor de Ops de Tecnologia Distribuída
➤ Patty McKee, diretor de Suporte a Serviços de TI

EQUIPE GERAL
➤ Steve Masters, CEO e ICO interino
➤ Dick Landry, CFO
➤ Sarah Moulton, SVP de Ops de Varejo
➤ Chris Allers, VP de Dev de Aplicações
➤ Kirsten Fingle, diretora de Gestão de Projetos
➤ Maggie Lee, diretora sênior de Gestão do Programa de Varejo
➤ Bill Palmer, VP de Ops de TI
➤ John Pesche, diretor de Segurança da Informação (ICSO)

DIRETORIA
Alan Perez, novo diretor do conselho e parceiro operacional da Wayne-Yokohama Equity Partners
➤ Bob Strauss, diretor-chefe, ex-presidente e ex-CEO
➤ Erik Reid, candidato à Diretoria

➤ Personagens que apareceram em *O Projeto Fênix*.

SUMÁRIO

1 • **PRÓLOGO:** *Terça-feira, 2 de setembro*

PARTE 1

7 • **CAPÍTULO 1:** *Quarta-feira, 3 de setembro*

23 • **CAPÍTULO 2:** *Sexta-feira, 5 de setembro*

37 • **CAPÍTULO 3:** *Segunda-feira, 8 de setembro*

59 • **CAPÍTULO 4:** *Quinta-feira, 11 de setembro*

71 • **CAPÍTULO 5:** *Quinta-feira, 11 de setembro*

85 • **CAPÍTULO 6:** *Sexta-feira, 12 de setembro*

103 • **CAPÍTULO 7:** *Quinta-feira, 18 de setembro*

PARTE 2

115 • **CAPÍTULO 8:** *Terça-feira, 23 de setembro*

141 • **CAPÍTULO 9:** *Segunda-feira, 29 de setembro*

153 • **CAPÍTULO 10:** *Segunda-feira, 29 de setembro*

165 • **CAPÍTULO 11:** *Quarta-feira, 1º de outubro*

179 • **CAPÍTULO 12:** *Segunda-feira, 13 de outubro*

197 • **CAPÍTULO 13:** *Quinta-feira, 6 de novembro*

PARTE 3

221 • **CAPÍTULO 14**: *Segunda-feira, 10 de novembro*

239 • **CAPÍTULO 15:** *Terça-feira, 25 de novembro*

259 • **CAPÍTULO 16:** *Sexta-feira, 5 de dezembro*

269 • **CAPÍTULO 17:** *Sexta-feira, 12 de dezembro*

289 • **CAPÍTULO 18:** *Quinta-feira, 18 de dezembro*

303 • **CAPÍTULO 19:** *Terça-feira, 13 de janeiro*

De:	Chris Allers (VP de Dev da Parts Unlimited)
Para:	Todos os colaboradores de TI
Cc:	Bill Palmer (VP de Ops de TI), Steve Masters (CEO), Dick Landry (CFO da Parts Unlimited)
Data:	0h30, 3 de setembro
Assunto:	Ações corretivas para o problema com a folha de pagamento

A todos,

Devido à natureza ostensiva do problema com a folha de pagamento, conduzimos uma análise completa da causa raiz. Descobrimos que houve erro humano e falha tecnológica. Tomamos medidas resolutas para garantir que isso não aconteça novamente. A pessoa responsável foi realocada para uma função que não afeta os resultados da produção.

Para quaisquer dúvidas, enviem-me um e-mail.

— Chris

Elkhart Grove Herald Times
Falha Crítica na Folha de Pagamento da Parts Unlimited
O Sindicato Regional Alega "Má-fé"

O fornecedor de peças automotivas Parts Unlimited emitiu cheques de pagamento errôneos para alguns de seus colaboradores de fábrica que trabalham por hora, e outros não receberam nenhuma compensação pelo trabalho, de acordo com um memorando interno da empresa. A Parts Unlimited nega que o problema se relacione a fluxo de caixa, atribuindo-o a uma falha no sistema de pagamento.

A outrora prodigiosa empresa de US$4 bilhões foi abalada por um decréscimo nas receitas e por perdas vultosas nos últimos trimestres. Esses problemas financeiros, que alguns atribuem ao fracasso da alta gestão, levaram a um medo cada vez maior do desemprego entre os trabalhadores que lutam para sustentar suas famílias.

De acordo com o memorando, qualquer que seja a causa da falha na folha de pagamento, os colaboradores podem ter que esperar dias ou até mesmo semanas para serem indenizados.

"Esse é só o mais recente de uma longa série de erros de gestão que a empresa cometeu nos últimos anos", diz Kelly Lawrence, analista-chefe de setor da Nestor Meyers.

O CFO da Parts Unlimited, Dick Landry, não retornou o contato do *Herald Times* solicitando seu posicionamento sobre a questão da folha de pagamento, os erros contábeis e a competência gerencial.

Em uma declaração emitida em nome da Parts Unlimited, Landry lamentou o "deslize" e prometeu que o erro não se repetiria. O *Herald Times* acompanhará o desenrolar do caso.

PARTE UM
3 de setembro – 18 de setembro

CAPÍTULO 1

• *Quarta-feira, 3 de setembro*

"O que você está fazendo?", deixa escapar Maxine, olhando incrédula para Chris, VP de P&D da Parts Unlimited.

Atrás da sua mesa, Chris lhe dá um sorriso frouxo. *Até ele percebe o quanto essa ideia é absurda*, pensa Maxine.

"Maxine, sinto muito por isso, de verdade. Sei que é uma maneira terrível de voltar das férias, mas esse problema com a folha de pagamento criou um pardieiro. O CEO e o CFO queriam fazer cabeças rolar. Sofremos dias pensando nisso, mas acho que encontramos uma solução muito boa... afinal, ninguém será demitido."

Maxine joga a cópia impressa do seu e-mail na mesa. "Você diz que o problema foi causado por 'erro humano e falha tecnológica'. Agora quer dizer que eu sou o 'erro humano'? Depois de tudo o que fizemos juntos para resolver aquela constatação de conformidade, você está colocando toda a culpa em mim? Que merda é essa?" Ela o encara furiosamente.

"Eu sei, eu sei... Não está certo", diz Chris, contorcendo-se sob o olhar intenso de Maxine. "Todos valorizam suas habilidades e talentos incríveis e suas contribuições fantásticas para a empresa nos últimos oito anos — ninguém realmente acredita que foi sua culpa. Mas fomos notícia de primeira página! Dick teve que dar um orçamento para evitar que os sindicatos entrassem com uma reclamação! Foi a melhor solução para essa catástrofe."

"Então você culpa a pessoa que estava de férias para nem dar margem de defesa?!", diz Maxine com desgosto. "Isso é louvável, Chris. De qual livro de liderança você tirou isso?"

"Qual é, Max, você sabe que sou seu maior apoiador e defensor. Na verdade, considere isso um grande elogio — você tem uma das reputações mais estelares dentre as pessoas de TI", diz Chris.

Culpar alguém por um problema na folha de pagamento é uma forma estranha de valorizar alguém, pensa ela.

Ele continua: "*Todos* sabem que não foi de fato culpa sua. Encare isso como umas férias — você pode trabalhar no que quiser e sem ter nenhuma responsabilidade real, se não quiser."

Maxine está prestes a responder quando pensa no que acabou de ouvir. "Espere, como assim *férias*, Chris?"

"Ah...", gagueja Chris, curvando-se sob seu olhar. Maxine o observa. Como mulher no que ainda é uma área predominantemente masculina, ela sabe que sua franqueza aumenta o desconforto de Chris, mas ela sempre se defenderia.

"... Prometi a Steve e a Dick que colocaria você em um cargo que não afete a produção", diz Chris, contorcendo-se. "Então, ah, com efeito imediato, você está mudando dos sistemas ERP da fábrica para ajudar com a documentação do Projeto Fênix..."

"Você está me enviando para..." Maxine não consegue respirar. Ela não consegue acreditar no que está ouvindo.

"Olha, Max, tudo o que você precisa fazer é ficar tranquila por quatro meses. Então, pode voltar e escolher qualquer projeto em que queira trabalhar, ok?", diz Chris. Com um sorriso frouxo, acrescenta: "Veja, tipo férias, certo?"

"Ah, meu Deus...", diz ela, recuperando a voz. "Você está me enviando para o Projeto Fênix?!", quase grita ela. Maxine imediatamente se culpa pelo breve momento de fraqueza. Ela respira fundo, ajusta o blazer e se recompõe.

"Isso é uma grande besteira, Chris, e você sabe disso!", diz ela bem na cara dele, apontando o dedo para ele.

A mente de Maxine dispara, pensando no que ela sabe sobre o Projeto Fênix. Nada de bom. Por anos, tem sido o projeto da marcha da morte da empresa, que enredou centenas de desenvolvedores, alcançando níveis sem precedentes de notoriedade. Maxine tem certeza de que o motivo pelo qual nada tem dado certo é simplesmente porque eles não estão fazendo nada certo.

Apesar das falhas óbvias do Projeto Fênix, ele continua. Com o aumento do e-commerce e o declínio das lojas físicas, todos sabem que algo precisa ser feito para garantir que a Parts Unlimited continue relevante na era cada vez mais digital.

A Parts Unlimited ainda é uma das maiores empresas do setor, com quase mil lojas em todo o país. Mas há momentos em que Maxine se pergunta como a empresa se sairá depois do centésimo aniversário, recém-feito.

O Projeto Fênix se pretende ser a solução, a esperança brilhante que conduzirá a empresa ao futuro. Já está há 3 anos atrasado, e US$20 milhões desapareceram, sem nada para mostrar a não ser o sofrimento dos desenvolvedores. Cheira a fracasso iminente, com implicações graves para a empresa.

"Você vai exilar um dos seus melhores profissionais no Projeto Fênix porque precisa de um bode expiatório para o problema com a folha de pagamento?", diz Maxine, sua frustração fervendo. "Isso não é um elogio — essa é a melhor maneira de dizer: 'Dane-se, Maxine!' Nossa, provavelmente não há nada no Fênix que valha a pena documentar! A menos que seja para documentar incompetência! Seria como rotular todas as espreguiçadeiras do *Titanic*. Eu já disse que isso é uma grande besteira, Chris?"

"Sinto muito, Maxine", diz Chris, levantando as mãos. "Foi o melhor que pude fazer por você. Como eu disse, ninguém está a culpando de fato. Basta cumprir o seu tempo lá e tudo voltará ao normal em breve."

Maxine se senta, fecha os olhos, respira fundo e coloca as mãos na frente do corpo, tentando pensar.

"Que seja", diz ela. "Você precisa de um bode expiatório. Entendo. Posso assumir a culpa por todo esse fiasco. Está tudo bem... é assim que os negócios se fazem às vezes, certo? Sem ressentimentos. Só que... me colocasse para trabalhar no refeitório ou na gestão de fornecedores. Eu não me importaria. *Qualquer lugar* menos o Projeto Fênix." Ao ouvir a si mesma, Maxine percebe que em menos de dois minutos passou da negação à raiva, e que agora atingiu o ápice da barganha.

Ela tem certeza de que deixou passar alguma etapa do ciclo do luto de Kübler-Ross, mas, no momento, é impossível se lembrar de qual.

"Chris", continua ela. "Não tenho nada contra a documentação. Todo mundo merece uma boa documentação. Mas há muitos lugares que precisam *muito* mais dela do que o Fênix. Deixe-me causar um impacto maior em outro lugar. Dê-me apenas uma ou duas horas para ter algumas ideias."

"Olha, Maxine, eu a contratei há 8 anos por causa de suas habilidades e experiência incríveis. Todos sabem que você faz as equipes fazerem o impossível com os softwares", diz Chris. "É por isso que lutei por você e por isso que você liderou as equipes de software responsáveis por todas as nossas cadeias de suprimentos e de processos internos de manufatura, para todas as 23 fábricas. Eu sei o quão boa você é... Mas, Maxine, fiz tudo o que podia. Infelizmente, a decisão já foi tomada. Tire esse tempo para você, fique na sua e volte quando tudo acabar", diz ele, parecendo tão arrependido que Maxine acredita nele.

"Há executivos sendo atacados a torto e a direito, e não só por causa desse fiasco", continua Chris. "O conselho de diretores acabou de destituir Steve Masters da presidência, agora ele é apenas CEO. E tanto o ICO *quanto* o VP de Ops de TI foram demitidos ontem, sem explicações, então Steve agora também é ICO interino. Absolutamente *todos* estão preocupados com a possibilidade de que ainda haja mais demissões..."

Chris olha para se certificar de que a porta está fechada e, em voz baixa, diz: "E há rumores de que *mudanças ainda mais drásticas e mais abrangentes estão a caminho...*"

Chris faz uma pausa, como se tivesse falado demais. Então continua: "Olha, quando você estiver pronta, vá ver o Randy, o gerente de Dev do Fênix — ele é um cara legal. Como eu disse, pense nisso como férias de quatro meses. Sério, faça o que achar que será útil. Cara, você nem precisa fazer nada. Fique na sua. Não arrume confusão. E, faça o que fizer, só fique fora das vistas de Steve e Dick. Parece tão ruim?" Maxine aperta os olhos para Chris quando ele menciona Steve Masters e Dick Landry, o CEO e o CFO da Parts Unlimited. Ela os vê a cada dois meses, nos Conselhos da empresa. Como passou de duas semanas de férias, vendo as paisagens maravilhosas de Kuala Lumpur, para ver Chris despejando toda essa merda em cima dela?

"Maxine, estou falando sério. Fique na sua, não arrume confusão, evite problemas e tudo ficará bem, certo? Só agradeça à sua estrela da sorte por não ter sido demitida por causa da folha de pagamento, como as outras duas pessoas foram no ano passado", implora Chris.

"Sim, sim. Não arrumar confusão", diz ela, levantando-se. "Vejo você em quatro meses. E *de nada* por ajudá-lo a manter seu emprego. Muito elegante, Chris."

Chris está ficando mais fraco a cada ano, pensa ela, saindo furiosa da sala. Ela pensa em bater a porta, mas em vez disso a fecha... decididamente. Ela o ouve dizer: "Por favor, não arrume confusão, Maxine!"

Quando sai do campo de visão dele, ela se encosta na parede. Lágrimas caem. De repente, ela se lembra da etapa que faltava no ciclo Kübler-Ross, após a barganha: a depressão.

Maxine lentamente volta para sua mesa. *Sua velha mesa. Na qual ela trabalhava.*

Maxine não consegue acreditar que isso está acontecendo com ela. Tentando conter toda a conversa interna negativa voando em sua cabeça, ela se lembra de suas qualificações. Ela sabe que, nos últimos 25 anos, seu trabalho tem sido adaptar a tecnologia para cumprir suas ordens — com eficiência, eficácia, precisão, criatividade, talento e, o mais importante, competência.

Ela sabe que tem uma experiência incomparável na construção de sistemas que funcionam em ambientes adversos e até hostis. Ela possui uma fantástica intuição sobre quais tecnologias são mais adequadas para cumprir a missão em questão. Ela é responsável, meticulosa e cuidadosa com seu trabalho, e insiste que todos ao redor tenham o mesmo nível de excelência e de diligência. *Afinal, caramba, eu era uma das consultoras mais procuradas do topo das empresas da Fortune 50,* lembra Maxine a si mesma.

Maxine para no meio do caminho. Mesmo sendo uma defensora dos detalhes e de fazer as coisas da maneira certa, ela aprendeu que os erros e a entropia são um fato da vida. Ela viu os efeitos corrosivos que uma cultura de medo cria, na qual erros são punidos rotineiramente e bodes expiatórios, demitidos. Punir o fracasso e "atirar no mensageiro" só faz com que as pessoas escondam seus erros e, eventualmente, todo desejo de inovar é completamente extinto.

Na época da consultoria, ela sempre conseguia dizer, geralmente em poucas horas, se as pessoas tinham medo de dizer o que realmente pensavam. Ela ficava louca quando as pessoas eram cuidadosas para expressar as coisas, falando de forma enviesada e indo a extremos para evitar o uso de certas palavras *proibidas*. Ela odiava esses "não me toques" e fazia tudo o que podia para convencer o cliente a encerrar o projeto, economizando tempo, dinheiro e sofrimento.

Ela não conseguia acreditar que estava vendo essas bandeiras vermelhas na Parts Unlimited. Maxine pensa: *Espero que os líderes protejam seus subordinados de toda a insanidade política e burocrática, não os deixem recair nisso.*

Ainda ontem, ela e sua família saía de um voo de quase vinte horas de volta de Kuala Lumpur. Quando ligou o celular, quase derreteu com todas as mensagens recebidas. Quando Jake e seus dois filhos foram procurar comida no aeroporto, ela finalmente conseguiu falar com Chris.

Ele contou a ela sobre o problema com a folha de pagamento e a informou sobre o caos. Ela ouviu com atenção, mas seu coração parou quando ouviu Chris dizer: "... e descobrimos que todos os números da Previdência Social no banco de dados da folha de pagamento estavam corrompidos."

Ela começou a suar frio, suas mãos formigavam, e todo o seu sangue parecia ter virado gelo. Pelo que pareceu uma vida inteira, ela não conseguiu respirar. Ela sabia. "Foi o aplicativo de segurança de tokenização, certo?"

Ela praguejou alto. Os pais ao redor afastaram os filhos pequenos dela no saguão do aeroporto. Chris confirmou: "Sim. E vai ser um inferno para pagar. Venha para o escritório o mais rápido possível."

Mesmo agora, ela ainda está impressionada com a escala da carnificina. Como todos os engenheiros, ela secretamente adora ouvir histórias de desastres... contanto que ela não tenha responsabilidade. "Maldito Chris", murmura enquanto pensava em atualizar seu currículo, que não fora tocado por oito anos, e se candidatar para qualquer vaga de emprego.

Assim que Maxine chega ao escritório, qualquer equanimidade que conseguira reunir se foi. Ela para antes de entrar. Suas axilas estão suadas. Ela confere o cheiro para ver se não está proporcional à humilhação que sente. Ela sabe que está sendo paranoica — colocou tanto desodorante esta manhã que suas axilas ficaram brancas como giz. Ela estava feliz por ter feito isso.

Ela entra no escritório. Todos sabem que está sendo transferida, mas tentam não deixar transparecer. Glenn, seu chefe há três anos, aproxima-se e aperta seu ombro, com uma expressão de dor no rosto. Ele diz: "Não se preocupe, Maxine. Você estará de volta antes que perceba. Nenhum de nós está feliz com a maneira como as coisas aconteceram. Um monte de gente queria lhe dar uma grande festa, mas eu tinha certeza de que você não gostaria de fazer uma cena", diz ele.

Maxine diz: "Exatamente. Obrigado, Glenn."

"Sem problemas", diz ele com um sorriso irônico. "Me avise se eu puder ajudar."

Com um sorriso forçado, ela diz: "Que nada, também não estou morrendo nem sendo enviada para o espaço sideral! Ficarei mais perto da sede, que é onde a ação acontece. Enviarei atualizações para todos os aldeões ignorantes que não são bons o suficiente para estar no meio das coisas!"

"Esse é o espírito. Nos veremos de volta aqui em quatro meses se tudo correr bem!", diz ele, dando-lhe um soco brincalhão. A testa de Maxine se franze levemente na parte do "se tudo correr bem". Isso era novidade para ela.

Quando Glenn sai para uma reunião, Maxine vai até a sua mesa para começar a fazer as malas. Ela escolhe as coisas mais importantes de que precisará durante o exílio: o notebook cuidadosamente configurado (ela é muito exigente com teclados e quantidade de RAM), fotos de família, o tablet e os carregadores USB e do notebook cuidadosamente selecionados e acumulados há anos, com o grande cartaz que paira sobre eles: "NÃO TOQUE, sob pena de morte!"

"Oi, Maxine! Por que você está fazendo as malas?", alguém lhe pergunta. Olhando para cima, ela vê Evelyn, sua jovem e promissora estagiária de ciência da computação. Maxine a recrutara. Durante todo o verão, Evelyn deslumbrou a todos com a rapidez com que aprende tudo. *Ela poderá escolher seu emprego quando se formar*, pensa Maxine. É por isso que, durante todo o verão, Maxine vendeu implacavelmente a Parts Unlimited como um ótimo lugar para se trabalhar e aprender. Era no que ela mesma acreditava, até esta manhã. *Talvez este não seja um lugar tão bom para se trabalhar, afinal.*

"Fui temporariamente realocada para o Projeto Fênix", diz Maxine.

"Ah, nossa", diz Evelyn. "Isso é terrível. Sinto muito!"

Você sabe que está no fundo do poço quando até a estagiária sente pena de você, pensa Maxine.

Ela sai do prédio, carregando sua caixa de papelão simples, sozinha. Ela se sente como se estivesse se apresentando para a prisão. *Que é basicamente o que o Projeto Fênix é*, diz a si mesma.

É uma viagem de 6km até o campus da sede corporativa. Enquanto dirige, ela pensa sobre os prós e os contras de permanecer na empresa. Prós: o marido dela é professor titular de uma universidade no bairro, por isso eles se mudaram para Elkhart Grove. Seus filhos amam suas escolas, amigos e atividades.

Ela adora seu trabalho e todos os desafios; ela adora interagir com os incontáveis e complexos processos de negócios que abrangem toda a empresa — isso requer uma boa compreensão do setor, habilidades incríveis de resolução de problemas, paciência e sofisticação política para trabalhar com processos às vezes bizantinos e às vezes incompreensíveis que toda grande organização tem. E o salário e os benefícios são ótimos.

Contras: O Projeto Fênix. Trabalhar para o Chris. E a sensação de que a cultura corporativa está mudando para pior. *Por exemplo, eu ter acabado de me tornar bode expiatório pelo problema com a folha de pagamento*, pensa ela.

Olhando ao redor, ela vê prédios projetados para exalar status e sucesso. A Parts Unlimited conquistou esse nível de prestígio por ser uma das maiores empregadoras do estado, com 7 mil funcionários. Eles têm lojas em quase todos os estados e milhões de clientes fiéis, embora todas as métricas mostrem esses números em declínio.

Na era da Uber e do Lyft, a geração mais jovem geralmente opta por não ter carro e, se tiver, certamente não os consertará por conta própria. Não é preciso ser um gênio estratégico para perceber que a prosperidade de longo prazo da organização requer algo novo e diferente.

Conforme ela dirige mais fundo no campus corporativo, não consegue encontrar o Prédio 5. Quando circula pela terceira vez, finalmente vê a placa para o estacionamento. Seu coração se afunda. O prédio é um lixo se comparado aos outros. *Parece mesmo uma prisão*, pensa ela.

O Prédio 5 era uma fábrica, assim como o MRP-8, seu "antigo" prédio. Mas, enquanto o MRP-8 obviamente ainda é o orgulho da empresa, o Prédio 5 é onde eles descartam o pessoal de TI que se comporta mal, igual a ela, e jogam a chave fora.

Se o Projeto Fênix é o projeto mais importante e estratégico da empresa, as equipes que trabalham nele não mereciam um ambiente melhor?, pergunta-se Maxine. Mas, novamente, Maxine sabe que, na maioria das organizações, a TI corporativa raramente é amada e muitas vezes é relegada a propriedades menos atraentes.

O que é estranho. No MRP-8, as equipes de tecnologia ERP trabalham lado a lado com o pessoal de Ops da fábrica. Eles são vistos como parceiros. Eles trabalham juntos, comem juntos, reclamam juntos e bebem juntos.

Por outro lado, a TI corporativa geralmente é vista como um grupo de rostos sem nome para quem você liga quando há algo de errado com o seu notebook ou quando não consegue imprimir algo.

Olhando para o Prédio 5, Maxine percebe que, por mais terrível que seja a reputação do Projeto Fênix, a realidade é provavelmente ainda muito pior.

Todos dizem a Maxine que uma de suas qualidades mais cativantes é seu otimismo implacável e infindo. Ela repete isso para si mesma enquanto caminha em direção ao Prédio 5, carregando a caixa de papelão com seus pertences.

Um guarda entediado inspeciona seu crachá e lhe recomenda pegar o elevador, mas Maxine prefere ir de escadas. Ela queria uma bolsa mais alegre para carregar suas coisas, em vez de arrastar essa caixa idiota por aí.

Quando abre a porta, seu coração se aperta. É uma vasta fazenda de cubículos com divisórias cinza monótonas separando os escritórios. O labirinto de cubículos a lembra o antigo jogo de texto de computador *Zork* — ela já está perdida em uma série de passagens sinuosas, todas iguais.

É como se toda a cor tivesse sido drenada do prédio, pensa ela. Maxine se lembra da velha TV em cores de seus pais, quando seu irmão mexia no brilho, contraste e botões coloridos para fazer tudo parecer doentiamente cinza e verde.

Por outro lado, Maxine fica encantada ao ver que cada mesa tem duas telas LCD enormes. Ela está no lugar certo — estes são os desenvolvedores. Os novos monitores, editores de código aberto e a alta porcentagem de pessoas usando fones de ouvido são revelações mortas.

A sala está tão silenciosa que ouviria um alfinete cair. É como uma biblioteca universitária. *Ou uma tumba*, pensa. Não parece um espaço vibrante, no qual as pessoas trabalham juntas para resolver problemas. A criação dos softwares deve ser um esforço colaborativo e de conversação — os indivíduos precisam interagir para criar conhecimentos e valor para o cliente.

No silêncio, ela olha em volta, sentindo-se ainda pior com seu destino. "Você sabe onde encontro o Randy?", pergunta ela para a pessoa mais próxima. Ele aponta para o canto oposto da sala, sem nem mesmo tirar os fones de ouvido.

Caminhando pela colmeia de cubículos silenciosos, Maxine vê quadros brancos e pessoas amontoadas em grupos, falando em voz baixa. Ao longo de uma extensa parede, há enormes gráficos de Gantt com mais de 1m de altura e 9m de largura, montados a partir do que parecem ser mais de quarenta folhas de papel coladas com fita adesiva.

Ao lado dos gráficos de Gantt, há impressões de relatórios de status com muitas caixas verdes, amarelas e vermelhas. Em frente aos gráficos, há pessoas vestidas com calças e camisas de colarinho. Seus braços estão cruzados, e elas parecem preocupadas.

Maxine chega a sentir as pessoas tentando comprimir mentalmente os prazos para atingir todas as datas prometidas. *Boa sorte*, pensa ela.

Enquanto caminha para o canto oposto, onde lhe disseram que Randy está, Maxine de repente sente o cheiro: o cheiro inconfundível de pessoas que dormiram no escritório. Ela conhece esse cheiro. É o cheiro de longas horas, ventilação inadequada e desespero.

Em tecnologia, é um clichê. Quando há uma necessidade de entregar utilitários ao mercado rapidamente, para aproveitar uma oportunidade de mercado ou para alcançar a concorrência, as longas horas se tornam intermináveis, quando é mais fácil dormir embaixo da sua mesa do que ir para casa para voltar poucas horas depois. Embora muitas horas de trabalho sejam glorificadas na cultura popular, Maxine as vê como um sintoma de algo muito errado.

Ela se pergunta o que está acontecendo: muitas promessas para o mercado? Liderança de engenharia ruim? Má liderança de produto? Muita dívida técnica? Não há foco suficiente em arquiteturas e plataformas que permitam aos desenvolvedores serem produtivos?

Maxine percebe que está excessivamente vestida. Ela olha para o terno que usa para trabalhar há anos, percebendo que se destaca como um polegar ferido. Neste prédio, camisetas e shorts superam em muito a multidão de colarinhos. E *ninguém* veste um blazer.

Amanhã vou deixar o blazer em casa, pensa ela.

Ela encontra Randy em um cubículo de canto, digitando, cercado por enormes pilhas de papel. Randy é ruivo e está com o uniforme cáqui da administração — uma camisa listrada de branco com gola alta e as calças cáqui. Maxine chuta que ele nem tem 30 anos, provavelmente mais de 10 anos mais novo do que ainda não sabe onde estão as ferramentas de Dev ou os repositórios de código-fonte.

Se a configuração de Dev do Fênix fosse um produto, seria o pior de todos os tempos.

E agora ela precisa comer. Ela olha em volta e, vendo o escritório quase vazio, percebe que perdeu a saída para o almoço.

Teria sido bom ir com eles, mas ela estava completamente absorta cavando os labirintos dos documentos do Fênix. Agora ela não sabe onde as pessoas comem. Ela se pergunta se deveria adicionar isso à lista também.

Logo depois de "atualizar e distribuir meu currículo".

De: Alan Perez (Sócio Operacional, Wayne-Yokohama Equity Partners)
Para: Steve Masters (CEO, Parts Unlimited)
Cc: Dick Landry (CFO, Parts Unlimited),
Sarah Moulton (SVP de Ops de varejo),
Bob Strauss (presidente do conselho, Parts Unlimited)
Data: 6h07, 4 de setembro
Assunto: Opções de avanço, sessão do Conselho de janeiro
CONFIDENCIAL

Steve,

Foi bom ver você dois dias atrás, em Elkhart Grove. Como diretor recém-eleito do Conselho, tenho aprendido muito e aprecio o tempo investido pela equipe de gestão para me atualizar. Fiquei especialmente impressionado com Dick e Sarah (CFO e SVP de Marketing, respectivamente).

Embora eu seja novo, está claro que os esforços fracassados da Parts Unlimited para aumentar o valor para o acionista levantaram questões de confiança e criaram uma necessidade de ação. Devemos trabalhar juntos para romper a cadeia de promessas quebradas que se repete trimestre após trimestre.

Considerando como o software é essencial para seus planos, sua decisão de substituir seu ICO e VP de Ops de TI parece adequada — espero que isso restaure a responsabilidade e aumente a urgência na execução.

Para reiterar minha motivação para revisar as opções estratégicas no nível do conselho: o crescimento da receita não é a única maneira de recompensar os acionistas — colocamos tanto foco em forçar a Parts Unlimited a se tornar uma "empresa digital" que acredito que perdemos visão de formas de baixo risco para criar valor, como a reestruturação da empresa e o desinvestimento de ativos não essenciais e de baixo desempenho. Essas são apenas duas maneiras óbvias de aumentar a lucratividade, o que aumenta o valor para o acionista e fornece capital de giro para a transformação.

Precisamos reunir rapidamente opções para a diretoria revisar e considerar. Considerando quanto tempo a administração gasta na estratégia atual, o presidente do conselho me pediu para trabalhar com alguns membros-chave da equipe executiva para gerar opções a serem discutidas pelo conselho. Trabalharei com Dick e Sarah, devido ao seu mandato e ampla experiência na empresa. Faremos ligações quinzenais para discutir e avaliar ideias e estaremos prontos para apresentar opções estratégicas a todo o conselho em janeiro.

Nossa empresa comprou uma participação significativa na Parts Unlimited porque acreditamos que há um valor considerável para o acionista que pode ser desbloqueado aqui. Espero uma relação de trabalho produtiva e melhores resultados para a Parts Unlimited, de que todos possamos nos orgulhar.

Atenciosamente, Alan.

CAPÍTULO 2

• *Sexta-feira, 5 de setembro*

Maxine examina sua lista de tarefas, balançando a cabeça lentamente, frustrada. Já se passaram dois dias, e ela está determinada a realizar um build do Fênix no seu notebook, como qualquer novo desenvolvedor deve ser capaz de fazer. Essa se tornou sua missão. Mas, de acordo com sua lista, há mais de cem itens pendentes, e ninguém parece capaz de ajudar a resolvê-los.

Ela não fez nada da lista. Exceto para atualizar e enviar alguns currículos. Muitos amigos responderam imediatamente, prometendo procurar posições pelas quais ela pudesse se interessar.

Maxine perguntou a seu guia, Josh, sobre todos os itens de build que faltavam, mas ele não sabia nada sobre eles. A equipe de build deveria saber essas coisas, mas os detalhes estão desatualizados ou ausentes, o conhecimento está espalhado por toda a organização.

Ela está frustrada, cada atalho que pega leva a um beco sem saída. Não há nada de divertido nesse desafio. O que está fazendo, ela tem certeza, é exatamente o oposto de diversão.

Ela é engenheira de alma e adora desafios e solução de problemas. Ela foi exilada bem no meio do que provavelmente é o projeto mais importante de toda a história da empresa. E, em algum lugar, há o código — certamente milhões de linhas escritas por centenas de desenvolvedores ao longo de quase três anos. Mas ela não consegue encontrar nada disso.

Maxine adora programar e é incrível nisso. Mas ela sabe que há algo ainda mais importante do que o código: os sistemas que permitem aos desenvolvedores serem produtivos, para que possam escrever códigos de alta qualidade com rapidez e segurança, livrando-se de todas as coisas que os impedem de resolver problemas corporativos importantes.

O que parece estar completamente ausente aqui. Maxine é uma das melhores do jogo, mas, depois de dois dias, ela ainda não tem quase nada para mostrar. Apenas cliques intermináveis, leitura de documentos, abertura de tíquetes, agendamento de reuniões com pessoas para conseguir as coisas de que precisa, presa na pior caça ao tesouro de todos os tempos.

Por um momento, Maxine se pergunta se ela é a única pessoa com esse problema. Mas ela vê os desenvolvedores a seu redor lutando, então ela rapidamente afasta qualquer sentimento de dúvida.

Maxine *sabe* bem a profissional que é. Muitas vezes em sua carreira ela teve que resolver problemas que pareciam impossíveis e sem esperança. No meio da noite. Às vezes, sem nenhuma documentação ou código-fonte. Uma de suas sagas mais famosas ainda é conhecida como "A Salvação Natalina de Maxine", quando todos os sistemas das lojas que lidavam com reembolsos quebraram espetacularmente na sexta-feira após o Natal. É um dos dias de compras mais movimentados do ano, porque as pessoas voltam para trocar os presentes que receberam de seus entes queridos pelo que realmente desejam.

Certa vez, Maxine virou a noite com sua equipe até o sábado de manhã para corrigir um impasse de multithreading no driver ODBC de um fornecedor de banco de dados. Ela teve que desmontar manualmente a biblioteca do fornecedor e, em seguida, gerar um patch binário. À mão.

Todos disseram que isso não poderia ser feito. Mas ela conseguiu, para o espanto das inúmeras pessoas que trabalhavam naquilo há mais de sete horas. A equipe de serviços do fornecedor de banco de dados ficou surpresa e imediatamente lhe ofereceu um emprego, que ela recusou educadamente.

Depois disso, as lendas sobre ela só cresceram. Ela é classicamente treinada como desenvolvedora e, em sua carreira, escreveu um software para juntar imagens gráficas panorâmicas e algoritmos de layout de chip para aplicativos CAD/CAM, servidores de backend para jogos multiusuário massivos e, mais recentemente, os processos de reabastecimento, pedido e programação que orquestram milhares de fornecedores em um cronograma de produção para seus sistemas MRP.

Ela vive rotineiramente no mundo dos problemas NP-completos, que são tão difíceis de resolver que podem levar mais do que o tempo polinomial para serem concluídos. Ela ama o *Papers We Love*, para revisitar seus trabalhos acadêmicos favoritos de matemática e ciência da computação.

Mas ela nunca viu seu trabalho apenas como escrever código de aplicativo, trabalhando apenas na pré-implantação. Na produção, quando a teoria encontra a realidade, ela corrigia servidores de middleware com comportamento totalmente inadequado, barramentos de mensagens sobrecarregados, falhas intermitentes em matrizes de disco RAID e switches de núcleo que de alguma forma ficavam mudando para o modo half-duplex.

Ela consertou componentes de tecnologia que extravasavam no meio da noite, enchendo todos os discos e servidores de log, tornando impossível para as equipes entenderem o que realmente estava acontecendo. Ela liderou o esforço para isolar, diagnosticar e restaurar sistematicamente esses serviços com base em décadas de intuição e incontáveis batalhas de produção.

Ela decifrou rastreamentos de pilha em servidores de aplicativos em chamas, correndo para fazer o backup deles com segurança antes que as enchentes, os extintores de halon e as quedas elétricas destruíssem tudo.

Mas, no fundo, ela é desenvolvedora. É uma desenvolvedora que adora programação funcional porque sabe que funções puras e composability são ferramentas melhores para se pensar. Ela evita a programação imperativa em favor de modos declarativos de pensamento. Ela despreza e tem um medo saudável da mutação do estado e da transparência não referencial. Ela prefere o cálculo lambda às máquinas de Turing, por causa de sua pureza matemática. Ela adora LISPs porque adora seu código como dados e vice-versa.

Mas a sua vocação não é meramente teórica — ela ama sujar as mãos, tirar valor de negócios de onde ninguém pensava que ele poderia ser extraído, aplicando o padrão estrangulador para desmantelar monólitos de código de décadas e substituindo-os com segurança, confiança e brilhantismo.

Ela ainda é a única que conhece todos os atalhos de teclado, de *vi* aos maiores e mais recentes editores. Mas não se envergonha de dizer que precisa procurar as opções de linha de comando do Git — porque o Git pode ser assustador e difícil! Que outra ferramenta usa hashes SHA-1 como parte da IU?

E ainda, por mais incrível que ela seja, no auge de seus poderes e habilidades aprimorados por décadas, aqui está, no Projeto Fênix, incapaz de fazer um build, mesmo depois de dois dias. Ela descobriu onde dois dos quatro repositórios de código-fonte estão e os três instaladores para algumas das ferramentas e compiladores de gerenciamento de código-fonte proprietário (SCM).

No entanto, ainda está esperando as chaves de licença do SCM e não sabe a quem pedir as das outras duas ferramentas de compilação. Ela precisa de credenciais para três compartilhamentos de rede e cinco SharePoints, e ninguém sabe onde obter os dez arquivos de configuração misteriosos mencionados na documentação. Quando mandou um e-mail para quem escreveu os documentos, ele voltou. O responsável deixara a organização há muito tempo.

Ela se sente presa. Ninguém responde rapidamente a seus e-mails, tíquetes ou mensagens de voz. Ela pediu ao Randy para ajudá-la, para escalar suas solicitações, mas todos dizem que vai demorar, porque estão muito ocupados.

É claro que Maxine nunca aceita um "não" como resposta. Ela tornou sua missão fazer o necessário para colocar uma compilação em execução. Ela caçava quase todas as pessoas que lhe prometeram algo. Ela descobria onde se sentavam e as importunava, até mesmo acampando em suas mesas, disposta a ficar lá até que recebesse o que precisava.

Às vezes, ela conseguia o que precisava: um URL, um documento do SharePoint, uma chave de licença, um arquivo de configuração. Mas, na maioria das vezes, a pessoa que ela perseguia não tinha o que precisava — tinha que pedir a outra pessoa para abrir um chamado em nome de Maxine. E agora os dois esperavam.

Às vezes, eles tinham uma pista promissora sobre quem Maxine deveria procurar ou para onde deveria ir. Na maioria das vezes, porém, era só um beco sem saída, e ela voltava ao ponto de partida.

Tentar fazer um build do Fênix funcionar seria como jogar *A Lenda de Zelda*, se fosse escrito por um sádico, forçando-a a se aventurar por toda a parte para encontrar as chaves escondidas espalhadas por todo o reino e com pistas de NPCS indiferentes. Mas, quando você finalmente termina o nível, não pode jogar o próximo — tem que enviar cupons de papel para o fabricante e esperar semanas para obter os códigos de ativação.

Se fosse mesmo um videogame, Maxine já teria desistido, porque esse jogo seria uma bela porcaria. Mas o Fênix não é um jogo — o Fênix é importante, e Maxine nunca desiste ou abandona coisas importantes.

Maxine está sentada em sua mesa olhando para o calendário que imprimiu e fixou na parede.

Ela volta para o computador e passa o dedo novamente pela lista cada vez maior de tarefas — cada item é uma dependência para o build funcionar.

Ela acabou de adicionar mais duas credenciais do SharePoint que precisa obter de dois gerenciadores de Dev, que, por algum motivo, executam seus próprios domínios do Active Directory. Há rumores de que contêm alguma documentação crítica de build com informações que ela busca.

Randy lhe enviou uma tonelada de documentos em Word, diagramas do Visio e apresentações de Marketing em PowerPoint, que ela rapidamente leu em busca de pistas. Eles podem ser úteis para o pessoal de Marketing e arquitetos, supõe ela, mas ela é engenheira. Ela não quer ver brochuras sobre o carro que prometeram construir — quer ver os planos de engenharia e as peças reais a partir das quais o montarão.

Esses documentos podem ser úteis para alguém, então ela os postou na wiki. Momentos depois, alguém que ela não conhece lhe pede para retirá-los, porque podem conter informações confidenciais.

Olhando mais para baixo na lista de tarefas, ela lê:

> Achar alguém que me dê acesso aos ambientes de Dev ou de teste.

Elas foram mencionadas em parte da documentação que leu ontem, mas ela não tem ideia a quem pedir acesso.

Ela risca um item:

~~Obter uma conta para o ambiente de teste de integração.~~

Isso foi menos satisfatório do que esperava. Ela vasculhou o ambiente por duas horas, tentando entender o aplicativo gigante. Mas, no final, achou tudo muito confuso — era como tentar imaginar o layout de um edifício enorme rastejando em torno de dutos de ar sem mapa nem lanterna.

Ela digita uma nova tarefa:

> Achar alguém que esteja realmente fazendo testes de integração para que eu consiga informações através do seu trabalho.

Assistir a alguém usar os aplicativos do Fênix pode ajudar a orientá-la. Ela está perplexa, porque ninguém sabe de uma pessoa que de fato o use. *Para quem eles escrevem todo esse código?*

Examinando sua lista de tarefas novamente, ela confirma que na verdade não tem nada para fazer — já importunou todo mundo hoje e agora está apenas esperando que as pessoas (não) a procurem.

É sexta-feira, 13h32. Faltam 3h28 para as 17h, quando ela finalmente pode sair do prédio. Ela se esforça para não suspirar de novo.

Ela olha para a lista de tarefas pendentes. Olha para o relógio.

Olha para as unhas, pensando que precisa de uma manicure.

Ela se levanta da sua mesa com a caneca de café e vai até a cozinha, passando por grupos de pessoas vestindo moletons, amontoadas, conversando em uma urgência silenciosa. Só para ter algo para fazer, ela se serve de mais café. Ela olha a caneca e percebe que já bebeu cinco só hoje, para satisfazer a necessidade de *fazer alguma coisa*. Então derrama o café na pia.

Com a lista de tarefas cada vez maior, Maxine manteve um diário de trabalho em seu notebook pessoal durante a última década. Nele, ela rastreia tudo em que trabalhou, quanto tempo gastou, quaisquer lições interessantes que aprendeu e uma lista de coisas para nunca mais fazer (mais recentemente: "Não perder tempo tentando escapar espaços em nomes de arquivo em Makefiles — é muito difícil. Use qualquer outra coisa.").

Ela encara sua enorme lista de tarefas e suas recentes entradas no diário de trabalho sem acreditar. Ela nunca conheceu um sistema que não pudesse vencer. *É possível que o medíocre Projeto Fênix, totalmente incapaz de qualquer coisa, esteja realmente me derrotando? Sobre o meu cadáver,* jura silenciosamente, então volta para as anotações no diário de trabalho.

QUARTA-FEIRA
16h: Esperei Josh esta tarde, que deveria me orientar sobre sua configuração para eu replicá-la. Ele tem lidado com problemas de build todas as noites.

Tenho um tíquete para obter acesso ao servidor de compilação, mas fui informada pela segurança de que preciso da autorização do meu gerente. E-mail enviado para Randy.

Estou lendo todos os documentos de design de desenvolvedor que encontro, mas todos me parecem iguais. Quero ver o código-fonte, não ler documentos de design.

16h30: Em um dos documentos de design, encontrei a descrição mais sucinta do Fênix: "O Projeto Fênix vai fechar a lacuna com a concorrência, permitindo que nossos clientes façam as mesmas coisas online que podem fazer em nossas 900 lojas. Finalmente teremos uma visão única de nossos clientes, para que os funcionários das lojas vejam suas preferências e histórico de pedidos, o que permitirá uma integração mais eficaz entre os canais."

O escopo do Fênix é um pouco assustador. Ele precisa se comunicar com centenas de outros aplicativos em toda a empresa. O que poderia dar errado?

17h: Terminei por hoje. Chris veio aqui, me lembrando de ficar na minha e não chamar muita atenção. E não implantar nada na produção.

Sim, sim. Shiu. Não consigo nem iniciar uma compilação ou fazer login em compartilhamentos de rede. Como eu seria capaz de colocar qualquer coisa na produção?

De saco cheio. Indo para casa para brincar com meu novo cachorrinho.

QUINTA-FEIRA
9h30: Sim! Eles me deram contas em mais alguns wikis. Estou ansiosa para me aprofundar. Isso é um progresso, certo?

10h: Sério? É isso? Encontrei alguns documentos de controle de qualidade, mas não pode ser só isso, certo? Onde estão todos os planos de teste? Onde estão os scripts de teste automatizados?

12h: Ok, conheci William, o diretor de controle de qualidade. Parece um cara legal. Conseguimos nos reunir por tempo suficiente para conseguir contas de usuário para seu compartilhamento de rede. Milhões de documentos do Word cheios de planos de teste manuais.

Mandei um e-mail para William perguntando se posso falar com algumas pessoas da sua equipe de testes. Como executam todos esses testes? Parece que eles precisam de um pequeno exército. E onde colocam os resultados dos testes? Estou no calendário dele. Em duas semanas. Loucura.

15h: Descobri onde é realizado o grande stand-up diário do projeto: é as 8h ao lado dos quadros brancos. Perdi hoje, mas amanhã acompanho.

17h: Fiz muito pouco em dois dias. Tudo o que tento fazer requer um e-mail, um tíquete ou ter que caçar alguém. Agora estou recorrendo a convidá-los para um café. Talvez eu consiga mais respostas.

SEXTA-FEIRA
10h: A "reunião stand-up de quinze minutos" durou quase noventa minutos por causa de todas as emergências. Não sei como perdi essa reunião ontem — parece difícil não reparar nela por causa de toda a gritaria. Socorro.

MINHA NOSSA. Quase ninguém mais pode construir o Fênix em seus notebooks. Eles devem implantar isso em produção em DUAS SEMANAS! (Ninguém está preocupado. Que loucura. Eles acham que será adiado novamente.)

Se eu estivesse no lugar deles, estaria louca. Ah, bem.

14h: Encontrei um monte de desenvolvedores contratados trazidos dois meses atrás. Eles também não podem fazer compilações. Chocante. Eu os levei para almoçar. Mas que decepção! Eles sabem ainda menos do que eu. Pelo menos, a salada estava ótima.

Compartilhei tudo o que sei com eles, e eles ficaram extremamente gratos por isso. É sempre bom dar mais do que você recebe — você nunca sabe quem pode ajudá-lo no futuro. O networking é importante.

Nota para mim mesma: controlar minha ingestão de café. Devo ter bebido sete canecas ontem. Isso não é bom — acho que estou tendo palpitações.

Às 16h45, Maxine arruma suas coisas. Não há chance de alguém conseguir algo para ela tão tarde em uma sexta-feira.

Ela está quase na escada quando encontra Randy.

"Oi, Maxine. Que chatice, não podíamos avançar no ambiente de Dev. Escalei um monte de problemas e darei alguns telefonemas antes de ir."

Maxine encolhe os ombros. "Obrigada. Espero que isso faça as pessoas se mexerem."

"O que for preciso, certo?" Randy sorri. "Ah, tem mais uma coisa de que preciso!"

Ahá, pensa Maxine. Mas ela diz: "Claro, o que houve?"

"Humm... Todos no Projeto Fênix são obrigados a enviar cartões de ponto", diz Randy. "Temos que mostrar os níveis de utilização, ou o pessoal de gestão de projetos vai tirar nosso pessoal. Enviei a você o link para nosso sistema de cartão de ponto. Você pode preencher antes de sair? É rápido."

Ele olha para os dois lados antes de sussurrar: "Preciso especialmente do *seu* porque vai me ajudar a preencher sua posição dentro do orçamento do próximo ano."

"Sem problemas, Randy. Faço isso agora, antes de sair", diz Maxine amigavelmente, mas ela não está feliz. Ela entende os trâmites de orçamento que precisam ser realizados, mas não é isso que a incomoda. Ela já sabe exatamente no que trabalhou durante toda a semana, porque mantém anotações meticulosas. Absolutamente zero resultados reais alcançados. Zilch. Niente. Nada.

De volta à sua mesa, ela se conecta ao sistema de cartão de ponto. Em seu nome, estão centenas de códigos de projeto. Eles não são os nomes dos projetos, mas os códigos que parecem números de reserva de avião — dez caracteres com letras maiúsculas.

Olhando para o e-mail de Randy, ela copia o código do projeto que ele lhe deu (PPX423-94-10) para o campo e, em seguida, aplica oito horas em cada campo de quarta a sexta-feira e clica em enviar. Seu rosto fica mais sério. Ela não conseguirá submeter sem descrever o que fez a cada dia.

Maxine geme. Ela escreve algo para cada dia, basicamente alguma variante de "Trabalhando em builds de Fênix, mas clamando ao universo inteiro para que alguém me dê trabalho de fato". Ela passa cinco minutos modificando o texto para que cada entrada seja suficientemente diferente da outra.

Foi ruim o suficiente se sentar fazendo tão pouco essa semana, apesar de seus melhores esforços, mas é muito pior ter que mentir sobre isso por escrito.

No fim de semana, Maxine verifica continuamente seu telefone em busca de atualizações sobre seus tíquetes, mas só os vê sendo transferidos de uma pessoa para outra. Quando seu marido, Jake, pergunta por que está taciturna, ela se recusa a admitir que é por causa do cartão de ponto que preencheu — era como esfregar sal na ferida da improdutividade. Ela se permite ser distraída por seu novo cachorrinho, Waffles, e aprecia ver os filhos brincando com ele.

Na manhã de segunda-feira, Maxine se convenceu a ficar alegre, otimista e empolgada ao entrar no grande auditório da reunião pública que o CEO da empresa, Steve Masters, apresenta a cada dois meses. Ela gosta de participar deles desde que entrou na empresa. O primeiro a impressionou porque foi a primeira vez que viu executivos se dirigirem diretamente a uma empresa inteira, respondendo a perguntas de qualquer um dos quase 7 mil funcionários.

Steve geralmente se apresenta com Dick, o CFO. Há cerca de um ano, Steve também começou a se apresentar com Sarah Moulton, SVP de Ops de varejo. Ela é responsável por lucros e perdas no varejo, a segunda maior unidade de negócios que gera mais de US$700 milhões em receitas por ano. Embora Steve e Dick exalem certa confiança e autenticidade, Sarah parece menos confiável e autêntica. No ano passado, ela fez uma proposta diferente a cada reunião pública, prometendo uma transformação totalmente diferente da apresentada antes, causando muita confusão, revirada organizacional e, eventualmente, levando tudo ao ridículo.

Maxine vê Steve se preparando fora do palco, fazendo anotações de última hora em uma folha de papel dobrada. Alguém lhe entrega um microfone, e ele sobe ao palco sob aplausos educados. "Bom dia a todos. Muito obrigado por se juntarem a nós hoje. Esta é a 66ª reunião pública que tenho o privilégio de apresentar.

"Como vocês sabem, por quase um século, nossa missão tem sido ajudar nossos clientes que trabalham duro a manter seus carros funcionando para que conduzam seu dia a dia. Para a maioria dos nossos clientes, isso significa dirigir até o trabalho para garantir seu salário, levar seus filhos à escola e cuidar de seus entes queridos. A Parts Unlimited ajuda os clientes de várias maneiras. Somos uma das organizações de manufatura mais admiradas do mundo, produzindo peças de alta qualidade e acessíveis, de que nossos clientes precisam para manter seus carros funcionando. Também temos mais de 7 mil funcionários de alto nível ajudando diretamente nossos clientes em quase mil lojas em todo este grande país. Muitas vezes somos a única coisa que mantém livre seus carros dos postos de gasolina caros."

Maxine ouviu isso quase cinquenta vezes de Steve nessas sessões — obviamente, é importante para ele lembrar a todos quem são seus clientes. Quando algo dá errado com o carro de Maxine, ela geralmente o leva à concessionária, porque ainda está na garantia. Mas a grande maioria de seus clientes não tem esse luxo. Seus carros são mais velhos, às vezes mais do que seus filhos — na verdade, seus clientes talvez dirijam a mesma marca, modelo e ano de carro que ela dirigia na adolescência. Eles geralmente têm pouca renda discricionária. Quando algo dá errado com seus carros, isso pode acabar com qualquer economia que tenham (se a tiverem). E, quando seu carro está no mecânico, eles não só gastam suas economias, mas também não podem dirigir para o trabalho. E isso significa que não conseguem sustentar suas famílias.

Maxine aprecia esses lembretes sobre seus clientes — quando os engenheiros pensam no "cliente" de maneira abstrata, em vez de em uma pessoa real, raramente obtêm os resultados certos.

Steve continua: "Por quase um século, essa missão permaneceu inalterada, embora o ambiente de negócios tenha mudado. Na manufatura, agora temos concorrentes ferozes no exterior que reduzem nossos preços. No varejo, nossos concorrentes abriram milhares de lojas nos mercados a que atendemos.

"Também estamos em um momento de incrível crise econômica. A Amazon e outros gigantes do e-commerce estão remodelando nossa economia. Alguns dos varejistas mais famosos com os quais muitos de nós crescemos estão fechando as portas, como Toys "R" Us, Blockbuster e Borders. Perto da sede da empresa, muitos de nós passamos por aquele espaço onde ficava a antiga Blockbuster, que permaneceu vazio por mais de uma década.

"Não somos imunes a isso. Nossas vendas nas mesmas lojas continuam diminuindo. Muitos clientes preferem comprar limpadores de para-brisa online, de outra empresa, do que ir a uma de nossas lojas físicas e falar com alguém.

"Mas acredito que as pessoas não querem só peças automotivas, querem a ajuda de pessoas em quem confiam. E é por isso que nossos atendentes são tão importantes. É por isso que investimos tanto em treinamento. E o Projeto Fênix nos permitirá levar essa experiência e confiança aos nossos clientes nos canais que desejam usar, nas lojas físicas ou online. Sarah falará sobre o progresso do Projeto Fênix mais tarde e como ele apoia as três métricas com as quais mais me preocupo: engajamento dos funcionários, satisfação do cliente e fluxo de caixa. Se todos os nossos funcionários estão entusiasmados para vir trabalhar todos os dias e se estamos encantando nossos clientes com inovação constante e excelente serviço, o fluxo de caixa cuidará de si mesmo.

"Mas, antes de passarmos por nossas principais metas anuais, falarei sobre algo que provavelmente está na mente de todos", Steve faz uma longa pausa. "Recentemente, enviei um e-mail informando que Bob Strauss está assumindo a presidência da Parts Unlimited. Como muitos de vocês sabem, estou aqui há onze anos e, nos primeiros oito anos, tive o privilégio de trabalhar para Bob. Ele foi a pessoa que me contratou quando eu era chefe de vendas de outro fabricante. Sempre serei grato a Bob por me dar a chance de ser COO dessa empresa e por me orientar ao longo dos anos. Quando ele se aposentou, assumi como CEO e presidente do conselho.

"Na semana passada, o conselho de administração renomeou Bob como seu presidente", diz Steve, com a voz começando a tremer. Maxine observa com espanto ele enxugar uma lágrima. "Claro, apoio essa mudança e estou ansioso para trabalhar com Bob novamente. Pedi a ele que viesse compartilhar algumas palavras conosco e nos dizer o que isso significa para a empresa."

Até aquele momento, Maxine não havia percebido o quanto isso representava para Steve. Ela ouvira falar que era um rebaixamento, mas, para ser honesta, ela não entendia nem se importava muito com esse tipo de mudança no nível executivo. Os executivos iam e vinham, muitas vezes sem muito impacto sobre ela e seu trabalho diário. Mas ela fica fascinada pelo drama que se desenrola à sua frente.

Um homem mais velho ligeiramente curvado, com cabelos brancos e um sorriso irônico, entra no palco e fica ao lado de Steve.

"Olá, pessoal. É ótimo estar aqui na sua frente depois de tantos anos. Até vejo alguns rostos conhecidos, o que me deixa muito feliz. Para quem não me conhece, meu nome é Bob Strauss. Fui CEO dessa empresa por quinze anos, quando os dinossauros vagavam pela Terra. E, antes disso, fui funcionário daqui por quase trinta anos. Como Steve mencionou, foi com grande esperança e orgulho que o recrutei em outra empresa, muitos anos atrás.

"Desde que me aposentei, continuei servindo no conselho de administração. O trabalho do conselho é muito simples: representar os interesses dos acionistas da empresa, que inclui quase todos vocês. Queremos garantir o futuro da empresa. Se você tem uma pensão ou fez parte de nosso plano de compra de ações de aposentadoria de funcionários, isso provavelmente é tão importante para você quanto é para mim.

"Fazemos isso principalmente responsabilizando os executivos, contratando e, hmm, ocasionalmente demitindo o CEO", diz ele diretamente. A respiração de Maxine falha ligeiramente — até aquele momento, Bob parecia um avô amigável. Aparentemente, ele tem um lado mais rígido.

"Só de olhar para o preço das ações, você sabe que os mercados não acham que estamos tendo um desempenho tão bom quanto deveríamos. Se o preço das nossas ações cai enquanto o dos concorrentes sobem, algo precisa mudar.

"Gosto de pensar que as empresas têm dois modos de operação: tempos de paz e de guerra. Nos tempos de paz, as coisas vão bem. É quando crescemos como empresa e continuamos os negócios normalmente. Durante esses períodos, o CEO geralmente é também presidente do conselho. Porém, nos de guerra, a empresa está em crise, é quando encolhe e corre o risco de desaparecer, como o que está acontecendo agora conosco.

"Durante a guerra, o objetivo é encontrar formas de evitar a extinção. Assim, o conselho divide as funções de CEO e de presidente." Bob faz uma pausa, apertando os olhos sob as luzes brilhantes, olhando para a plateia totalmente silenciosa. "Quero que todos saibam que tenho total confiança em Steve e em sua liderança. E, se tudo correr bem, vamos descobrir como conseguir para ele a presidência novamente, para que eu volte a me aposentar, meu lugar." A multidão ri nervosa quando Bob acena e sai.

Steve chega à frente do palco e diz: "Será que todos podem dar uma salva de palmas a Bob Strauss?"

Após os aplausos abafados, Steve retoma: "Os objetivos da empresa este ano eram estabilizar nossos negócios. Nossa operação de fabricação representa 2/3 da nossa receita, que se manteve estável, mas ainda lucrativa. Esse tem sido o esteio de nosso negócio por quase um século, e conseguimos repelir nossos ferozes concorrentes asiáticos.

"No entanto, nossas Ops de varejo continuam apresentando um desempenho inferior. Nossa receita está quase 5% menor do que no ano passado", diz ele. "Nosso maior trimestre ainda está chegando, então há esperança. Mas a esperança por si só não é uma estratégia, vejam como Wall Street reagiu ao nosso desempenho até agora. No entanto, continuo confiante de que o Projeto Fênix nos ajudará a nos adaptar a essas novas condições de mercado.

"Então, sem mais delongas, passo a palavra a Sarah Moulton, nossa SVP de Ops de varejo, para descrever por que o Projeto Fênix é tão importante para o futuro da empresa."

Sarah entra no palco vestindo um terno azul royal incrivelmente lindo. Qualquer que seja a opinião de Maxine sobre Sarah, ela sempre está fabulosa. Na verdade, ela ficaria em casa na capa da *Fortune* — inteligente, agressiva e ambiciosa.

"Como Steve e Bob mencionaram", começa Sarah. "Estamos em um momento de incrível disrupção digital no varejo. Até *nossos* clientes fazem pedidos online, pelos smartphones. O objetivo do Projeto Fênix é permitir que nossos clientes façam os pedidos como desejarem, online, em nossas lojas ou até mesmo pelos canais parceiros. E onde quer que façam o pedido, eles precisam conseguir receber seus produtos em casa ou retirá-los em uma das lojas.

"Isso é o que temos tentado fazer há anos. No momento, nossas lojas ainda estão na idade das trevas. É a Parts Unlimited 1.0. O Projeto Fênix criará a Parts Unlimited 2.0. Existem muitas eficiências que podemos criar para nos ajudar a competir contra os gigantes do e-commerce, mas devemos inovar e ser ágeis. Para permanecermos relevantes, as pessoas precisam nos ver como líderes de mercado, criando modelos de negócios — o que funcionou no nosso primeiro século de existência pode não funcionar no segundo."

Como sempre, há alguma validade no que Sarah diz, reconhece Maxine, relutantemente, mas ela pode ser muito condescendente.

"O Projeto Fênix é a iniciativa mais importante para a nossa empresa, e apostamos nossa sobrevivência nele. Gastamos quase US$20 milhões nele ao longo de três anos, e os clientes ainda não viram nenhum valor", continua ela. "Decidi que é hora de finalmente entrarmos no jogo. Lançaremos o Projeto Fênix no final deste mês. Sem mais atrasos. Chega de adiamentos."

Maxine ouve um suspiro alto de toda a plateia e um zumbido de murmúrios urgentes. Sarah continua: "Isso finalmente nos dará paridade com a concorrência e estaremos prontos para recuperar a participação no mercado."

Maxine suspira de frustração. Ela entende a urgência de Sarah, mas isso não muda o fato de que existem mais de cem desenvolvedores que não são nem de longe tão produtivos quanto deveriam, lutando para realizar compilações de rotina, gastando muito tempo em reuniões ou esperando por coisas de que precisam. O discurso de Sarah soa como um general dizendo como é importante vencer a guerra e que só depois descobrirá que todos os soldados estão presos no porto há três anos.

Por outro lado, pelo menos, Sarah não lançou algo novo hoje.

Steve agradece a Sarah e, em seguida, analisa rapidamente as finanças da empresa e um acidente ocorrido em uma das fábricas no mês passado. Ele fala sobre Hannah, que teve seu dedo esmagado por uma máquina de estampar, e como substituíram aquela máquina por uma que tinha um sensor que evita o fechamento das placas quando alguém está na zona de perigo. Ele aplaude a equipe por não esperar pelo orçamento para agir sobre isso: "Lembre-se de que a segurança é uma precondição do trabalho."

Maxine adora esses relatórios, e sempre ficou impressionada e emocionada com o quanto Steve se preocupa com a segurança dos funcionários.

Ele diz: "Isso conclui nossa sessão. Agora temos cerca de quinze minutos para perguntas."

A atenção de Maxine vagueia enquanto as pessoas fazem perguntas a Steve sobre previsão de receita, desempenho das lojas físicas, problemas recentes na fabricação... Mas, quando alguém pergunta sobre o problema com a folha de pagamento, ela dá um pulo de alerta antes de se encolher na cadeira enquanto se esforça para ouvir cada palavra.

"Peço desculpas a todos que foram afetados por isso", responde Steve. "Entendo o quão perturbador foi para todos, e tenham certeza de que tomamos medidas muito específicas para garantir que isso não aconteça novamente.

Foi uma combinação de problemas técnicos e erro humano, e acreditamos que corrigimos os dois."

Maxine fecha os olhos, sentindo suas bochechas ficarem vermelhas, esperando que ninguém esteja olhando para ela. Ela não consegue ver como seu exílio no Projeto Fênix possa ser considerado uma solução.

CAPÍTULO 3
• *Segunda-feira, 8 de setembro*

De volta da reunião pública, Maxine vai para sua mesa. Ela olha o calendário. Já se passaram quatro dias desde sua prisão e sua busca por um build do Fênix, mas parece quase um ano; as horas se arrastam.

Ela recebe uma notificação no celular, que a traz de volta à realidade:

> Projeto Fênix: atualização do status para os stakeholders (em 15 minutos).

Para ela, é uma nova reunião. Pensando na busca, deixou claro que todos podem convidá-la para qualquer reunião. É bem melhor do que ficar sentada em sua mesa, e ela ainda está tentando se situar. Ela espera encontrar alguém que possa lhe dar algumas coisas de que precisa. Com cuidado, tem evitado itens de ação e não vem topando desenvolver recursos possivelmente divertidos para não se distrair do build do Fênix.

Todos aqui acham os recursos importantes porque querem colocá-los nos seus apps, nas páginas da web ou na API. Mas ninguém compreende a importância do processo do build. Os desenvolvedores não podem ser produtivos sem um excelente processo de build, com integração e teste.

Ela chega cedo e se surpreende, pois só encontra espaço no fundo da sala. Encostadas na parede, há mais cinco pessoas com ela. Seus olhos brilham quando ela observa o ambiente. Todos os figurões da empresa estão aqui. Maxine sorri ao ver Kirsten Fingle no comando da reunião. Ela chefia o Escritório de Gestão de Projetos. Maxine adorava trabalhar no suporte de um programa importante gerenciado por vários ninjas indicados por Kirsten. No geral, esses gerentes eram alocados nos projetos mais relevantes, que exigiam coordenação intensa entre muitos grupos da empresa. Eles são craques em fazer acontecer. São aplicados e resolvem problemas rapidamente, muitas vezes só com uma mensagem de texto.

Na frente da sala, Chris lhe faz um breve aceno. Ele supervisiona duzentos desenvolvedores e profissionais de QA, quase todos do Projeto Fênix. Chris está encarando um sujeito parecido com o personagem do Ed Harris no filme Apollo 13, sentado do outro lado da mesa. Sussurrando, ela pergunta se o colega ao seu lado sabe quem ele é: "Bill Palmer, o novo vice-presidente de Ops de TI. Foi promovido na semana passada depois do grande expurgo de executivos."

Perfeito, pensa Maxine. Mas ela se sente bem ao ver que só há feras ali. É como estar na nave *Enterprise*, observando as interações entre os oficiais.

Ela curte os primeiros quinze minutos da reunião. É um caos. Todos tentam decifrar os comentários de Sarah na reunião pública sobre o lançamento "no final do mês". Kirsten diz, enfaticamente: "A data ainda está em negociação, e ainda não ouvi nada de específico." *Será que é outro alarme falso?*, pensa Maxine, incrédula.

Maxine vê mais urgência naquela análise das prioridades da empresa, dos problemas que mais precisam de atenção e dos pontos pendentes de resolução. Ela não entende todas as siglas, mas coloca as mais importantes em sua lista e ignora o jargão corporativo mais chato.

Sem querer, à medida que a reunião se arrasta, ela fica entediada, e seu foco se volta para bobagens, seguindo um impulso apaixonante de... Ela não faz a mínima ideia. *OEP significa "Order Entry Protocol" ou "Order Entry Program"? Ou será que estavam falando outra vez da OPA? Talvez fossem a mesma coisa? Será que eu ligo mesmo para isso?*

Quarenta minutos depois, seus olhos estão vidrados. É o momento do "status das tarefas", e Maxine já perdeu todo interesse na reunião. Se ela tivesse algum trabalho, já teria ido embora.

Seus pés doem, e ela está pensando se deve permanecer na reunião quando ouve alguém reclamando sobre o tempo de espera por algo necessário. Ela sorri e pensa: *Seja bem-vindo ao clube. É isso que eu faço o dia todo.*

No lado da mesa reservado aos "novatos", um gerente de Dev responde: "Sim, estamos atrasados, mas novos desenvolvedores vão começar esta semana e devem estar prontos para o trabalho daqui a uma ou duas semanas."

Ah, sou muito boa no que faço e quase não avancei, pensa ela, olhando para o chão. Ela sorri para si mesma. *Boa sorte, babacas.*

Um silêncio longo e constrangedor se instala na sala. Maxine olha para cima. Horrorizada, vê que todos estão olhando para ela e percebe que deve ter pensado em voz alta.

Ela olha para Chris, que parece perplexo, gesticulando freneticamente com as mãos como se dissesse "não, não, não".

Na frente da sala, Kirsten se apressa em dizer: "Que ótimo vê-la aqui, Maxine! Não sabia que você estava no Fênix. Estamos felizes por contar com a colaboração de alguém com a sua experiência. Você não poderia ter aparecido em uma hora melhor!"

Chris esconde o rosto com as mãos. Se já não estivesse encostada na parede, Maxine teria recuado. Imitando Chris, ela acena e coloca as mãos em sua frente. "Não, não... Me desculpe, cheguei há poucos dias. Vocês estão fazendo um trabalho incrível. Pode continuar. Só estou aqui para ajudar na documentação e nos builds."

Com sua célebre sinceridade, Kirsten insiste. Ela se inclina para a frente. "Não. Acho que você disse: 'Boa sorte, babacas'. Estou sempre interessada na sua perspectiva, devido ao seu grande sucesso nas Ops da fábrica. Eu adoraria entender melhor o que te fez rir."

"Me desculpe por ter rido", começa ela. "Mas é que não fiz nada até agora. Só estou tentando rodar os builds do Fênix no meu notebook desde quarta-feira. Basicamente, não fiz nenhum avanço. Estou esperando as credenciais, chaves, ambientes, arquivos de configuração, documentação, muita coisa. Sei que todos estão muito ocupados e que é muito difícil encaixar todas as peças para fechar um build do Fênix, mas, para que todos os nossos desenvolvedores trabalhem bem, eles devem ter condições de fechar builds desde o primeiro dia. O ideal é que eles programem em um ambiente parecido com o de produção para obter feedback mais rápido e saber se o código que escreveram funciona no sistema como um todo. Depois de dias tentando, ainda não tenho acesso ao sistema total, só a uma caixa de subgrupos em que falta um monte de peças. E eu sou muito, muito boa nessas coisas."

Ela olha ao redor e faz um gesto de indiferença para Chris. Ela precisava mesmo tirar aquilo do peito. Chris parece horrorizado.

"Só espero que esses novos engenheiros tenham mais sorte do que eu, só isso", conclui, rapidamente.

Um silêncio longo e constrangedor percorre a sala. Randy assente com um gesto enfático e cruza os braços, parecendo arrogante. Do outro lado da mesa, alguém ri alto. "Ela tem razão! Eles vão precisar de mais do que sorte! Obter acesso a um ambiente Dev é como renovar a carteira de motorista. É preciso pegar uma senha, preencher vários formulários e esperar. Na real, eu consigo pegar a carteira de motorista em um dia... Aqui é mais como obter um alvará para iniciar uma construção. Ninguém sabe quanto tempo vai demorar."

Metade da sala solta risadas maldosas, e a outra metade claramente se sente ofendida.

Maxine olha para o piadista, um sujeito de aproximadamente 45 anos, um pouco acima do peso, mas com pinta de "ex-atleta". Ele tem um rosto quadrado, está surpreendentemente barbeado e usa óculos grandes e retos. Ele usa uma camiseta de skate, e sua fisionomia sugere uma irritação permanente.

Com base nesse aspecto carrancudo, Maxine infere que ele é um desenvolvedor sênior: passar muito tempo em um ambiente como o do Fênix deve mexer com as pessoas.

Alguém na frente da sala começa a responder. Ela reconhece William, o *supersimpático diretor* de QA que fez de tudo para ajudá-la. "Veja bem", diz ele. "Como nossas equipes estão cada vez mais atrasadas nos testes, concordamos que, para cumprir os prazos, devemos retirar o foco da produção em ambientes. A prioridade será o envio de recursos totalmente testados. Todos sabíamos que isso aumentaria os prazos para a entrega dos ambientes às equipes. Pode acreditar: minhas equipes estão sofrendo tanto quanto as suas. O QA também precisa de ambientes para fazer os testes."

O desenvolvedor emburrado logo responde: "William, você foi enganado. Foi uma péssima decisão. Um desastre. Maxine está certa. Os desenvolvedores precisam de ambientes para ser produtivos. Você deve designar uma equipe só para consertar o processo de criação de ambientes. Tenho três projetos que exigem ambientes de preparo e estão parados há meses. Isso é tão importante que eu me ofereço como voluntário para ajudar", diz ele.

"Negativo", diz Chris, cansado. "Fique na sua pista, Dave. Precisamos que você mantenha o foco nos recursos."

William diz: "Espere um pouco... Quero esclarecer que não somos o gargalo nessa questão dos ambientes. Temos vários já prontos, mas ainda precisamos de logins da Segurança e pontos de montagem e armazenamento do Ops. Já comuniquei isso, mas ainda não recebi nenhuma resposta."

Chris aponta o dedo para Bill e se vira para Kirsten: "Preciso de ajuda para encaminhar nossas demandas para as Ops".

Bill responde rapidamente. "Se somos o gargalo, preciso saber. Vamos encontrar uma forma de ajudar William."

Kirsten assente, parecendo ligeiramente irritada. Maxine presume que isso se deve ao surgimento de mais dependências. "Boa ideia, Bill. Tudo bem, vamos para o próximo ponto da lista."

Enquanto Kirsten fala, Chris se vira para Maxine com uma expressão intensa, como se dissesse: *Qual parte de "fique quieta" você não entendeu, Maxine?* Ela murmura a palavra "desculpa".

De soslaio, ela vê um homem mais jovem se ajoelhar ao lado de Kirsten, sussurrando em seu ouvido enquanto gesticula para Maxine. Em vez de calças cáqui, ele está de jeans e segura um caderno Moleskine preto.

Kirsten acena e sorri para ele, aponta para Maxine e também sussurra algumas frases. O rapaz assente e toma notas furiosamente.

Maxine decide ir até a porta e sair dali o mais rápido possível, antes de fazer outra coisa estúpida.

Ela chega ao corredor frio, aliviada por ter escapado daquela sala quente e abafada. Ela se dirige para a cozinha, onde o clima está ainda mais fresco. Pensando em pegar uma caneca de café, talvez a quinta do dia, ela ouve alguém falar atrás dela: "Olá, você deve ser a Maxine!"

Ela se vira. É o rapaz que estava conversando com Kirsten na reunião. Ele abre um sorriso largo e estende a mão, dizendo: "Oi, sou Kurt. Sou um dos gerentes de controle de qualidade de William. Ouvi que você precisa de chaves, ambientes e um monte de outras coisas para fazer o build rodar, é isso? Acho que posso ajudar."

Por um momento, Maxine apenas o encara, sem saber ao certo o que ouviu. Há dias sua vida se resume a uma busca incessante pelos componentes necessários para construir o Fênix. Há dias ela vem encaminhando pedidos para uma burocracia indiferente e impessoal. Ela está surpresa em encontrar alguém disposto a ajudá-la.

Maxine está olhando para a mão estendida de Kurt quando dá por si e volta para a realidade. "Prazer em conhecê-lo. Sou a Maxine e, sim, aceito qualquer ajuda para fazer um build do Fênix rodar!"

Ela continua: "Espero não ter pisado no calo de ninguém lá. Tenho certeza que todos estão dando o melhor de si, você sabe, apesar de tudo…" Ele abre um sorriso ainda mais largo e aponta com o polegar para trás, na direção da sala de reuniões. "Aquele pessoal? Não se preocupe com isso. Eles estão em uma cilada imensa, preocupados em se proteger e puxar o tapete uns dos outros. Duvido que no fim do dia eles ainda lembrem do que você disse."

Maxine ri, mas Kurt vai direto ao ponto. "Então, você precisa fazer os builds do Fênix rodarem. Em que etapa você está, e de que precisa?"

Maxine desaba. "Ainda não fui muito longe, e não é por falta de tentativa." Ela descreve em detalhes tudo que fez até agora e as etapas que ainda faltam. Ela abre o checklist em seu tablet e mostra a ele as tarefas em aberto, apontando os itens de que precisa.

"Uau, a maioria desiste muito antes de chegar nesse ponto", diz Kurt. "Posso ver?" acrescenta, apontando para o tablet.

"Claro", diz ela, entregando o aparelho. Kurt percorre a lista com o dedo, balançando a cabeça e, aparentemente, comparando os dados com outra lista em sua memória. "Sem problemas, acho que posso arranjar quase tudo", diz ele. E, com um sorriso, acrescenta: "Também vou colocar outras coisas que você vai precisar depois. Não se preocupe, você não tinha como saber.

Também aprendemos da maneira mais difícil. Ninguém aqui documenta muito bem o ambiente de compilação."

Kurt faz uma foto da lista com o celular e devolve o tablet. "Voltamos a nos falar daqui a um ou dois dias", diz ele. "O Projeto Fênix ainda está na Idade da Pedra. Centenas de desenvolvedores e o pessoal de QA trabalham no projeto, mas a maioria só cuida da sua parte na base de código. Ninguém está desenvolvendo o sistema inteiro, nem muito menos testando regularmente. Eu sempre aponto isso para os superiores, mas eles me dizem que está tudo sob controle."

Ele lança um olhar incisivo para ela. "Você não toleraria isso no suporte da fábrica com seu antigo grupo de MRP, certo?"

"Nunca", responde ela, no mesmo instante. "Como aquele cara disse na reunião: os desenvolvedores precisam de um sistema onde possam obter feedback rápido e constante sobre a qualidade do trabalho. Se você não encontra os problemas logo, eles acabam surgindo meses depois. E, a essa altura, os problemas já estão espalhados nas mudanças feitas pelos outros desenvolvedores e o elo entre causa e efeito desaparece. Ninguém pode tocar um projeto dessa forma."

Kurt assente. "E, no entanto, aqui estamos nós, executando o Projeto Fênix, o mais importante da empresa, como um programa da década de 1970. Os desenvolvedores passam o dia todo programando e integrando suas alterações e só fazem os testes no final do projeto. O que pode dar errado?", diz ele, com um sorriso malicioso. "Sempre me dizem que essas decisões estão acima da minha faixa salarial."

Os dois riem.

Kurt não parece amargo ou cínico. Ele irradia uma vibração positiva, do tipo que aceita facilmente a vida como ela é. Ele continua: "Eu invejo a produção da sua equipe e o número de plataformas em que vocês trabalharam. Temos dez vezes mais profissionais no Fênix, mas acho que sua antiga equipe faz muito mais do que nós."

Maxine acena com a cabeça. Sem dúvida, ela sente falta da equipe.

"Ah, e por falar nisso, há um boato que pode ser do seu interesse", diz Kurt, olhando ao redor como se tivesse receio de ser ouvido. "Dizem que Sarah pressionou para que o lançamento do Fênix ocorresse esta semana e que Steve acabou de aprovar. A bomba está prestes a explodir. Se você quiser acompanhar a preparação da equipe de lançamento, é só me dizer. Vai ser muito divertido de assistir."

Depois dessa estranha interação, Maxine se recosta na cadeira em frente à mesa e percebe que está esperando outra vez. Distraída, ela olha para uma citação que costuma colar nas suas mesas, um trecho de *Ah, os lugares aonde você irá!*, um dos seus livros favoritos do Dr. Seuss.

O livro descreve o temido Lugar da Espera, onde as pessoas esperam o peixe morder o anzol, o vento para empinar pipa, o tio Jake, a panela ferver ou uma ocasião melhor... Todos só esperam.

NÃO!
Isso não é para você!
Você vai arranjar um jeito de escapar
de toda essa espera e demora.
Você vai encontrar os lugares iluminados
onde as Boom Bands tocam.

No Projeto Fênix, todos estão presos no Lugar da Espera, e ela está determinada a libertá-los.

São 11h45 da manhã. Maxine olha sua agenda. Ainda é o quarto dia do seu exílio forçado. Mesmo sem receber uma resposta de Kurt, ela obteve acesso ao terceiro dos quatro repositórios de código-fonte. Hoje, ela resolve que não vai mais esperar por ninguém.

Ela vai desenvolver alguma coisa.

Nas próximas quatro horas, ela tenta rodar todo Makefile, maven POM, bundler, pip, ant, build.sh, build.psh e item parecido com script de compilação que encontra. A maioria deles falha logo na execução. Alguns disparam mensagens de erro terrivelmente longas.

Ela analisa os logs de erros à procura de pistas para produzir algo que funcione, vasculhando o esgoto em busca de um amendoim, um trabalho duro e desagradável. Ela identifica cerca de vinte dependências ou executáveis de que precisa. Em vários momentos, ela pergunta se alguém sabe onde conseguir essas coisas, abrindo pedidos e mandando e-mails, mas ninguém sabe. Ela passa três horas pesquisando na internet, esquadrinhando o Google e o Stack Overflow.

Em uma péssima escolha, ela decide construir alguns componentes do zero, partindo de esquemas semelhantes disponíveis no GitHub. Cinco horas depois, está de péssimo humor: exausta, frustrada, irritada e convencida de que perdeu um dia inteiro mexendo em coisas que nunca deveria ter mexido.

Basicamente, ela tentou fazer peças de motor derretendo latas de alumínio. *Quanta estupidez, Maxine*, pensa ela.

Naquela noite, ao chegar em casa, ela percebe que ainda está com toda a frustração do trabalho. Avisa ao marido e aos filhos que não tem condições de conversar e pega duas minigarrafas de Veuve Cliquot rosé na geladeira. Assim que a veem, seus filhos adolescentes entendem que devem manter distância. Ela está com a cara de "mamãe de péssimo humor".

Enquanto eles preparam o jantar, ela se arrasta para a cama e coloca um filme para assistir.

Um dia totalmente jogado fora, pensa, irritada.

Ela pensa sobre a diferença entre um dia ótimo e um dia ruim. Um dia ótimo ocorre quando ela resolve um problema importante da empresa. O tempo voa porque ela passa o dia focada, adorando seu trabalho. Ela entra em um estado de fluxo e nem sente que está trabalhando.

Um dia ruim acontece quando ela fica o tempo todo batendo a cabeça contra o monitor, vasculhando a internet em busca de coisas que ela não quer aprender, mas precisa para resolver algum problema. Antes de dormir, tenta não pensar no tempo de vida que gastou em pesquisas para aprender a eliminar mensagens de erro.

Chega um novo dia. Após uma boa noite de sono, ela vai para sua mesa determinada a *não* repetir o erro de ontem. Ela de fato se ocupou, mas isso não quer dizer que fez algo significativo. Em uma janela de terminal, ela abre o trabalho de ontem e, sem olhar, exclui tudo.

Em seguida, suspende todos os seus pedidos em aberto no sistema. Ela se recusa a se sentir impotente, à mercê de autoridades distantes, presa em uma burocracia impessoal que a afasta dos seus objetivos, aspirações, desejos e necessidades.

Maxine tem uma história longa e complicada com sistemas de pedidos, cheia de experiências boas e ruins.

No ano anterior, ela financiou um projeto no Kickstarter que prometia criar uma caneca que conservaria sua bebida em qualquer temperatura por várias horas. O produto tinha até bluetooth, que permitia a visualização e configuração da temperatura pelo celular. Ela adorou a ideia e logo pagou US$500 para ajudar o inventor.

Ela ficava animada sempre que recebia uma notificação: quando o inventor atingia suas metas de financiamento, quando um fabricante era selecionado, quando o primeiro lote entrou em produção e, mais importante, quando sua caneca foi enviada. Foi muito gratificante fazer parte dessa jornada coletiva e, ao final, segurar uma das primeiras quinhentas canecas.

O sistema de tíquetes Dev parecia totalmente diferente. Ele transmite o oposto da alegria e da expectativa que ela experimentou com a caneca mágica. De fato, ela até se lembra da terrível experiência com seu primeiro pacote para banda larga de alta velocidade por DSL na década de 1990. Apesar de ter recebido o modem, ela tinha que lidar com o provedor de internet (que comercializava o serviço DSL) e a companhia telefônica (que controlava a fiação).

O pessoal que fez a instalação na casa dela pisou na bola, pois nada funcionava. Quando ela ligava, cada empresa dizia que a responsabilidade pelo conserto era da outra. Às vezes, alguém encontrava um registro das conversas anteriores, outras vezes, não. Ela estava presa em uma burocracia cruel e indiferente, kafkiana. Durante quatro semanas, seu incrível modem DSL só emitiu uma luz vermelha intermitente. Era inútil como um tijolo, e ela tinha aberto inúmeros protocolos naquelas organizações.

Um dia, Maxine decidiu tirar um dia inteiro de folga só para ativar a linha DSL. Três horas depois, ela conseguiu falar com um técnico do Nível 3 do suporte, que tinha acesso a todos os sistemas de pedidos. O sujeito era incrível e, obviamente, muito engenhoso e encaminhou a solicitação de Maxine ao departamento correto, usando as palavras-chave corretas para que supervisores das duas empresas fizessem o trabalho necessário. Uma hora depois, ela tinha uma conexão de banda larga de 64Kbps funcional.

Décadas depois, ela ainda se lembra de como ficou grata ao técnico. Ela lhe disse: "Eu adoraria conversar com alguém mais importante sobre o trabalho incrível que você fez e como fiquei agradecida." Contente, ela esperou mais dez minutos para falar com um supervisor e passou mais dez minutos papeando sobre a ajuda que recebera.

Maxine achou muito importante falar sobre o trabalho extraordinário e até heroico do técnico de Nível 3 e sobre o valor da ajuda dele. Ela ficou contente ao saber que ele estava sendo avaliado para uma promoção e que o telefonema dela provavelmente havia definido a situação.

Depois, Maxine passou uma hora observando a luz verde piscando e saboreando as taxas de download incrivelmente rápidas.

Lembrando daquele técnico esperto, Maxine recorda como adora resolver problemas e encarar desafios e como seu trabalho é importante. Ela ajuda os desenvolvedores a serem mais produtivos.

Ela respira fundo e invoca seu célebre e implacável otimismo, vasculhando seu e-mail em busca de alterações no status dos pedidos. Ela ignora todas as atualizações da equipe, exceto aquelas em que as pessoas surgem gritando em MAIÚSCULAS. Ela quer identificar os mais esquentados para evitá-los.

Maxine continua deslizando, e seu coração dá um salto quando ela vê a linha do assunto:

> Notificação: mude para o tíquete #46132: Ambiente Fênix Dev.

Será que seu ambiente Dev está pronto?

Ela tenta não se animar demais porque já se deu mal antes. Ontem ela recebeu duas notificações, mas eram apenas alterações de pouca importância no pedido. A primeira indicava que alguém finalmente havia visto o tíquete; a segunda avisava sobre a transferência para outra pessoa.

Maxine clica no link do e-mail, que exibe o histórico completo do pedido no navegador. Ela aperta os olhos e se aproxima da tela. Ela deu entrada no pedido há seis dias (contando o fim de semana), e houve sete mudanças de status, indicando os diferentes responsáveis que processaram sua solicitação de ambiente. Às 8h07 da manhã, o tíquete foi marcado como fechado.

Ela solta um forte assobio. Finalmente, o pessoal do Ops terminou! Agora ela só quer saber dos builds!

Mas ela fica confusa. Onde está o ambiente? Como ela vai fazer o login?

Qual é o endereço IP? Onde estão as credenciais?

Ela percorre a página até o final, onde ficam as notas e comentários, e lê as entradas de cada responsável que processou o tíquete. O pedido passou por Bob, Sarah, Terry, Sarah e, por último, Derek. No final das notas, Derek escreveu:

> Para liberar um ambiente Dev, precisamos da aprovação do seu gerente. O processo correto está documentado abaixo. Tíquete fechado.

O rosto de Maxine fica vermelho e quente.

Derek fechou meu tíquete?! Depois de toda essa espera, ele fechou a solicitação por causa da aprovação de um gerente?

Quem esse Derek pensa que é?!, grita Maxine, para si mesma.

Ela move o cursor pela tela, procurando algum link para clicar. Mas só há o documento de política disponibilizado por Derek. Ela não encontra nenhuma forma de descobrir quem é Derek nem o contato dele. Ela encontra um botão para reabrir o tíquete, mas está indisponível.

Valeu, Derek, seu babaca, pensa Maxine, com raiva.

Furiosa, ela resolve fazer uma pausa. Ela sai do prédio e se senta em um banco em frente à sala, respira fundo, fecha os olhos e conta até cinquenta. Em seguida, volta para sua mesa.

Ela clica no botão para abrir um novo tíquete. Quando aparecem os inúmeros campos em branco, ela quase desiste e vai para casa. Quase. Mas ela se força a sorrir e tenta se expressar da forma mais simpática possível:

> Oi, Derek. Muito obrigado pelo trabalho no meu ambiente, que é essencial para o Projeto Fênix; consulte o tíquete #46132 (link abaixo). Posso colar a aprovação do meu gerente (Randy Keyes) neste tíquete? Receberei um e-mail de Randy com a aprovação nos próximos 30 minutos. Posso ligar para você para garantir que o pedido seja processado ainda hoje?

Ela clica no botão Enviar, escreve um breve e-mail pedindo que Randy autorize a criação de um ambiente Dev e corre para sua mesa. Ela fica aliviada quando o encontra lá e não em uma reunião. Ela lhe diz o que precisa e, ao seu lado, observa quando ele envia como resposta o simples termo "Aprovado".

De volta à sua mesa, ela se vê dominada por uma sensação intensa de determinação e foco. Ela fará tudo que for preciso para obter seu ambiente Dev. Ela se senta, copia e cola a aprovação de Randy no tíquete do service desk e inclui uma nota:

> Muito obrigado, Derek. Aqui está a aprovação do meu gerente. Será que ainda posso pegar o ambiente ainda hoje?

Ela clica em enviar.

Ela abre a lista de contatos da empresa e seleciona todos os Dereks na organização de TI. São três. O Derek do helpdesk parece o mais promissor.

Ela envia um e-mail com uma nota simpática, com cópia para Randy, para agradecê-lo antecipadamente pela ajuda e para dizer como ela está feliz por estar no Fênix, praticamente implorando para que ele não coloque o pedido no fim da fila, onde só será processado daqui a uma semana.

Ela clica em enviar. Cinco segundos depois:

> Esta é uma resposta automática. As tarefas de service desk devem ser comunicadas ao service desk. Farei o possível para ler todos os e-mails e responder em 72 horas. Em caso de emergência, ligue para este número...

Ela solta alguns palavrões. Ela imagina Derek sentado com os pés em cima da mesa, rindo da sua desgraça. Ela imprime tudo relacionado ao tíquete #46132, os e-mails e os nomes dos três Dereks, identificando cada local de trabalho. O Derek do helpdesk está a dois andares dali.

Ela sai do elevador no andar de Derek e vê várias pessoas usando fones de ouvido diante de monitores em fileiras de cubículos. Não há nenhuma janela. O teto é incrivelmente baixo. Ela ouve o zumbido elétrico das lâmpadas fluorescentes. Paira um silêncio esquisito no local. *Deveria haver mais ventiladores aqui para deixar o ar menos viciado*, pensa ela. Ela ouve pessoas digitando e conversando educadamente ao telefone.

Ao ver essa cena, ela se sente muito, muito culpada por ter se irritado com Derek. Ela pergunta a alguém onde fica a mesa dele. Depois de percorrer um labirinto de cubículos, ela se depara com a placa de identificação de Derek, uma folha de papel impressa em tinta fraca. Nesse momento, ela vê Derek.

Ele não é um burocrata veterano. Na verdade, é um rapaz de 20 e poucos anos. É asiático e tem um semblante muito sério enquanto examina a pequena tela LCD. Maxine já teve notebooks com telas maiores do que o monitor desse PC barato. Agora ela se sente pior ao lembrar das coisas ruins que pensou sobre ele.

Como não há nenhuma cadeira sobrando ali, Maxine se ajoelha ao lado dele. "Oi, Derek" diz ela, com a voz mais amigável que pode. "Me chamo Maxine. Fui eu quem pediu o ambiente Dev na semana passada. Você fechou o tíquete hoje de manhã porque faltava a aprovação do gerente. Acabei de recebê-la. Mas, como você fechou o anterior, tive que abrir um novo pedido. Será que você pode me ajudar com isso?"

"Ah, que vacilo. Me desculpe por ter fechado o tíquete. Sou novo aqui!" Derek responde com seriedade, obviamente incomodado por ter feito besteira. "Só sei que devo cobrar as aprovações das solicitações que precisam delas. Não posso reabrir os tíquetes. Só os supervisores podem fazer isso. E os novos tíquetes vão sempre para a fila e são atribuídos ao técnico da vez. Será que minha supervisora pode ajudar nisso?"

Maxine desaba, com receio do que está por vir. Mas, observando aquele oceano de pessoas, ela entende que, se não resolver isso agora, nunca terá seu ambiente Dev.

"Absolutamente. Isso seria ótimo, Derek." Ele sorri, e os dois se dirigem a um dos escritórios externos.

Nos próximos quinze minutos, Maxine observa a supervisora de Derek navegar habilmente pela extensa trilha dos tíquetes, examinando o histórico do seu pedido. Depois que Maxine saiu da sua mesa, uma tal de Samantha fechou a nova solicitação, apontando que as aprovações não podem ser enviadas no campo "Notas".

Maxine se recusa a perder a calma. Todos ali estão tentando ajudá-la. O supervisor pede desculpas pelo inconveniente. Ela combina os dois tíquetes de Maxine, coloca o nome de Randy no campo do aprovador e reenvia o pedido. "Agora, Randy só precisa apertar um botão na ferramenta! Lamentamos, mas não podemos autorizar solicitações, só os gerentes designados podem fazer isso."

"Ele pode aprovar pelo celular?", pergunta ela, forçando um tom de animação. Aparentemente, não. A ferramenta de helpdesk foi criada antes dos smartphones; na época, os celulares ainda eram do tamanho de malas e só exibiam sete dígitos em LED.

Maxine suspira, mas agradece efusivamente porque tem certeza que está perto de atingir seu objetivo. Quando ela se vira para sair, Derek pergunta, hesitante: "Posso fazer uma pergunta estúpida?"

"Claro. Não existe isso de perguntas estúpidas. Manda brasa", sorri ela, tentando não parecer insana.

"O que é um ambiente Dev? Já lidei com problemas de notebooks, redefinições de senha e coisas do tipo. Mas nunca tinha ouvido falar de 'ambiente'."

Foi aí, pensa Maxine, completamente arrasada. *A lição desta semana sobre paciência, gentileza e empatia chegou até você por meio de Derek e do departamento de helpdesk.*

Maxine tem orgulho da reputação que conquistou por ser sensata, generosa e empática. Mas sente que não demonstrou nada disso agora. Será que a indicação para o Projeto Fênix fez dela uma pessoa ruim?

Ela percebe como foi injusta sua irritação com Derek. O pobre rapaz não tinha nenhum problema com o fato de ela ser uma desenvolvedora. Ele não sabia o que ela estava pedindo nem entendia a importância da solicitação. Inexperiente, ele só fechou o tíquete com base nas regras que conhecia. Ele só estava tentando fazer o seu melhor de acordo com as instruções que recebeu.

Maxine volta para sua mesa duas horas depois. Ela chamou Derek e seu supervisor para almoçar, em agradecimento pela ajuda e para se redimir dos pensamentos ruins sobre Derek. Lá, ela pôde lhe explicar sobre o mundo do Dev, e a sincera curiosidade dele era contagiante. Ela descreveu as fascinantes opções de carreira para os técnicos além do helpdesk, com a esperança de encorajá-lo a explorar algumas dessas trilhas.

Ela vai até Randy para confirmar a aprovação do pedido. Mas ele não está na mesa dele. Ela liga para seu celular no mesmo instante.

"Só posso aprovar quando voltar para minha mesa", diz Randy. "Mas prometo que vou aprovar quando sair das reuniões. Antes das 17h, vai estar tudo pronto."

Maxine volta para sua mesa com sentimentos conflituosos. Ela entende a necessidade dos fluxos de trabalho automatizados. No chão da fábrica, os sistemas MRP que ela escreveu controlam as ações que milhares de pessoas realizam a cada minuto do dia. Não é possível fabricar produtos em grandes volumes, a um custo de milhares de dólares, sem um processo rigoroso.

Até o processo de helpdesk, agora e no caso da instalação do modem DSL décadas atrás, é uma boa forma de viabilizar o atendimento ao cliente de maneira consistente, até mesmo por meio de milhares de funcionários em call centers.

Então, por que o sistema de pedidos daqui parece tão ruim? Se todos somos integrantes da Parts Unlimited, por que sempre tenho a sensação de estar lidando com uma burocracia governamental ou com uma organização impessoal? Maxine pondera. *Talvez seja porque, quando a regra são as trocas de favores entre amigos, ninguém pode cobrar a abertura de um tíquete logo de cara.*

No dia seguinte, Maxine constata que Randy cumpriu sua promessa — ele aprovou a solicitação de ambiente Dev, mas já não dava tempo para começarem a trabalhar nele. Então, apesar da boa notícia, Maxine ainda está à espera de um ambiente Dev. Decepcionada, ela se arrasta de reunião em reunião para evitar a inércia em sua mesa.

Ela está matando tempo na cozinha, esperando sair mais uma jarra de café, quando seu celular vibra. Surge uma série de telas cheias de notificações indicando mudanças no tíquete #46132. Uma solicitação de máquina virtual ao grupo de sistemas distribuídos, uma solicitação de armazenamento a outro grupo, um endereço IP a outro grupo, um ponto de montagem de rede a outro grupo, instalações de aplicativos a outros três grupos...

Maxine dá um gritinho de alegria; enfim, um avanço! O Papai Noel acaba de mobilizar seu exército de elfos para criar o ambiente Dev que ela tanto precisa. A cavalaria está a caminho!

Animada, ela lê o histórico de todos os tíquetes. Muito trabalho está sendo distribuído para a organização de Ops como um todo. Maxine fica preocupada com *o número de pessoas necessárias* para criar um ambiente.

Ela está planejando o que fará com o ambiente Dev quando seu celular começa a vibrar incessantemente na mesa. Abrindo sua caixa de entrada, fica de queixo caído diante das quarenta notificações que surgem. Na parte superior da tela, há uma enxurrada de alertas indicando todos os tíquetes dela como fechados. "Não, não, não", lamenta ela, vasculhando o histórico dos pedidos desde o início. Ela verifica que as contas de usuário foram criadas e os pontos de montagem, configurados, mas vê uma nota de um dos administradores do armazenamento:

> Lamento, mas vou ter que fechar seu tíquete. Acredite se quiser, ficamos sem espaço nos últimos três meses. Fizemos um pedido grande, mas só vai acontecer em janeiro e, pior, todos os controladores já estão no limite. O setor de compras diz que só podemos fazer pedidos duas vezes por ano para obter os melhores descontos junto aos fornecedores. Você está quase no topo da lista, então vamos programar sua solicitação para fevereiro.

Maxine pisca.

Ainda é setembro.

O Fênix é o projeto mais importante da empresa. Eles já gastaram US$20 milhões em três anos. E ela está aqui, tentando ajudar, mas eles não querem gastar mais US$5 mil em espaço. E ela só terá um ambiente Dev daqui a cinco meses! Ela enterra a cabeça nas mãos e grita em um volume bem baixo em frente ao teclado.

Completamente derrotada, Maxine sai para outra caminhada, sem nenhum roteiro específico. São duas e meia da tarde. Nenhuma das reuniões na agenda parece interessante. São apenas pessoas reclamando da espera. Espera por algo. Espera por alguém. Todos só esperam. E ela não quer entrar nessa agora. Ela volta para a mesa, pega o casaco e a mochila do notebook e decide ir embora. Maxine não sabe para onde vai, mas não quer mais ficar aqui hoje.

Só quando já está atrás do volante, decide dar uma passada na antiga escola de seus filhos. Ela não quer vê-los; eles estão naquela idade em que não querem mais ser vistos com os pais. Então, ela se dirige para a escola primária, onde os alunos da quinta e sexta séries fazem atividades extracurriculares. Ela se orgulha de ter ajudado os professores a criarem um clube de programação há três anos; a iniciativa vem se tornando muito popular. E ela está encantada por eles terem reunido tantos alunos que se divertem com ciência, tecnologia, engenharia e matemática antes do ensino médio.

Para Maxine, aprender essas habilidades é muito importante, porque todas as profissões aplicarão noções de programação na próxima década. O campo não será mais restrito aos desenvolvedores.

Ela entra na sala de aula e logo vê Maia e Paige, duas das crianças com quem mais gosta de trabalhar. Elas são melhores amigas, mas também muito competitivas e, às vezes, até adversárias. Ambas são inteligentes e ambiciosas e têm talento para resolver problemas.

É a primeira visita de Maxine neste ano letivo. Ela se surpreende com o crescimento dos alunos e com os avanços em suas habilidades. Alguns já escrevem jogos em JavaScript, outros trabalham em servidores da web e dois estão criando aplicativos para celulares.

Ela passa a próxima hora se inteirando sobre os pontos em que os grupos estão trabalhando, rindo de alegria quando os alunos mostram suas criações e adorando responder às perguntas deles. Quando Maia e Paige pedem sua ajuda em um problema, ela logo puxa uma cadeira.

Elas estão fazendo um exercício que consiste em calcular a média, a moda e intervalos interquartis de uma matriz de números em Python. Maxine logo vê que elas cometeram várias vezes o mesmo erro de recuo.

Claro, quando elas tentam rodar o programa, o analisador Python vomita todos os erros de recuo. Elas já fizeram de tudo para descobrir e eliminar os erros.

"Posso fazer uma sugestão?", pergunta Maxine, assumindo um papel mais ativo.

"Claro, sra. Chambers", diz Maia. Maxine solta um suspiro, ainda sem saber como deseja ser tratada pelas adolescentes.

Maxine explica como funciona o recuo em Python e as diferenças em comparação com a maioria das linguagens de programação. "Mas, seja qual for a linguagem, o mais importante é rodar o programa o tempo todo", diz ela. "Se é a primeira vez que faço algo, executo o programa *a cada mudança* para conferir a compilação e a execução. Assim, evito passar horas cometendo o mesmo erro sem saber. É melhor pegar o erro na primeira vez, certo?"

Ela dá instruções para que as meninas alinhem corretamente alguns dos recuos. "Vamos ver se isso corrige o primeiro erro..."

Ela verifica os botões do editor. "Parece que vocês podem executar o programa pressionando Control-Enter. Ah, acho que é necessário fazer mais uma pequena mudança. Sim, agora vocês corrigiram o primeiro erro. Devem corrigir o próximo até que o programa volte a rodar. Se vocês verificarem a cada pequena mudança, nunca terão um problema grande para consertar..."

Refletindo sobre o que acaba de dizer, ela acrescenta: "Uma das melhores coisas de executar o programa com frequência é vê-lo rodar; é isso que deixa a programação divertida."

As garotas sorriem e eliminam o resto dos erros rapidamente. Maxine também sorri ao vê-las usando o atalho de teclado.

As meninas estão sorrindo porque o programa delas está em execução agora. Mas, observando o resultado, Maia percebe algo de errado. A média calculada está muito discrepante.

"Hmm... Acho que este é um erro do tipo 'off by one'", diz Maxine. "É um dos erros mais comuns entre os desenvolvedores. Ele acontece quando fazemos um loop com todos os elementos de uma matriz e calculamos incorretamente o último elemento. Foi isso que aconteceu aqui — erramos o último elemento... E, acreditem, quando processamos um elemento a mais acidentalmente, o programa pode travar ou ficar vulnerável a hackers."

Maxine não consegue parar de sorrir. Ela está muito animada por compartilhar essa lição, pois, ao longo das décadas, aprendeu que a mutação de estado e o looping são muito arriscados e difíceis de acertar. O driver de banco de dados ODBC, cujo conserto no meio da noite, uma década atrás, construiu sua reputação, estava com um problema desse tipo.

Por isso, Maxine se dedica tanto a aplicar os princípios da programação funcional. Aprender Clojure, sua linguagem de programação favorita, foi a coisa mais difícil que ela já fez, pois eliminou totalmente sua opção de alterar (ou transformar) variáveis. Sem dúvida, foi uma das suas conquistas mais gratificantes, uma vez que 95% dos seus erros habituais (como aqueles das meninas) desapareceram completamente.

A programação funcional é uma ótima ferramenta para o raciocínio.

"Vocês querem aprender um truque legal?", pergunta Maxine. As meninas assentem, e ela diz: "É o seguinte. Soa um pouco estranho, mas é possível eliminar todos os loops usando iteradores. Essa é a forma mais fácil e segura de criar um loop."

Ela examina a documentação do Python disponível na internet, digita uma linha de código no editor e pressiona Control-Enter algumas vezes até chegar à resposta certa.

"Voilà! Vejam só. Esse comando faz a mesma coisa que o anterior, mas sem loops nem lógica condicional, como a verificação do final da matriz. É apenas uma linha de código, imune a erros do tipo 'off-by-one'!", diz ela, sentindo um grande orgulho do que acabou de escrever.

Maxine recebe "ohs" e "ahs" de admiração das garotas, cujos olhos brilham durante a explicação. Ela está contente porque esse pequeno exercício eliminou algumas complexidades desnecessárias da realidade. As meninas serão poupadas de décadas de frustração, e o mundo ficará mais seguro.

Ela passa a próxima hora circulando entre as equipes, assistindo animada aos garotos resolverem problemas e ensinando pequenos truques para aumentar a produtividade e deixar o grupo mais alegre. Na saída, quando os meninos estão arrumando suas mochilas, enormes e pesadas, Maxine percebe que está de excelente humor.

A sensação de ensinar algo que as pessoas querem aprender é incrível. Além disso, o grupo é excelente. Ela pensa em como tudo flui bem fácil aqui. Basta pressionar Control-Enter para compilar e rodar o programa. Em caso de erro, você corrige, pressiona uma tecla e tenta novamente.

No seu inferno profissional atual, é o oposto. Ela ainda não conseguiu construir nenhuma parte do sistema Fênix. Parece que os builds desapareceram do cotidiano de todos ali.

Maia e Paige repetiram o mesmo erro de recuo por meia hora. Na Parts Unlimited, uma centena de desenvolvedores cometem erros bem maiores e só perceberão os lapsos daqui a vários meses.

Todos se despedem de Maxine, agradecendo sua importante ajuda. Ela entra no carro e afunda no assento. Para sua surpresa, ela se sente triste e desanimada. No trabalho, não há nada parecido com a alegria e o aprendizado que vivenciou aqui. Ela se questiona se todos no Projeto Fênix também se sentem assim.

Maxine está prestes a ligar o carro quando seu celular vibra. É uma mensagem de um de seus colaboradores em um projeto de código aberto voltado para o gerenciamento de tarefas pessoais. Ela iniciou esse trabalho há cinco anos para criar métodos eficientes de registros profissionais. Ela sempre foi obcecada por registrar as formas como investe seu tempo.

Inicialmente, era apenas uma ferramenta para ela ser mais produtiva e fazer a triagem das tarefas recebidas por e-mail, Trello, Slack, Twitter, listas de leitura e da infinidade de outras fontes de trabalho. O app permite que ela insira facilmente as tarefas no GitHub, JIRA, Trello e muitas outras ferramentas de interação com pessoas e equipes.

Ao longo dos anos, ela vem usando o programa todos os dias para organizar sua vida profissional e pessoal. Ela coloca todas as suas tarefas no app. É sua caixa de entrada principal, o local onde ela pode ver todo o trabalho e mover os itens entre os sistemas.

Muitas pessoas usam o aplicativo dela e já até criaram adaptadores para conexão com outras ferramentas. Ela sempre se surpreende com os milhares de usuários do mundo todo e com os vinte colaboradores ativos que programam o app.

Ela observa a nova solicitação de pull da mensagem: alguém criou um adaptador para o gerenciador de tarefas. A mudança proposta parece fantástica. Ela pensa em fazer isso há anos. A mudança é muito inteligente, e ela gosta da forma como os testes automatizados foram escritos, indicando que a alteração não afeta nenhum dos outros componentes. O desenvolvedor também documentou seu trabalho, escrevendo vários parágrafos sobre o que fez e por quê. Ela aprecia o tutorial que ele elaborou para que outros possam criar itens semelhantes.

Ela adora ver a criatividade das pessoas e a animação delas em melhorar o app. Como proprietária do projeto, sua principal responsabilidade é viabilizar a produtividade dos colaboradores. Alguns anos atrás, havia mais de vinte solicitações de pull ativas, mas, por vários motivos, ela não conseguia combiná-las. Às vezes, as mudanças eram conflitantes; em outros casos, a API não era compatível. Ela sabe como é desanimador propor uma alteração para um projeto e ficar sem saber se alguém viu o pedido ou se o item pode ser integrado. Quando isso se torna comum, as pessoas desistem ou racham o projeto e a comunidade se dispersa.

Então, quando isso começou a acontecer em seu projeto, ela passou várias noites, durante muitas semanas, rearquitetando o sistema para que as pessoas pudessem fazer alterações de maneira rápida, fácil e segura. Foi muito trabalhoso, e ela reescreveu pessoalmente cada solicitação de pull para que os colaboradores não precisassem refazer tudo. Mas todos ficaram fascinados e gratos quando viram as mudanças implementadas. Maxine era a mais animada do grupo.

Maxine sabe que a agilidade não sai de graça. Porém, sem esse investimento, fica cada vez mais difícil alterar o software. Há exceções, como as bibliotecas matemáticas de ponto flutuante, que não mudaram em nada nos últimos quarenta anos. Mas elas não precisam mudar porque a matemática não muda.

Porém, nos demais domínios, e especialmente quando lidamos com clientes, a mudança é um fato da vida. Em um sistema de software saudável, você efetua mudanças na velocidade que precisa e as pessoas contribuem facilmente, sem obstáculos. Esse tipo de projeto é divertido e gratificante para os colaboradores e atrai as comunidades mais vibrantes.

Ela volta para casa e fica feliz ao ver que seu marido já cuidou do jantar. Ela conta aos filhos sobre sua visita de última hora à antiga escola deles e descreve a nova e empolgante geração de geeks.

Quando eles saem para fazer o dever de casa, ela pega o notebook e abre a nova e empolgante solicitação de pull. Ela insere o código e ativa a nova versão. Depois, faz o login, clica aqui e ali e testa alguns casos mais extremos para confirmar os detalhes.

Sorrindo, ela abre a solicitação de pull no navegador e clica em um botão, que a integra à base de código. Ela escreve uma nota de agradecimento ao desenvolvedor, elogiando sua inteligência e iniciativa.

Porém, antes de enviar, ela identifica um pequeno texto: "Maxine, eu daria uma grande festa em sua homenagem se fosse exibida uma notificação na área de trabalho sempre que alguém modificasse a propriedade…"

Boa ideia, pensa ela. Ela abre o editor de código e passa quinze minutos tentando implementar essa ideia. Quando consegue fazer o item funcionar, ela sorri e ri alto, batendo palmas para expressar sua alegria. Ela está de ótimo humor. É possível fazer muita coisa com pouco esforço devido a esses milagres da tecnologia.

Ela volta à sua nota para o colaborador:

> Novamente, parabéns pelo trabalho. Tenho certeza que todos vão adorar tanto quanto eu. Obrigada! (Acabei de adicionar o recurso de notificação. A proposta da festa foi aceita.)

Ao enviar a nota, ela se pergunta se o universo está lhe mandando uma mensagem. A tarde com os alunos e a facilidade com que ela incluiu a funcionalidade no app (poucos anos mais velho que o Projeto Fênix) ilustram *como deve ser* a programação.

Ela é capaz de programar com foco, fluxo e alegria. Ela obteve um feedback rápido sobre seu trabalho. As pessoas fizeram suas coisas sem depender de dezenas de outras. É assim que funciona uma ótima arquitetura. Maxine está atrelada à iniciativa mais estratégica da empresa, essencial para a sobrevivência da organização como um todo. Porém, centenas de engenheiros estão paralisados, impedidos de atuar.

Neste momento, Maxine resolve trazer para o Projeto Fênix o nível de produtividade que ela ajudou a criar no grupo de alunos e em seu projeto de código aberto, mesmo que isso lhe cause algum sofrimento pessoal no curto prazo.

CAPÍTULO 4

• *Quinta-feira, 11 de setembro*

Na manhã seguinte, Maxine ainda se sente triunfante com as inúmeras vitórias do dia anterior. Mas, como Kurt previu, todo mundo está pirando. Para surpresa e descrença de todos, o lançamento não será cancelado ou adiado. Em vez disso, o Projeto Fênix será lançado amanhã, às 17h.

O capitão Kirk aparentemente disparou a todo vapor, apesar de o engenheiro Scotty ter dito a ele que os cristais de dilítio estavam prestes a explodir. Portanto, nada daquelas reuniões chatas de status hoje. Em vez disso, cada reunião acaba sendo uma verdadeira tempestade de merda, deixando todos à beira do pânico. Uma reunião rapidamente se transformou em um verdadeiro pandemônio chocante, cheia de perguntas e objeções. A maioria digitava desesperadamente em seus smartphones e notebooks, enquanto boa parte das pessoas na sala fazia ligações. Era como assistir a um filme dos anos 1940, com repórteres correndo do tribunal para os telefones públicos ou de volta para seus escritórios, desesperados para dar as notícias primeiro.

Maxine se vira para a pessoa ao lado dela, gritando: "O Fênix já foi colocado em produção antes?"

"Não", berra de volta.

"A equipe de lançamento já foi selecionada?", pergunta Maxine.

"Não. Chris, Kirsten e Bill estão montando uma equipe de liberação formal hoje, mas não tenho ideia de quem estará no comando", responde, fingindo roer as unhas de nervosismo e medo.

Maxine olha para ele, sem palavras.

Maxine não vê graça no sofrimento alheio, mas assistir à confusão em torno do Fênix é bem mais empolgante do que esperar que as pessoas tentem sua sorte. Ela lamenta, percebendo que, dada a crise, ninguém será capaz de tentar a sorte tão cedo.

Mais tarde naquela manhã, Chris anuncia que William, o diretor de QA, será o responsável pela equipe de lançamento. Seu objetivo é deixar tudo razoável para o lançamento e coordenar junto com Ops, que também foi pego de surpresa.

Pobre coitado. Ela sabe que eles estão em apuros. Os desenvolvedores do Fênix não conseguem mesclar o próprio código sem deixar partes dele para trás ou arruinar o que foi feito antes. Uma implementação de produção bem-

-sucedida parece algo extremamente otimista. *Ou uma ideia completamente insana*, pensa.

"William, quando é a reunião da sua equipe de lançamento?", pergunta Maxine enquanto ele passa correndo. Ela corre para o acompanhar. "Posso ajudar?"

"A primeira reunião é em uma hora. Precisamos de toda ajuda possível", diz sem nem sequer diminuir o passo. Maxine está maravilhada. Finalmente, uma chance de usar suas habilidades e experiência.

Esta será uma reunião interessante, pensa ela. Maxine viu como Dev e Ops interagem com o Fênix. Em vez de trabalhar em equipe, agem mais como Estados soberanos prestes a entrar em guerra, com diplomatas tentando preservar uma paz incômoda em meio a embaixadas, protocolos e formalidades. Até mesmo o agendamento de uma reunião entre esses dois grupos requer uma cúpula e advogados presentes.

Independentemente disso, ela está animada por estar no jogo. Por mais perverso que seja, esta é a maior diversão que teve no Projeto Fênix até agora. Ela percebe que sorri de orelha a orelha. *Isso me torna uma pessoa ruim?*, pergunta-se. E sorri novamente, sem se preocupar.

Embora tenha tentado chegar cedo, Maxine está atrasada para a batalha. Eles tiveram que reagendar a reunião duas vezes porque a multidão continuava lotando o espaço.

A temperatura da sala está 15° mais quente do que no corredor, e o ar está pesado. Quase cinquenta pessoas estão amontoadas em um espaço projetado para metade desse número. Ela vê Chris, Kirsten, William e um grupo de desenvolvedores e gerentes líderes. Kurt, sentado ao lado de William, acena para ela.

Do outro lado da mesa está Bill Palmer, cercado por uma falange de rostos que ela não reconhece. Ela percebe algo diferente neles.

O maior, à esquerda de Bill, está com os braços cruzados e uma carranca desmedida e infeliz. Ele balança a cabeça, incrédulo. "O que há com vocês? Estão me dizendo que não sabem de quantos servidores do Windows precisam, e que precisam de um monte do Linux? Agora me digam: quanto exatamente é 'um monte' de servidores? É um monte tipo aquele monte de papel ali ou um monte tipo o Everest? E por falar nisso, vocês sabem de quantas caixas de Kumquat precisam? E de Tandem?"

Ao seu lado estão uma mulher e um homem mais jovem. A maneira como riem lembra a Maxine de Crabbe e Goyle, os amigos valentões de Malfoy, o rival de Harry Potter, da Sonserina.

"Bem..." Diz um dos gerentes de Dev. "Na verdade, há *um* componente que só pode ser executado em servidores Kumquat. É uma extensão que tivemos que construir a partir do barramento de mensagens já existente, mas é apenas uma pequena modificação. Ela não deve causar problemas nem acrescentar uma carga considerável..."

Maxine ouve gemidos pela sala, e não apenas dos sonserinos do outro lado da mesa. O homem mais jovem, sentado ao lado do grandalhão, que Maxine já apelidou de Grande Malfoy, suspira. "Tecnicamente, não há nada de errado com o Kumquats. Temos mais de uma década de experiência executando sua produção e entendemos bem suas características. O problema é que o tempo de reinicialização desse cluster é de quase oito horas. Basta ter cuidado com tudo que envolva reinicializações, como o patch de segurança. Me preocupa o fato de que certas mudanças exigem várias reinicializações, o que pode significar um dia de inatividade ou mesmo que eles nunca mais voltarão."

Esses são os caras do Ops, percebe Maxine. Não admira que ela não os tenha visto por aí.

"Wes, acredite em mim, temos tanto medo desse cenário quanto você", responde o gerente de Dev do outro lado da mesa. "Há três anos estamos tentando mudar a plataforma desse aplicativo, mas isso sempre fica em segundo plano em relação a algo mais importante."

"Sim, vocês, desenvolvedores, sempre garantem que os recursos tenham prioridade e nunca superem a dívida técnica que criam. Normal essa bosta." Diz Grande Malfoy, gesticulando com raiva.

Bill diz para Grande Malfoy, sem nem mesmo virar a cabeça, "Pare com isso, Wes. Resolva o problema. Mantenha o foco."

"Sim, sim. Entendi, chefe", diz Wes (Grande Malfoy). "Um monte de servidores Linux, um monte de servidores Windows e um servidor Kumquat. Ok. Agora, quem pode definir 'um monte'"?

Maxine observa os gerentes do Dev discutirem, separando as necessidades de computação para cada componente. Obviamente, eles estão agindo por instinto em vez de planejar de maneira organizada.

Ela percebe que o lançamento está pior do que esperava. Os desenvolvedores ainda não mesclaram os códigos nem definiram o ambiente de produção em que o aplicativo precisa ser executado. Defini-lo em "montes" definitivamente não é o suficiente.

Elevando o tom de voz, ela pergunta: "Quantas transações por segundo esperamos para ter exibições e pedidos? E quantas transações por segundo os builds atuais são capazes de gerenciar? Isso nos apontará quantos servidores precisamos para as partes horizontalmente escalonáveis, assim como o quanto avançamos em relação aos componentes verticalmente escalados, como o banco de dados."

A sala fica muda. Todos se voltam para Maxine. Eles parecem assustados com a pertinência de sua pergunta. A mulher sentada à esquerda de Wes diz: "Obrigada! Isso é exatamente o que precisamos saber!"

Maxine acena com a cabeça e pisca.

Chris se levanta. "Este é o maior lançamento publicitário de toda a história da empresa. O Marketing abriu mão de todas as exigências. Eles vão gastar quase US$1 milhão para divulgar o lançamento do Fênix. Todos os gerentes de loja receberam instruções para dizer aos clientes para baixar o aplicativo e acessar o site no sábado — eles estão até fazendo concursos para ver quais lojas registram o maior número de novos clientes móveis. Eles estão em todas as manchetes de indústria e negócios. Estão tentando colocar Sarah ou Steve em todos os jornais, até mesmo no *Good Morning America*.

"Aqui estão as melhores contas que consegui obter do Marketing", continua Chris, folheando seu caderno. "Esperamos que um milhão de pessoas apareçam no site da Parts Unlimited e nos aplicativos móveis. Se tudo correr bem, devemos estar preparados para sustentar, pelo menos, duzentos pedidos por segundo."

Maxine ouve toda a sala murmurar e praguejar.

Wes examina a sala e finalmente se volta para Chris. Toda a jocosidade se esvaiu. "Bom saber disso." Ele aponta para Maxine. "Nossa sábia arquiteta acabou de perguntar quantas transações o Fênix consegue fazer. Então?"

Chris olha para William, que aparece com uma folha. "Últimas notícias desta manhã. Em nossos testes, o Fênix atualmente faz cerca de cinco transações por segundo. Acima disso, faz com que as Ops do banco de dados comecem a falhar devido a limites de tempo, incluindo os aplicativos móveis. Acho que estamos perdendo vários índices do banco de dados, mas ainda não descobrimos quais."

William ergue os olhos. "Isso é exatamente o contrário de bom, Chris."

Wes fica em silêncio, atordoado. De repente, com um tom de voz exaurido, ele pergunta a Chris: "Não vamos conseguir, vamos?"

Ninguém diz nada. Enfim, Bill pergunta: "Wes, do que você precisa?"

"Nem eu sei", responde. "Talvez fornecer apoio aéreo às equipes para que mantenham o foco."

Nesse momento, Maxine ouve uma voz alta vindo da porta. "Para a sobrevivência da Parts Unlimited, isso tem que dar certo. Então vamos fazer dar certo."

Ah, não, Pensa Maxine. É Sarah Moulton.

Ela veste um terno chique, amarelo brilhante, e seu rosto está tão radiante que Maxine duvida se o que está vendo é real, porque as luzes fluorescentes do escritório geralmente fazem as pessoas parecerem macabras e sem cor. Maxine se pergunta se talvez ela acrescente rádio à sua maquiagem para brilhar como um relógio de cabeceira dos anos 1950. Sarah possui um encanto perigoso e todos na sala parecem extasiados.

"O mercado está encolhendo, e concorrentes ferozes minam nossa participação", diz Sarah. "Sem mencionar gigantes da tecnologia como a Amazon e vinte outras startups chegando para perturbar toda a categoria. Como Steve disse na Prefeitura, tivemos três anos para nos preparar. Agora é hora de irmos à guerra e de defendermos o que é nosso por direito."

Ela olha ao redor da sala, procurando sinais de resistência ou rebelião. "Essa é a estratégia que os executivos dessa empresa escolheram. Alguém tem algum problema com isso?", indaga.

Surpreendentemente, Maxine se pega rindo. Horrorizada, ela cobre a boca. *Controle-se, Maxine!* Rapidamente, esconde a expressão de seu rosto, como uma criança que foi pega fazendo travessura. *Desde quando você se importa com o que as pessoas em posição de autoridade pensam sobre você?*, pergunta-se.

Desde que Chris me avisou para ficar na minha, conclui. Maxine se força a olhar para Sarah com sua melhor expressão de tenente Saavik, irradiando uma lógica fria e imparcial.

"O que tem de tão engraçado, hum, desculpe, qual é mesmo seu nome?" Sarah pergunta, olhando para Maxine com frieza.

"Maxine", ela responde, calmamente. "Ri porque você falava sobre *por que* acha o Fênix importante, sendo que nosso problema é saber *como* o lançar."

"O que não está indo lá muito bem, também", Wes exala, provocando risadas nervosas.

"Vejo que alguns de vocês não aderiram à missão", diz Sarah, avaliando todos os presentes. "Bem, como mencionei na Prefeitura, as habilidades que nos trouxeram até aqui não são necessariamente as mesmas que nos levarão aonde precisamos ir. Como líderes, devemos descobrir se colocamos as pessoas certas na jogada. Vou manter Steve informado. Sei que esse lançamento é muito importante para ele por questões pessoais."

Ao ouvir o nome de Steve, Chris olha para Maxine sem acreditar e cobre o rosto com as duas mãos. *Ficar na minha foi uma excelente ideia*, diz Maxine a si mesma.

"Ok, Sarah, já chega", diz Bill, levantando-se. "Vamos informar Steve sobre alguns desses problemas e deixar a equipe descobrir como fazer o lançamento. Vamos sair do caminho e deixá-los trabalhar."

"Sim, Steve precisa saber a respeito", diz ela. Sarah se vira para sair, mas olha para Maxine antes. "Gosto das suas opiniões. Se estiver disponível em algum momento da semana, vamos almoçar. Gostaria de conhecê-la melhor."

Mas que diabos... Maxine congela como um cervo assustado.

"Como mulheres, precisamos ficar juntas, não é?", diz Sarah com uma piscadela.

Com um sorriso travado, Maxine responde: "Ah, obrigada, eu... adoraria." Imediatamente, ela se odeia, envergonhada por tantas pessoas terem acabado de perceber sua dissimulação tão descarada.

"Então vamos", responde Sarah com um sorriso caloroso. "Se precisar de orientação, fico feliz em ajudar." Ela olha para seu telefone e diz: "Esse é Steve. Ele precisa de mim. Agora é com você. Lembre-se, precisamos ser otimistas."

Quando Sarah vai embora, Maxine solta um suspiro profundo, incrédula com o que aconteceu. Ela sabe como é importante ter uma boa rede de contatos com pessoas que podem ajudar a realizar grandes feitos. Mas sua proximidade com Sarah não a anima, não importa o quão influente ela seja. Maxine é muito exigente quanto a quem se associa. Na hora seguinte, Maxine vagueia entre os grupos enquanto a enorme equipe de lançamento tenta entender o que é necessário para apoiar o lançamento do Fênix. Existem, pelo menos, doze ferramentas tecnológicas que precisam ser implementadas, mais do que Maxine havia estimado durante a arqueologia do build.

Ela conhecia os servidores de aplicativos do Windows e do Linux, e os aplicativos front-end que rodam na web, mas ela se esqueceu totalmente dos dois aplicativos móveis (um para iPhone e outro para Android), que atingem, pelo menos, dez sistemas backend da empresa e exigem adaptações ao Fênix.

Maxine também havia esquecido que, quando se coloca equipes de Ops no mix, o número de equipes envolvidas mais do que duplica, pois para fazer com que os aplicativos sejam executados na produção são necessárias as equipes de administração de servidor, virtualização, nuvem, armazenamento, rede...

Tudo isso lembra Maxine do motivo pelo qual as implementações de produção são uma parte complexa de qualquer empresa de tecnologia, porque exigem ampla coordenação entre diversas partes. E o Fênix não era apenas uma implementação — ele foi projetado para mudar a maneira como praticamente todas as partes da organização interagem com o cliente.

Quanto mais ouve, pior Maxine se sente. Parece impossível que eles consigam sincronizar tantas equipes. Conseguir um ambiente exigia que Maxine abrisse inúmeros tíquetes, e ela ainda não havia obtido sucesso. Ela supõe que a implementação do Fênix exigirá centenas, talvez milhares, de tíquetes.

A gerente de projeto de seu grupo diz: "Não vamos precisar de um monte de mudanças no firewall também? Não me refiro apenas ao tráfego externo. Acho que alguns desses sistemas nunca se comunicaram..."

Maxine ergue uma das sobrancelhas. Ela ouve mais murmúrios no grupo. "Ah, ótimo. As equipes de firewall geralmente precisam de, pelo menos, quatro semanas para receber as solicitações de mudanças", diz a mulher que Maxine percebe ser Patty. "Você acha que nosso processo de gerenciamento de mudanças é lento? Somos deuses da velocidade se comparados com a Segurança da Informação."

De repente, Maxine ouve uma porta se abrir atrás dela e Patty ergue os olhos. "Falando no diabo. Aqui está John, nosso diretor de Segurança da Informação. Isso vai ser divertido", diz.

John está no final dos 30. Ele está cerca de 10kg acima do peso, mas suas roupas ainda ficam largas. Como em um velho oeste, ele parece escoltado por dois valentões — uma engenheira e um engenheiro —, ligeiramente familiares. "Finalmente encontrei vocês", zomba John, olhando em volta como se fosse um xerife caçando foras da lei. "Estou aqui para falar sobre essa ideia doida de lançar o aplicativo Fênix, que só acontecerá sobre meu cadáver."

A mulher atrás de John de repente parece envergonhada, como se já tivesse o visto dizer isso. Ele continua: "o Projeto Fênix tem milhões de linhas de código novo e não podemos lançá-lo adequadamente sem que minha equipe teste suas vulnerabilidades. Acabamos de ter uma reunião delicada com os auditores e, acredite, eles não vão aceitar bem isso se colocarmos em produção algo que arrisque os padrões de conformidade."

"Tenho autoridade *suficiente* para garantir que o ICO e o VP de Ops de TI acabaram de ser demitidos por causa de descobertas da auditoria de conformidade quanto a questões que não podem mais passar", continua John. "Que isso deixe claro para vocês que a conformidade não é apenas uma obrigação moral ou um conjunto de normas contratuais. É a lei."

Maxine pergunta-se quantas vezes John ensaiou essa fala. *É uma fala bem pertinente*, reconhece.

Da frente da sala, Kirsten diz: "Como vocês sabem, a decisão de tocar o Fênix veio direto do topo — Steve Masters, o CEO, e Sarah Moulton, a SVP de Ops de varejo. Na verdade, Sarah acabou de nos lembrar disso. O lançamento está programado para começar amanhã, às 17h, para que tudo esteja funcionando quando as lojas abrirem no sábado de manhã."

"Isso é o que você pensa, Kirsten", diz John. "Vou falar com Steve agora. Tenha certeza de que vou *impedir* essa loucura."

Ele se volta a Wes. "Você estava na reunião com os auditores, então diga a eles que isso é sério e que não há como o lançamento acontecer amanhã!"

Wes rapidamente responde: "Não — me tire dessa, John. Essa fila já andou e não há como voltar atrás. O que podemos fazer é evitar que esse foguete exploda na plataforma de lançamento, que me perdoe a metáfora", diz ele rindo alto e buscando apoio nos olhares pela sala.

"Ou é uma comparação?", pergunta Wes de repente, perplexo.

A mulher atrás de John diz com um tom de voz morno: "É uma metáfora, Wes. Quando você diz que algo 'é um monte de merda', é uma metáfora. Quando você diz que algo 'é como um monte de merda', é uma comparação."

"Obrigado, Shannon", diz ele, sorrindo. "Sempre confundo."

John encara Shannon e, em seguida, volta-se com raiva para Wes: "*Não* vou deixar você de fora, não, Wes. É sua responsabilidade impedir este lançamento!" Então, ele se direciona à sala toda. "A responsabilidade moral de impedir este lançamento é toda sua! Vocês sabem o que quero dizer. Como disse, esse lançamento só acontecerá sobre o meu cadáver."

Wes resmunga: "A esperança é a última que morre".

Maxine ouve risadinhas enquanto John e seu pelotão vão embora. Kirsten se levanta desconfortável. "Bem, devo ressaltar que nos comprometemos em implementar o Fênix na sexta-feira, mas se algum de vocês acredita ter uma obrigação moral de não participar disso, por favor, me avise."

Wes ri. "Kirsten, insistir nisso é a coisa mais estúpida que já vi em toda minha carreira. Mas, para apoiar a equipe, faremos tudo o que pudermos." Com um tom de cansaço e resignação, ele continua: "Vamos acabar logo com isso."

Maxine olha em volta, pensando na aparição repentina e inacreditável de Sarah e John. Ela se lembra de *Redshirts*, de John Scalzi e Wil Wheaton, um livro curioso, baseado em um universo parecido com o de *Jornada nas Estrelas*. Ele é escrito sob a perspectiva de um dos redshirts, os coadjuvantes de baixa patente que descobrem que qualquer interação com alguém da equipe geral deve ser evitada. Quem quer que seja abduzido para o planeta com os oficiais está condenado a morrer de forma bizarra, por causa do verme sanguíneo Alteran, de um vírus da mente, plantas carnívoras ou uma explosão inapropriada do disruptor Klingon. No livro, os redshirts plantam sensores em todos os lugares para detectar quando os equivalentes do Capitão Kirk ou do Comandante Spock se aproximam por baixo do convés e se esconder.

Ela está desanimada com a maneira como os executivos da Parts Unlimited, os oficiais da equipe geral, são alheios ao trabalho dos "redshirts". Lembrar a todos de como "salvar o universo" depende do Fênix não foi proveitoso para Sarah, nem apelar para o "senso moral" foi útil para John.

Todos sabemos que a ameaça que a empresa enfrenta é real, pensa. O trabalho da equipe geral é garantir a viabilidade da estratégia da empresa em vez de lhes lembrar da estratégia ou ficar em cima de todos até que enlouqueçam. Seu trabalho é garantir que todos concluam suas tarefas.

Como foi que viemos parar aqui?

Maxine se arrasta de volta para sua mesa com um sanduíche, exausta das intermináveis reuniões de lançamento do Fênix, cercada por todos que foram sugados de forma semelhante para o vórtice do lançamento. Por mais que custe acreditar, ela também vê algumas pessoas trabalhando alegremente em suas mesas, como se fosse apenas um dia normal.

Curiosa, ela pergunta se um deles não está preocupado. Ele responde com um olhar incrédulo: "sou desenvolvedor — trabalho com recursos. Eu os entrego ao QA e a Ops para testar e lançar. Em seguida, aprimoro os recursos para a próxima implementação. Isso me mantém bastante ocupado."

Maxine sai, pasma com o que ouviu. Ela nunca delegou todos os testes e implementações para outra pessoa. *Como você pode criar algo de valor se não sabe como foi a experiência de uso?* Pensa.

Quando volta à mesa, encontra Kurt com uma pasta preta de três argolas. Ao vê-la, ele abre um sorriso. "Tenho um presente para você."

É um documento de oitenta páginas, cheio de guias. Pensar em escanear os títulos das seções já faz seu coração pular — são as instruções do build do Fênix meticulosamente elaboradas, complementadas com links de documentos, chaves de licença, tutoriais passo a passo e até mesmo links de vídeos. Um deles se chama "Fazendo seu uberjar rodar em nosso cluster confuso e (muito) louco de produção da web (8min)", e outro "Como monitorar seus aplicativos sem precisar da ajuda do Ops (12min)."

Ela vê cadeias hexadecimais de vinte caracteres de códigos de ativação e chaves de licença, nomes de usuário e senhas temporárias para compartilhamentos de rede e, ainda por cima, há um link para um cluster de máquina virtual de quatro nós *com* acesso administrativo! Isso significa que Maxine pode fazer o que quiser sem ter que preencher outro tíquete do balcão de atendimento!

Sem palavras, ela sente seus olhos lacrimejando. *Mas e as chaves de licença?*

Maxine questiona se perdeu o senso de perspectiva. Depois de ficar presa no Projeto Fênix, ter alguém que realmente se preocupa com o que ela precisa parece algo surpreendente e completamente apreciável.

Maxine se lembra de quando ela e sua família se ofereceram para ajudar famílias de refugiados por um dia. Ela se lembra de como seus filhos pequenos reagiram quando as famílias choraram ao receber comida, sabonete e sabão em pó.

Não há nada mais gratificante do que dar algo a alguém que realmente precisa de ajuda. Ela precisava de ajuda e recebeu.

Exultante, Maxine folheia o documento. Ela encontra uma longa lista de chaves de registro do Windows que precisam ser definidas. "Não se preocupe, Maxine", diz Kurt, gentilmente ignorando sua reação emocional. "Mandei uma versão digital para seu e-mail, então pode copiar e colar tudo."

Com um brilho nos olhos, acrescenta: "E há um link para uma página wiki onde você pode incorporar notas se perder algo. Há muitas pessoas que apreciam seu trabalho de verdade. Há meses tentamos decifrar o quebra-cabeça do build do Fênix! Mas nunca pudemos trabalhar nisso em tempo integral. Suas anotações nos ajudaram a juntar as peças. Isso nos salvou meses de trabalho!"

A testa de Maxine franze. Ela não tem ideia do que Kurt está falando, mas releva. "Muito obrigada. Faltam palavras para dizer o quanto isso significa para mim. Como posso retribuir?"

"Qualquer coisa para ajudar um engenheiro tentando ajudar outros engenheiros a ser produtivos", diz Kurt, rindo. Mas com uma expressão séria no rosto, ele acrescenta: "Se você quiser conhecer as pessoas que fizeram tudo isso acontecer, apesar da adversidade considerável e dos enormes obstáculos que normalmente impedem feitos de grandeza como esse, venha ao Dockside hoje, às 17h. Nos encontramos lá às quintas-feiras."

"Espera aí", diz Maxine, desconfiada. "Se tudo isso funciona, por que nem todo mundo está usando?"

"Essa é uma excelente pergunta, com algumas respostas surpreendentes", diz Kurt. "A versão resumida é que a 'equipe oficial do build' não exatamente os autorizou. Eles veem nossos esforços como um incômodo, ou pior, como uma competição, o que, na véspera do lançamento do maior e potencialmente mais arriscado aplicativo da história da empresa, parece estranho, não é?

"Mas, se você gostou do que fizemos, fique à vontade para compartilhar com quem precisar. Posso explicar mais à noite. Faça um esforço para se juntar a nós às 17h. Tem um monte de gente morrendo de vontade de conhecer você!" Diz ele. "E boa sorte com o build!"

Maxine abre uma janela de terminal em seu notebook e começa a seguir as instruções que Kurt deu. Sua empolgação aumenta quando ela percebe que este pode ser um verdadeiro ambiente do Dev, funcionando de verdade.

Ela fica exaltante quando faz login e digita "make" em uma linha de comando, que começa a transmitir telas cheias de belas saídas.

Maxine fica maravilhada com os arquivos sendo compilados, binários vinculados, programas copiados, ferramentas de build instaladas e executadas... a saída continua funcionando a todo vapor.

Surpreendentemente, os builds continuam se formando por mais 10, 15, 30 minutos... Ela se sente aliviada, pois prossegue sem erros, mas começa a ficar preocupada com o tamanho do build do Fênix. É *enorme*.

Quarenta e cinco minutos depois, ela não consegue mais adiar a ida ao banheiro, que estava com medo de fazer e perder algo com o afastamento. Ela corre para ir e voltar e fica mais tranquila ao ver que o build não falhou, ainda gerando saídas infinitas em sua janela de terminal.

Ela verifica o histórico para checar se perdeu algo interessante, então decide pular a próxima reunião da equipe de lançamento apenas para observar o build contínuo, o que lhe parece ligeiramente irresponsável. Contudo, ela sabe que um excelente processo de construção é a chave para uma boa implementação de código e para o lançamento. E, talvez com a ajuda desses misteriosos benfeitores, ela esteja prestes a finalmente conquistar o build do Fênix.

A saída do build é hipnótica e didática, pois oferece alguns componentes do Fênix pela primeira vez. Há arquivos Java JAR, .NET binários, scripts Python e Ruby, e diversos scripts bash.

Espere, isso é um shell remoto e instalador? Antes que ela possa ter certeza, a janela some. A admiração e a preocupação de Maxine com o tamanho e a variedade do Fênix continuam a aumentar.

Ela está prestes a rolar mais para trás quando vê o Eclipse sendo baixado de algum lugar. *Mas que diabos?*, questiona-se. Vinte minutos depois, ela podia jurar ter visto um instalador do InstallShield, mas o cansaço a faz ponderar se não está imaginando coisas.

Honestamente, depois de mais uma hora assistindo às saídas do build, ela sente dificuldade de se concentrar. Contudo, a personalidade e a quantidade de tecnologia empregadas pelas equipes que trabalham no Fênix continua evidente. Ela não fazia ideia de que havia tantas.

Isso é loucura, pensa. *Não é possível tantas equipes trabalhando no Fênix, certo?* Ela se pergunta como alguém consegue entender o sistema, principalmente por ser elaborado a partir de tantas tecnologias diversas.

Maxine não é fã de uma padronização rígida, mas também detesta a flexibilização generalizada. Cada decisão é um compromisso de apoiá-la por anos ou décadas — essas são decisões que vão muito além de apenas uma equipe.

Como a maioria dos desenvolvedores, ela tem a superstição de que, se tirar os olhos do build, ela falhará. Finalmente, quase três horas depois de iniciá-la, ela vê a saída de rolagem de sua janela do build parar. Seu coração quase sai pela boca quando lê:

> builder: ERROR: arquivo faltante: credentials.yaml

Droga! Ela supõe precisar de uma credencial de login que não possui. Então, envia uma mensagem para Kurt, que responde rapidamente:

> Ah, sim. Você precisa abrir um tíquete para ter seu login vinculado à sua conta ActiveDirectory. Apenas Susan pode emitir esses. Informações de contato chegando.

Em vez de enviar um e-mail para Susan, Maxine vai até a mesa de Susan e descobre que esse arquivo ausente contém um certificado criptográfico que vem de algum grupo de segurança distante. Susan pesquisa anos de e-mails para descobrir como obter um novo. Ao encontrá-lo, Maxine faz uma foto do endereço de e-mail com seu celular.

Enfim, ela está perto de começar a construir um build do Fênix!

CAPÍTULO 5

• *Quinta-feira, 11 de setembro*

Ainda efusiva depois de chegar tão longe no build do Fênix, Maxine pula em seu carro para fazer a viagem de cinco minutos até o estacionamento do Dockside, bem a tempo para o misterioso encontro com Kurt.

Ela suspeita que o novo Lexus IS300 no estacionamento seja dele. Duvida que seja o Datsun 300 de que ela estacionou ao lado. É surpreendente que a reunião seja no Dockside. Não é habitual para o pessoal da tecnologia, mas ela sabe que é um dos lugares favoritos de muitos trabalhadores da fábrica.

Maxine perguntou a algumas pessoas sobre Kurt naquela tarde. Três lhe deram seu apoio empolgado, descrevendo como ele era competente e prestativo. Uma gerente de Dev do seu antigo grupo o considerava uma das pessoas mais inteligentes de toda a organização de tecnologia. Curiosamente, um de seus colegas mandou uma mensagem para ela:

> Kurt? Ele não é lá dos mais brilhantes, e é por isso que está preso no QA. E também é muito intrometido. Por que a pergunta?

Isso deixou Maxine ainda mais curiosa. *O que exatamente ele está tramando?* O presente do fichário provavelmente a salvou de meses de espera. Mas qual é a sua motivação? Ele claramente sabe como conseguir as coisas de que as pessoas precisam. Ela tem certeza de que ele não está roubando recursos corporativos — e mesmo se estivesse, por que os daria a ela?

Ao cruzar a porta, ela é atingida pelo cheiro de lúpulo. Ela não vem aqui há anos. Está aliviada ao ver que está muito mais limpo e arejado do que se lembra. Não há mais serragem no chão e é mais espaçoso do que parece do lado de fora.

O bar não está tão cheio, mas é barulhento — talvez por causa do piso de cimento limpo.

Ao vê-la, Kurt sorri e acena para um grupo nas mesas do outro lado. "Ei, pessoal, conheçam Maxine, o mais novo membro da Rebelião, se depender de mim. É sobre ela que tenho falado com vocês."

Ela logo reconhece o desenvolvedor nervosinho que a apoiou na reunião de status do Fênix sobre ambientes e se assusta ao ver a pequena mulher chamada Shannon, que estava com John hoje cedo. Há outro homem de quase 30 anos sentado ao lado de alguém que parece deslocado — ele está na casa dos

50 e veste uma camisa de boliche. Ao lado dele, está Brent, que ela também viu na reunião de lançamento do Fênix. Ele e Shannon são os mais jovens da mesa.

Todos têm um notebook aberto à sua frente. De repente, ela sente falta do dela — Maxine perdeu o hábito de carregá-lo porque tinha pouco no que trabalhar.

"Você se lembra do Dave?", diz Kurt, gesticulando para o nervosinho. "Ele é um dos líderes da equipe de Dev. Ele reclama muito, mas está operando no pico pela necessidade de pagar dívidas técnicas e modernizar nossa arquitetura, plataformas e práticas."

Kurt ri. "Dave é tão bom porque nunca pede permissão!"

Dave Nervosinho levanta a taça para Maxine com o menor dos sorrisos, como se sorrir doesse, então toma um gole da cerveja. De perto, ele parece mais velho do que ela. "Quebrar as regras é a única maneira de alguém fazer qualquer coisa por aqui", resmunga ele. "Não dá para fazer nada sem vinte reuniões." Dave Nervosinho faz uma pausa. "Sabe, esse é o melhor elogio que Kurt já me fez. Você deve ter percebido que ele está administrando seu próprio mercado ilegal dentro da empresa, certo?"

Kurt ri, não se incomodando com a caracterização. "Estou apenas tentando resolver os problemas das pessoas. Se sou culpado de alguma coisa, é de me preocupar muito com o sucesso do Fênix, e até mesmo de toda a empresa, para permitir que a burocracia a mate! E, se isso for crime, me declaro culpado! É uma pena que ninguém nos dê uma medalha pelo excelente trabalho que fazemos. A satisfação de ajudar as pessoas deve recompensar o suficiente, certo?"

Todos gemem, e alguém do outro lado da mesa grita: "Boa, Kurt."

Ignorando a brincadeira, Kurt aponta para o homem em seus 30 e tantos anos que veste uma camiseta engraçada de vendedor. "Este é Adam, um dos meus engenheiros de teste. Mas não se deixe enganar — é desenvolvedor de coração e uma das melhores pessoas de infraestrutura que já conheci."

"Você pode agradecer a ele por todas as máquinas virtuais e contêineres pré-construídos que você tem — ele construiu tudo. E isso é apenas uma fração do que Adam faz. Seu trabalho diário é ajudar a automatizar uma grande parte do conjunto de testes legado que herdamos de um terceirizador."

Adam sorri, tímido. "Na verdade, o Brent ali fez a maior parte do trabalho", diz ele. "Ele é um ás da infraestrutura. Há mais de um ano, trabalhamos juntos para automatizar a criação de ambientes. Tem sido uma estrada difícil, trabalhando à noite e fins de semana, porque não é oficialmente sancionada. Apesar de todos os becos sem saída e vieses, estamos orgulhosos do que fomos capazes de alcançar."

"Suas notas de build foram fantásticas, Maxine. Brent quase caiu duro enquanto as lia. Ele estava tentando juntar as peças há meses", diz Adam.

Brent sorri para Maxine. "Foi um trabalho de detetive incrível, Maxine. Documentar todas essas variáveis de ambiente foi muito útil!"

"Conte-nos como o ambiente funciona para você", continua Adam. "É uma dor de cabeça fazer as coisas de Ops por meio de canais normais, então juntamos hardware suficiente para construir um cluster que dê suporte a algumas equipes. Agora você pode obter um ambiente sob demanda, sem a necessidade de abrir um tíquete."

Maxine deixa escapar: "Uau, muito obrigada. O ambiente funcionou! Consegui três horas no build do Fênix com ele, até que ele falhou devido à falta de um certificado."

"Uau! Isso é incrível", diz Brent.

"Então, de onde veio todo esse hardware senão das Ops?", pergunta Maxine.

Adam sorri. "Kurt tem seus caminhos — um pouco daqui, um pouco dali, sabe? Kurt continua dizendo que é melhor não perguntar de onde vem... Sempre suspeitei que haveria um monte de gente perdendo clusters de servidor inteiros se eles se importassem em verificar."

Kurt finge uma expressão magoada. "O acúmulo de servidores é um grande problema", diz ele. "Como leva muito tempo para que as Ops nos enviem alguma coisa, as pessoas sempre pedem muito mais do que precisam. E isso torna o trabalho de Ops mais difícil e aumenta os prazos de entrega para todos os outros, tornando a escassez ainda pior! É como estar na velha União Soviética, onde você tem que esperar na fila por tudo. Você poderia dizer que estamos criando um mercado secundário para garantir que alguns desses ambientes não utilizados cheguem aonde são mais necessários. Sabe, para amenizar o descompasso entre oferta e demanda."

Dave Nervosinho murmura: "Não o faça começar", revirando os olhos enquanto Kurt começa a palestrar.

Adam acrescenta: "Mas Dave está certo — Kurt *administra* um mercado ilegal."

"Não ligue, Maxine", continua Kurt. "A seguir, na mesa, temos Shannon, engenheira de segurança que trabalha na construção de ferramentas de segurança automatizadas. Ela passou quase cinco anos na equipe de Armazenamento. Atualmente, trabalha com Brent, experimentando alguns kits de ferramentas de aprendizado de máquina e visualização de dados e construindo uma infraestrutura de big data, para se antecipar a algumas das iniciativas de

Marketing que sabemos que estão por vir. Você provavelmente se lembra dela dos exercícios da equipe de redshirt que ela guiou no ano passado."

Maxine sorri. É por isso que ela parecia tão familiar. Ela definitivamente se lembra — foi a primeira vez que Maxine foi alvo de um teste de penetração sem restrições. Eles tentaram plantar malware obtendo acesso físico às instalações de manufatura, enviando e-mails com links maliciosos, fingindo ser executivos da empresa e, em um caso, um dos fornecedores mais importantes.

Ela ficou muito impressionada. *É preciso muita coragem para executar esses tipos de exercícios*, pensa ela. Maxine se lembra de uma pessoa que foi demitida por tentar fazer um porque fez um monte de gente ficar mal.

Shannon levanta os olhos do notebook e diz: "Prazer em conhecê-la, Maxine. Eu me lembro do seu grupo. Você era uma das mais bem preparadas de toda a empresa. Fiquei muito impressionada por todos na sua divisão saberem que não se deve clicar em links em e-mails, mesmo que pareçam oficiais. Alguém fez um ótimo trabalho treinando todos."

Maxine acena com a cabeça com respeito, dizendo: "Prazer em conhecê-la, Shannon. Passamos semanas corrigindo os problemas que todos vocês encontraram. Bom trabalho."

Shannon olha de volta para o notebook e digita algo. De repente, ela olha para todos e diz: "Ah, a propósito, sinto muito sobre aquele episódio com o John. Ele é um idiota. Mas é meu chefe."

Todos riem, e várias pessoas imitam a expressão de Shannon da manhã de hoje.

"A seguir está o já citado Brent, que tem um dedo em tudo relacionado à infraestrutura", continua Kurt. "Se ela se conecta à alimentação CA, foi obra do Brent. Redes, armazenamento, computação, bancos de dados. Mas ele não é só bom com a chave de fenda, está sempre na fronteira da automação. Infelizmente, é tão bom no que faz que todos parecem se apoiar nele para emergências. E ele não desgruda do pager, o que queremos mudar."

Brent apenas encolhe os ombros. De repente, o flash da câmera do seu smartphone pisca e as notificações inundam sua tela. Ele pega o celular e murmura: "Droga, outro chamado de problema. Preciso ver isso." Ele esvazia o resto da cerveja e começa a fazer uma ligação.

"Sim, isso é um problema real", diz Kurt, observando Brent ir embora. "Precisamos trazer um pouco de sanidade para sua vida profissional. Ele é brilhante, mas por causa da maneira como as pessoas despejam coisas sobre ele, há anos não consegue tirar férias sem um pager..."

Ele faz uma pausa. "Enquanto isso, por último, mas não menos importante, este é Dwayne", diz Kurt, apontando para a pessoa mais velha na mesa. Ele não só está vestido de modo diferente de todos, seu notebook também é diferente — é uma fera com uma tela enorme. "Ele é engenheiro sênior de banco e armazenamento de dados e de Ops, e foi quem trouxe Brent para o grupo. Eles conspiram o tempo todo para encontrar maneiras melhores de gerenciar a infraestrutura."

Maxine sorri. Para a maioria das pessoas do Projeto Fênix, as Ops centralizadas são apenas as pessoas do outro lado de um tíquete. Eles são as pessoas de quem todos sempre reclamam. Mas é claro que Kurt e essa turma heterogênea têm uma maneira diferente de trabalhar, contornando as linhas organizacionais normais de comunicação, por mais informais que sejam.

Dwayne estende a mão por cima da mesa. "Prazer em conhecê-la, Maxine."

Maxine percebe que Dwayne está vestindo uma camisa de boliche de verdade, completa, com suas iniciais costuradas, "DM", e tem uma mancha de mostarda desbotada bem ao lado delas.

"Dwayne tenta implementar iniciativas de automação há anos, mas ele e Brent sempre são rejeitados", continua Kurt. "Então, eles têm ajudado o Adam a construir a nossa própria infraestrutura. Ele conhece quase todo mundo de Ops e geralmente consegue fazer com que eles façam qualquer coisa. Como ocorreu no início desta semana, quando precisamos de uma porta de firewall aberta entre duas redes internas. Dwayne fez isso acontecer."

"Tudo em um dia de trabalho", diz Dwayne com um sorriso amigável. "Mas, para ser justo, Kurt é mestre em fazer o impossível... Estou aprendendo com ele!"

Maxine tem certeza de que Dwayne está exagerando. Dwayne parece ter 50 e poucos anos. O quanto ele poderia aprender com um jovem como Kurt? Kurt se recosta na cadeira, os braços abertos. "Maxine, seu trabalho decifrando o código dos builds do Fênix impressionou a todos nós. Estamos maravilhados com as habilidades técnicas e sociais que você demonstrou para caçar quase todas as peças do ambiente, o que exigiu uma perseverança incrível, foco e recusa em aceitar um 'não' como resposta!"

Confusa, Maxine olha em volta, mas vê todos meneando a cabeça para ela, impressionados com seu trabalho. Kurt continua: "Nós a convidamos a fazer parte do círculo interno da 'Rebelião'. Estamos recrutando os melhores e mais brilhantes engenheiros da organização, treinando e nos preparando em segredo para o momento certo para derrubar o Império, a ordem antiga, poderosa e injusta que definitivamente precisa ser derrubada."

Todos riem, e Dave Nervosinho levanta o copo, gargalhando alto: "À derrocada do Império!"

Confusa, Maxine olha em volta da mesa. São pessoas de Dev, QA, Segurança e Ops — um grupo muito improvável com o qual socializar, muito mais trabalhar junto. E ela percebe que todos têm um pequeno adesivo da Aliança Rebelde de Star Wars em seus notebooks, como os capacetes dos pilotos do X-Wing. Ela ri dos emblemas sutis, mas subversivos, de solidariedade.

Vendo Maxine brindar com a mão vazia, Kurt salta. "O que quer beber?"

"Um pinot noir, por favor."

Kurt meneia a cabeça e vai para o bar, mas, antes que dê três passos, um homem alto e um pouco acima do peso, com cabelos grisalhos, caminha até ele e lhe dá um grande abraço. Em voz alta e estridente, ele diz: "Kurt! Bom ver você de novo, meu jovem amigo. Do que você precisa?"

Notando a atenção que o grupo de Kurt recebe dos funcionários do bar, Maxine percebe que eles veem aqui com frequência. Ela sorri. Pela primeira vez desde sua mudança para o Projeto Fênix, ela sente que está em casa.

"Quem são vocês? Por que estão todos aqui? O que querem alcançar?", pergunta ela, enquanto Kurt está no bar.

Todos riem. Dwayne diz: "Como você sabe, somos uma grande loja de banco de dados Kumquat, que é onde comecei a trabalhar. Quero nos migrar para o MySQL e bancos de dados de código aberto quando possível, porque estou cansado de enviar milhões de dólares por ano a fornecedores abusivos. Estamos descobrindo como chegar lá."

Olhando em volta, ele diz a todos: "Outras empresas já fizeram isso. Acho que quem ainda pagas taxas de manutenção do banco de dados do Kumquat é burro demais para migrar dele."

Maxine concorda com a cabeça. "Boa sacada! Economizamos milhões no meu antigo grupo fazendo isso, que agora podemos gastar em inovação e outras coisas de que a empresa precisa. E tem sido divertido. Mas por que essa cruzada por software de código aberto?"

"Vou lhe explicar", diz Adam. "Por quase cinco anos, quando eu estava em Ops, tive uma equipe que recebia alertas no pager às 2h para alguns middleware que usávamos. Em quase todos os casos, por causa do driver de banco de dados. Tive que gerar um patch de driver binário! Depois de todo esse trabalho, os problemas começaram a acontecer de novo seis meses depois, porque, quando o fornecedor lançou seus patches, eles não integraram minhas correções em seu código. A próxima coisa que você sabe, estamos todos acordados às 2h fazendo a mesma coisa novamente."

Maxine está impressionada. *Adam tem um ótimo traquejo. Aliás, todos aqui.*

Dave Nervosinho franze a testa. "Estou na Parts Unlimited há quase cinco anos e não entendo como a burocracia e os silos assumiram o controle. Você não pode fazer nada sem primeiro convencer um monte de comitês de direção e arquitetos, preencher um monte de formulários ou trabalhar com três ou quatro equipes, cada uma com suas prioridades. Tudo é por comitê. Ninguém pode tomar decisões, e implementar até as menores coisas exige um consenso. Para quase tudo o que preciso fazer, tenho que subir dois níveis, depois mais dois, e descer mais dois só para falar com um colega engenheiro!"

"A Caixa", grita Adam, e todos riem.

Dwayne entra na conversa. "Na Ops, muitas vezes temos que fazer o caminho inverso — para cima, para cima, para baixo e depois para cima, para cima e para baixo antes que dois engenheiros possam finalmente trabalhar juntos."

"Quero trazer de volta os dias em que um desenvolvedor podia criar valor para alguém que se importava, com facilidade e rapidez", diz Dave Nervosinho. "Quero construir e manter algo para o longo prazo, em vez de enviar o 'recurso do dia' e arrastar toda essa dívida técnica."

Dave Nervosinho se empola. "Essa empresa é dirigida por um bando de executivos sem nem ideia do que é tecnologia e gerentes de projeto que querem que sigamos um monte de processos misteriosos. Vou gritar com o próximo que quiser que eu escreva um Documento de Requisitos do Produto."

"O PRD!", gritam todos, rindo. Maxine ergue as sobrancelhas. Isso fazia sentido décadas atrás, quando você queria uma justificativa por escrito antes de desperdiçar o tempo dos desenvolvedores. Mas agora você pode prototipar a maioria dos recursos no tempo que leva para escrever uma página de PRD. Uma equipe agora pode construir o que demandava centenas de pessoas."

Kurt se senta ao lado de Maxine, colocando uma taça de vinho tinto na frente dela. "Somos como os redshirts de *Jornada nas Estrelas*, quem faz o trabalho de verdade."

"Eu estava pensando nisso ainda agora", diz Maxine, sorrindo.

"Certo? Você viu em primeira mão a bolha de realidade em que a equipe geral está", diz Kurt. "Eles sabem que o Projeto Fênix é importante, mas não poderiam ter arrumado uma maneira pior de organizar todos para alcançá-lo. Eles terceirizaram a TI, trouxeram de volta, terceirizaram uma peça, talvez duas, embaralharam-nas... Em muitas áreas, estamos organizados como se ainda fôssemos terceirizados e nada pode ser feito sem a permissão de três ou quatro níveis da gestão."

de ajuda. Eles nem mesmo estão usando o controle de versão! Estão lutando com problemas básicos de engenharia de dados e ainda tentando obter o que precisam do pessoal do Armazenamento", diz ela, incomodada com essas dificuldades. Kurt rapidamente puxa um organograma em seu notebook.

Ele pergunta a ela: "Outro projeto de análise de dados? Quem está financiando isso? Quanto orçamento eles têm? Quem lidera?" Enquanto ela fala, ele faz anotações. Quando chega a sua vez, Dwayne diz: "Tenho más notícias. O lançamento do Fênix pegou todo mundo de Ops — ninguém o esperava até a semana passada. Nenhum orçamento foi designado para apoiá-lo. Todos estão se esforçando para encontrar infraestrutura de computação e armazenamento suficiente. Este é o maior lançamento que fizemos em quase vinte anos, e não temos o básico de que precisamos. Isso é péssimo."

"Puta merda", diz Adam.

"Pois é", diz Dwayne. "Há meses venho tentando contar a todos, mas ninguém se importou. Bem, agora eles querem dar atenção, e todos estão abandonando tudo para apoiar o lançamento do Fênix. Hoje, ouvi alguém tentando trabalhar com compras para quebrar as regras e fazer pedidos fora do processo de pedido anual."

Apesar da crise, os burocratas ainda são burocratas, pensa Maxine.

"Todo mundo ainda está lutando para preparar os ambientes para o lançamento de amanhã", diz Dwayne. "Ninguém tem especificações de build com as quais Dev e Ops concordem. Dei a eles as que escrevemos, e eles as pegaram e começaram a usá-las imediatamente. Mas, ainda assim, este lançamento vai ficar muito ruim, muito rápido."

"Acho que você está certo", diz Maxine. "Sou muito, muito boa nessas coisas e passei quase uma semana tentando fazer um build do Fênix funcionar. Se não fosse pelo ambiente que Kurt me deu, eu ainda estaria na estaca zero. Com a equipe de lançamento só começando hoje e o lançamento amanhã, eles estão em grandes apuros."

Kurt se inclina para a frente, um olhar sério no rosto. "Me fala mais."

De repente, Maxine percebe por que foi convidada aqui e que Kurt não é um idiota, afinal.

Nos próximos vinte minutos, Maxine descreve suas experiências, lendo seu diário de trabalho, que ela acessa do smartphone. Ela se odeia de novo por não ter trazido o notebook. Todos tomam notas, em particular Brent, quando retorna. Ele e Adam a bombardeiam com perguntas como se ela fosse um agente secreto capturado sendo interrogado pela CIA. Todos estão interessados em saber como Maxine conseguiu montar o quebra-cabeça de build do Fênix mais rápido do que qualquer outra pessoa. Eles fazem muitas perguntas sobre com quem ela falou, em quais equipes estavam, onde ela travou, e assim por diante.

"Isso é impressionante, Maxine", diz Dave Nervosinho. "Anos atrás, montei um servidor de build que minha equipe usava diariamente. Mas isso foi quando o Fênix tinha apenas duas equipes; agora temos mais de vinte. A equipe de build está de fora, com pessoas que, sinto dizer, não tiveram experiência suficiente para desenvolver aplicativos."

Adam diz: "Estamos muito perto agora. Acho que falta apenas um certificado assinado para o serviço de processamento de pagamentos."

"Ele está certo", diz Brent. "Maxine, você pode me mostrar os logs de build? Aposto que podemos criar esses certificados por conta própria — não seria válido, mas seria bom o suficiente para um ambiente de Dev ou Teste."

Maxine pragueja, imaginando seu notebook ainda em sua mesa. "Eu lhe mostro amanhã", suspira ela.

"Isso é ótimo, pessoal. Ainda precisamos de uma maneira automatizada de criar ambientes e realizar compilações de código", diz Kurt, contando nos dedos. "Precisamos de alguma forma de automatizar esses testes e de alguma forma automatizada de colocar essas compilações em produção. Precisamos de compilações para que os desenvolvedores possam fazer seu trabalho."

"Então, quem está disposto a tirar um tempo para ajudar Maxine a colocar esses builds do Fênix em funcionamento?", pergunta Kurt. Para a surpresa de Maxine, todas as mãos se levantam.

"Maxine, você consegue liderar este esforço, com a ajuda de qualquer um ou de todos esses voluntários talentosos e dispostos?", pergunta Kurt.

Maxine fica maravilhada com o apoio repentino de todas essas pessoas. Na semana passada, ela não conseguiu a ajuda de ninguém e estava pensando em fazer uma entrevista em outros lugares. De repente, não tem tanta certeza.

Ela leva um momento para se recompor e diz: "Sim, eu adoraria. Obrigada, gente. Não vejo a hora de trabalharmos juntos."

Maxine fica animada. Ela está genuinamente surpresa com o que este grupo tem feito e de ter sido escolhida para ajudar. *Finalmente encontrei minha tribo*, pensa ela. *E esta é a essência de uma rede eficaz — reunir um grupo de pessoas motivadas para resolver um grande problema, mesmo que a equipe não se pareça em nada com o organograma oficial.*

Tenho certeza de que vou aprender e conseguir mais com este grupo do que almoçando com a Sarah, pensa Maxine. Ela se pergunta se está sendo mesquinha e obtusa. Ainda se pergunta se deve comparecer à reunião ou apenas esperar que Sarah a esqueça.

"Excelente. Avisem se precisarem de mim", diz Kurt para a mesa. Para Maxine, ele diz: "Tentamos nos encontrar todas as semanas. Temos apenas dois itens na agenda. Primeiro, compartilhamos informações sobre quem precisa de ajuda e outras pessoas para recrutar. Depois, compartilhamos algo que aprendemos recentemente ou novas tecnologias que achamos que podem mudar o jogo aqui na Parts Unlimited. Proponho que adicionemos um terceiro item da agenda, discutir o progresso dos builds do Fênix, certo?"

Todos acenam com a cabeça.

Ele olha para o relógio. "Pessoal, mais uma coisa antes de encerrarmos. Estou começando algumas apostas sobre quando a equipe de lançamento terá o aplicativo do Fênix rodando na produção."

A aposta mais otimista vem de Dave Nervosinho, que propõe no sábado às 2h, 8h após o início da implantação. A maioria das apostas é distribuída entre 3h e 9h, com Maxine apostando 6h. "Afinal", diz ela, "os sistemas de ponto de vendas das lojas precisam estar ativos às 8h de sábado".

Para surpresa de todos, Dwayne aposta no domingo à noite: "Vocês não têm ideia de como realmente estamos despreparados para este lançamento — este entrará para o livro dos recordes."

De: Alan Perez (Sócio Operacional, Wayne-Yokohama Equity Partners)
Para: Dick Landry (CFO, Parts Unlimited), Sarah Moulton (SVP de Ops de Varejo)
Cc: Steve Masters (CEO, Parts Unlimited),
Bob Strauss (Presidente do Conselho, Parts Unlimited)
Data: 15h15, 11 de setembro
Assunto: Maximizando o valor para o acionista **CONFIDENCIAL**

Sarah e Dick,

Obrigado pelo telefonema de hoje e por me orientarem na estratégia e no Projeto Fênix. Concordo que uma estratégia omnichannel é necessária para qualquer varejista sobreviver hoje em dia, especialmente devido à ameaça do e-commerce. E vender produtos fabricados internamente com baixo custo de venda é intrigante.

No entanto, estou preocupado com a quantidade de dinheiro desviado da Manufatura (US$20 milhões) para ser investido no Varejo, nos últimos três anos, sem retorno óbvio. A questão é qual retorno teríamos obtido se isso fosse investido em outra parte do negócio ou apenas devolvido aos acionistas. Analisando agora, investir em bilhetes de loteria teria feito mais sentido do ponto de vista econômico.

Histórias sobre inovação e omnichannel são legais, mas o quadro precisa de mais do que histórias e slides do PowerPoint.

Boa sorte com o lançamento do Fênix amanhã. Sei que muitos apostam nele.

Alan.

CAPÍTULO 6
• *Sexta-feira, 12 de setembro*

A sexta-feira passa como um borrão para Maxine enquanto os preparativos para a liberação de emergência continuam. Ela vê um caos sem fim à medida que Dev, QA e Ops tentam alinhar centenas de peças móveis para a implantação. *Dwayne estava certo*, pensa ela. E é tarde demais para mudar sua aposta para domingo no pool de apostas.

Às 17h, o lançamento começa, no prazo. Há boatos de cancelamento de última hora, porque William, Chris e Bill não estão em lugar nenhum. Essa esperança é destruída quando chega um e-mail de Sarah e Steve, deixando bem claro que o lançamento deve prosseguir, como programado. Maxine ainda está no escritório às 22h. Agora, há uma sensação de pânico genuíno de que as coisas estão indo muito, muito mal. Tanto que até Dwayne, o mais pessimista nas apostas do Fênix, murmura para Maxine: "Está pior do que eu pensava."

É quando Maxine fica assustada.

Por volta da 0h, fica claro que uma migração de banco de dados levará 5h para ser concluída, em vez de 5 minutos, sem nenhuma maneira de interrompê-la ou reiniciá-la. Maxine tenta ser útil, mas não está familiarizada o suficiente com os sistemas do Fênix para saber onde ela seria mais útil.

Em contraste, Brent está sendo puxado de todas as maneiras, necessário para quase todos os problemas, desde o colapso do banco de dados enorme em andamento até ajudar as pessoas a corrigirem seus arquivos de configuração. Vendo isso, Maxine organiza uma equipe para jogar como goleiro, protegendo Brent de interrupções e problemas de campo que não exijam dele.

Maxine percebe outra coisa. Deve haver duzentas pessoas responsáveis por alguma parte do lançamento, mas, para a maioria delas, são apenas cerca de cinco minutos de trabalho. Então, eles têm que esperar horas para realizar sua pequena parte nesta operação dolorosamente longa, complexa e perigosa. O resto do tempo é gasto assistindo e... esperando.

Mesmo no meio desta crise, as pessoas estão sentadas, esperando. Por volta das 2h, todos percebem que há um risco muito real de quebrar todos os registros de ponto de venda em cada uma das quase mil lojas, levando a Parts Unlimited de volta à Idade da Pedra. E, com toda a promoção que o Marketing vem fazendo, as lojas ficarão cheias de clientes irritados, incapazes de comprar o que lhes foi prometido.

Brent pede que ela se junte a uma equipe da SWAT para descobrir como acelerar as consultas ao banco de dados, mil vezes mais lento do que o necessário lidando com a carga esperada quando as lojas abrirem.

Por horas, ela trabalhou com vários desenvolvedores do Fênix e DBAs de Ops com seu IDE e navegador abertos. Eles ficam surpresos ao descobrir que clicar na caixa suspensa da categoria do produto inunda o banco de dados com 8 mil consultas SQL.

Eles ainda estão trabalhando para consertar isso quando Wes enfia a cabeça na sala: "Brent, temos um problema."

"Estou ocupado, Wes", responde Brent, sem nem mesmo tirar os olhos do notebook. "Não, é sério", diz Wes. "Os preços desapareceram de, pelo menos, metade de nossos produtos no site de e-commerce e nos aplicativos móveis. Onde o preço deve ser exibido, ou nada aparece ou diz 'nulo'. As capturas de tela estão no canal #launch."

Maxine empalidece olhando a captura de tela. *Isso é muito mais sério do que consultas lentas a banco de dados*, pensa ela.

"Droga, aposto que é outro upload ruim da equipe de preços", diz Brent após olhar a tela por vários momentos. Maxine se inclina quando Brent abre várias telas administrativas e tabelas de produtos — algumas estão dentro do Fênix e outras em sistemas que ela não reconhece.

Maxine faz anotações enquanto Brent puxa arquivos de log, executa consultas SQL em um banco de dados de produção, puxa mais tabelas em vários aplicativos... Somente quando ele abre uma janela de terminal e se conecta a um servidor, Maxine pergunta: "O que você está fazendo agora?"

"Preciso inspecionar o arquivo CSV que eles carregaram no aplicativo", diz ele. "Acho que posso encontrar um no diretório temporário de um dos servidores de aplicativos." Maxine acena com a cabeça.

Quando Brent aperta os olhos para a tela, Maxine também o faz. É um arquivo de texto separado por vírgulas com nomes de colunas na primeira linha — SKU do produto, preço de atacado, preço tabelado, preço promocional, data de início da promoção... "Parece bom", murmura Brent.

Maxine concorda. Ela diz: "Copia esse arquivo para a sala de bate-papo? Quero dar uma olhada neles."

"Boa ideia", diz ele. Ela o importa para o Excel e várias outras de suas ferramentas favoritas. Parece ótimo.

Enquanto Wes tenta falar com um dos gerentes de Dev pelo telefone, Brent tenta descobrir o que está errado. Quase trinta minutos depois, ele praguejá. "Não consigo acreditar nisso. É um BOM!"

Vendo a expressão confusa dela, ele diz: "Uma marca de ordem de bytes!"

"Não mesmo", murmura Maxine, puxando o arquivo de novo, mas em um editor de arquivo binário. Ela olha a tela, surpresa pela distração. Um BOM é um primeiro caractere invisível que alguns programas colocam em um arquivo CSV para indicar se é big-endian ou little-endian. Ela já caiu nessa antes.

Anos atrás, um colega deu a ela um arquivo exportado do aplicativo de análise estatística SPSS, e ela passou meio dia tentando descobrir por que seu aplicativo não conseguia carregá-lo conforme o esperado. Ela finalmente descobriu que o arquivo tinha um BOM, que foi interpretado como parte do nome da primeira coluna, o que causou a falha de todos os seus programas. *Certeza que é o que está acontecendo aqui*, pensa ela.

Qualquer satisfação intelectual que ela sinta ao compreender esse quebra-cabeça específico desaparece. Ela pergunta a Brent: "Isso já aconteceu antes?"

"Você não faz ideia", diz Brent, revirando os olhos. "Problema diferente a cada vez, dependendo de quem gerou o arquivo. Os problemas mais comuns ultimamente são arquivos de comprimento zero ou sem linhas. E não só com a equipe de preços — temos problemas de dados como esse em todo lugar."

Maxine fica chocada. A primeira coisa que teria feito seria escrever alguns testes automatizados para garantir que todos os arquivos de entrada fossem formados corretamente, antes de corromperem seu banco de dados de produção, e para que o número correto de linhas esteja no arquivo.

"Deixe-me adivinhar... Você é o único que sabe corrigir esses uploads ruins?", pergunta Maxine.

"Sim", ela ouve Wes dizer atrás dela. "Todos os caminhos levam a Brent." Maxine faz mais anotações, determinada a investigar isso e fazer algo a respeito mais tarde.

Quase 2h depois, as tabelas de preços são corrigidas. Por causa do que Brent disse, Maxine verifica de novo o arquivo e tem certeza de que está faltando um número significativo de entradas de produtos. E como a equipe de preços não fazia parte do lançamento, ninguém sabe como contatá-los no meio da noite (ou da madrugada). Maxine acrescenta mais itens à sua lista de coisas que vai insistir em construir para que isso não aconteça novamente.

Às 7h, Maxine volta à equipe de banco de dados. Eles ainda estão trabalhando para acelerar as consultas — mas é tarde demais. É feito o anúncio de que as lojas da Costa Leste estão começando a abrir.

O lançamento do Fênix ainda está longe de ser concluído. "Estamos com 14h de lançamento, e o míssil está preso no tubo", diz Dwayne, taciturno.

Maxine não sabe se ri, sorri maliciosamente ou vomita — quando os mísseis estão presos no tubo de lançamento, é um cenário muito perigoso, porque, nesse ponto, já estão armados, e é muito perigoso se aproximar.

Às 8h, eles ainda estão a horas de terem um sistema de ponto de venda funcionando. Sarah e sua equipe são obrigadas a treinar todos os gerentes de loja para usar impressões em papel-carbono, e algumas lojas são obrigadas a aceitar apenas dinheiro e cheque.

Para Maxine, o resto do sábado passa como um borrão. Ela não pode ir para casa. O lançamento do Fênix foi mais do que um problema... foi o exemplo mais incrível de perda de dados de produção que Maxine já viu.

De alguma forma, eles corromperam os pedidos dos clientes. Milhares de pedidos foram perdidos, e inúmeros, duplicados — até três ou quatro vezes. Centenas de administradores de pedidos e contadores foram mobilizados, reconciliando as entradas do banco de dados com os recibos de pedidos em papel enviados por e-mail ou fax das lojas.

Shannon manda mensagens para todos da Rebelião, horrorizada com o fato de que caixas de números de cartões de crédito de clientes estão sendo transmitidas sem aviso — mas, no grande esquema das coisas, é apenas mais um pontinho no desastre do Fênix.

Às 15h, Kurt manda uma mensagem para todos:

> Sem querer mexer ainda mais na merda, mas Dwayne ganhou o pool de apostas. Parabéns, Dwayne.

Dwayne responde:

> Não vale a pena! FUUUUUUUUUUUU...

Ele posta uma imagem de um pneu pegando fogo.

No sábado à noite, Maxine finalmente consegue ir para casa e dormir por seis horas antes de voltar para o escritório. *Dwayne estava certo, isso vai ficar no livro dos recordes*, pensa ela, sombriamente.

Na manhã de segunda-feira, Maxine fica chocada ao ver seu reflexo em um espelho. Ela está um lixo, como todos ao redor — olheiras, cabelo pegajoso. Há muito se foram seus blazers cuidadosamente passados. Agora é jeans e uma jaqueta amassada para cobrir uma mancha na blusa igualmente amarrotada.

Hoje ela não está elegante. Como todo mundo, parece estar se recuperando de uma ressaca, tendo dormido com a roupa da noite anterior.

Desde a manhã de sábado, o site de e-commerce tem falhado continuamente sob os níveis sem precedentes de tráfego de clientes. Em uma reunião de atualização de status, Sarah vangloriou-se do ótimo trabalho que o Marketing fez ao promover o Fênix, depois exigiu que o TI fizesse a diferença.

"Ela é inacreditável", murmura Shannon. "Ela criou todo esse desastre! Alguém vai questioná-la sobre isso?" Maxine apenas dá de ombros.

A carnificina é inacreditável. A maioria dos sistemas das lojas ainda está inoperante — não apenas os registros do ponto de venda, mas quase todos os aplicativos de back-office que dão suporte à equipe das lojas.

Por motivos que continuam a confundir a todos, até mesmo o site e os servidores de e-mail da empresa estão tendo problemas, dificultando ainda mais sua capacidade de obter informações críticas para as pessoas que precisam — nem todos têm acesso às salas de bate-papo dos desenvolvedores.

Em situações como essa, as falhas de tecnologia se propagam pela organização, como a água inundando um submarino que está afundando.

Tentando ficar alerta, Maxine vai buscar mais café na cozinha. Dwayne está fazendo a mesma coisa. Eles acenam um para o outro, e ele diz: "Você ouviu que há centenas de pessoas que não conseguem nem entrar nos prédios porque os crachás não estão funcionando?"

"Quê?!", exclama Maxine, exausta, mas rindo. Ela diz: "Conversei com um colaborador que está tentando descobrir por que um monte de tarefas em lote não foi executado. Parece que a folha de pagamento vai atrasar de novo — ah, vou deixar isso para outras pessoas", conclui ela, com uma risadinha.

"Ah", reflete ele. "Eu me pergunto se conseguimos derrubar uma interface para um aplicativo de RH. Isso pode explicar esses erros estranhos. Conseguimos bagunçar todo o resto."

Durante todo o dia e os esforços de recuperação, ela ouve perguntas como: Por que todas as transações estão falhando? Onde estão falhando? Como chegou a esse estado? Das três ideias que podem resolver o problema, qual tentaremos? Vai piorar? Achamos que consertamos, mas será?

Mais uma vez, Maxine se irrita com a forma como todos esses sistemas estão emaranhados. É difícil entender qualquer parte do sistema isoladamente.

Às vezes, é difícil não entrar em pânico. No início do dia, parecia que o site de e-commerce da Parts Unlimited estava sendo atacado por uma parte externa roubando números de cartão de crédito. Shannon e a equipe de segurança levaram mais de uma hora para enviar um e-mail concluindo que era um erro de aplicativo — se alguém atualizasse o carrinho de compras na hora certa, o número do cartão de crédito e o CVV de um cliente aleatório era exibido.

A boa notícia é que não foi um hack externo. A má é que foi um evento genuíno de exposição dos dados do titular do cartão e provavelmente outro motivo para virar manchete. Toda a atenção e ridículo explodindo nas redes sociais só aumentaram o estresse de todos.

Fazendo uma pausa, Maxine volta para sua mesa. Ela vê o desenvolvedor que estava despreocupado na semana passada com o lançamento. Ele está vestindo roupas limpas e parece estar bem descansado.

"Fim de semana difícil, suponho", diz ele a Maxine.

Maxine o encara, sem palavras. Ele ainda está trabalhando nos recursos para o próximo lançamento. A única grande mudança para ele é que todas as suas reuniões foram canceladas, porque a maioria das pessoas foi sugada para a crise do Fênix.

Ele se volta para a tela para trabalhar em sua peça do quebra-cabeça, sem se importar que nenhuma das outras se encaixem. Ou que todo o quebra-cabeça pegará fogo no fim de semana, junto com a casa e toda a vizinhança.

De: Alan Perez (Sócio Operacional, Wayne-Yokohama Equity Partners)
Para: Dick Landry (CFO), Sarah Moulton (SVP de Ops de Varejo)
Cc: Steve Masters (CEO), Bob Strauss (Presidente do Conselho)
Data: 8h15, 15 de setembro
Assunto: Release do Fênix **CONFIDENCIAL**

Sarah e Dick,

Tenho lido as manchetes das notícias sobre o lançamento do Fênix. Não é um bom começo. Mais uma vez, questiono se o software é uma competência que a Parts Unlimited pode criar. Talvez possamos explorar a terceirização de TI.

Sarah, você mencionou o grande número de desenvolvedores que contratou para ajudar. Quanto tempo até que estejam contribuindo totalmente? Quando você desenvolve uma equipe de vendas, leva tempo para que os novos vendedores alcancem a capacidade total da cota. Os novos desenvolvedores podem ser integrados com rapidez suficiente para fazer a diferença? Ou só estamos jogando dinheiro fora?

Atenciosamente, Alan.

De:	Sarah Moulton (SVP de Ops de Varejo)
Para:	Todos os colaboradores de TI
Cc:	Todos os executivos da empresa
Data:	10h15, 15 de setembro
Assunto:	Nova política de mudanças na produção

Obrigado por todo o seu árduo trabalho ajudando a entregar o Fênix aos nossos clientes. Essa é uma etapa crucial para recuperarmos a paridade no mercado.

No entanto, devido aos danos que causamos aos clientes, por imprevistos causados por mau julgamento de certos membros da organização de TI, todas as alterações de produção devem ser aprovadas por mim, assim como por Chris Allers e Bill Palmer.

Mudanças feitas sem aprovação resultarão em ações disciplinares.

Obrigada, Sarah Moulton.

Maxine lê o e-mail de Sarah. Há uma nova, talvez até sinistra, dinâmica se infiltrando no Projeto Fênix. Em cada uma das chamadas de interrupção e reuniões de gestão de crise, os líderes seniores parecem estar se empenhando para demonstrarem como eles fizeram seu trabalho, mas outras pessoas não fizeram *os seus*, às vezes sutilmente, às vezes descaradamente.

Enquanto os redshirts lutam para conter o fogo furioso do motor que ameaça todo o navio, a equipe geral continua se protegendo, observa Maxine. Alguns até usam o desastre para se beneficiarem e para punirem engenheiros ou departamentos inteiros por uma suposta negligência ao dever.

Aparentemente, ninguém na liderança de TI está seguro — Maxine ouve rumores de que Chris e Bill, como chefes de Dev e Ops, correm risco de demissão, e há rumores de que toda a TI será terceirizada de novo. No entanto, a maioria acredita que William, como chefe do QA, será despedido.

O que é besteira, pensa Maxine. *William foi designado para chefiar a equipe de lançamento menos de 24 horas antes do lançamento! Ninguém pode ser demitido por tentar evitar um desastre, certo?*

"É como o programa de TV *Survivor*", diz Shannon. "Todos os executivos da tecnologia só tentam durar mais um episódio. Todos estão pirando. Steve foi rebaixado e Sarah quer convencer a todos de que pode salvar a empresa."

Mais tarde, Brent convida Maxine para uma reunião. "Temos quase 60 mil pedidos errados e/ou duplicados no banco de dados, e precisamos corrigi-los para que o pessoal de finanças obtenha relatórios de receita precisos."

Maxine ajuda o grupo a discutir o problema por uma hora. No final, assim que encontram uma solução, um dos gerentes de Marketing diz: "Está além da minha alçada. Sarah não está tolerando mudanças no momento. Preciso da aprovação dela."

Ah, a Caixa em ação, como Dave Nervosinho descreveu. Mas, agora, as decisões que eram difíceis se tornaram impraticáveis. Agora, todos os gerentes de produto precisam administrar tudo pela Sarah. Alguém murmura: "Esperem sentados, ela sempre demora para responder."

Excelente, pensa Maxine. *Sarah paralisou todos desta sala ainda mais.*

Ao longo do dia, todas as decisões e escalonamentos logo ficam paralisados, mesmo para emergências, o que Maxine não esperava. Ela descobre o porquê: todos os gerentes insistiram em fazer parte do plano de comunicação. Por quê? Eles querem ser os primeiros a ouvir as más notícias, para não parecerem desinformados e para prepararem os subordinados.

Maxine faz essa observação para Kurt quando o telefone dele toca.

Vendo sua expressão azeda, ela pergunta: "O que foi?"

"É Sarah", diz ele. "Ela diz que está recebendo informações conflitantes de Wes e de mim sobre os dados corrompidos do pedido. Preciso ficar trinta minutos explicando isso a ela quando tenho duas emergências reais acontecendo."

Kurt sai furioso antes que ela possa lhe desejar boa sorte. Maxine balança a cabeça. A falta de confiança e o fluxo excessivo de informações estão fazendo com que as coisas fiquem cada vez mais lentas.

Na terça-feira, Maxine participa de uma reunião liderada por Wes sobre interrupções intermitentes e misteriosas do site de e-commerce e dos sistemas de pontos de vendas.

Sarah tem enviado e-mails, às vezes em maiúsculas, lembrando às pessoas de como isso é importante. Mas todo mundo já sabe — processar pedidos é uma das funções mais importantes para qualquer varejista.

A sala está quase vazia, embora esta seja uma interrupção de Sev 1.

Aparentemente, todo mundo voltou para casa doente. A liberação do Fênix forçou as pessoas a trabalharem muitas horas juntas, dia e noite, e dormindo mal. Agora todo mundo está caindo em pé. Das pessoas necessárias nesta chamada, ninguém está bem para ficar no escritório. Na verdade, apenas duas pessoas estão saudáveis o suficiente para ficarem na linha da conferência.

Maxine levanta os olhos ao ouvir Sarah gritando: "O que vocês podem fazer a respeito disso? Quem pode consertar isso? Nossos gerentes de loja precisam da nossa ajuda! As pessoas não percebem como isso é importante?"

Maxine encara Sarah incrédula, notando que ela parece cansada, não na sua aparência imaculada de costume. Nem Sarah está escapando ilesa da carnificina do Fênix, apesar de ser lisa como Teflon conseguindo se esquivar da culpa por tudo em seu mandato de três anos na Parts Unlimited.

Wes levanta as mãos. "E o que podemos fazer? Nada. Toda a equipe de suporte do aplicativo está doente. Brent acabou de voltar para casa doente. Os DBAs estão doentes. Embora tenhamos a competente Maxine aqui, ela é como eu — não sabemos o suficiente sobre o serviço para fazer qualquer coisa, exceto reiniciar os sistemas, o que as equipes de suporte já estão fazendo."

Maxine vê que Wes também está doente — ele está congestionado e com uma aparência péssima. Bolsas sob seus olhos vermelhos, voz rouca... ela de repente se pergunta se está tão mal quanto ele.

"Isso é inaceitável, Wes", diz Sarah. "O negócio depende de nós. Os gerentes das lojas dependem de nós. Temos que fazer alguma coisa."

"Bem, avisamos sobre esses riscos quando vocês propuseram prosseguir com o lançamento do Fênix — mas você mandou um e-mail dizendo que 'precisamos quebrar alguns ovos para fazer omelete', certo? Estamos fazendo tudo o que podemos, mas, a menos que você queira ajudar para reinicializar alguns servidores, não há nada que possamos fazer."

Wes continua: "Mas temos que conversar. Como mantemos nossa equipe saudável para que possa fazer o trabalho? E como os mantemos felizes para que não desistam? Chris diz que dois de seus principais engenheiros desistiram na semana passada. Também perdi duas pessoas de Ops e há uma boa chance de perder mais três. Quem sabe quantos mais estão planejando isso?

"E, quando isso acontecer, ficaremos confusos, porque teremos reuniões vazias como esta o tempo todo", diz Wes com uma risada indiferente, que se transforma em tosse.

Ele pega seu notebook e vai saindo. Antes de ir embora, ele diz: "Sarah, sei que você acha estranho não termos mais ninguém no banco para resolver esse problema importante, mas é assim que as coisas são. Se quiser ajudar, vire médica ou aprenda algum middleware. Enquanto isso, fique fora do caminho porque estamos fazendo o nosso melhor."

Maxine gosta da maneira como Wes se coloca — ele é destemido e sempre diz o que pensa.

Ela faz uma nota mental para perguntar à Rebelião sobre o recrutamento de Wes.

Pensando na Rebelião, percebe a importância do grupo. Para ela, é um farol de esperança. Maxine sabe que pode estar maníaca e insana pela falta de sono, mas a Rebelião reuniu alguns dos melhores engenheiros da empresa. E eles poderiam libertar todos de... de... tudo isso.

Precisamos manter a Rebelião unida e tocar esse trabalho, pensa ela.

Ela manda uma mensagem para Kurt no ato:

> Não importa o que aconteça, não podemos cancelar a reunião no Dockside na quinta-feira.

Sua resposta aparece logo em seguida.

> Grandes mentes pensam igual. Tenho uma surpresa para todos. Vejo você em dois dias!

Na quinta-feira, as coisas se estabilizaram substancialmente. Os defeitos mais evidentes e problemas de desempenho do Fênix foram corrigidos. E ajuda que o tráfego de clientes diminuiu. Quem quer ir a uma loja ou site que não aceita pedidos? O resultado é que não é mais necessário que todos trabalhem a noite toda. Maxine dormiu até as 10h. Enquanto dirigia para o trabalho, percebeu o quanto estava ansiosa pela reunião do Dockside naquela noite.

Como prometido, Kurt mandou uma mensagem para todos na Rebelião:

> Vou me atrasar um pouco. Dwayne e Maxine, executem a agenda padrão, incluindo o build do ambiente Fênix. Levarei um convidado muito especial.

Maxine tem certeza de que todos estarão lá esta noite.

Mas, apesar de ter dormido um pouco, não se sente bem. Ela espera desesperadamente não estar pegando a doença que dizimou seus colegas de trabalho. Apesar disso, está muito feliz por trabalhar nos builds do Fênix de novo.

Naquela noite, quando chega ao Dockside, Maxine está animada para ver todos. Ela quer descobrir como conseguir um adesivo da Rebelião para seu notebook e trocar histórias de guerra. Ela fica surpresa ao ver que todos parecem zangados e abatidos.

Jogando o casaco nas costas de uma cadeira, ela diz alegremente: "Oi, pessoal! O que deixou todo mundo tão rabugento?"

Dwayne olha para ela. "Leia o e-mail que acabou de ser enviado. Eles demitiram William."

De: Chris Allers (VP de Dev)
Para: Todos os colaboradores de TI
Data: 16h58, 18 de setembro
Assunto: Mudanças de pessoal

Com efeito imediato, Peter Kilpatrick (Gerente de Dev de Front-End) e William Mason (Diretor de QA) deixarão a empresa. Agradecemos especialmente todas as suas contribuições.

Por favor, direcionem todos os e-mails de Dev de Front-end para Randy, e todos os e-mails relacionados ao QA, para mim.

Obrigado, Chris.

Maxine desmorona ao ler a mensagem. A caça às bruxas começou. Adam balança a cabeça com raiva. "Eu não era um grande fã de William", diz ele, "mas culpá-lo por tudo é muito errado."

No e-mail de Chris, não há menção sobre sua própria culpabilidade no desastre do Fênix. E mesmo que Maxine não acredite em punição ou bode expiatório, é duplamente injusto que a culpa seja colocada na organização de tecnologia e ninguém de negócios ou produtos seja responsabilizado.

Dave Nervosinho levanta os olhos do telefone, enojado. "O mesmo vale para o Peter — ele só estava fazendo o que os gerentes de negócios exigiam. Que show de merda completo."

"Isso é tão errado", murmura Shannon. "Suponho que não adianta escrever uma petição ou algo assim, certo? Sabe, apresentar nosso protesto sobre a demissão deles?"

Adam diz: "Ninguém que importa está sendo responsabilizado! Nós deveríamos..."

Ele de repente para de falar, olhando boquiaberto para algo atrás de Maxine. "Puta merda..." Ele finalmente diz. Todos ao lado de Adam também parecem chocados com o que quer que esteja atrás dela.

Maxine se vira e vê Kurt entrando. Ao lado dele, está Kirsten, a diretora de Gestão de Projetos.

"Meu Deus", Maxine ouve Adam dizer. Ele parece assustado, fechando o notebook e se levantando, como se fosse fugir da cena.

"Ah, pelo amor de Deus, sente-se, Adam", diz Maxine. "Isso não é como uma aparição da polícia secreta. Nenhum de nós está fazendo nada de errado — mantenha a dignidade."

Dave Nervosinho ri nervoso, mas, como todo mundo, ele já fechou o notebook, como se tivesse algo a esconder.

Kirsten está usando um blazer chique, dois níveis acima do traje de negócios habitual de Maxine e quatro dos moletons, camisetas e camisas de boliche usados pelos outros engenheiros ao redor da mesa. As pessoas no bar estão se entreolhando, perguntando-se quem convidou a cabeça da Gestão. Maxine sabe que está um pouco deslocada no Dockside, mas, uau, Kirsten faz parte de *outro universo*, como se estivesse indo para um evento de sócios legislativos seniores, mas seu pneu furou no caminho, seu celular descarregou e ela teve que entrar para pedir ajuda.

Olhando em volta, Kurt sorri e diz: "Para quem não conhece Kirsten, ela lidera a Gestão de Projetos, que é, sem dúvida, o setor mais confiável da Parts Unlimited, apesar de sua associação conosco, pessoal da tecnologia." Kurt ri. "Todas as iniciativas mais importantes da empresa passam por Kirsten e seus subordinados da Gestão de Projetos, e ela informa a Dick Landry, nosso CFO, como vão as coisas."

Isto é verdade, pensa Maxine. Kirsten é a grande sacerdotisa da ordem e disciplina. Ela atribui a pontuação de vermelho, amarelo ou verde a cada iniciativa principal da organização, o que tem consequências para catapultar ou encerrar a carreira dos envolvidos. Além de Sarah e da VP de vendas, Kirsten é a pessoa mais mencionada pelo CFO nas reuniões públicas.

Sentada, Kirsten se serve de uma cerveja da jarra sobre a mesa e, em seguida, serve um copo para Kurt. Kurt apresenta Kirsten a todos e gesticula para Maxine: "Maxine é a mais recente aquisição ao nosso grupo de elite da Rebelião. Ela foi exilada no Projeto Fênix como punição pelo problema com a folha de pagamento, e, claro, seus vastos talentos foram desperdiçados desde então. Isto é, até que a recrutássemos para ajudar a derrubar a insensível, antiga e poderosa ordem existente... ah, hum..." Kurt de repente parece envergonhado, percebendo que Kirsten faz parte dessa ordem. "Com exceção da gerência atual, é claro", finaliza ele.

Kirsten apenas levanta o copo em resposta.

Kurt continua: "Acontece que, Maxine, em seu tédio e busca por significado, começou a trabalhar na criação de builds repetíveis do Fênix, algo que tem escapado às equipes do Fênix por mais de um ano. Acreditamos em muitas coisas boas e virtuosas, mas uma com a qual todos concordamos é que colocar os builds em funcionamento novamente é uma das práticas de engenharia mais urgentes e importantes de que precisamos. Assim que começarmos os builds contínuos, habilitaremos os testes automatizados. Com eles, faremos alterações mais rápido, com mais confiança e sem dependermos de centenas de horas de testes manuais. E esse, acredito, é o primeiro passo crítico para entregarmos melhor valor, mais seguro, mais rápido e mais satisfatório.

"Sem builds contínuos, somos como um fabricante de automóveis sem linha de montagem, com qualquer um fazendo o que quiser, independentemente dos objetivos da fábrica", continua. "Precisamos descobrir problemas no processo de build ou de teste, não durante a implantação ou a produção.

"Há um ano que eu queria isso, mas meu chefe, hum, melhor, meu ex-chefe, que recentemente partiu, não achou importante. Então, tenho retirado pessoas da minha equipe para trabalhar nisso em segredo e procuro os melhores engenheiros da empresa que estão dispostos e são capazes de ajudar. E Maxine, mesmo no pouco tempo, tem sido de uma ajuda tremenda", acrescenta.

Kurt faz uma pausa. "Ah, vamos todos erguer um brinde a William — ele e eu tínhamos nossas diferenças, mas ele não merecia levar a culpa por todo o fiasco do Fênix."

Maxine levanta a taça, como todo mundo. Ela brinda com todos na mesa.

Olhando para Kirsten, ela diz: "Parece loucura, Kirsten, mas acho que este grupo pode fazer uma grande diferença. Já vi desenvolvedores esperando meses para obter um ambiente de Dev. A falta de ambientes e de builds centralizados nos atrasam de inúmeras maneiras. Na verdade, a maioria das equipes de Dev até desiste de esperar os ambientes e as compilações e apenas escreve o código de forma isolada, sem se importar se ele funciona no sistema como um todo."

Maxine continua: "Veja o que aconteceu na semana passada com o lançamento do Fênix. Melhores práticas de engenharia teriam evitado muito disso. Que desperdício."

"Todos concordamos com Maxine", diz Dave Nervosinho. "Mas, Kirsten, ah, o que diabos você está fazendo aqui?"

Kirsten ri. "Há muito tempo suspeito de que a forma como gerenciamos a tecnologia nesta empresa não funciona. E não falo isso por causa da catástrofe do lançamento do Fênix. Veja todas as coisas de que precisamos do Fênix e que ainda faltam anos para o plano do projeto chegar a elas.

"Kurt me conta há meses sobre o trabalho que a Rebelião tem feito. Mas meu momento eureca foi quando Kurt apontou que, de alguma forma, criamos um sistema em que centenas de engenheiros são incapazes de realizar coisas simples sem comunicação cruzada e coordenação externa", explica ela. "Claro, é nosso trabalho salvaguardar os projetos mais importantes da empresa. Mas todos devem ser capazes de fazer o que precisam sem nossa ajuda. De alguma forma, acho que a Gestão de Projetos se transformou em um exército de traficantes de papel, arrastados para cada tarefa por causa das dependências.

"Acompanhamos o trabalho de quase trezentas pessoas de várias partes do Fênix. Mas o esforço real é ainda maior", continua ela. "Vocês pensariam que temos trinta equipes de dez pessoas, com cada equipe capaz de agir de forma independente. Mas, às vezes, é como se tivéssemos apenas uma equipe de trezentas pessoas... Ou talvez trezentas equipes de uma. Em qualquer caso, algo está muito errado..."

Ela se vira para Kurt. "Qual foi o termo que você usou? Projetos melancia? Verde por fora, mas vermelho por dentro? Isso é o que cada um de nossos projetos de TI é hoje em dia", observa Kirsten, irônica.

Ela continua: "Estou aqui há 15 anos, e ficamos nesse jogo de terceirizar e internalizar TI o tempo todo. Da última vez, o ICO proclamou que a Parts Unlimited 'não estava mais no negócio de pessoas', se acreditam nisso, e terceirizou tudo. No final, trouxemos a maior parte para dentro, mas tudo o que recebemos estava em pior estado do que nunca. E perdemos a capacidade de fazer algumas das coisas mais básicas nós mesmos. No ano passado, tivemos que fazer uma mudança simples de esquema no Armazenamento de Dados. Colocamos o pedido em nossa lista normal de parceiros de terceirização.

Demorou cerca de três semanas para obtermos uma estimativa. Disseram que a obra levaria cerca de 10 mil horas para ser concluída", diz ela. "Antes de terceirizarmos a TI, teríamos feito isso em poucas horas."

Maxine faz as contas de cabeça. Dos seus dias de consultoria, ela sabe que um engenheiro efetivo trabalha cerca de 2 mil horas por ano — isso são 40 horas semanais, 52 semanas por ano, se não tirar férias. Ela começa a rir. "São cinco engenheiros trabalhando em tempo integral por um ano, apenas para fazer uma alteração na coluna do banco de dados?! Faço isso em 15 minutos!"

"Sim", diz Kurt, com um sorriso triste. "A mudança no Armazenamento requer o trabalho de dois ou três terceirizados. Você precisaria organizar reuniões com os gerentes de conta de cada uma dessas equipes. Cada gerente de conta exige uma taxa de alteração e um estudo de viabilidade. Leva semanas para que todo o pessoal técnico chegue a um acordo sobre um plano de mudança e, mesmo assim, os tíquetes vão e vêm durante semanas. É necessário um esforço hercúleo para implementar a mudança."

Dwayne ri alto. "Acham ruim? Isso não é nada! Tínhamos três switches de rede em todas as nossas fábricas. Um para Ops internas, um para colaboradores e Wi-Fi para convidados, e um para todos os nossos fornecedores de equipamentos, que precisavam se conectar com a nave-mãe.

"Há alguns anos, durante a temporada de orçamento, algum burocrata olhou para esses três fornecedores de rede e decidiu consolidá-los em um único switch. Meio que faz sentido, certo?", continua ele. "Então, sem perguntar a ninguém, eles foram em frente e agiram. E não apenas em uma planta, mas em um grupo de plantas. Eles substituíram os três switches por um maior e mais robusto e, em seguida, transferiram todo o tráfego da fábrica para ele", diz Dwayne. "Mas o que eles não sabiam é que tinham três terceirizados separados gerenciando as três redes. Portanto, todos os três terceirizados que trabalhavam em seus próprios switches tiveram que trabalhar em um deles e, de repente, pisavam no pé do outro o tempo todo.

"Em uma semana, uma das fábricas teve sua rede inteira desligada — absolutamente zero contato com o mundo externo. Ninguém conseguia obter informações de programação da fábrica, enviar pedidos de reposição, o equipamento não conseguia atualizações de manutenção... Todas as interfaces estavam acabadas!", continua Dwayne, ainda surpreso com a escala de switch.

"A única coisa que funcionou foi o fax. Todos, de todos os departamentos, tiveram que esperar na fila para enviar coisas como relatórios semanais de produção para a gerência, pedidos de matérias-primas...", diz Dwayne.

Maxine começa a rir. "Eu me lembro disso — foi incrível. Tivemos que comprar algumas impressoras USB na loja de suprimentos de escritório local para alguns sistemas que não se conectavam às impressoras de rede. Foi como voltar aos anos 1970 por quase uma semana."

Adam murmura do outro lado da mesa: "Sim, assim como fizemos com os sistemas das lojas neste fim de semana."

Dwayne toma outro gole de cerveja e se inclina para trás, gostando de ter a atenção de todos. "Vocês devem estar se perguntando por que demorou uma semana para o serviço ser restaurado. Bem, durante todo esse tempo, ninguém assumiu a responsabilidade pelo que aconteceu. Todos os três contratantes negaram que fossem eles, mesmo quando lhes apresentamos os arquivos de log que mostravam que um deles havia desativado as contas de todos os outros. Aparentemente, alguém se cansou de ter suas alterações pisoteadas pelos outros dois, então simplesmente os bloqueou."

Todos caem na gargalhada, mas o queixo de Maxine cai.

Dwayne continua: "Durante toda a semana, os três terceirizados continuaram culpando uns aos outros, e a rede ficou inativa por dias. Tudo escalou até Steve. Sim. O CEO. Mesmo depois de reunir todos os CEOs das três terceirizadas por telefone, ainda demorou quase 24 horas para que a rede fosse restaurada."

Enquanto todos riem, Maxine diz lentamente: "Isso é interessante. Consolidar switches de rede não é inerentemente uma má ideia. Antes, três equipes podiam trabalhar de forma independente em suas próprias redes. E, quando todas foram colocadas em um switch de rede, de repente foram acopladas, incapazes de trabalhar de forma independente, tendo que se comunicarem e coordenarem para não interferir uma na outra, certo?"

Com admiração na voz, ela continua: "Sabe, depois que eles foram colocados em um switch, aposto que precisaram criar um cronograma mestre com todo o seu trabalho nele. E aposto que precisavam alocar gerentes de projeto para setores para os quais provavelmente não precisavam antes.

"Caramba", continua Maxine, seguindo a linha de raciocínio. "Fizeram isso para reduzir custos, mas, com certeza, no final, custou mais caro para todos. E aposto que cada um demorou mais para fazer seu trabalho, com todos tendo que se comunicar, coordenar, obter aprovações, com os gerentes de projeto embaralhando e desconfigurando todo o trabalho.

"Ah, meu Deus. É como o Projeto Fênix!", exclama ela.

O silêncio cai sobre a mesa enquanto todos olham para Maxine em uma mistura de horror e percepção.

"Você quer dizer que fomos nós que fizemos tudo o que há de errado com o Projeto Fênix?", pergunta Shannon.

Kirsten parece confusa, com a testa franzida, mas não diz nada.

"Sim", diz Maxine. "Acho que fizemos isso com nós mesmos."

"Você está certa, Maxine. Você está prestes a compreender a magnitude e a escala dos desafios que a aguardam", diz uma voz atrás de Maxine.

CAPÍTULO 7

• *Quinta-feira, 18 de setembro*

O dono da voz familiar é, para surpresa de Maxine, o barman da última vez que esteve no Dockside.

Ele coloca uma bandeja de bebidas ao lado dela e dá um tapinha amigável nas costas de Kurt. Então ele se vira para Kirsten, dizendo: "Ahá — se não é a Sra. Fingle! Quanto tempo! Bem-vindos ao Dockside, quartel-general da Rebelião emergente."

"Caramba", diz Kirsten, estática.

"Vocês se conhecem?", pergunta Kurt, o tom confiante de sempre faltando.

Kirsten ri. "Este é o Dr. Erik Reid. Você pode não saber, mas Steve e Dick estão tentando recrutá-lo para servir no conselho da Parts Unlimited há meses. Ele trabalha na empresa há décadas. Na verdade, Erik fez parte do lançamento inicial do MRP, nos anos 1980, e depois ajudou as fábricas a adotarem os princípios e práticas Lean. Fomos uma das primeiras empresas a ter um sistema MRP automatizado, e ele é um verdadeiro herói entre as fileiras de manufatura."

"Ele?", diz Kurt em descrença, apontando o polegar para o barman.

Maxine também está surpresa. Afinal, ela assumiu o Dev contínuo e as Ops do incrível sistema MRP desenvolvido internamente há anos. Ela sempre ficou impressionada com a forma como codificava não apenas uma maneira maravilhosa de trabalhar que gerava um fluxo fantástico, mas também permitia o aprendizado contínuo, tanto para os trabalhadores de linha quanto para os gerentes de fábrica.

"Não acredite em tudo o que ouve", diz Erik, bufando.

Maxine o avalia. Ele parece ter 50 e poucos anos, a idade certa para ser o progenitor do sistema MRP. Ele tem a constituição de alguém grande que costumava estar em ótima forma. Tem cabelos grisalhos, na altura dos ombros, lembrando-a *O grande Lebowski*. Mas, em vez de ser suave e legal, Erik é claramente afiado e atencioso.

Ele se vira para Maxine com um sorriso malicioso. "Em nome de todos na manufatura, obrigado por cuidar tão bem do sistema MRP. Você ajudou a criar e a manter um software que é uma obra-prima de simplicidade e localização. Você não está apenas cumprindo magnificamente os objetivos de negócios, mas também criou um sistema no qual pequenas equipes de engenheiros são capazes de trabalhar produtiva e independentemente, com componentes bem isolados, em vez de uma bagunça completada, gigante, feia e cheia de nós.

"Um feito magnífico de engenharia e arquitetura!", diz ele, radiante. "A produtividade do desenvolvedor que você habilitou é um belo testemunho de simplicidade. E ainda mais impressionante é a erradicação implacável da dívida técnica como parte do trabalho diário. Que prazer finalmente conhecê-la!"

Maxine encara Erik. *Não é todo dia que um barman a elogia pelo código que você cuidadosamente escreveu e supervisionou por anos*, pensa ela.

"Obrigada — vou passar isso para a equipe", diz ela, perplexa, mas incapaz de esconder o orgulho.

"Ah, o que significa 'completado'?", pergunta Kurt.

Erik responde: "É uma palavra arcaica, ressuscitada pelo Sensei Rich Hickey. 'Completado' significa transformar algo simples em complexo.

"Em sistemas fortemente acoplados e completados, é quase impossível mudar qualquer coisa, porque você não pode alterar apenas uma área do código, você deve alterar cem, ou até mil, áreas do código. E mesmo as menores alterações causam efeitos imprevisíveis em partes distantes do sistema, talvez em algo de que você nunca ouviu falar.

"Sensei Hickey dizia: 'Pense em quatro fios de lã pendurados de forma independente — esse é um sistema simples. Agora pegue nesses mesmos fios trançados. Agora você os completou. As configurações de fio podem cumprir o mesmo objetivo de engenharia, mas uma é muito mais fácil de mudar do que a outra. No sistema simples, você pode mudar um fio de forma independente, sem ter que tocar nos outros. O que é muito bom.'"

Erik ri, "No entanto, no sistema complexo, quando você deseja fazer uma alteração em um fio, você é forçado a alterar os outros três fios também. Na verdade, para muitas coisas que for fazer, você simplesmente não pode, porque tudo está muito entrelaçado.

"E, quando isso acontece", continua ele, "você se prendeu em um sistema de trabalho no qual não pode mais resolver problemas reais de negócios facilmente — em vez disso, é forçado a resolver quebra-cabeças o dia todo, tentando descobrir como fazer sua pequena mudança, obstruída por seu sistema complicado a cada passo do caminho. Você deve agendar reuniões com outras equipes, tentar convencê-los a mudar algo para você, encaminhá-lo para seus gerentes, talvez por toda a cadeia.

"Tudo o que faz fica cada vez mais distante do problema real de negócios que tenta resolver", diz ele. "E isso, Dwayne, é o que todos descobriram quando trocaram os roteadores nessas fábricas. Antes, você tinha três vertentes independentes, com equipes capazes de trabalhar de forma independente, mas à custa de ter que manter três switches de rede.

"Quando você coloca todos eles em um switch, compila seus fluxos de valor, todos agora tendo dependências entre si que não existiam. Eles devem comunicar-se, coordenar, programar, ordenar, sequenciar e desconstruir constantemente seu trabalho. Eles agora têm um custo extremamente alto de coordenação, que prolongou os prazos de entrega, diminuiu a qualidade e, em sua história, levou a uma catástrofe de uma semana que prejudicou significativamente os negócios, chegando até Steve", diz Erik com alegria.

"A importância dos prazos na entrega de software é equivalente, como os Senseis Dra. Nicole Forsgren e Jez Humble descobriram em sua pesquisa", diz Erik. "O tempo de execução da implantação do código, a frequência da implantação e o tempo para resolver problemas são preditivos da entrega de software, desempenho operacional e desempenho organizacional e estão relacionados com o desgaste, o envolvimento do funcionário e muito mais.

"A simplicidade é importante porque permite a localização. A localização no nosso código é o que mantém os sistemas acoplados, permitindo-nos entregar recursos com mais rapidez. As equipes podem desenvolver, testar e implantar valor para os clientes de forma rápida e independente. A localização em nossas organizações permite que as equipes tomem decisões sem terem que se comunicar e coordenar com pessoas de fora da equipe, tendo que obter aprovação de autoridades e comitês tão distantes do trabalho que não têm base relevante para tomar boas decisões", diz ele, claramente enojado.

"Você deve ser capaz de criar valor alterando um arquivo, um módulo, um serviço, um componente, uma chamada de API, um contêiner, um aplicativo ou o que quer que seja! É por isso que colocar questões transversais em um só lugar é tão bom, como políticas de registro, segurança ou nova tentativa. Você muda ali e em todos os lugares", diz ele. "Não é absurdo que, ao construir um recurso, as mudanças às vezes tenham que ser feitas pela equipe de IU, a de front-end, a de backend e a de banco de dados?"

"Interessante", diz Maxine. "A localização em nosso código e organização é desejável, ao contrário do que temos agora, que é código disperso por toda parte!"

"Isso, exatamente. Dispersão!", diz Erik. "E alcançar essa grandeza não é de graça. Requer foco e elevação de *melhoria* do trabalho diário, até mesmo sobre o próprio trabalho diário. Sem esse foco implacável, todo sistema simples se degrada com o tempo, cada vez mais soterrado por uma tundra de dívidas técnicas. Basta olhar para o desastre que é o sistema de build do Fênix."

Maxine franze a testa. "Você está dizendo que o Fênix era simples, mas agora se tornou irreconhecível. O Fênix tinha um ótimo processo de build, mas, com o passar dos anos, foi negligenciado, ficando em segundo plano e, eventualmente, saindo totalmente dos trilhos."

"Precisamente", diz Erik. "A responsabilidade de build passou do Dev para o QA e para os estagiários. Gigantes da tecnologia como Facebook, Amazon, Netflix, Google e Microsoft atribuem responsabilidades de Dev apenas aos engenheiros mais experientes. Aqui na Parts Unlimited, é o oposto."

Dwayne ri, "Pelo menos, nossas construções não são mais terceirizadas. Não muito tempo atrás, custava US$85 cada vez que uma construção era executada." Todos, incluindo Maxine, gargalham em descrença.

Kirsten diz: "Ouço engenheiros reclamarem o tempo todo sobre dívidas técnicas? Mas o que exatamente é, além de ser algo ruim?"

Erik ri. "Há muitas definições, mas a minha favorita é a de Ward Cunningham, em 2003. Ele disse: 'Dívida técnica é o que você sente da próxima vez que quiser fazer uma mudança.' Há muitas coisas que as pessoas chamam de dívida técnica, mas geralmente se refere a coisas que precisamos limpar, ou a pontos nos quais precisamos criar ou restaurar a simplicidade, para que possamos fazer alterações no sistema com rapidez, confiança e segurança.

"Às vezes, é um sistema de build e teste que fornece feedback lento aos desenvolvedores ou quando para de funcionar. Às vezes é quando componentes simples se tornam complexos e você não pode mais raciocinar sobre isso ou alterá-lo sem um grande esforço ou risco de catástrofe. Às vezes é quando os processos de tomada de decisão ou a estrutura organizacional perde localização, forçando até pequenas decisões a serem escaladas — a infame 'Caixa'.

"Comecei a chamar todas essas coisas de 'dívida de complexidade' porque não são apenas questões técnicas — são corporativas. É sempre uma escolha", diz ele. "Você pode optar por construir novos recursos ou por pagar dívidas de complexidade. Quando um tolo gasta todo seu tempo em recursos, o resultado é até tarefas fáceis se tornarem difíceis e demorarem para ser executadas. E não importa o quanto tente ou quantas pessoas tenha, tudo vai desmoronar sob seu próprio peso, forçando você a começar do zero."

Ele olha para Maxine e diz: "É por isso que o que você fez com o sistema MRP é notável. Suas equipes são capazes de adicionar recursos a uma taxa que toda a equipe do Fênix deveria invejar. E isso só é possível porque você paga a dívida técnica com o trabalho diário. É um exemplo magnífico do

Primeiro Ideal, Localização e Simplicidade, em nosso código e organizações. Muito bem, Maxine."

Erik se levanta. "Estou com pouco pessoal esta noite. Vejo vocês mais tarde e muito bom ver você, Kirsten!

"Ah, mais uma coisa", diz ele, virando-se. "Pense nas pontuações de engajamento dos funcionários de tecnologia em relação ao resto da empresa e pondere as diferenças, especialmente no Projeto Fênix."

Enquanto Maxine observa Erik voltar para o bar, ela ouve todos começarem a conversar.

Maxine diz: "Não tenho ideia do que aconteceu". Olhando para Kirsten e Kurt, ela pergunta: "O que foi isso? E o que ele quis dizer com Primeiro Ideal?"

"Não tenho ideia", diz Kurt, balançando a cabeça. "Conheço Erik há mais de um ano. Eu não tinha ideia de que ele tinha conexão com a empresa..."

Dwayne diz a Kurt: "Nunca me preocupei em lhe contar porque não parecia tão importante. Mas uma noite ele me perguntou se eu sabia de alguma coisa sobre a configuração de clusters do Kubernetes. Foi muito estranho."

"É estranho", diz Shannon. "Agora que estamos pensando nisso, uma vez tive um debate com ele sobre o quanto devemos isolar o ambiente de dados do portador do cartão para cumprir o padrão de segurança de dados PIC. Ele até me enviou links para as subseções específicas do padrão. Parecia muito experiente. Até mesmo um especialista. Achei que fosse só porque esse bar aceitava pagamentos com cartão de crédito..."

"Ouvi dizer que ele tem conversado bastante com Bill Palmer, o novo VP de Ops de TI", acrescenta Kirsten. "Bill me contou que Erik está ensinando a ele algo chamado de as Três Formas e os Quatro Tipos de Trabalho."

"Nunca ouvi falar deles", diz Maxine. "Ele apenas mencionou o Primeiro Ideal... Eu me pergunto quantos outros Ideais existem."

"E o que ele quis dizer com pontuação de engajamento?", pergunta Kurt.

"Não sei", diz Kirsten. "Mas sei que temos algumas das maiores pontuações de satisfação dos funcionários do nosso setor... exceto para o departamento de TI... que eu acho que é 27 negativos."

"Isso é ruim?", pergunta Dwayne.

Kirsten parece envergonhada. "Muito ruim."

Maxine não se surpreende. E, no entanto, algo a incomoda. Na reunião pública, Steve falou sobre o quanto ele se preocupa com o envolvimento dos funcionários. O que ele pensa ao ver que o departamento responsável pelo programa mais estratégico da empresa está miserável? Isto não deveria preocupá-lo?

Quando Erik passa com um copo de cerveja cheio, Maxine se levanta e corre para alcançá-lo. "Obrigada novamente pelas palavras gentis, Erik. Você mencionou o Primeiro Ideal — Quantos existem e quais são eles?"

"Ah! Não é assim que funciona", diz Erik, rindo. "Na verdade, Bill Palmer está correndo de um lado para o outro, tentando encontrar todos os Quatro Tipos de Trabalho, observe. Mas... talvez eu possa lhes dar uma vantagem."

Erik e Maxine voltam à mesa. "Há Cinco Ideais", começa Erik. A mesa toda volta a atenção para ele. "Já falei sobre o Primeiro Ideal: Localização e Simplicidade. Precisamos projetar as coisas de forma que tenhamos localização em nossos sistemas e nas organizações que os constroem. E precisamos de simplicidade em tudo. O último lugar em que queremos complexidade é internamente, no código, na organização ou nos processos. O mundo externo é complexo o suficiente, então seria intolerável se o permitíssemos em coisas que podemos realmente controlar! Devemos facilitar o nosso trabalho."

Maxine se senta novamente, abre o notebook (feliz por ela ter se lembrado desta vez) e começa a fazer anotações.

"O Segundo Ideal é Foco, Fluxo e Felicidade. Aborda o trabalho diário. O trabalho é marcado pelo tédio e pela espera que outras pessoas ajam por nós? Trabalhamos cegamente em pequenas partes do todo, vendo apenas os resultados do nosso trabalho durante uma implantação quando tudo explode, levando ao combate a incêndios, punição e esgotamento? Ou trabalhamos em pequenos lotes, com fluxo de peça única, obtendo feedback rápido e contínuo sobre nosso trabalho? Estas são as condições que permitem o foco e o fluxo, o desafio, o aprendizado, a descoberta, o domínio e até a felicidade."

Ele olha ao redor da mesa com uma expressão presunçosa. "E isso é tudo por agora. Vou compartilhar os outros três Ideais quando estiverem prontos."

"Você está brincando comigo", diz Maxine. "É algum tipo de rotina do Yoda ou do Sr. Miyagi para nós? Vamos lá, pelo menos, diga-nos os *nomes* dos outros Ideais!"

"Para sua sorte, Jovem Gafanhoto, não tenho tempo para discutir, pois há uma fila no bar de que preciso cuidar", diz ele. "Em sua forma mais breve: o Terceiro Ideal é o Aprimoramento do Trabalho Diário. Reflita sobre o que o cabo Toyota Andon nos ensina sobre como elevar o trabalho diário em relação ao próprio trabalho diário. O Quarto Ideal é a Saúde Mental, sentirmo-nos seguros para falar de problemas, pois resolvê-los exige prevenção, o que exige honestidade, e honestidade exige ausência de medo. Na fabricação, a Saúde Mental é tão importante quanto a física. E, finalmente, o Quinto Ideal é o Foco no Cliente, questionar implacavelmente se algo importa para nossos clientes, se estão dispostos a nos pagarem ou se é algo útil apenas para nosso silo funcional?"

Erik termina sua cerveja e diz com um sorriso: "Boa sorte a todos. Até a próxima semana!"

"Espere, espere, é isso?", diz Maxine, mas Erik já se foi. Maxine olha para suas anotações digitadas rapidamente:

Primeiro Ideal — Localização e Simplicidade

Segundo Ideal — Foco, Fluxo e Felicidade

Terceiro Ideal — Aprimoramento do Trabalho Diário

Quarto Ideal — Saúde Mental

Quinto Ideal — Foco no Cliente

Maxine encara a lista — todos os Ideais parecem bons, mas como diabos eles deveriam usá-los para mudar a trajetória do Projeto Fênix?

"Isso foi tão estranho", diz Kurt, dizendo o que todos estão pensando.

Dave Nervosinho acrescenta: "O Quarto Ideal acertou em cheio. Uma cultura de medo onde todos têm medo de compartilhar más notícias? Somos nós."

"Erik está certo", diz Adam. "Ninguém fala sobre o problema real. A maioria das pessoas não tem coragem de dizer o que pensa ou de fazer a coisa certa. Eles apenas dizem 'sim', concordando ou não. Mas talvez isso crie uma oportunidade. Há alguns buracos grandes e escancarados no organograma agora", diz ele a Kurt. "Você deveria colocar seu nome no chapéu de um deles. Talvez até pela posição de William?"

O silêncio desce sobre a mesa enquanto todos se viram para olhar para Adam e Kurt.

"É uma ideia muito boa, Kurt. Você pode fazer uma grande diferença na organização de QA. Todos ficaríamos muito felizes com isso", diz Shannon, com todos ao redor da mesa murmurando em concordância.

"Talvez", diz Kurt, balançando a cabeça lentamente. "Mas você sabe, se queremos fazer a diferença, há outro movimento. Estou pensando em dizer ao Chris que quero a posição de Peter."

Maxine ouve alguns suspiros em volta da mesa, seguidos pela risada alta de Dave Nervosinho. "É verdade. Você definitivamente faria uma diferença muito maior assumindo uma equipe de Dev. Todos sabemos que precisamos mudar a forma como o QA realiza os testes, mas o melhor lugar para começar é mudando como *Dev* faz testes. E isso requer ser um gerente de Dev... mas traz um pequeno problema... eles nunca vão lhe dar essa posição, Kurt", diz ele. "Porque você é 'apenas um gerente de controle de qualidade'."

Maxine estremece. Dave Nervosinho expressou um preconceito muito popular que os desenvolvedores têm sobre o pessoal do QA, que a envergonha. O controle de qualidade é visto como uma subclasse, mas pelo menos estão acima de Ops. *Tudo isso é uma porcaria*, pensa Maxine. Afinal, ela começou sua carreira de Ops no colégio, alternando fitas de backup e, mais tarde, antes da pós-graduação, controle de qualidade — se não fosse por esse histórico, não teria se tornado quem é hoje. A tecnologia ainda é muitas vezes um sistema de castas.

Adam diz a Kurt: "Você sabe que sou seu fã e adoro trabalhar com você — você é um líder fantástico —, mas concordo com Dave. Não há como um grupo de gerentes de Dev deixar um gerente de QA assumir esse lugar. Talvez você deva se contentar com o antigo papel de William. Afinal, alguém precisa tirar o controle de qualidade da Idade da Pedra e trazer testes automatizados para o restante do Projeto Fênix."

"Tenho que concordar com seus amigos, Kurt", diz Kirsten. "Você e eu sabemos que William nunca foi um grande fã seu. Ele nunca falou muito bem de você nas reuniões. Eles provavelmente vão trazer alguém de fora."

Kurt sorri, aparentemente não se incomodando com a observação de Kirsten. Em sua grande personificação de William, Kurt diz: "'Sim, Kirsten, você está certa. Embora Kurt demonstre potencial, está claro para mim que ele não entende o jogo de teste. Talvez em alguns anos ele tenha maturidade para dirigir a organização de controle de qualidade.'"

Todos riem. Kurt continua em sua voz normal: "Gente, aqui está uma oportunidade para fazermos a diferença. Mas não acho que possamos fazer isso de qualquer lugar na organização de controle de qualidade — o controle de qualidade como o conhecemos está mudando. Não podemos continuar sendo as pessoas que testam após o fato. Precisamos entrar no jogo, e isso significa encontrar nosso caminho para as equipes de Dev que são responsáveis pelo envio de recursos e pela qualidade de seus resultados. Qualquer outra coisa é uma perda de tempo."

Ele continua: "Na verdade, se pudermos assumir a equipe de Peter, meu objetivo será mostrar que podemos superar todas as outras equipes de Dev no Projeto Fênix. Em torno desta mesa, estão alguns dos melhores talentos técnicos da empresa, e já criamos a infraestrutura que pode trazer algumas ótimas práticas técnicas para o jogo."

Kurt se inclina para frente. "Se eu conseguir que Chris me dê essa chance, vocês estariam dispostos a se juntar à equipe e mostrar que podemos mudar a trajetória do Projeto Fênix?"

"Cara, sim, Kurt. Conte comigo." diz Dave Nervosinho. Maxine fica surpresa por ele ser o primeiro a se voluntariar.

Maxine o segue. "E eu! É nisso que quero trabalhar. E sei que podemos fazer círculos em torno de todas as outras equipes. Vi a competição de perto", diz ela com um sorriso.

Todos ao redor da mesa concordam, animados com a possibilidade. Dave Nervosinho diz: "Ok, estamos todos dentro, Kurt. Mas, francamente, não estou seguro. Adam está certo — conseguir uma equipe de Dev é um tiro no escuro."

Kirsten diz: "Kurt, concordo com seus instintos. Se você quiser, escrevo uma carta de recomendação para Chris."

"Isso seria fantástico, Kirsten", diz Kurt, radiante e obviamente surpreso e grato pela oferta de Kirsten. Naquele momento, Maxine percebe que Kurt está operando esse tempo todo sem qualquer cobertura aérea de liderança real. *Ele poderia ser demitido por ser desonesto*, percebeu ela.

"Fico feliz em ajudar", diz Kirsten. "Contudo, devo ser clara. Estou disposta a escrever uma carta para apoiar as ideias de Kurt, mas não posso ser vista publicamente com todos vocês. Pelo menos, não por enquanto. As pessoas precisam me ver como alguém imparcial."

"Ah, você está disposta a nos dar a chance de arriscarmos e sermos despedidos, mas quer ficar em segurança nas linhas secundárias?" diz Dave Nervosinho, meio brincando. Kirsten apenas levanta sua taça para Dave.

PARTE DOIS
23 de setembro – 9 de novembro

CAPÍTULO 8
• *Terça-feira, 23 de setembro*

Na terça-feira da semana seguinte, Maxine chega ao trabalho e encontra Kurt radiante. "Consegui o trabalho", diz ele com exuberância.

"Sério? O trabalho de Dev?", pergunta Maxine.

"Sim, o trabalho de Dev!", diz ele, como se ele mesmo não acreditasse. "Isso não poderia ter acontecido sem o apoio de Kirsten. Estou entrando para a equipe do Data Hub, e você vem comigo."

"Isso é incrível", diz Maxine, exultante. "Como você conseguiu que Randy aprovasse minha transferência?"

"Bem, ele não estava feliz por perder você. Ele continuou falando sobre como você é a melhor coisa que aconteceu a este lugar desde o pão de forma, mas... bem, eu tenho meus métodos", diz Kurt com um sorriso malicioso.

Maxine faz um high five com ele.

Ele olha em volta e sussurra: "Todos os gerentes estão comentando algo muito estranho que está acontecendo. Parece que os executivos de tecnologia tiveram um encontro externo com Steve no início desta semana, e eles concordaram com um congelamento de recursos por um mês. Eles estão pisando no freio na entrega de recursos para pagar toda a dívida técnica que acumulamos ao longo dos anos!"

"Sério?!" Maxine fica chocada.

"Eles perceberam que precisam consertar toda a porcaria que foi construída", diz ele. "Ops está interrompendo todo o trabalho não relacionado ao Fênix para pagar dívidas técnicas e automatizar as coisas. E Dev e QA interromperão todo o trabalho de recursos para pagar sua dívida técnica também."

"É minha chance de me destacar. Esta é nossa chance de mostrar às pessoas a grandeza da engenharia", exclama Kurt.

Mais tarde, um e-mail é enviado anunciando o novo papel de Kurt. Maxine não quer ferir os sentimentos dele, mas tem certeza de que o verdadeiro motivo de ele ter conseguido o trabalho foi ninguém no Dev o querer. O Data Hub está sendo apontado como a "causa raiz" das falhas catastróficas durante e após o lançamento do Fênix. Chris inclusive falou isso durante uma das reuniões em que Maxine estava, o que ela achou bastante injusto.

Culpar a equipe do Data Hub pela cratera fumegante no solo que foi a implantação do Fênix era como culpar por um acidente de avião o passageiro na parte de trás que não apertou o cinto de segurança o suficiente.

Ela sabe por que culpar o Data Hub é tão fácil. É uma das áreas de tecnologia menos glamorosas da empresa. O Data Hub é parte de um grande e enfadonho sistema de barramento de mensagens, que Maxine já adora porque é como a maioria dos principais aplicativos e sistemas de registro se comunicam: banco de dados de produtos e de preços; sistemas de gestão de estoque, de atendimento de pedidos e de comissionamento; finanças e quase uma centena de outros sistemas importantes, muitos, com décadas de idade.

Maxine não gostava de serem três sistemas de gestão de estoque — dois para as lojas físicas (um foi herdado por uma aquisição e nunca se aposentou) e outro para o canal de e-commerce. E há, pelo menos, seis sistemas de entrada de pedidos — três dando suporte às lojas físicas, um para e-commerce, outro para clientes OEM e outro para vendas de canais de estações de serviço.

Maxine adora processos complexos como pediatras adoram crianças doentes, mas até mesmo Maxine se surpreende com a quantidade de sistemas com os quais o Data Hub tem de se comunicar.

Quanto mais Maxine estuda o que o Data Hub faz, mais perplexa fica. O Data Hub simplesmente não parecia ser parte do Fênix. Afinal, a maior parte do Data Hub foi escrita há mais de vinte anos, o que foi muito antes de o Fênix se tornar um conceito.

Aparentemente, o Data Hub era uma coleção de aplicativos menores espalhados pela empresa. Alguns residiam em finanças com os sistemas ERP, alguns nas unidades de negócios de manufatura e outros no grupo de Dev, de Chris.

Quando o rolo compressor do Fênix começou a rodar, um número incrível de novas demandas foi alocado para essas equipes, e elas não tinham uma equipe para lidar com isso. Toneladas de novas funcionalidades do Fênix foram bloqueadas devido a prioridades de negócios concorrentes no Data Hub, e logo os recursos do Fênix começaram a atrasar, mês após mês.

Finalmente, como parte de uma reorganização, todos esses componentes foram agrupados em um novo grupo, o Data Hub, e colocados sob o Projeto Fênix, garantindo que as prioridades do Fênix sempre estivessem em primeiro lugar. E, agora, todos estão culpando o Data Hub pelo que deu errado.

Na manhã de quarta-feira, Maxine e Dave Nervosinho se juntam a Kurt para a primeira reunião com os engenheiros do Data Hub. Maxine ficou surpresa ao ver que Dave Nervosinho também conseguiu ingressar no Data Hub muito rápido. Ela perguntou a ele como conseguiu fazer isso.

Dave Nervosinho apenas sorriu, dizendo: "Um dos muitos benefícios da minha personalidade vencedora — nenhum gerente passa a oportunidade de me doar a uma equipe diferente. Isso me permite ir aonde eu quiser."

Ela fica ao lado de Dave Nervosinho enquanto os outros cinco engenheiros do Data Hub se reúnem na área de reunião central.

Eles são todos da idade dela ou recém-formados, sem meio-termo. Ela suspeita que os desenvolvedores seniores estejam na equipe desde o início, e que os engenheiros mais jovens sairão rapidamente para um trabalho mais interessante e serão substituídos por outros recém-formados.

Chris limpa a garganta e se dirige à sala: "Bom dia a todos. Deem as boas-vindas a Kurt Reznick, que assumirá o lugar de Peter." Kurt parece surpreso com a breve introdução, mas diz alegremente: "Olá a todos. Como vocês devem saber, esta é a primeira equipe de Dev que gerencio. Meu trabalho é muito simples: ouvir, fazer o que vocês precisam que eu faça para ajudá-los a ter sucesso e remover quaisquer obstáculos do caminho." Pela aparência nada impressionada de todos, eles estão cientes da inexperiência de Kurt.

Kurt continua: "Conversei com nossos vários clientes internos e eles me disseram como o Data Hub é importante. Mas também me falaram sobre como somos o gargalo para as mudanças necessárias em toda a empresa, bem como para o Projeto Fênix. E, como todos sabemos, quando nosso serviço cai, o mesmo acontece com o Fênix. Agendei uma sessão para o final desta semana para discutirmos como tornar nosso serviço mais confiável e resiliente."

"Culpar o Data Hub e o Peter pela queda do Fênix é besteira", diz um dos desenvolvedores sênior.

"Concordo totalmente com você, Tom", diz Kurt. "E tenha certeza de que trabalharei para corrigir essa percepção."

Kurt continua: "Aprecio que Peter estava disposto a se encontrar comigo antes de eu começar. Ele me disse que há anos vem solicitando um número adicional de funcionários para desenvolvedores seniores porque as necessidades de negócios não param de crescer, especialmente em torno da integração do Fênix. Ele recomendou que eu continuasse tentando."

Kurt aponta para Chris. "E prometo a vocês que vou continuar pressionando Chris por mais funcionários."

"E continuarei fazendo lobby com Steve", responde Chris com um sorriso de boca fechada. Kurt ri. "Então, nesse ínterim, trouxe comigo dois desenvolvedores seniores que se ofereceram para se juntar à equipe. Maxine é desenvolvedora sênior da equipe MRP, e Dave é desenvolvedor sênior da equipe de servidor backend do Fênix. São os dois desenvolvedores em que mais confio."

Os desenvolvedores do Data Hub olham para eles, surpresos, mas genuinamente felizes por ela e Dave Nervosinho estarem aqui.

"Em breve, haverá uma diretiva de Chris sobre congelamento de recursos, para que trabalhemos na correção de falhas que afetam nossos clientes e corrigir áreas problemáticas do código", diz Kurt. "Mas não espere pelo anúncio. A principal prioridade é consertar o que acham que precisa, e, por falar nisso, qualquer coisa que os ajudará a ser mais produtivos ou a tornar o Data Hub mais estável. Vou lidar com qualquer reclamação que vier no caminho."

Maxine sorri com as expressões de aprovação relutante dos engenheiros do Data Hub.

Como os novos engenheiros, Dave Nervosinho e Maxine se integram aos rituais diários da equipe do Data Hub. Eles comparecem às reuniões e são rápidos em se voluntariar para ajudar nas coisas.

Maxine forma par com Tom, o desenvolvedor mais velho que comentou sobre a injustiça de ser o bode expiatório pela falha do Fênix. Tom tem quase 40 anos e usa óculos, jeans e uma camiseta. Ela se senta à mesa dele com o notebook aberto enquanto explica no que está trabalhando no momento.

Enquanto ele fala, Maxine vê que o Data Hub é uma mistura de tecnologias construídas ao longo das décadas, incluindo um grande pedaço que roda em serviços Java, alguns scripts Python e algo que ela pensa ser Delphi. Existe até um servidor web PHP.

Ela não julga nem rejeita nenhuma pilha de tecnologia — afinal, vem servindo com sucesso à empresa há décadas. Pode não ser o software mais elegante que ela já viu, mas coisas que estão em produção há vinte anos raramente são. O software é como uma cidade, em constante mudança, necessitando de reformas e reparos. Ela vai, no entanto, reconhecer que o Data Hub não é a maior das modernidades. É difícil recrutar novos graduados que desejam aprender e usar as linguagens e estruturas mais eficientes e solicitadas.

Pelo menos, o Data Hub está em uma forma muito melhor do que os sistemas de build do Fênix, que eram como locais da Lei Superfund, inabitáveis e radioativos, ou os restos destruídos de uma zona de guerra.

Maxine está sentada à mesa de Tom enquanto ele explica no que está trabalhando: "É uma falha urgente. Volta e meia o Data Hub gera transações de mensagens incorretas e trava sob cargas elevadas. Às vezes, acontece quando os funcionários das lojas marcam reparos de clientes como concluídos no aplicativo da estação de serviço", diz ele. Parecendo envergonhado, ele continua: "Passei dias trabalhando nisso. Finalmente criei um caso de teste semirreproduzível — isso acontece uma em cada dez vezes. Tenho certeza de que é por causa de uma condição de corrida."

Conte como é ser jogado no fundo do poço, pensa Maxine. Mas ela adora o desafio e tem certeza de que, quando resolverem o problema, vai causar uma impressão muito positiva em toda a equipe. Afinal, condição de corrida é a categoria de problema mais difícil em todos os sistemas distribuídos e engenharia de software. Se trabalhar com as meninas do ensino médio era um desafio de faixa-amarela no caratê, o que Tom está descrevendo pode levar ao desespero e à loucura até mesmo os faixas-pretas mais experientes de décimo nível.

Maxine está impressionada com o fato de Tom conseguir reproduzir o problema. Alguém certa vez chamou esses problemas de "heisenbugs", referindo-se aos fenômenos da física quântica em que o ato de observação muda a natureza da própria realidade.

Esse tipo de trabalho é muito diferente de como a programação é retratada nos filmes: um jovem programador digitando furiosamente, vestindo um moletom, é claro, mas, curiosamente, também usando óculos escuros (o que ela nunca viu um desenvolvedor fazer na vida real). Ele tem muitas janelas diferentes abertas, o texto passando rapidamente por todas elas. Atrás dele, uma multidão olha por cima dos seus ombros, esperando ansiosamente. Depois de alguns segundos, o codificador grita: "Peguei!", e todos aplaudem. A solução é criada, o recurso é entregue ou o mundo é salvo. A cena termina.

Mas, na realidade, quando os desenvolvedores trabalham, geralmente olham para a tela, concentrados, tentando entender o que o código faz para que possam alterá-lo com segurança e precisão, sem quebrar outra coisa como um efeito colateral acidental, em particular se for uma missão crítica.

Tom lhe explica o problema. "Quando há várias transações de reparo sendo processadas ao mesmo tempo, às vezes uma delas obtém o ID de cliente errado e às vezes o Data Hub trava completamente", diz ele. "Tentei colocar um cadeado ao redor do objeto do cliente, mas isso tornou o aplicativo inteiro mais lento, simplesmente não é uma opção. Já temos problemas de desempenho suficientes."

Maxine concorda, porque Tom está confirmando sua crença de longa data de que os erros de multithreading estão no limite do raciocínio humano, em particular porque a maioria das linguagens de programação convencionais, como Java, C# e JavaScript, encorajam a mutação do estado compartilhado.

É quase impossível prever como um programa se comportará se qualquer outra parte dele puder alterar os dados dos quais você depende a qualquer momento, pensa Maxine. Mas ela tem certeza de que sabe como resolver esse problema.

"Podemos percorrer o caminho do código novamente?", pergunta Maxine. Enquanto o fazem, ela faz uma lista de verificação mental para confirmar sua hipótese. Há um pool de threads que lida com as mensagens recebidas. Confere. Os registros de serviço podem ser tratados por vários threads simultâneos. Confere. Os threads passam por objetos, que sofrem mutação quando seus métodos são chamados. Confere.

Hipótese confirmada. O problema é definitivamente a mutação de estado dando errado, pensa ela. *Assim como no Ensino Médio.*

"Você está certo, é definitivamente uma condição de corrida", diz Maxine. "E tenho certeza de que podemos resolver esse problema sem colocar um bloqueio em todo o objeto do cliente. Posso mostrar no que estou pensando?"

Quando ele acena com a cabeça, assim como Maxine fez com as meninas do ensino médio, ela propõe reescrever o caminho do código usando princípios de programação funcional. O teste de Tom tem muitos mocks e stubs para simular o ambiente de produção: um servidor de configuração, um banco de dados, um barramento de mensagem, uma fábrica de objetos do cliente...

Ela descarta todos eles, porque essas não são áreas do sistema que deseja testar. Em vez disso, ela empurra todas as entradas/saídas e efeitos colaterais para as bordas e cria testes de unidade em torno de como uma mensagem de pedido de reparo recebida é processada, como os dados do cliente são transformados e quais mensagens de saída são enviadas.

Ela faz com que cada thread faça sua própria cópia do objeto do cliente. Eles reescrevem cada método de objeto em uma série de funções puras — uma função cuja saída é dependente de suas entradas, sem efeitos colaterais, mutações ou acessos ao estado global.

Quando Maxine mostra a Tom um teste de unidade que reproduz o problema 100% do tempo, bem como a correção completamente thread-safe que agora funciona 100% do tempo, Tom a encara com os olhos arregalados de admiração. "Isso é... É incrível."

Ela sabe por que ele está impressionado. Seu código é tão simples que é fácil de entender e testar se está correto. Maravilhado com a tela, ele diz: "É inacreditável o quanto você simplificou isso. Como isso pode alcançar a mesma coisa que a bagunça complexa que tínhamos antes?" Pelo resto da tarde, ele faz perguntas, tentando provar a si mesmo que o caso de teste de Maxine capturou o problema e que a reescrita está correta. Por fim, ele diz: "Mal posso acreditar, mas você está certa. Isso definitivamente vai funcionar!"

Maxine sorri com a reação de Tom. Outro testemunho de que os princípios de programação funcional são as melhores ferramentas para se pensar. E eles já tornaram o código muito melhor do que quando o encontraram — é mais seguro, mais fácil de testar e muito mais fácil de entender. *Isso é tão divertido*, pensa ela. *E um ótimo exemplo do Primeiro Ideal, Localização e Simplicidade.*

"Ok, vamos incorporar essa correção!", diz ele, abrindo uma janela de terminal e digitando alguns comandos. Ele se vira para Maxine. "Parabéns. Você acabou de consertar seu primeiro defeito e verificar sua primeira alteração!"

Maxine faz um grande high five, com um amplo sorriso no rosto. Vencer um erro de condição de corrida no primeiro dia é incrível. "Isso é ótimo! Então, vamos testar essa coisa e colocá-la em produção." Maxine fica animada com a ideia de um gerente de loja grato lhe agradecendo.

"É... Ahhhh", diz Tom, fazendo uma pausa. "O teste não começa até segunda-feira."

Maxine sente seu coração apertar. "Não podemos testar nós mesmos?"

"Antes de sermos reorganizados no Fênix, nós podíamos", diz ele, melancólico. "O grupo de QA assumiu os testes. E, quando eles tiveram alguns problemas com equipes diferentes usando o ambiente de teste ao mesmo tempo, tiraram o acesso de todos. Se agora eles são os únicos que podem fazer login, pense em executar os testes."

"Espere", diz ela. "Nós os escrevemos, mas não podemos executá-los?"

Ele ri. "Não, não. Eles escrevem os testes. Eles nem mesmo nos deixam ver os planos de teste."

Maxine murcha ainda mais, sabendo aonde isso vai dar. "E não podemos colocá-lo em produção?"

Tom ri novamente. "Não, não mais. Podíamos fazer isso também. Mas agora alguém o implementa para nós. 'Fiquem na sua', eles nos disseram." Ele encolhe os ombros. Maxine já imagina quem disse esse "Fiquem na sua". É a cara do Chris.

A alegria que Maxine sentiu o dia todo enquanto trabalhava no problema desaparece. Afinal, consertar o código especialmente para recursos é apenas uma fração de todo o trabalho. Isso não é feito até que o cliente possa usar o que escreveu. E, mesmo assim, ainda é um trabalho em andamento, porque sempre podemos descobrir como ajudar os clientes a atingirem seus objetivos de formas melhores.

"Merda", murmura ela. *Estou de volta ao mesmo lugar em que estava, muito longe do Primeiro Ideal. Ainda não consigo fazer nada sozinha*, pensa Maxine. Mais uma vez, ela depende de outras pessoas para criar valor para o cliente. Alheio, Tom ri e abre uma nova janela. "Não é tão ruim. Só precisamos entrar no sistema de tíquetes e marcar esse problema como 'concluído'. Isso permite à equipe de QA testá-lo, para que seja promovido para a produção."

Tom olha para o relógio e se volta para ela: "Isso foi ótimo. Fizemos muito hoje. Quer escolher outra falha na qual trabalhar?" Maxine força um sorriso e acena com a cabeça. *Isso é péssimo*, pensa Maxine. Ela gosta de terminar coisas, não apenas de começá-las.

Maxine continua trabalhando com Tom o dia todo, escolhendo a próxima falha mais urgente a ser corrigida. Tom mais uma vez a elogia pela sua maneira de pensar nos problemas. Ele fica impressionado com a forma como Maxine escreve testes de unidade que podem ser executados sem a necessidade de um ambiente de teste de integração complexo.

Mas há limites — o trabalho do Data Hub é conectar sistemas. Há um limite para o que se pode simular em um único notebook. *Seria bom rearquitetar o Data Hub*, pensa Maxine, desanimada.

Embora goste de aprender sobre o Data Hub e as partes do negócio que ele conecta, há algo em todo esse trabalho profundamente insatisfatório para ela.

Ela pensa no Segundo Ideal de Erik, Foco, Fluxo e Felicidade. Toda a alegria que sentiu se evaporou quando Tom disse a ela que eles só haviam concluído uma pequena parte do trabalho necessário para criar valor. Isso não basta para ela. Em sua equipe MRP, qualquer desenvolvedor poderia testar seu próprio código e até mesmo colocá-lo em produção por conta própria. Eles não tiveram que esperar semanas para que outras pessoas o fizessem por eles. Ser capaz de testar e enviar o código para a produção é mais produtivo, torna os clientes mais felizes, cria responsabilidade pela qualidade do código para quem o escreve, e torna o trabalho mais alegre e gratificante.

Maxine começa a pensar em como apresentar algumas das ferramentas que estão sendo construídas pela Rebelião. *No mínimo, precisamos disponibilizar ambientes de Dev padronizados, para que eu possa fazer compilações no meu notebook*, pensa ela. Mais coisas para falar na próxima reunião no Dockside.

Ela continua a trabalhar duro, ajudando Tom com o trabalho que lhe foi atribuído. Juntos, corrigem duas falhas e, em seguida, abordam um recurso de prioridade de crash, para criar algumas regras de negócios em torno de planos de garantia estendida, críticos para serem isentos do congelamento.

"Por que isso é prioritário?", pergunta Maxine enquanto lê o tíquete.

"Gera uma receita enorme", explica Tom. "Os produtos de maior margem são esses novos planos de garantia estendida. Os clientes adoraram o piloto, especialmente para itens como pneus. E a equipe das lojas precisa dessas informações, para fazer os reparos e registrar a reclamação com a seguradora terceirizada."

Tom continua: "Ótimo para o cliente, ótimo para nós, e uma seguradora terceirizada está assumindo todos os riscos financeiros."

"Legal", diz Maxine, animando-se. São recursos como esse que dão suporte a tudo o que Steve disse na reunião pública. Já se passou muito tempo desde que Maxine trabalhava gerando receita do negócio.

Comprometendo-se a se sentir implacavelmente otimista, Maxine e Tom começam a estudar o recurso, tentando descobrir o que é necessário para habilitá-lo. Ela tenta não pensar que, mesmo que o façam hoje, ele simplesmente ficará parado, esperando a equipe de QA testá-lo.

Na manhã seguinte, Tom e Maxine estão em frente a um quadro branco, fazendo um inventário de todos os sistemas que precisam mudar para habilitar garantias estendidas. Mais dois engenheiros se juntaram a eles conforme o escopo continua aumentando. E então eles percebem que precisarão conversar com engenheiros de duas outras equipes. Maxine acha que eles terão que trazer outras seis equipes por causa dos sistemas de negócios que isso afeta.

Maxine está consternada porque o número de equipes que precisam ser envolvidas continua crescendo. Isso é, de novo, o oposto do Primeiro Ideal: Localização e Simplicidade. Aqui, as mudanças que precisam ser feitas não são localizadas. Em vez disso, estão espalhadas por muitas equipes. Não é o famoso ideal da Amazon da "equipe de duas pizzas", em que os recursos podem ser criados por equipes que ficariam satisfeitas com duas pizzas.

Precisaremos de um caminhão cheio de pizzas para enviar esse recurso, pensa Maxine, observando Tom desenhar mais caixas no quadro branco.

Kurt enfia a cabeça na sala de conferências. "Desculpe interromper. Alguém de Ops e o gerente do aplicativo de gestão de treinamento de canal estão em uma conferência. Todos os logins dos clientes estão falhando. Eles dizem que o conector parou de funcionar."

"De novo não", diz Tom. "A autenticação é instável desde a implantação do Fênix. Nós estamos nisso..."

"Entendido", diz Kurt, batendo em algo no seu telefone. "Acabei de criar um canal de bate-papo para todos nós, ok?"

Maxine segue Tom de volta à sua mesa. Conforme Tom abre outra janela do navegador e digita algo, um erro de login aparece em sua tela. "Ok, algo não está funcionando direito. Vamos ver se podemos isolar o motivo...", murmura Tom. "Duvido que seja um conector do Data Hub."

"O mais provável é que seja o serviço de autenticação do cliente corporativo ou um problema na rede."

Maxine acena com a cabeça, fazendo anotações à medida que mais do universo do Data Hub surge à vista. Cética, ela diz: "Não podemos descartar a rede e a autenticação? Se qualquer um deles estivesse desativado, nem acessaríamos o site, e a autenticação desativada tiraria todos os serviços..."

"Bem pensado...", diz Tom. "Mas ainda pode ser uma rede... tivemos vários problemas ultimamente. Na semana passada, o pessoal da rede bloqueou acidentalmente alguns endereços IP internos, o que causou problemas."

"Redes. É sempre o pessoal das redes, certo?", diz ela, sorrindo. "Mas se é sempre o pessoal das redes, por que estão nos ligando?", pergunta Maxine.

"Sim, bem, tudo o que os usuários sabem é que não podem se conectar ao Data Hub", diz ele. "Sempre explicamos que não somos nós; é algo com o qual precisamos nos conectar. Mas eles não se importam."

Quando Maxine vê Tom abrir o sistema de tíquetes de Ops e criar um novo, ela pergunta: "Para que serve isso?"

"Precisamos dos logs de produção do Data Hub e seus conectores para ver se eles estão lidando com o tráfego ou se travaram", responde ele, preenchendo os vários campos.

"Não podemos acessar diretamente os registros de produção?", pergunta Maxine, com medo da resposta.

"Não. O pessoal de Ops não vai deixar", diz ele, digitando no formulário.

"Então, alguém tem que responder ao tíquete e copiar os logs do servidor para nós?", pergunta ela, sem conseguir acreditar.

"Sim", diz ele, continuando a digitar, com muita prática no preenchimento. Ele alterna entre campos, tipos, passa o mouse para acertar a caixa suspensa, clica no botão "Enviar", quando descobre que ainda há outro campo obrigatório para ser preenchido.

Maxine geme. O aplicativo do Data Hub em que trabalham pode muito bem estar em execução no espaço sideral ou no fundo de um poço profundo.

Eles não podem acessá-lo diretamente, não podem ver o que está fazendo e a única maneira de entender o que está acontecendo é falando com alguém em Ops por meio do sistema de tíquetes.

Ela se pergunta se o tíquete será encaminhado para seu amigo Derek, no helpdesk.

Tom finalmente consegue enviar o tíquete. Satisfeito, ele diz: "Agora vamos esperar."

"Quanto tempo isso costuma levar?", pergunta Maxine.

"Um incidente de Severidade 2? Não é tão ruim — vamos conseguir dentro de meia hora. Se não estiver relacionado a um problema, leva dias", diz Tom. Ele olha para o relógio. "O que fazemos enquanto esperamos?"

Nem na equipe do Data Hub ela consegue escapar da Sala de Espera.

Quatro horas depois, após revisar os logs de produção, eles confirmam que o problema não é o Data Hub. Mais duas horas, todos finalmente concordam. Como Tom suspeitara, uma mudança interna na rede causou o problema.

Outra rodada de acusações intensas ocorre entre Ops de Negócios, Marketing e dentro da organização de tecnologia. Sarah acaba se envolvendo e exige que haja consequências graves.

"Ah, cara", diz Tom, assistindo com Maxine do outro lado da mesa. "Isso não pode ser bom."

De: Wes Davis (Diretor de Ops Distribuídas)
Para: Todos os colaboradores de TI
Data: 19h50, 25 de setembro
Assunto: Mudança de pessoal

Com efeito imediato, Chad Stone, de engenharia de rede, não está mais na empresa. Por favor, encaminhem todos os e-mails para sua gerente, Irene Cooper, ou para mim.

Por tudo o que é mais sagrado, por favor, parem de cometer erros, para que eu não tenha que escrever esses e-mails idiotas. (E, se me demitirem, encaminhem seus e-mails para Bill Palmer, VP de Ops de TI.)

Obrigado,

Wes.

Finalmente, o dia acabou, o que significa outra reunião no Dockside. Eles convidaram toda a equipe do Data Hub. Maxine aprova o fato de serem excessivamente inclusivos, para não correrem o risco de deixar ninguém de fora. Tom e três outros engenheiros aparecem. Maxine está feliz por eles estarem aqui. Depois dos últimos dias, ela está ansiosa para achar maneiras de melhorar a produtividade dos desenvolvedores da equipe do Data Hub.

Vendo todos se divertindo, Maxine observa que se trata de um grupo de pessoas que adoram sair juntas. Kurt se levanta e se dirige ao grupo.

"Olá, novos companheiros da Rebelião! Deixe-me apresentar a todos", diz Kurt. Ele apresenta todos os membros da Rebelião, como fez com Maxine e Kirsten. "E, se você não se importa, agora que ouviu sobre algumas das coisas subversivas em que trabalhamos para trazer alegria de volta aos engenheiros da Parts Unlimited, que tal nos contar algo que facilitaria suas vidas?"

Os dois colegas de Tom vão primeiro, apresentando-se e compartilhando suas experiências. Um está na equipe do Data Hub, como Tom, por quase uma década, mas ele não tem nada do que reclamar, só diz: "A vida está bem e agradeço o convite para bebidas."

Quando ele claramente não tem mais nada a dizer, Tom começa. "Como meu colega, estou na equipe do Data Hub há muito tempo. Na época em que era chamada de Octopus. Chamávamos assim por causa de sua conexão a oito aplicativos. Agora ele se conecta a mais de cem.

"Tenho programado muito bem com Maxine e ainda nem acredito que consertamos um bug de condição de corrida! Estou muito feliz com a ideia dela de obter ambientes de Dev do Data Hub que todos usaremos", continua ele. "Não estou orgulhoso disso, mas houve ocasiões em que contratamos novos desenvolvedores e, seis meses depois, eles ainda não conseguiam fazer uma compilação completa em suas máquinas", diz ele, balançando a cabeça. "Não foi sempre assim. Quando comecei, era mais simples. Mas, ao longo dos anos, codificamos algumas coisas que não deveríamos, atualizamos algumas coisas aqui, outras ali, sem documentar tudo... e agora? É uma bagunça."

Olhando para cima, ele sorri para seus companheiros de equipe ao redor da mesa, dizendo: "Você conhece aquela piada dos desenvolvedores 'isso funciona no meu notebook?' Bem, no Data Hub, não conseguimos fazer funcionar nem nos notebooks da maioria."

Todos riem. Em algum momento, todos os desenvolvedores do planeta tiveram esse problema. Costuma acontecer no pior momento possível, como quando algo falha na produção, mas misteriosamente funciona perfeitamente no notebook do desenvolvedor. Maxine se lembra de inúmeras vezes quando teve que descobrir o que estava diferente do notebook do desenvolvedor no ambiente de produção.

"Minhas questões", reflete Tom. "São os nossos ambientes. Tínhamos um bom controle sobre eles, mas fomos transferidos para o Fênix e nos fizeram usar os ambientes da equipe de ambientes centralizados.

"É muito louco. Somos insignificantes perto do resto do Fênix. Para executar o Data Hub agora, temos que instalar gigabytes de dependências irrelevantes. Leva uma eternidade para descobrir como fazer tudo funcionar, e é fácil quebrar algo por acidente. Não é brincadeira: faço backup do meu notebook de trabalho todos os dias porque tenho medo de que os builds parem de funcionar e eu tenha que passar semanas tentando descobrir como consertá-los."

Tom ri: "Dez anos atrás, perdi meus arquivos de configuração *emacs* e não tinha backup recente. Eu simplesmente não tinha condições de recriá-lo. Acabei desistindo e mudando de editores."

Todos riem, acrescentando suas próprias histórias de perda, angústia e tristeza por terem que desistir de suas ferramentas mais preciosas.

Tom se vira para Maxine. "Adoraria passar alguns dias explorando como criar um ambiente de Dev que todos nós usemos no nosso trabalho diário. Se tivéssemos uma imagem de máquina virtual ou Docker, qualquer novo membro da equipe poderia fazer uma construção em qualquer máquina, a qualquer momento. Seria incrível."

"Você e eu vamos nos dar muito bem", diz Maxine, sorrindo. "Precisamos que os desenvolvedores sejam capazes de concentrar suas melhores energias na construção de recursos, não tentando fazer com que as construções funcionem. Também tenho uma grande paixão por isso e adoraria sua ajuda."

"Isso é ótimo", diz Kurt. "Todos sabemos a importância dos ambientes. Por enquanto, fiquem à vontade para gastar metade do seu tempo nisso — vou escondê-lo no sistema de cartão de ponto."

Mais tarde, Kirsten aparece e se serve de um copo de cerveja da jarra sobre a mesa. Sorrindo, ela diz: "O que eu perdi?"

"A queda inevitável dos pedidos existentes, é claro", diz Kurt. Os novos membros da equipe do Data Hub encaram Kirsten enquanto ela se senta.

Kurt pergunta: "Kirsten, como vai o Projeto Inversão? Os recursos foram congelados? Ouvi dizer que Bill Palmer convenceu Steve a suspender todo o trabalho de recurso para que todos possam pagar dívidas técnicas."

"Confirmado", diz ela. "Sarah Moulton está enlouquecendo, reclamando dos 'desenvolvedores ociosos', que estão colocando em risco as promessas que a empresa já fez aos clientes e a Wall Street. Ainda não acredito que ela não entende como isso a ajuda. Mas o Projeto Inversão está acontecendo: por trinta dias, Ops não está fazendo nada, exceto coisas para apoiar o Fênix."

"Eles não estão brincando", diz Brent. "Bill tem sido incrível. Ele me disse em termos inequívocos que devo trabalhar apenas em coisas relacionadas ao Fênix. Ele me tirou de quase tudo. Até das listas de e-mail, fez com que eu desligasse as notificações de todas as salas de bate-papo e me disse para não atender ninguém. E, o melhor de tudo, disse para eu não aparecer em nenhuma chamada sobre problemas. Se eu fizer isso, ele vai me despedir."

Ao ouvir isso, Maxine fica chocada. Bill demitiria Brent? Pensando em todas as pessoas que foram demitidas recentemente, Maxine não entende por que Brent está sorrindo.

"É fantástico", diz Brent, parecendo até mesmo... empolgado?! "Bill me disse que não pode demitir executivos da unidade de negócios nem dizer a eles o que fazer. Ele disse que a única coisa que ele *pode* fazer é garantir que eu não perca tempo com essas coisas. Ele disse para avisar a qualquer pessoa que tentasse entrar em contato comigo que serei demitido se ligar de volta."

Brent ri, exultante, terminando sua cerveja e servindo-se de outra. "Ele designou Wes para examinar todos os meus e-mails e telefonemas e gritar com qualquer um que tente falar comigo. A vida é fantástica! Sério, perfeito."

Maxine sorri. Em sua carreira, ela viu como os engenheiros podem receber restrições. É divertido estar no centro de tudo, mas é algo que não se sustenta. Nessa estrada, aguardam apenas despertares crônicos, exaustão, cinismo e esgotamento.

Kirsten sorri. "Está funcionando!" O nome de Brent aparece em itens de ação mais críticos do que o de qualquer outra pessoa, e Bill disse a todos que seu objetivo deve ser proteger seu tempo.

"Quanto ao Dev, Chris promete nada de recursos por trinta dias, para todas as equipes que trabalham em qualquer coisa relacionada ao Projeto Fênix", diz Kirsten, lendo em seu smartphone. "Todas as equipes precisam corrigir defeitos de alta prioridade, estabilizar a base de código e fazer o necessário em rearquitetura para evitar outro desastre de lançamento."

Maxine ouve muitos murmúrios empolgados em torno da mesa. Ela sabe que algo assim é necessário — e que esta poderia ser uma oportunidade fantástica para a Rebelião.

"Ainda há muita discordância entre os subordinados diretos de Chris sobre a forma de implementar isso", continua Kirsten. "Eles passaram tanto tempo legislando sobre o que deveria e o que não deveria ser trabalhado que já perdemos uma semana — muitas equipes ainda trabalham em seus recursos, típico. Precisamos de mais clareza da liderança sobre isso — nesse ritmo, o mês acabará, e teremos a mesma dívida técnica de antes, se não mais."

"Estou surpreso que ninguém esteja falando sobre todos os problemas de ambientes, testes automatizados ou da falta de telemetria de produção", diz Kurt. "Construímos alguns recursos incríveis que outras pessoas também podem usar. Mas não podemos ser as pessoas com uma solução vendendo-a a pessoas que não sabem que têm um problema."

Kurt parece perplexo. E frustrado.

"Quero ajudar com isso", diz Shannon, levantando a mão. "Trabalhei com várias equipes do Fênix. Eu poderia passar por todos amanhã para perguntar quais são suas restrições e ideias para corrigi-las."

"Ótimo, ótimo", diz Kurt, fazendo algumas anotações no caderno. "Eu adoraria ajudar também, Shannon", diz Maxine. "Mas Tom e eu estamos pegados na segunda-feira, porque é o Dia de Teste. Finalmente testarei minhas alterações com o pessoal do QA. Fora isso, sou toda sua!" Uma bandeja cheia de jarras de cerveja e mais duas taças de vinho aparecem.

Eles logo estão em uma conversa profunda sobre dívidas técnicas e ideias para aproveitar as vantagens do Projeto Inversão. Maxine se vira e vê Erik pegando o assento ao lado dela.

Ele entra na conversa como se a estivesse acompanhando o tempo todo. "Com o Projeto Inversão, vocês estão no início de uma grande jornada. Todo gigante da tecnologia já quase foi aniquilado por causa da dívida técnica. Você escolhe: Facebook, Amazon, Netflix, Google, Microsoft, eBay, LinkedIn, Twitter e muitos mais. Como o Projeto Fênix, eles ficaram tão sobrecarregados com a dívida técnica que não conseguiram mais entregar o que os clientes exigiam", diz Erik. "As consequências teriam sido fatais — e, para cada sobrevivente, há empresas como a Nokia, que caíram das alturas mais elevadas, mortas por dívidas técnicas.

"A dívida técnica é um fato da vida, como os prazos. Os empresários entendem os prazos, mas muitas vezes estão alheios à existência das dívidas técnicas. A dívida técnica não é inerentemente boa nem ruim — acontece porque, no nosso trabalho diário, estamos sempre tomando decisões de compensação", diz ele. "Para marcar a data, às vezes pegamos atalhos, ou pulamos a escrita dos testes automatizados, ou codificamos algo para um caso muito específico, sabendo que não funcionará a longo prazo. Às vezes, toleramos soluções alternativas diárias, como a criação manual de um ambiente ou a execução manual de uma implantação. Cometemos um erro grave quando não percebemos o quanto isso afeta nossa produtividade futura."

Erik olha ao redor da mesa, satisfeito por todos estarem ouvindo atentamente cada palavra sua.

"Todos os gigantes da tecnologia, em algum momento da sua história, usaram o congelamento de recursos para rearquitetar massivamente seus sistemas. Considere a Microsoft no início de 2000 — quando os worms rotineiramente derrubavam a internet, mais conhecidos como *CodeRed*, *Nimda* e, claro, o *SQL Slammer*, que infectaram e travaram quase 100 mil servidores em todo o mundo em menos de dez minutos. O então CEO, Bill Gates, ficou tão preocupado que escreveu um memorando interno famoso para cada funcionário, declarando que se um desenvolvedor tiver que escolher entre implementar um recurso ou melhorar a segurança, deve escolher a segurança, porque nada menos do que a sobrevivência da empresa está em jogo. E assim começou a famosa suspensão da segurança que afetou todos os produtos da Microsoft. Satya Nadella, CEO da Microsoft, ainda cultiva o hábito de se um desenvolvedor tiver a escolha entre trabalhar em um recurso ou produtividade, deve sempre escolher a produtividade.

"De volta a 2002 — naquele mesmo ano, o CEO da Amazon, Jeff Bezos, escreveu seu famoso memorando para todos os tecnólogos, declarando que eles deveriam rearquitetar seus sistemas para que todos os dados e funcionalidades fossem fornecidos por meio de serviços. Seu foco inicial era o sistema OBIDOS, escrito em 1996, que mantinha quase toda a lógica de negócios, lógica de exibição e funcionalidade que tornou a Amazon.com tão famosa.

"Mas, com o tempo, tornou-se muito complicado para as equipes trabalharem de forma independente. A Amazon gastou mais de US$1 bilhão em 6 anos reestruturando todos os seus serviços internos para que se separassem uns dos outros. O resultado foi surpreendente. Em 2013, eles realizaram quase 136 mil implantações por dia. É interessante que todos esses CEOs que mencionei tenham experiência em software, não é?

"Compare isso com a trágica história da Nokia. Quando seu mercado foi interrompido pela Apple e pelo Android, eles gastaram milhões contratando desenvolvedores e investindo na implantação do Agile. Mas fizeram isso sem perceber o problema real: a dívida técnica sob a forma de uma arquitetura na qual os desenvolvedores não podiam ser produtivos. Eles não tinham convicção para reconstruir as bases de seus sistemas de software. Assim como ocorreu na Amazon em 2002, as equipes de software da Nokia não conseguiram construir o que precisavam porque foram prejudicadas pela plataforma Symbian.

"Em 2010, Risto Siilasmaa era diretor do conselho da Nokia. Quando descobriu que gerar uma compilação Symbian demorava *48 horas*, ele disse que parecia que alguém lhe dera uma marretada na cabeça", diz Erik. "Ele sabia que, se alguém levasse dois dias para determinar se uma mudança funcionou ou teria de ser refeita, haveria uma falha fundamental e fatal na arquitetura, que condenaria a lucratividade e a viabilidade em longo prazo. Eles poderiam ter vinte vezes mais desenvolvedores, e isso não os faria agir mais rápido."

Erik faz uma pausa. "Isso é incrível. O Sensei Siilasmaa sabia que todas as esperanças e promessas feitas pela organização de engenharia eram uma miragem. Embora houvesse vários esforços internos para migrar do Symbian, eram rejeitados pelos principais executivos até que fosse tarde demais.

"Os empresários podem ver recursos ou aplicativos, portanto, conseguir financiamento para eles é fácil", continua ele. "Mas eles não veem as vastas arquiteturas subjacentes que os suportam, conectando sistemas, equipes e dados. E, por baixo disso, há algo fundamental: os sistemas que os desenvolvedores usam em seu trabalho diário para serem produtivos.

"É engraçado: os gigantes da tecnologia designam seus melhores engenheiros para essa camada inferior, para que todos os desenvolvedores possam se beneficiar disso. Mas, na Parts Unlimited, os melhores engenheiros trabalham nos recursos dessa camada superior, sem ninguém além dos estagiários trabalhando na produtividade do Dev."

Erik continua: "Então, sua missão está clara. Todos foram instruídos a pagarem as dívidas técnicas, o que os ajudará a realizar o Primeiro Ideal, Localização e Simplicidade, e o Segundo Ideal, Foco, Fluxo e Felicidade. Mas, certamente, temos que dominar o Terceiro Ideal, Aprimoramento do Trabalho Diário." Então ele se levanta e sai tão rápido quanto se juntara a eles.

Todos o observam sair. Em seguida, Kirsten diz: "Ele vai voltar?"

Dave Nervosinho joga as mãos para o alto. "O que aconteceu na Nokia está acontecendo aqui. Dois anos atrás, poderíamos implementar um recurso significativo de duas a quatro semanas. E entregamos muitas coisas excelentes. Ainda me lembro daqueles dias. Se tivesse uma ótima ideia, poderíamos concluí-la.

"Mas, e agora? A mesma classe de recurso leva de 20 a 40 semanas. Dez vezes mais! Não é à toa que todos estão tão chateados conosco", grita Dave Nervosinho. "Contratamos mais engenheiros, mas parece que fazemos cada vez menos. E não só estamos mais lentos, essas mudanças são perigosas de fazer."

"Isso faz sentido", diz Kirsten. "Em quase qualquer medida, a produtividade é estável ou baixa. O desempenho da data de vencimento do recurso está muito baixo. Fiz algumas pesquisas desde nossa última reunião — pedi aos meus gerentes de projeto que experimentassem alguns recursos e descobrissem quantas equipes eram necessárias para implementá-los. O número médio de equipes necessárias foi de 4,2, o que é chocante. Então eles me disseram que muitos tiveram que interagir com *mais de oito equipes*", diz ela. "Nunca rastreamos isso formalmente, mas a maior parte do meu pessoal diz que esses números são mais altos do que o eram há dois anos." O queixo de Maxine cai. *Absolutamente ninguém pode fazer nada se tiver que trabalhar com outras oito equipes o tempo todo*, percebeu ela. Assim como o recurso de garantia estendida no qual ela começou a trabalhar com Tom.

"Bem, o Projeto Inversão é a nossa chance de consertar algumas dessas coisas e projetar uma maneira de sair disso", diz Kurt. "Shannon descobrirá em que as equipes do Fênix precisam de ajuda. E quanto a nós? Se alguém nos der autoridade e recebermos recursos infinitos por um mês, o que faremos?"

Maxine sorri ao ouvir as sugestões voarem rápidas e furiosas. Eles começam a fazer uma lista: cada desenvolvedor usa um ambiente comum de build. Cada desenvolvedor é apoiado por um sistema contínuo de build e integração. Todos podem executar seu código em ambientes de produção. Os conjuntos de testes automatizados são desenvolvidos para substituir os testes manuais, liberando o pessoal de QA para realizar trabalhos de maior valor. A arquitetura é desacoplada para liberar as equipes de recursos, para que os desenvolvedores agreguem valor de forma independente. Todos os dados de que as equipes precisam são colocados em APIs de fácil consumo...

Shannon examina a lista que eles geraram, sorrindo. "Vou postar a lista atualizada quando terminar de entrevistar as equipes amanhã. Isso é emocionante", diz ela. "Isso é o que os desenvolvedores querem, mesmo que não consigam articular. E posso ajudá-los com isso!"

É uma ótima lista, pensa Maxine. O entusiasmo de todos é evidente.

"Essa é uma ótima lista, Shannon, que pode mudar drasticamente a dinâmica de como os engenheiros trabalham", diz Erik, sentando-se ao lado de Kirsten mais uma vez. Maxine olha em volta, perguntando-se de onde ele veio.

Gesticulando para Kirsten, ele continua: "Mas considere as forças reunidas contra vocês. Todo o Escritório de Gestão de Projetos visa manter os projetos dentro do prazo e do orçamento, seguindo as regras e cumprindo as promessas feitas há muito tempo. Veja como os subordinados diretos de Chris agem — apesar do Projeto Inversão, continuam trabalhando nos recursos, porque têm medo de estourar os prazos. Por quê? Um século atrás, quando a produção em massa revolucionou o setor, o papel do líder era projetar e decompor o trabalho e verificar se ele era executado corretamente por exércitos de trabalhadores intercambiáveis, que eram pagos para usar as mãos, não a cabeça. O trabalho foi atomizado, padronizado e otimizado. E os trabalhadores tinham pouca habilidade para melhorar o sistema em que trabalhavam.

"O que é estranho, não é?", reflete Erik. "A inovação e o aprendizado ocorrem nas bordas, não no centro. Os problemas devem ser resolvidos nas linhas de frente, nas quais o trabalho diário é realizado pelos maiores especialistas do mundo, que enfrentam esses problemas com mais frequência.

"E é por isso que o Terceiro Ideal é o Aprimoramento do Trabalho Diário. É a dinâmica que nos permite mudar e melhorar a forma como trabalhamos, informados pelo aprendizado. Como o Sensei Dr. Steven Spear disse: 'A ignorância é a mãe de todos os problemas, e a única coisa que pode superá-la é o aprendizado.'

"O exemplo mais estudado de organização que aprende é a Toyota", continua ele. "O famoso cordão Andon é apenas uma das muitas ferramentas que possibilitam o aprendizado. Quando alguém encontra um problema, espera-se que todos peçam ajuda a qualquer momento, mesmo que isso signifique interromper toda a linha de montagem. E eles ficam agradecidos por isso, pois é uma oportunidade para aprimorar o trabalho diário.

"E assim os problemas são vistos, aglomerados e resolvidos logo, então esses aprendizados são espalhados por toda parte, para que todos se beneficiem deles. Isso possibilita a inovação, a excelência e a superação da concorrência. O oposto do Terceiro Ideal é alguém que valoriza a conformidade do processo e o *status quo*, a enorme biblioteca de regras e regulamentos, processos e procedimentos, aprovações e gargalos, com novas regras sendo adicionadas o tempo todo para evitar que o último desastre aconteça de novo. São planos de projeto rígidos, processos de aquisição inflexíveis, painéis de revisão de arquitetura poderosos, cronogramas de liberação infrequentes, processos de aprovação demorados, estrita separação de funções..."

"Cada um aumenta o custo de coordenação de tudo o que fazemos e o custo de atraso. E, como a distância de onde as decisões são tomadas e de onde o trabalho é executado continua crescendo, a qualidade dos resultados diminui. Como certa vez o Sensei W. Edwards Deming observou: 'Um sistema ruim sempre derrotará uma pessoa boa.'

"Você pode ter que mudar regras antigas, que não se aplicam mais, mudar a forma como organiza seu pessoal e arquiteta seus sistemas. Para o líder, não significa mais dirigir e controlar, mas orientar, capacitar e remover obstáculos. O general Stanley McChrystal descentralizou maciçamente a autoridade de tomada de decisões na Força-Tarefa de Ops Especiais Conjuntas para finalmente derrotar a Al Qaeda no Iraque, adversário muito menor, mas mais ágil. Lá, o custo do atraso não era medido em dinheiro, mas em vidas e na segurança dos cidadãos que eles deveriam proteger.

"Isso não é uma liderança servil, é liderança *transformacional*", diz Erik. "Requer a compreensão da visão da organização, o estímulo intelectual para questionar os pressupostos básicos de como o trabalho é executado, a comunicação inspiradora, o reconhecimento pessoal e a liderança de apoio.

"Alguns acham que os líderes são legais", gargalha Erik. "Não sejam tolos. Trata-se de excelência, da busca implacável pela perfeição, da urgência de cumprir a missão, de uma insatisfação constante com o *status quo* e do zelo em ajudar aqueles a quem a organização atende.

"O que nos leva ao Quarto Ideal, Saúde Mental. Ninguém corre riscos, experimenta ou inova em uma cultura de medo, na qual as pessoas têm medo de dar más notícias ao chefe", diz Erik, rindo. "Nessas organizações, a novidade é desencorajada e, quando ocorrem problemas, perguntam: 'Quem causou o problema?' Eles responsabilizam, culpam e envergonham essa pessoa. Eles criam novas regras, mais aprovações, mais treinamentos e, se necessário, se livram da 'maçã podre', enganam-se achando que resolveram o problema.

"O Quarto Ideal afirma que precisamos de saúde mental, que o ambiente seja seguro para qualquer pessoa falar de problemas. Pesquisadores do Google passaram anos no Projeto Oxigênio e descobriram que a saúde mental era um dos fatores mais importantes de grandes equipes: confiança de que a equipe não seria constrangida, rejeitada ou punida por falar abertamente. Quando algo dá errado, a pergunta é: 'O que causou o problema', não 'quem'. Comprometemo-nos a fazer o que for preciso para tornar o amanhã melhor do que o hoje. Como diz o Sensei John Allspaw, cada incidente é uma oportunidade de aprendizado, um investimento não planejado feito de forma involuntária.

"Imagine este cenário: você está em uma organização onde todos estão tomando decisões, resolvendo problemas importantes todos os dias e ensinando aos outros o que aprenderam", diz Erik. "Seu adversário é uma organização onde apenas os principais líderes tomam decisões. Quem será que vencerá? Sua vitória é inevitável.

"É muito fácil para os líderes falarem sobre os chavões de fomentar saúde mental, capacitar e dar voz ao trabalhador da linha de frente", diz ele. "Mas repetir chavões não basta. O líder deve modelar e treinar constantemente e reforçar positivamente esses comportamentos desejados todos os dias. A saúde mental escapa com muita facilidade, como quando o líder microgerencia, não consegue dizer 'não sei' ou age como um sabe-tudo pomposo. E não se trata apenas dos líderes, mas também da forma como os colegas se comportam."

Um barman caminha até Erik e sussurra algo no seu ouvido. Erik murmura: "De novo?" Ele olha para cima e diz: "Já volto. Estão precisando de mim", e vai embora com o barman.

Eles encaram Erik indo embora. Dwayne finalmente diz: "Ele está certo sobre o Terceiro e o Quarto Ideal. Como mudamos a cultura do medo? Veja o que aconteceu com Chad. Ele tentou fazer a coisa certa e foi demitido. Tenho mais motivos para não gostar de Chad do que qualquer um de vocês — aquelas interrupções de rede durante o dia me deixavam louco. Mas despedi-lo não torna essas interrupções menos prováveis no futuro."

"Fiz algumas perguntas para descobrir o que aconteceu", continua Dwayne. "Chad havia trabalhado quatro noites seguidas, além de trabalhar no seu horário diurno normal, para apoiar a iniciativa de modernização das lojas. Quando perguntei por quê, ele me disse que não queria que as equipes das lojas fossem prejudicadas por seus relatórios de status por causa dele."

Kirsten levanta uma sobrancelha. Dwayne continua: "Seu gerente insistia para que ele voltasse para casa, ele finalmente voltou, na quarta-feira. Mas ficou online à meia-noite porque não queria decepcionar a equipe de lançamento das lojas. Ele estava tão preocupado com todo o trabalho se acumulando, com os tíquetes e com as salas de bate-papo, que não dormiu. Por isso, chegou ao trabalho na manhã de quinta-feira, ainda cansado, e assumiu uma mudança urgente de rede interna que precisava ser feita", diz ele. "Ele abriu o notebook, e havia cerca de trinta janelas de terminal abertas, com todas as coisas em que ele estava trabalhando. Ele digitou um comando na janela do terminal e pressionou 'Enter'. Ao que parece, foi na janela errada. BLAM! A maioria dos sistemas de negócios Tier 2 se tornou inacessível, incluindo o Data Hub. No dia seguinte, ele foi despedido. Vocês acham isso certo? Parece justo?"

"Ah, meu Deus", deixa escapar Maxine, horrorizada. Ela sabe exatamente como é isso. Já fez isso várias vezes ao longo da carreira. Você digita algo, pressiona "Enter" e imediatamente percebe que cometeu um grande erro, mas é tarde demais. Ela acidentalmente excluiu uma tabela do banco de dados do cliente pensando que era o banco de dados de teste. Já reiniciou o servidor de produção errado, desligando um sistema de entrada de pedidos por uma tarde. Já excluiu diretórios errados, desligou clusters de servidores errados e desativou as credenciais de login erradas.

A cada vez, parecia que seu sangue se transformava em gelo, e logo vinha o pânico. Uma vez, no início de sua carreira, quando ela acidentalmente excluiu o repositório de controle de origem da produção, sua vontade era rastejar para debaixo da mesa. Por causa do sistema operacional em que funcionava, ela *sabia* que ninguém jamais descobriria que tinha sido ela. Mas, apesar do medo, ela contou a seu gerente. Foi uma das coisas mais assustadoras que ela fez quando era uma jovem engenheira.

"Isso é uma merda, Dwayne", diz Brent. "Poderia ter sido comigo... Sério, toda semana estou em situações em que posso cometer o mesmo erro."

"Poderia ter sido qualquer um de nós. Nossos sistemas são tão fortemente acoplados por aqui que mesmo pequenas mudanças podem ter um impacto catastrófico. E, pior, Chad não podia pedir ajuda quando precisava. Ninguém pode sustentar aquelas horas de trabalho absurdamente longas. Quem não cometeria erros se nem dormir consegue mais?"

"Sim!", exclama Dwayne. "Como chegamos a essa posição em que alguém está tão sobrecarregado de trabalho que trabalha quatro noites seguidas? Que tipo de expectativa é criada quando alguém não pode tirar um dia de folga quando precisa? E que tipo de mensagem enviamos quando a recompensa por se importar tanto é a demissão?"

"Excelente ponto, Dwayne", Maxine ouve Erik dizer, mais uma vez se juntando a eles na mesa. "Você ficaria surpreso com a profundidade com que esse sentimento de injustiça repercutiria em Steve. Você saberia disso se já tivesse passado um tempo no chão de fábrica."

"Como assim?", pergunta Maxine. Ela passou muito tempo trabalhando com o pessoal do chão de fábrica.

"Você sabia que, quando Steve se tornou COO e VP de manufatura, ele colocou como condição a empresa objetivar zero acidentes de trabalho? Ele ficou em uma saia justa por isso, não apenas pela diretoria, mas também pelo pessoal da fábrica e até mesmo pela liderança do sindicato", disse Erik, sorrindo. "As pessoas achavam que ele era ingênuo e talvez até um pouco perturbado. Provavelmente porque um 'verdadeiro líder de negócios' gostaria de ser medido pela lucratividade ou pelo desempenho no prazo. Talvez pela qualidade. Mas pela segurança?

"Corria um boato de que Steve disse a Bob Strauss, que era CEO na época: 'Se você não acredita em proteger a força de trabalho de acidentes, por que deveria acreditar em tudo o que dizemos sobre nossas metas de qualidade? Ou nossa capacidade de fazer dinheiro? A segurança deve ser uma precondição do trabalho.'"

Erik faz uma pausa. "Mesmo nestes dias melhores, os líderes raramente falam assim. Steve estudou a fundo o trabalho do Sensei Paul O'Neill, o lendário CEO da Alcoa nas décadas de 1980 e 1990, que priorizava a segurança no local de trabalho acima de tudo. Seu conselho de diretores o julgava louco, mas, nos 15 anos de sua gestão como CEO, o lucro líquido aumentou de US$200 milhões para US$1,5 bilhão, e a capitalização de mercado da Alcoa passou de US$3 bilhões para US$27 bilhões.

"Apesar do desempenho econômico impressionante", continua Erik, "o que Sensei O'Neill mais fala é de seu legado de segurança. Por décadas, a Alcoa permaneceu como líder indiscutível em segurança do trabalho. Quando ele entrou, a Alcoa tinha o orgulho de ter um histórico de segurança acima da média. Mas, com 2% de sua força de trabalho de 90 mil funcionários feridos todos os anos, se você tivesse trabalhado por toda a sua carreira na Alcoa, tinha 40% de chance de ser ferido no trabalho.

"A Alcoa tem condições de trabalho muito mais perigosas do que em suas fábricas", diz ele. "No setor de alumínio, você tem que lidar com alto calor, alta pressão, produtos químicos corrosivos, produtos finais pesando toneladas que precisam ser transportados com segurança...

"Sensei O'Neill disse a famosa frase: 'Todos devem ser responsáveis pela própria segurança e pela dos colegas de equipe. Se vir algo que pode machucar alguém, conserte o mais rápido possível.' Ele disse a todos que consertar problemas de segurança nunca deve ser algo orçado — apenas conserte, e eles descobririam como pagar por isso mais tarde", continua Erik. "Ele dava seu número de telefone residencial a todos os trabalhadores da fábrica, dizendo-lhes para ligarem se não vissem os gerentes da fábrica agindo com rapidez suficiente ou levando a segurança a sério.

"Sensei O'Neill conta uma história sobre sua primeira fatalidade no trabalho. No Arizona, um menino de 18 anos morreu. Ele saltou para uma máquina de extrusão tentando limpar um pedaço de material de sucata. Mas, quando o fez, uma explosão foi liberada, girando e matando-o no ato.

"Esse menino tinha uma esposa grávida de seis meses", diz Erik. "Havia dois supervisores lá. Sensei O'Neill disse, eles o viram fazer isso e provavelmente tinham treinado o menino para fazer exatamente o que ele fez.

"No final, Sensei O'Neill se levantou na frente de toda a fábrica e disse: 'Nós o matamos. Todos o matamos. Eu matei ele. Porque não fiz um bom trabalho em comunicar como as pessoas não devem se machucar no trabalho. De alguma forma, era possível que as pessoas pensassem que não havia problema em se machucar. Devemos todos ser responsáveis pela segurança de todos.'

"Como ele disse mais tarde: 'Os Alcoanos eram atenciosos. Cada vez que as pessoas ficavam feridas, elas choravam, e sempre havia muito arrependimento — mas eles não entendiam que eram os responsáveis. Tornou-se uma condição aprendida tolerar lesões.'"

Erik faz uma pausa para enxugar uma lágrima do olho. "Uma das primeiras ações de Steve foi incorporar a diretriz de *zero acidentes de trabalho* em todos os aspectos das Ops da fábrica aqui na Parts Unlimited. Um de seus primeiros atos no trabalho foi instituir uma política de que todos os acidentes de trabalho deveriam ser relatados a ele diretamente dentro de 24 horas, com planos de remediação. Que magnífico exemplo do Terceiro Ideal, Aprimoramento do Trabalho Diário, e do Quarto Ideal, Saúde Mental."

Enquanto Erik encara a parede por vários momentos, Maxine de repente percebe por que Steve fala sobre acidentes de trabalho em todas as reuniões públicas. Ele sabe que não pode influenciar diretamente o trabalho diário de todos. No entanto, pode reforçar e modelar os valores e normas que deseja, o que ele faz com eficácia, Maxine percebe.

Maxine encara Erik de volta. Ela nunca falou com Steve. Como poderia fazer o que Erik sugere?

De: Chris Allers (VP, P&D)
Para: Todos os colaboradores de Dev; Bill Palmer (VP de Ops de TI)
Data: 23h10, 25 de setembro
Assunto: Inversão do projeto: congelamento de recursos

Com efeito imediato, como parte do Projeto Inversão, haverá um congelamento de recursos para o Projeto Fênix. Faremos um esforço máximo por trinta dias para aumentar a estabilidade e a confiabilidade do Fênix, bem como de todos os sistemas de suporte.

Suspenderemos todo o trabalho de recursos para corrigir falhas e áreas problemáticas do código e pagar dívidas técnicas. Fazendo isso, permitiremos uma maior produtividade de Dev e um processamento de recursos mais rápido.

Durante esse período, também suspenderemos todas as implantações do Fênix, exceto para mudanças de emergência, e nossos colegas de equipe de Ops trabalharão para tornar as implantações mais rápidas e seguras e aumentar a resiliência de nossos serviços de produção.

Estamos confiantes de que isso ajudará a empresa a atingir seus objetivos estratégicos mais importantes. Se tiver alguma dúvida ou preocupação, envie um e-mail para mim.

Obrigado,

Chris.

De: Alan Perez (Sócio Operacional, Wayne-Yokohama Equity Partners)
Para: Sarah Moulton (SVP de Ops de Varejo)
Data: 15h15, 27 de setembro
Assunto: Opções Estratégicas **CONFIDENCIAL**

Sarah, no sigilo...

Bom encontro ontem. Fico feliz por ter tido a oportunidade de compartilhar com vocês minha filosofia de criação de valor para o acionista — em geral, preferimos "valor" e disciplina operacional ao "crescimento". Nossa empresa gerou retornos extraordinários ao investir em empresas como a Parts Unlimited. Meu plano criaria um fluxo de caixa fantástico e consistente, a uma taxa mais alta do que a maioria das pessoas pensa ser possível. Em outras empresas, criamos uma riqueza considerável para investidores (e executivos da empresa).

Conforme prometido, estou apresentando a você vários CEOs do nosso portfólio de empresas com quem você pode estar interessada em conversar. Pergunte a eles sobre como ajudamos a aumentar o valor para os acionistas.

Atenciosamente, Alan.

P.S.: Entendi corretamente que agora existe um "congelamento de recursos" para o Fênix? Isso não o deixa ainda mais para trás? E agora o que você faz com todos aqueles novos desenvolvedores de que falou da última vez? E no que eles vão trabalhar?

CAPÍTULO 9
• *Segunda-feira, 29 de setembro*

Na segunda-feira, Maxine dá um salto quando entra no prédio. E não é por causa da reunião do Dockside. É porque é dia de teste! Seu código será finalmente testado e colocado em produção.

Ela carrega cinco caixas de Donuts Vandal, que comprou ao entrar. Ela até ganhou alguns de seus "cronuts" especiais, um híbrido maluco de croissant e donut, seu favorito.

Ela está se sentindo tão bem que se pergunta se o aroma de sessenta donuts feitos na hora elevou seus níveis de açúcar no sangue. *Que ótima maneira de quebrar o gelo com as pessoas que testarão seu código,* pensa ela. É sempre mais fácil fazer novos amigos quando você leva guloseimas saborosas.

Em todos os lugares pelos quais ela anda, as pessoas perguntam: "São para mim?" E ela grita alegremente: "Não! São para o Dia de Teste!"

Colocando todos os donuts em uma mesa perto da sua, ela pendura a bolsa na cadeira. Tom já está lá, editor aberto, digitando.

"Viva, é o Dia de Teste!", anuncia Maxine feliz. "Finalmente!"

"Você é muito estranha", diz Tom, sem nem mesmo tirar os olhos do monitor. Ele fareja o ar. "Nossa, são da Vandal?"

"Sim, para comemorar o Dia de Teste!", responde ela com um grande sorriso. "É tão empolgante finalmente ver se todas as nossas mudanças funcionam!", diz Maxine. "Então, quando elas começam? Podemos assistir?"

Tom se vira para encará-la, olhando para o relógio. "Suponho que comecem hoje. Mas não são apenas as nossas mudanças. Eles estão testando mudanças em todos os outros grandes blocos do Fênix — as nossas são apenas uma fração do que eles precisam fazer. Eles podem nem chegar às nossas hoje."

"Quê!?", interrompe Maxine, chocada. Ela esperou o fim de semana todo por isso! "Onde estamos na fila? Como podemos ajudar? Aliás, onde está o pessoal do controle de qualidade? Comprei todos esses donuts para eles!"

Tom parece surpreso. "Bem, encontrei vários deles — alguns estão fora, outros, no departamento, mas não falo com eles diretamente há muito tempo. Vamos encontrar o gerente de QA no final da próxima semana, quando ele vai apresentar os resultados dos testes."

"Próxima semana? Próxima semana?!" O queixo de Maxine cai. "O que devemos fazer enquanto isso? Ei, podemos acompanhar enquanto eles trabalham? Receberemos notificações sobre nossos tíquetes de recurso, certo?"

"Ah, não exatamente", diz Tom, franzindo a testa. "A equipe de QA usa outro sistema de tíquete. Eles fazem sua programação e relatórios e gerenciam todos os seus testes. Não temos acesso a ele — pelo menos, não gerentes, como nós, não temos. Após duas semanas, eles nos enviam uma planilha com uma lista de todas as falhas que encontraram, com os números dos nossos tíquetes. Vamos examiná-las, copiaremos as informações no nosso sistema de tíquetes e, então, consertaremos tudo o que for preciso."

"E então?", pergunta Maxine, temendo o pior.

"O QA acumula as correções e os testes de todos de novo", responde Tom.

"Vamos supor que todas as alterações funcionem perfeitamente — qual é o menor prazo para os clientes usarem o que escrevemos?", pergunta ela.

Tom começa a contar nos dedos. "Duas semanas para outro ciclo de testes. Em seguida, eles abrem um tíquete com Ops, solicitando que implementem as mudanças na produção. Às vezes, demora para eles encaixarem na programação... isso pode levar mais três semanas." Ele olha para os dedos. "Daqui a sete semanas."

Maxine se curva para a frente, gemendo enquanto enterra a cabeça nas mãos, a testa na mesa.

Eu sou muito ingênua!, pensa ela. Com a cabeça ainda em cima da mesa, ela pergunta: "E, durante todo esse tempo, devemos trabalhar em mais falhas?"

"Sim", ela ouve Tom dizer. "Você está bem, Maxine?"

"Sim, estou bem", diz ela, tentando não se abater. *Isto é o oposto do Segundo Ideal*, pensa ela. *Somos apenas uma fábrica estúpida de recursos, lançando widgets com os quais os clientes nem se importam. O trabalho não é divertido e cheio de alegria, como eu sei que deveria ser. Não há fluxo de recursos, não há feedback e aprendizado, menos ainda*, pensa ela.

Ela ouve Tom perguntar: "Hmm, posso comer um daqueles donuts?"

"Não", responde Maxine. Então tem uma ideia. Ela levanta a cabeça e olha para Tom, sorrindo. "Mas pode me ajudar a entregá-los ao pessoal de QA."

Encontrar o QA foi muito mais difícil do que ela pensou que seria. Tom não ficava na mesma sala que um deles há mais de um ano. Suas principais interações eram decorrentes das formalidades — ele virava o código e esperava a lista de correções em uma planilha, fazer e refazer, até a equipe receber a carta de aceitação formal de que o lançamento estava pronto para a produção.

Claro, nunca foi fácil. Havia todo tipo de escalonamento nas cadeias de gestão de Dev e de QA por desacordos e problemas. Essa falha é Prioridade 1 ou Prioridade 2? Quando os desenvolvedores não conseguiam reproduzir o problema, fechavam a falha, e o QA reabria posteriormente. Se o QA não conseguisse reproduzir a correção, voltava para o Dev.

Maxine e Tom param na mesa de Kurt para contar a ele sobre sua missão. "São muitos donuts. Que ótima maneira de fazer amigos", diz Kurt. "Você está acompanhando a questão também?", pergunta ele a Tom.

"Com certeza", responde ele. "Sempre me perguntei para onde nosso trabalho vai depois que terminamos. É como dar descarga — você coloca o código no vaso sanitário, pressiona a alavanca e ele desaparece de vista..."

Kurt bufa. "Dada a qualidade do código que vimos no Fênix, sua metáfora é bastante apropriada. Roy é o gerente de QA designado para o Data Hub. E ele vai ficar preso por pelo menos noventa minutos", diz ele, pegando o celular e digitando uma mensagem para alguém. "Vá até o Prédio 7 entregar esses donuts enquanto ele está preocupado. Vou colocá-lo em contato com Charlotte, que é, ou foi, assistente de William. Ela é a mestre de todos do QA."

Kurt termina de digitar. "Ela está esperando vocês. Acho que três caixas serão suficientes para a equipe do Data Hub. Pergunte a Charlotte como implantar estrategicamente as duas restantes", acrescenta ele com um sorriso.

"Ela providenciará uma sala de conferências para vocês e trará a equipe de QA do Data Hub", diz Kurt. "Vocês terão a chance de conhecer todos eles. E talvez encontrem algumas pessoas que estão procurando ajuda."

Maxine sorri. Esse é exatamente o suporte que ela procurava. "Obrigada, Kurt. Vamos fazer amigos. Na verdade, que tal pedirmos pizza no almoço para termos uma desculpa para conversarmos ainda mais tempo?"

"Perfeito", diz Kurt. "Diga a Charlotte para cobrar do meu antigo código de departamento de QA. Com a partida de William, tenho certeza de que vai demorar um pouco para desligar isso. Vamos aproveitar", acrescenta ele com um sorriso. "Mas, antes de você ir... posso comer um donut?", pergunta.

"Não! Desculpe, são para nossos novos amigos do QA", diz Maxine.

Maxine e Tom atravessam o pátio até o Prédio 7 com as caixas de donuts. Eles cumprimentam o segurança. Quando Maxine coloca seu crachá no leitor de cartão eletrônico, do lado da porta fechada, a luz fica vermelha.

Maxine passa o cartão novamente, mas, novamente, luz vermelha. Maxine suspira. Ela não esperava ser barrada no prédio.

"É interessante que os desenvolvedores não consigam entrar no prédio de QA", diz Tom. "Eles também não têm permissão para entrar no nosso?"

Maxine está prestes a ligar para Kurt quando ouve a porta se abrir. Uma mulher pequena, alegre e cheia de energia os cumprimenta. Imediatamente, Maxine a acha irresistivelmente simpática.

"Vocês devem ser Maxine e Tom. Kurt falou muito de vocês dois! Entrem... Eu sabia que seu crachá não funcionaria neste prédio. É só uma questão de tempo até o do Kurt parar também. Estamos todos muito felizes por ele — bem, a maioria de nós é, claro. Muitos de nós sempre soubemos que ele estava destinado a coisas maiores e melhores do que gerenciar uma equipe de QA."

O comentário de Charlotte sobre "destinado a coisas maiores e melhores" faz o controle de qualidade soar como uma subclasse. *Como se Kurt tivesse escapado de algum tipo de gueto*, pensa Maxine.

"Que ideia maravilhosa dar uma festa para o controle de qualidade! Acho que nunca fizeram isso. Todos vão adorar. Reservei a maior sala de conferências para o dia todo — as pessoas vão aparecer quando não estiverem em reuniões e coisas do gênero. E também pedi pizza para todos no refeitório." Maxine está impressionada com o fato de Charlotte ter cuidado de cada detalhe tão rapidamente. Na sala de conferências, Maxine vê que ela já escreveu no quadro: "Agradecemos ao controle de qualidade!!!" com corações ao lado das letras grandes.

Após olhar por um momento, Maxine pergunta se pode mudar uma coisa.

"Claro", diz Charlotte, entusiasmada.

Maxine muda: "Agradecemos aos membros da equipe do controle de qualidade!!!"

Em seguida, adiciona os nomes de Tom, ela mesma, Kurt e os outros cinco membros da equipe de Dev do Data Hub na parte inferior.

"Boa ideia", Maxine ouve Tom dizer atrás dela. "Suponho que devamos convidar todos os desenvolvedores do Data Hub para almoçar. Quer que eu envie um e-mail para eles?"

Maxine concorda, acrescentando: "Vamos precisar de mais pizza..."

"Não tem problema, vou cuidar disso", diz Charlotte, com um sorriso.

Nos próximos minutos, os membros da equipe de QA começam a entrar na sala de conferências. Maxine se apresenta a cada um. Ela nota que o pessoal é demograficamente diferente dos desenvolvedores. Ninguém está na casa dos vinte. Maxine se pergunta se os recém-graduados estão se candidatando a funções de desenvolvedor.

"O que comemoramos?", pergunta uma mulher com sotaque indiano.

"É dia de teste!" Maxine sorri, feliz pela pergunta. "Estou tão animada que os recursos em que estamos trabalhando por semanas serão testados. Achei que seria divertido dar uma festa, para que pudéssemos conhecer as pessoas que estão fazendo este importante trabalho e avisar que adoraríamos ajudar de alguma forma."

"Puxa, isso é muito bom", diz a mulher, retribuindo o sorriso de Maxine. "Não tenho certeza se isso já aconteceu antes."

Charlotte grita do outro lado da sala: "Estou aqui há sete anos e nunca vi isso acontecer. É uma ideia maravilhosa, Maxine. Vou apresentá-la a todos. Purna é uma das líderes do QA, e esses são os membros da sua equipe..."

E então há silêncio. Maxine se pergunta se todos esperam que ela faça um discurso. Como anfitriã da festa, talvez devesse.

"Então, ah, de novo, muito obrigada. Vamos pedir pizza para o almoço e os desenvolvedores do Data Hub se juntarão a nós", diz Maxine. "No que vocês estão trabalhando atualmente?" É sempre um bom quebra-gelo.

Eles contam a ela sobre os projetos nos quais estão trabalhando, o que fornece um contexto compartilhado. Em seguida, ela pergunta o que eles acham mais frustrante no processo de teste.

As comportas se abrem. Seus pontos fracos e histórias soam familiares para ela: espera por ambientes, ambientes não completamente limpos, os problemas que se propagam quando algo dá errado, a incapacidade de determinar se os problemas foram causados por erros no código ou algo no ambiente.

De repente, Tom e ela têm muitos pontos em comum e coisas para falar com eles. Afinal, todo mundo adora reclamar do trabalho. Maxine começa a fazer anotações. E, assim, a festa começa a todo vapor.

Depois de noventa minutos, fica claro para Maxine que não se trata de Dev versus QA — em vez disso, trata-se de como os requisitos de negócios do Fênix mudam com tanta frequência, o que quase sempre requer mudanças urgentes do código. Isso reduz o tempo disponível para teste, resultando em uma qualidade inferior, conforme evidenciado pelo último desastre do Fênix.

Todos entendem que a mudança faz parte da vida, mas o Projeto Fênix é inadequado a esse ritmo acelerado de mudança. E absolutamente todos, expressam preocupações sobre a qualidade decrescente dele e as consequências potenciais para a Parts Unlimited. Alguém diz: "Na reunião pública, Steve fala sobre o que precisa de nós. Não estamos entregando o que é necessário — e, quando encontramos algo errado, não há tempo suficiente para consertar."

Há muito entusiasmo sobre o congelamento de recursos, apesar da ambiguidade do que será congelado. As pessoas estão entusiasmadas porque isso indica uma mudança real de valores a partir do topo, para melhor. No entanto, muitos gerentes estão convencidos de que, de alguma forma, estão isentos.

A festa muda para o refeitório, e quinze grandes pizzas de todos os tipos imagináveis estão nas mesas. O cheiro deixa Maxine com fome — ela ficou nervosa de comer tantos donuts; seu coração disparou, e ela está suando um pouco. Como hipoglicêmica limítrofe, ela precisa comer alguma proteína logo ou terá uma dor de cabeça forte e uma queda séria de açúcar no sangue.

Até agora, chegaram dezenas de pessoas do QA. Maxine não sabe quem está apoiando o Data Hub e quem não está, mas não se importa. O objetivo é fazer amigos hoje. Um segurança na porta teria esmagado isso.

Maxine termina sua segunda fatia de pizza de pepperoni e joga fora o prato de papel na lata de compostagem. Depois de lavar cuidadosamente as mãos, ela segue Purna até sua mesa. Purna concordou alegremente em lhe mostrar como realiza seu trabalho diário. Maxine vê fileiras de mesas mais próximas umas das outras do que na área dos desenvolvedores, mas não tão densas quanto na área de help desk, onde conheceu Derek.

Na mesa de Purna, há dois monitores grandes, fotos dela com os filhos e uma garrafa de uísque single malte de oito anos. Maxine aponta para ele: "Seu favorito?"

Purna ri, dizendo: "Não chega nem perto, mas é bom o suficiente para celebrar aqui. Você precisa disso para trabalhar no Projeto Fênix." Ela move as janelas pela tela e mostra a Maxine o projeto de lançamento que criou na ferramenta de tíquetes do Controle de Qualidade.

Finalmente, pensa Maxine. Ela está morrendo de vontade de ver o fluxo de trabalho da equipe de Controle de Qualidade.

Quando Maxine vê a ferramenta, fica momentaneamente surpresa.

"Esse é o IE6?", pergunta Maxine, hesitante. A última vez que viu essa versão do Internet Explorer foi no Windows XP.

Purna sorri, como se estivesse acostumada a ter que explicar isso para as pessoas. "Sim. Usamos essa ferramenta há mais de uma década e agora temos que executar o cliente dentro de uma antiga VM do Windows. Ele contém todos os nossos projetos de teste e executa alguns de nossos testes funcionais automatizados. Há milhares de planos de teste que construímos ao longo de dez anos aqui."

"Mas o IE6?", insiste Maxine.

"O fornecedor tem uma atualização que suporta um navegador moderno, mas requer a atualização do servidor em que é executado", diz Purna. "Conseguimos um orçamento, mas estamos esperando Ops o provisionar."

Esta não é a primeira vez que Maxine vê pessoas tendo que usar versões antigas do Internet Explorer. Eles tinham alguns sistemas de suporte de fábrica em sua antiga posição, onde o fornecedor saiu do negócio há muito tempo. Eles conseguiram migrar desses sistemas, com uma exceção. Tiveram que criar uma rede completamente air-gapped chamada "6.6.6.6" para um servidor de missão crítica. Ele estava sendo executado em uma versão vulnerável conhecida do SunOS, que era completamente impossível de aplicar.

Bons tempos, pensa ela.

Enquanto Purna a guia, Maxine vê que, apesar de antigo, o aplicativo de fluxo de trabalho do QA é muito bem organizado e funcional.

Purna obtém um compartilhamento de rede com mais de duzentos documentos do Word contendo planos de teste. Quando Maxine pergunta, ela abre um par ao acaso. Alguns descrevem o procedimento para testar um determinado cenário de usuário: siga este URL, preencha este formulário com estes valores, clique neste botão, verifique os valores corretos neste outro URL...

Outros documentos descrevem o plano de teste para validação de entrada, para que cada campo de cada formulário rejeite entradas inadequadas.

Isso traz memórias de décadas atrás para Maxine. Afinal, seu primeiro trabalho foi fazer QA de software. Um bom controle de qualidade requer uma intuição perversa e às vezes sádica sobre o que fará o software explodir, travar ou bugar de vez.

Uma vez, Maxine ouviu uma piada: "Um engenheiro de QA entra em um bar. Pede uma cerveja. Pede 0 cerveja. Pede 999.999.999 cervejas. Pede um lagarto. Pede -1 cerveja. Pede um 'sfdeljknesv'."

Ótimos funcionários de QA são notoriamente bons em quebrar o código de outras pessoas. Eles preencherão formulários com milhares de caracteres, caracteres Unicode não imprimíveis e emojis, colocarão números negativos em campos de data e outras coisas totalmente inesperadas. Como resultado, os programas travam ou funcionam mal, geralmente fazendo com que os desenvolvedores batam na testa, maravilhando-se com o teste diabólico.

Alguns desses erros de injeção são usados por hackers para obter acesso completo e, potencialmente, obter todos os dados de todo o sistema. Isso é o que levou a alguns dos piores roubos de informações de identificação pessoal (ou PII) da história.

Encontrar esses erros e vulnerabilidades é um trabalho muito importante. Maxine se sente mal porque Purna e sua equipe precisam executá-los manualmente. Durante as próximas duas semanas, quantas vezes eles limparão o teste anterior, abrirão um novo estado do aplicativo Fênix, seguirão o URL correto, digitarão as mesmas informações nos campos...?

Purna mostra outros testes para verificar se o recurso funcionou como projetado. Frequentemente, isso significa conectá-lo a outros sistemas de negócios em um ambiente de teste integrado cuidadosamente projetado para se parecer com o que está sendo executado atualmente na produção.

Maxine fica pensando em quantos desses ótimos testes poderiam ser automatizados. Isso liberaria as equipes de QA do trabalho entediante, demorado e sujeito a erros, para encontrar mais maneiras de quebrar o código.

Além disso, esses testes automatizados seriam executados toda vez que um desenvolvedor checasse o código, dando um feedback rápido e imediato, o que Maxine e os outros desenvolvedores adoram. Eles encontrariam erros imediatamente e não cometeriam o mesmo dia após dia, semana após semana.

Maxine não diz nada disso em voz alta. A última coisa que uma pessoa de Controle de Qualidade deseja ouvir de um desenvolvedor que acabou de conhecer é suas ideias sobre como automatizar seu trabalho.

Quase uma hora depois, Maxine ainda toma notas ansiosamente. Purna está sendo legal, mas Maxine está impaciente. Ela está aqui para ver a execução de código e ajudar a equipe de QA a se certificar de que está correto.

Purna se vira para ela e diz: "Bem, isso é tudo que podemos fazer. O ambiente de QA1 ainda não foi redefinido. Estamos aguardando um conjunto de dados de teste do cliente da equipe de Armazenamento, e as equipes de Dev do Fênix ainda não começaram a mesclagem... até conseguirmos isso, não há nada que possamos fazer."

"Os desenvolvedores ainda não começaram a mesclagem?", pergunta Maxine, com o coração apertado. "Quanto tempo isso leva?"

"Normalmente recebemos algo em dois ou três dias... Eu sei que eles estão sempre dando o seu melhor...", diz Purna.

Maxine geme. Em seu curto período de serviço com o Projeto Fênix, ela experimentou quase todos os aspectos de uma transação de tíquetes. Para iniciar uma construção do Fênix, abriu tíquetes para o que parecia ser metade da organização de QA e Ops, e esperou impotente enquanto eles trabalhavam para conseguir as coisas de que precisava.

Ela gostou de trabalhar em alguns tíquetes de Dev do Data Hub, porque representavam necessidades dos clientes. Eles os marcaram para o QA como "prontos para teste" e, agora que ela está participando do QA, descobre que o QA está aguardando o trabalho que ainda está sendo feito no Dev.

E também esperam que outras pessoas desocupem os ambientes de teste que precisam usar. Eles esperam que Ops provisione um servidor para que atualizem seu sistema de gestão de teste. E esperam por dados de teste atualizados da equipe de Armazenamento. Onde toda essa loucura termina?!

"O que exatamente você precisa da equipe de Armazenamento?", pergunta ela, lembrando os problemas de dados de Brent durante o lançamento do Fênix e de Shannon descrevendo seus cinco anos de frustração na equipe.

"Ah, todo mundo espera por eles", diz ela. "Eles são responsáveis por obter dados de quase todos os lugares da empresa, limpá-los e transformá-los para que sejam usados por outras partes da empresa. Esperamos quase um ano por dados anônimos de clientes e ainda não temos dados de teste que incluam produtos recentes, preços e promoções ativas. Sempre somos empurrados para baixo na lista de prioridades, então nossos dados de teste têm anos."

Interessante, pensa Maxine. É através do Data Hub que a equipe de Armazenamento recebe a maior parte de seus dados.

Cada vez mais dependências, a perder de vista, pensa ela. *Esse sistema bagunçado não dá uma brecha para agir*. Não importa se você cria o tíquete, processa o tíquete, espera o tíquete ou trabalha com ele. Não importa. Você está preso em uma teia de dependências, incapaz de fazer qualquer coisa, não importa onde esteja.

"Isso é uma merda", diz Maxine finalmente, suspirando alto. "Odeio toda essa espera..."

"Na verdade, é muito melhor do que antes", diz Purna. Isso faz Maxine se sentir ainda pior.

Purna encara Maxine. Maxine sente que precisa explicar por que está chateada: "Estou chateada porque Dev não consegue resolver seus problemas. Temos que fazer melhor do que isso", deixa escapar Maxine, finalmente.

"Sei que às vezes também contribuímos para o problema", diz Purna.

Que ótimo, pensa Maxine. *Além de tudo, sofremos de Síndrome de Estocolmo.*

Só então, ela ouve uma grande comoção no refeitório atrás dela. Um homem alto, de seus 50 e poucos anos, grita com raiva para Charlotte e aponta para as pizzas e depois para Tom e os outros desenvolvedores do Data Hub.

Eita. Deve ser Roy, pensa ela. Ela logo envia uma mensagem para Kurt:

> Roy está aqui. É melhor você vir!

"Com licença", diz Maxine a Purna, caminhando rápido para a cozinha.

"... não podemos ter pessoas aqui atrapalhando e interferindo em nosso trabalho. Claro, aprecio o gesto, mas isso deveria ter passado por mim. Da próxima vez, consiga minha aprovação primeiro, Charlotte!"

"Ah, mas parecia um gesto tão bonito", responde Charlotte. "Quer dizer, donuts e pizza! Ninguém nunca fez isso para o QA. Que coisa boa para Kurt fazer."

"Kurt! Kurt está sempre tramando alguma coisa. Isso é apenas parte de um esquema que ele está tramando", exaspera Roy, acenando com sua prancheta para todos. Assistindo à cena, há cerca de quinze pessoas imóveis, de olhos arregalados. Algumas parecem assustadas; outras, entretidas.

"Ele deve ter colocado toda essa comida no código do meu departamento!", diz Roy, voltando-se para Charlotte. "Se for assim, será infernal pagar."

Maxine entra com segurança no refeitório, estendendo a mão. "Oi, Roy! Sou Maxine, desenvolvedora da equipe do Data Hub. Sinto muito. É tudo culpa minha. Foi minha ideia trazer donuts esta manhã. Eu só queria comemorar o Dia do Teste com vocês e oferecer nossa ajuda."

Roy aperta a mão estendida de Maxine, mas olha fixamente para ela. Ele finalmente pergunta: "Para comemorar o quê?"

"O Dia de Teste", diz Maxine, simplesmente, incapaz de parar de sorrir. A expressão de Roy é idêntica à de Tom quando ela mencionou o Dia de Teste para ele mais cedo naquela manhã. "Me diverti tanto trabalhando nos recursos do Data Hub que pensei que seria divertido oferecer nossa ajuda para testar o código também."

Maxine aponta atrás dela, para o quadro branco da sala de conferências, que todos podem ver do refeitório, especialmente os grandes corações que Charlotte desenhou.

Roy olha para ela, sem palavras. Finalmente, ele solta a mão dela e diz em voz alta: "Ah, não, nada disso. Não sei o que vocês estão fazendo", apontando para Maxine, Tom e cinco outros desenvolvedores do Data Hub que se destacam por causa das camisetas e moletons. "Tenho certeza de que Kurt não está fazendo nada de bom, como sempre. Este é provavelmente algum esquema de construção de império que ele está administrando, agora que inventou uma posição para si mesmo no Dev. Vou averiguar isso a fundo, tenha certeza."

Enquanto Roy se prepara para ir embora, Maxine se pergunta como pode reiterar sua mensagem de "viemos em paz".

Enquanto decide o que fazer, ela vê Kurt entrar na sala. "Ah, olá, Roy! Estou feliz que você ainda esteja aqui. Desculpe por não coordenar com você.

Achamos que seria divertido fazer uma festa surpresa. O QA é a próxima parte crítica da cadeia, e queremos fazer tudo o que pudermos para ajudar."

Ao som da voz de Kurt, Roy se vira, com o rosto vermelho. "Ahá! Aqui está ele. Quero conversar com você. Agora mesmo, por favor."

Kurt está prestes a responder quando Kirsten entra na sala atrás dele, dizendo: "Oi, Kurt. Oi, Roy! Posso me juntar a vocês? Ah, adoro pizza."

Maxine fica surpresa ao ver Kirsten. Outras pessoas estão entrando no refeitório, vendo o drama se desenrolar.

"Estou feliz que você pôde vir, Kirsten." Kurt se volta para todos: "Enquanto vínhamos para cá, conversamos sobre a importância do QA e que as preocupações dele merecem uma voz mais ampla. Kirsten, você se importaria em compartilhar o que me disse? Acho que todos adorariam ouvir."

"Claro, Kurt", diz Kirsten, segurando um prato de papel com uma fatia de pizza de linguiça e abacaxi. "Como todos sabem, o Projeto Fênix é a iniciativa mais importante da história da empresa. O desastre de duas semanas atrás foi uma grande revelação para todos, especialmente para os níveis mais altos da empresa. Temos muito a ganhar no próximo lançamento. Temos três anos de promessas que fizemos ao mercado e que finalmente começamos a cumprir.

"Acabamos de anunciar o Projeto Inversão, a primeira vez que tivemos um congelamento de recursos para melhorar a qualidade", continua ela. "Esta é uma demonstração de compromisso, nos níveis mais altos da empresa, não apenas em fazer as coisas certas, mas em fazer as coisas certas *direito*. E conseguir a liberação do código no prazo é parte disso. Sei que o Dev muitas vezes atrasa a mesclagem das alterações.

"Em nossa reunião com toda a liderança de Dev e QA, eles se comprometeram a entregar a vocês algo para testar até as 17h de hoje", diz ela. "Sabemos o quanto é importante ter algo estável para testar e que precisamos de ótimos processos de Dev. Melhorá-los também faz parte do Projeto Inversão."

As pessoas aplaudem, a equipe de QA batendo palmas especialmente alto.

"Estamos em uma corrida de revezamento e precisamos que vocês recebam o bastão", continua ela, gesticulando expansivamente com a mão livre. "Seu trabalho é importante, e meu trabalho é ajudá-los a obterem tudo do que precisam para ter sucesso. Agradeço antecipadamente por todo o trabalho árduo e, por favor, avise-me se eu puder ajudar." A sala explode em aplausos novamente, e Maxine se junta a eles. Ela se lembra de uma festa chique em que estava em Chicago, quando viu o prefeito da cidade dirigir-se à sala. Ela ficou surpresa com o talento de comunicador dele, fazendo com que todos não apenas se sentissem confortáveis, mas também apreciados e parte de algo especial.

Kirsten também tem esse dom, pensa Maxine. Ela nunca viu esse lado de Kirsten e está impressionada.

A multidão começa a se dissipar, e várias pessoas se dirigem a Kirsten. Outros se aproximam de Kurt, apertando sua mão, parabenizando-o por seu novo papel.

Roy está no fundo do refeitório, olhando furioso para Kirsten e Kurt.

Naquele momento, Charlotte aparece ao lado dela. "A vida é sempre interessante perto de Kurt, não é? Vou me apresentar a Kirsten. Sempre quis conhecê-la. Uau, ela é tão legal. Muitas pessoas interessantes nos visitaram aqui no QA hoje!"

Maxine vê Roy se aproximar de Kurt. Ela se aproxima o suficiente para ouvi-lo dizer: "... Isso não acabou. De alguma forma, vocês conseguiram encontrar uma apoiadora, mas ela não será capaz de protegê-los para sempre. Vocês acham que são melhores do que nós? Acham que podem entrar aqui, botar banca e automatizar o trabalho de todos? Não sob minha responsabilidade. Vou me certificar de derrubá-los." Roy sai da sala a passos largos. Maxine olha para Kurt, que tem um sorriso despreocupado no rosto. Ele diz a Maxine e Tom, que acabaram de se juntar a ela: "Bom, foi divertido. Não se preocupem com nada. Vi isso vindo a quilômetros."

"Preocupado?", responde Tom, rindo. "*Não estou* preocupado com nada. Isso é mais empolgante do que a codificação diária normal. O que vai acontecer depois?"

"Aparentemente, os desenvolvedores mesclarão seus códigos com pressa para cumprir o prazo de cinco horas", diz Maxine, impassível.

O sorriso de Tom desaparece rapidamente. "Vamos assistir." Kurt sorri.

CAPÍTULO 10
• *Segunda-feira, 29 de setembro*

Ao longo das décadas, Maxine tentou explicar a pessoas leigas como as fusões de código são assustadoras. Sua melhor descrição é ter cinquenta roteiristas trabalhando simultaneamente em um roteiro de Hollywood quando ainda não decidiram os protagonistas, qual será o final ou se é uma história de um detetive corajoso ou um detetive trapalhão com um ajudante.

Eles dividem as responsabilidades de escrita entre todos os roteiristas, e cada um trabalha em sua parte do roteiro isoladamente, digitando no Word durante semanas. Então, pouco antes de o roteiro precisar ser finalizado, os cinquenta roteiristas se reúnem em uma sala para fundir todo o seu trabalho em uma única história.

Claro, qualquer tentativa de mesclar seus roteiros é um desastre. Ainda não há acordo sobre quem são os protagonistas, há centenas de personagens estranhos, cenas completamente desconectadas e buracos na trama... citando só alguns dos problemas.

E a maioria dos roteiristas não leu o memorando dos produtores executivos dizendo que estavam transformando a história em um filme de terror com monstros submarinos gigantes devido às mudanças de gostos do mercado.

Mesclar código é igualmente difícil. Editar código não é como editar no Google Docs, onde todos os desenvolvedores podem ver as alterações uns dos outros. Em vez disso, como os roteiristas, eles criam ramificações de trabalho privadas do código-fonte, sua própria cópia. Como os roteiristas, os desenvolvedores trabalham isolados por semanas, às vezes até meses.

Todos os sistemas de controle de código-fonte modernos têm ferramentas para automatizar o processo de mesclagem, mas, quando há muitas mudanças, suas limitações ficam evidentes. Alguém pode descobrir que outra pessoa substituiu suas alterações, ou que alterou ou excluiu algo de que todos dependiam, ou que várias pessoas fizeram alterações conflitantes nas mesmas partes do código... citando apenas algumas das coisas que podem dar errado.

Maxine adora quando todos mesclam suas alterações com frequência na "filial-mestre", como uma vez por dia. Dessa forma, as alterações mescladas não ficam muito grandes. Os tamanhos de lote pequenos, como na fabricação, criam um fluxo de trabalho suave, sem interrupções ou catástrofes.

Por outro lado, pense no que os desenvolvedores do Fênix fazem — cem desenvolvedores trabalham por semanas sem se fundirem e, pelo que Purna diz, a mesclagem leva, pelo menos, três dias. Maxine pensa: *Quem gostaria de trabalhar assim?*

Maxine caminha com Kurt e Purna de volta ao Prédio 5 para a "sala de guerra da mesclagem", o que considera um nome muito apropriado. No momento em que entra na sala, é atingida pela parede de ar úmido causada pelo excesso de pessoas em uma sala quente e lotada. Olhando em volta, ela diz a Kurt com certeza: "Não me importo com o que Kirsten diz. Não vamos conseguir um branch de lançamento hoje."

Purna vai até a frente da sala e pega seu notebook. Durante a caminhada, Maxine descobre que Purna é a gerente de integração responsável por garantir que todos os recursos prometidos e correções de falhas cheguem ao branch de lançamento de QA. Todos a chamam afetuosamente de "chefe da mesclagem".

Maxine olha a planilha impressa que Purna lhe deu. Há 392 tíquetes de Dev a serem mesclados. Cada linha tem um número de tíquete da ferramenta de tíquetes, uma descrição do problema, uma caixa de seleção mostrando se foi mesclado, um link para o plano de teste de QA, o número do tíquete de QA e assim por diante...

Purna é responsável por reunir as alterações para que o QA as teste como um todo, encontrar e relatar quaisquer problemas e certificar-se de que todos os defeitos relatados sejam corrigidos. É um trabalho hercúleo.

Maxine se senta no fundo da sala com Kurt. Ao redor da mesa, há cerca de 25 desenvolvedores e gerentes que representam cada equipe com mudanças a serem mescladas. Eles são agrupados em grupos de dois ou três, com pelo menos um notebook na frente deles. O padrão é que uma pessoa digite, enquanto as outras olham por cima dos ombros.

Há um zumbido baixo de conversas frustradas. "Parece que os desenvolvedores estão se fundindo", diz Tom, sentando-se ao lado dela.

"Você conhece a piada: qual é o plural de 'desenvolvedor'?", diz Maxine. "Um 'conflito de mesclagem'."

Tom ri, abrindo o notebook. "Eu poderia muito bem mesclar todas as nossas mudanças no branch de lançamento agora. Normalmente não faço isso imediatamente, porque qual é a pressa? Quer dizer, olhe ao redor... Costuma levar dias para que todos façam as alterações."

Ele abre o aplicativo de gestão de código-fonte, arrasta e solta algumas janelas, clica aqui e ali, e digita algo. Ele diz: "Pronto!", e fecha o notebook.

"Não costumo ficar por aqui", diz ele. "Quase não temos nenhum código compartilhado com o resto das equipes do Fênix. Não me lembro de alguma vez ter tido um problema de mesclagem..."

Maxine acena com a cabeça, pensando novamente em como é estranho que o Data Hub seja parte do Fênix.

"*Vocês* acham que essas pessoas vão terminar a mesclagem hoje?", pergunta Maxine.

Tom ri, apontando para a grande TV na frente da sala conectada ao notebook de Purna. "Quatro mudanças foram mescladas. Cinco, incluindo a que acabamos de fazer. Faltam 387. Nesse ritmo, seria um milagre terminar amanhã. Três dias, suponho. Pelo menos."

Durante a próxima hora, conforme as pessoas têm problemas com suas mesclagens, mais desenvolvedores entram na sala para ajudar. Quando as pessoas não têm mais espaço para ficar de pé, criam uma segunda sala de guerra no corredor. Um dos gerentes reclama: "Não sei por que não reservamos duas ou três salas de conferência. Isso acontece sempre."

Maxine vê um lead de Dev em uma janela de terminal em seu notebook "git pull". Ele recebe uma longa mensagem de erro mostrando 43 conflitos de mesclagem. Maxine recua da sua tela em estado de choque. Ela se pergunta quanto tempo vai demorar para desembaraçar essa bagunça.

Mais tarde, quando ouve outra equipe falar sobre trazer impressões do código-fonte para todos para reconciliar manualmente cada alteração, ela quase cospe o café.

Há um grupo de dez pessoas ao redor da TV na frente da sala, estudando uma diferença de código de quatro conjuntos diferentes de alterações na mesma parte de um arquivo.

Vendo a expressão em seu rosto, Kurt pergunta: "O que há de errado?" Sem palavras, ela gesticula para todo o caos e perturbação ao redor.

"Os desenvolvedores devem resolver problemas de negócios... Não... isso... Isso é uma loucura."

Kurt apenas ri. "Com certeza. Todos os gerentes de Dev estão reclamando do quanto isso é incômodo. Alguns estão fazendo lobby para fazer essas mesclagens com menos frequência — em vez de uma vez por mês, talvez uma por trimestre."

Maxine empalidece. "Você está de brincadeira, né?!"

"Não", diz Kurt, divertindo-se com a reação de Maxine. "Se é ruim, faça com menos frequência. Esse é o raciocínio deles."

"Não, não, não", diz Maxine, consternada. "Eles entenderam tudo errado. É ruim porque as mesclagens são muito grandes. Para melhorar, eles precisam fazê-las com frequência, para que fiquem pequenas e criem menos conflito."

Kurt ri novamente. "Sim, bem", diz ele, encolhendo os ombros, gesticulando ao redor da sala.

Maxine não ri, porque não vê graça. Checa o relógio. São quase 16h30. Ela olha para a tela do notebook de Purna. Apenas 35 alterações foram mescladas, ainda faltam 359. Apenas 10% completos.

Neste ritmo, pensa Maxine, *vai demorar mais 40 horas de trabalho — uma semana inteira ainda.*

No dia seguinte, Maxine se afunda em uma cadeira no refeitório, cercada por pizza. É o fim do segundo dia de mesclagem. Ela encara as grandes placas postadas em todos os lugares, advertindo: "SOMENTE equipes de mesclagem."

Maxine não sabe por que eles se importam. Ao longo do último dia e meio, ela supôs que os desenvolvedores estavam em uma das salas de guerra.

"Maxine, aí está você", diz Kurt, interrompendo seu devaneio. "Caramba! Ah, você está horrível, desculpe falar."

Maxine apenas dá um sorriso de boca fechada para Kurt. Ela simplesmente não consegue explicar o que viu e o quanto isso a incomoda.

Maxine sabe que mesclagens de código não são o ideal de diversão de ninguém, mas ela não estava preparada para o que viu nos últimos dois dias.

Ela viu gerentes copiarem arquivos-fonte de computador para computador em drives USB porque suas equipes não queriam usar o mesmo sistema de controle de versão que todos os outros.

Ela viu pessoas tentando resolver conflitos de mesclagem que tinham mais de mil linhas, espalhados por vários arquivos.

Ela viu pessoas se esquecerem de mesclar suas alterações, descobertas apenas quando Purna reconciliou sua planilha.

Ela até viu duas equipes lutando contra um conflito genuíno de mesclagem semântica — uma ocorrência rara, encontrada apenas em histórias que os desenvolvedores contam para assustar os outros. É o resultado de uma mesclagem automática que compila corretamente, mas muda o funcionamento do programa. A pior parte foi que quase ficou assim. Eles descobriram por acidente. Maxine está surpresa que eles tenham reparado quando alguém disse: "Isso está estranho." Do contrário, teria escapado para a produção, onde teria causado grandes estragos.

Ela fica se perguntando quantos erros semelhantes não foram detectados e agora estão em produção, como bombas-relógio prontas para explodir quando o caminho do código for finalmente executado.

Olhando para trás, para Kurt, ela diz: "Eu vi umas coisas. Coisas indizíveis, Kurt. Tanto desperdício e sofrimento desnecessário... Nenhum desenvolvedor deve passar por essa... essa... essa loucura!" Ela fica sem palavras.

"Ah", diz Kurt, parecendo preocupado. "Jogue essa pizza fora e se junte ao resto da Rebelião. Shannon acaba de relatar os resultados de suas interações com as equipes de Dev do Fênix, e tem uma ótima ideia."

Maxine olha para suas mãos e vê que está segurando uma fatia de pizza fria e meio comida, o queijo endurecido em uma fatia branca e gordurosa. Ela nem se lembrava de a ter comido.

Ela joga fora e segue Kurt sem dizer uma palavra.

Kurt leva Maxine para outra sala de conferências, longe da loucura contínua da mesclagem. Ela vê Tom, Brent, Shannon e Dwayne reunidos ao redor da mesa. Todos eles sorriem e acenam para ela. Shannon a encara por um momento, mas, ao contrário de Kurt, não diz nada sobre sua aparência abatida.

"Maxine, você vai adorar isso", diz Shannon. "Todos nós temos pensado na combinação das mudanças do Data Hub. Mas, para que sejam testadas, temos que esperar que todos os outros concluam a mesclagem também.

"Estamos pensando em como separar o Data Hub do Fênix, para que os testemos de forma independente", continua Shannon. "Se pudermos, temos um pessoal de QA pronto para trabalhar em nossas mudanças agora mesmo."

Demora para Maxine entender o que Shannon sugeriu, sua mente ainda está em estado de choque e devastada pela mesclagem. Então ela percebe.

"Sim!", exclama Maxine. "É uma grande ideia. Não podemos fazer muito pelo resto das equipes do Fênix agora, mas isso não significa que temos que sofrer com eles."

Kurt diz: "Tenho conversado com Purna e Kirsten. Eles designaram duas pessoas para nos ajudar a testar e certificar o Data Hub. Enquanto a mesclagem do Fênix ainda estiver em andamento, eles são nossos. Na verdade, aposto que conseguimos obter *todas as nossas mudanças testadas* antes."

Franzindo a testa, Maxine diz: "Mas ainda precisamos de um ambiente de teste para executar o Data Hub." Ela pensa por um momento. "Eu me pergunto se podemos criar um ambiente de teste do Data Hub para rodar em nosso cluster. Seria muito menor e mais simples do que os ambientes do Fênix. Dessa forma, o grupo de controle de qualidade o usaria a qualquer momento, em vez dos ambientes escassos pelos quais todos sempre lutam."

"A equipe de ambientes não ficará feliz com isso", diz Kurt, com um sorriso. "Do que vocês precisam?"

Ela olha em volta. "Se eu tivesse a ajuda de Brent e Adam por dois ou três dias, acho que conseguiríamos, pelo menos, um ambiente simplificado funcionando na segunda-feira. Sei que Brent está bloqueado no Fênix, mas, ei, tecnicamente o Data Hub ainda faz parte do Fênix, certo?"

De repente, Maxine se anima novamente. A ideia de libertar o Data Hub do pântano do Projeto Fênix é emocionante.

"O Primeiro Ideal", diz Brent com um sorriso.

No dia seguinte, Maxine, Brent e Adam estão trabalhando furiosamente, sem parar, para criar um ambiente enxuto para executar e testar o Data Hub. É uma corrida contra a mesclagem do Fênix.

Purna aprovou o plano. Kirsten também, dizendo: "Nós criamos essas regras, então podemos quebrá-las. Especialmente se isso eliminar essas malditas dependências. Qualquer gerente de projeto pularia de alegria." Isso bastou para Kurt, dizendo-lhes para irem em frente, sem se preocuparem em obter aprovação de um nível superior. "Peço perdão depois, se precisarmos", disse Kurt, com um sorriso.

No momento, Brent está tentando reproduzir a construção do ambiente que atualmente só funciona no notebook de Tom. Enquanto isso, Maxine está trabalhando com Adam, tentando fazer com que a última versão do Data Hub funcione em seu ambiente Fênix reduzido.

Ela está encantada por eles acertarem mais uma peça do quebra-cabeça de build que a aborrece desde que foi exilada. Ambos observam uma janela de terminal de rolagem enquanto o Data Hub é inicializado, esperando que tenham resolvido o último erro. Eles ainda estão observando as mensagens de log quando ela ouve uma comoção na sala de guerra, que está se mesclando.

Um dos gerentes de Dev grita: "Preciso da atenção de todos! Temos tido problemas de produção intermitentes nas últimas duas horas no site de e-commerce. Algo no Fênix está fazendo com que seja exibido o preço promocional incorreto ou incompleto quando os usuários estão no carrinho de compras. Alguém sabe o que pode estar errado?"

Melhor hora para um problema, pensa Maxine, voltando para a sala de guerra. Os gerenciadores de Dev estão lá, então será fácil descobrir qual parte do código causou o problema. É como ter um ataque cardíaco em uma convenção de cardiologistas — há muitos médicos qualificados por perto.

Enquanto assiste, Maxine aprova sua disciplinada solução de problemas. Eles são eficientes, lógicos e não há nenhum indício de culpa enquanto tentam replicar o problema em seus notebooks e pensar sistematicamente no que pode estar errado.

Dez minutos depois, a gerente de Dev de middleware assume a liderança. Ela está convencida de que o problema está na sua área do código. Em apenas quinze minutos, sua equipe gera uma correção. "É uma mudança de uma linha. Podemos enviá-la ao branch de lançamento atual", diz ela. "Ah, droga, não podemos... Só o gerenciador de SCM pode enviar por push para este branch de lançamento antigo. Precisamos do Jared. Onde ele está?"

"Vou procurá-lo", grita alguém, que sai correndo da sala.

"Quem é Jared?", pergunta Maxine a Kurt, que esfrega os olhos tentando não rir.

A gerente, ao lado deles, diz com uma voz cansada: "Jared é o gerenciador de código-fonte. Os desenvolvedores não têm permissão para acessar a produção. Eles só podem enviar alterações para o branch de lançamento para problemas P1. Este é um problema P3", explica ela. "Precisamos pedir a Ops para alterá-lo para um problema P1, o que não vai acontecer, ou Jared me concede acesso temporário e faço a correção."

"E se Jared estivesse aqui, o que ele faria?", pergunta Maxine, imaginando o que está por vir.

A gerente diz: "Ele pegaria o ID de confirmação de nossa correção, copiaria manualmente para o branch de lançamento e o colocaria em produção."

"É isso?", pergunta Maxine.

"Sim", responde ela.

Maxine prageja baixinho. Para sua surpresa, ela está com raiva.

Com raiva a ponto de enlouquecer, na verdade.

Minutos atrás, ela achou que o momento do problema foi favorável. *Aquele paciente sortudo*, pensou ela. Todos os melhores especialistas em trauma cardíaco que poderiam diagnosticar o problema e administrar o tratamento de emergência estavam na sala.

Mas aqui, na Parts Unlimited, os médicos não podem tocar no paciente. Bem, exceto se houver um tíquete de P1 aberto. Mas, se o paciente *não está* à beira da morte, como agora, apenas *Jared* pode tocá-lo. E Jared faz tudo o que os médicos mandam, porque eles não podem tocar no paciente. Jared não é médico. Ele é só um administrador, adicionando e removendo usuários e garantindo que o backup seja feito.

"Ninguém encontra Jared. Acho que ele está almoçando", diz o cara que o procurou.

"Ah, por Deus", murmura Maxine baixinho. *Está acontecendo de novo*, pensa ela, lembrando-se de como se sentiu destruída no refeitório ontem.

Todo mundo tenta bolar um plano reserva, porque ninguém consegue encontrar o Jared. Vinte minutos depois, Randy aparece declarando que nada pode ser feito, mas ele ainda está atrás do Jared.

Todos acenam com a cabeça, voltando a mesclar suas alterações.

"Vai ficar por isso mesmo?!", grita Maxine, dirigindo-se a toda a sala, sem conseguir assistir calada. "Por que os desenvolvedores não conseguem colocar suas próprias mudanças em produção? Por que precisamos do *Jared*? Acredito que ele seja muito bom no que faz, mas por que nós não podemos fazer isso?"

A sala inteira fica em silêncio. Todos olham para ela, parecendo chocados. Como se ela tivesse arrotado em um casamento ou funeral. Finalmente, alguém diz: "Conformidade." E outra pessoa: "E segurança da informação."

Ao redor da sala, ela ouve as pessoas proferirem outros motivos.

"ITIL."

"Gestão de mudanças."

"SOX."

"PIC."

"Reguladores."

Maxine olha em volta. Todas essas pessoas são capazes e responsáveis. E mesmo assim... "Pessoal!!! Esses motivos não fazem sentido. Para mim o motivo para não termos permissão... é que eles não confiam em nós. Vocês não *se importam*?! Como Jared pode saber mais sobre as alterações do que os desenvolvedores que as escreveram?"

Examinando a sala, Maxine vê que apenas cerca de dez pessoas estão remotamente perturbadas pela sua epifania.

"Eles acham que vamos sabotar deliberadamente as mudanças? Que alguém copiando e colando nossas alterações fará um trabalho melhor do que nós?" Maxine sabe que está se arriscando, mas não consegue se conter. "Somos quase todos desenvolvedores aqui. Não incomoda a vocês não nos julgarem confiáveis para colocar nossas próprias mudanças em produção?"

Algumas pessoas apenas encolhem os ombros. Várias outras a encaram como se ela fosse louca ou irremediavelmente ingênua.

Maxine sabe que não foi nenhuma convocação de *Henry V* no Dia de São Crispim, mas fica pasma que as pessoas não se incomodem com esta situação. Ela esperava que alguém gritasse: "Merda, sim, isso me incomoda e não vou tolerar!"

Mas, em vez disso, há apenas silêncio.

Nós não precisamos de vigias. Amamos tanto ser prisioneiros que pensamos que as grades existem para nos manter a salvo.

Ela está prestes a sair quando um jovem com um rabo de cavalo e um notebook debaixo do braço entra na sala de conferências seguido por duas pessoas.

"Ah, não", diz Maxine em voz alta, sem querer. *Este é o Jared?!*

Ele é ainda mais jovem do que o estagiário que a ajudou em seu primeiro dia aqui. Ela não tem nada contra os jovens engenheiros. Pelo contrário, suas maiores esperanças e aspirações estão nas mãos da próxima geração, e ela faz tudo o que pode para ajudá-los a alcançar seus objetivos. Mas é muito difícil para Maxine pensar que Jared é mais qualificado para isso do que todos os outros na sala. *Se Jared pode implantar mudanças, temos que poder também*, pensa ela.

Maxine observa ele configurar o notebook para executar o envio do código. Ele leva dez minutos para fazer o login, obter o link para o código que precisa ser enviado por push e confirmar se é o código correto... Como em todos os filmes sobre programação que Maxine detesta, uma multidão se reuniu atrás de Jared, esperando ansiosamente enquanto ele realizava o trabalho. Quando ele finalmente diz: "Feito", as pessoas dão tapinhas nas costas dele.

Maxine revira os olhos, frustrada. Ela está feliz por Jared ter executado o trabalho, mas tudo o que ele fez foi copiar, colar e clicar em um botão.

Quando Maxine pergunta à gerente de middleware se o problema foi resolvido, ela responde: "Ainda não. Agora que Jared o colocou no último branch de lançamento, ele precisa trabalhar com o pessoal de Ops para implementá-lo em produção."

O paciente ainda não foi salvo. Ele precisa ser transportado para o próximo departamento para isso. Ela decide seguir Jared, mais por um senso de curiosidade mórbida do que por qualquer senso de aventura.

Quatro horas depois seguindo Jared, Maxine está atordoada e desorientada. Qualquer sensação de bem-estar e entusiasmo que sentia ao trabalhar nos ambientes do Data Hub desapareceu. E Maxine está confusa — não tem mais certeza do que é bom, do que é ruim e dos processos que governam seu mundo.

Ela percebe um mal-estar. *Estou com febre?*

Tudo começou quando ela seguiu Jared por dois andares até o térreo, onde fica o departamento de Ops. Na sala de conferências de Ops, ela reconheceu Wes e Patty, mas quase ninguém mais, embora todos parecessem estranhamente semelhantes entre si.

A sala parecia a sala de guerra, no andar de cima. Mesma mobília, mesmo viva-voz na mesa, mesmo projetor no teto. Mas, sentado ao redor da mesa, está um grupo completamente diferente de pessoas discutindo exatamente o mesmo assunto: como implementar essa mudança urgente. Só que eles discutem obstáculos ligeiramente diferentes: nenhuma mudança fora das janelas de manutenção. ITIL. Segurança. Gestão de mudanças. Conformidade. Sistema de tíquetes diferente. Mesmo número de campos que precisam ser preenchidos e os mesmos erros quando você erra um campo. Mesmos processos de escalonamento, mas com pessoas diferentes.

Eles enviaram uma solicitação de mudança de emergência para Bill Palmer, o VP de Ops, e Maggie Lee, a diretora sênior de Marketing de Produto. E, assim como no andar de cima, todos aguardam a aprovação.

Às 17h, alguém pede pizza. Maxine segue todos até o refeitório, idêntico ao de cima. Quando ela vê a pizza, quase tropeça e cai — é do mesmo lugar que a pizza do almoço de mesclagem de ontem.

A mesma pizza, sendo comida por pessoas diferentes, reclamando dos mesmos problemas. Então Maxine começa a se sentir pior, a sala girando. *Será que estou há muitas horas sem comer?* Mas só olhar a pizza já revira seu estômago no ato.

Maxine sente que está repetindo a mesma cena do filme que viveu seis horas antes. *Como uma versão horrível de* Feitiço do Tempo, pensa ela. Como o personagem de Bill Murray, ela está condenada a repetir o mesmo dia indefinidamente. Mas, para Maxine, os atores mudam. Primeiro, eles são do Dev, depois do QA e de Ops. Mas é tudo igual.

Até agora, os incautos desenvolvedores de Maxine estavam sendo aprisionados por uma disfunção burocrática cruel, malvada e indiferente. Talvez fosse administrada por Ops ou por uma cabala secreta de Gestão de mudanças ITIL. Mas, depois de seguir Jared até o centro de Ops, ela vê que eles estão presos pelos mesmos guardas que os desenvolvedores, no andar de cima.

Quem lucra com tudo isso? Quem se beneficia com a opressão de todos da tecnologia? Maxine duvida que Chris ou Bill sejam os guardiões desse mar infinito de prisões. Na verdade, eles também são prisioneiros.

Maxine joga fora sua fatia de pizza antes mesmo de dar uma mordida. De volta à sala de conferências, Wes anuncia que a mudança urgente acaba de ser aprovada. Maggie (a pessoa que precisava aprovar a mudança) perdera as primeiras ligações porque estava em sua festa de aniversário, mas tinha saído para uma teleconferência.

Demora quarenta minutos para fazer a mudança. Maxine observa as equipes vasculharem compartilhamentos de rede, páginas wiki, repositórios de código-fonte... Patty então confirma que o problema foi resolvido.

Wes agradece a todos por ficarem até tão tarde, e as pessoas começam a se dispersar. Logo, Maxine está sozinha na sala de conferências. As luzes começam a se desligar conforme os sensores de movimento não detectam mais nada. No escuro, Maxine se pergunta como a opressão da disfunção burocrática ganhou tanto poder.

É como o Erik disse. Isso é o oposto do Terceiro Ideal; em vez de aprimorar os processos com que trabalhamos, nós os seguimos cegamente, pensa ela. *E agora o processo nos aprisionou totalmente, sugando toda a alegria do nosso trabalho diário, afastando-nos cada vez mais do Segundo Ideal.*

Na escuridão, Maxine pega seu smartphone e manda mensagens para Kurt e para o resto da Rebelião:

> Alguém mais ainda está aqui? Preciso de ajuda. E de uma bebida. Alguém me encontra no Dockside?

CAPÍTULO 11

- *Quarta-feira, 1º de outubro*

Kurt já está no Dockside todo bem iluminado, alguns jarros e uma garrafa de vinho na mesa, quando Maxine aparece. Ela fica feliz em vê-lo, e aqueles copos, porque significa que outros membros da Rebelião estão chegando. Ela se sente grata por ter a companhia deles.

Maxine raramente bebe como fuga, mas, assim que se senta, faz exatamente isso. Ela vira dois pinot noirs, apesar de saber que sofrerá as consequências amanhã de manhã.

Mas, agora, não importa, porque o vinho definitivamente a está fazendo se sentir melhor. A combinação de açúcar e álcool a ajuda a combater as emoções chocantes e estridentes que tem sentido desde que seguiu Jared para o Mundo Bizarro das Ops.

Conforme as pessoas chegam e se sentam, o clima em volta da mesa fica otimista. Tom e Brent estão trabalhando, com os notebooks abertos, com o progresso incrível de colocar o Data Hub em execução em um ambiente reduzido. Eles não podem ficar muito tempo. Eles se reunirão com a equipe de Controle de Qualidade amanhã de manhã, com a esperança de que comecem os testes em breve. Aparentemente, Purna e sua equipe vão aparecer mais tarde.

Shannon escreveu suas notas ao entrevistar as equipes do Fênix, identificando quase dez desenvolvedores que desejam usar o que a Rebelião criou para resolver os problemas que enfrentam diariamente. E, com o Projeto Inversão em andamento, eles têm tempo para fazê-lo.

Maxine sorri com os olhos turvos enquanto todos compartilham histórias. Eventualmente, Kurt serve outra rodada para todos e se volta para Maxine. "E aí, Maxine?"

"Kurt, estamos ferrados." Ela passa as mãos pelos cabelos em frustração.

Maxine tenta explicar. Ela é bem articulada e precisa, mas, ao ouvir a si mesma falar, tem plena consciência de que parece delirante.

Recomeçando, ela se esforça para transmitir o quanto esta tarde a perturbou. "Desde que fui exilada para o Fênix, abri centenas de tíquetes tentando fazer as coisas acontecerem. Eu os acompanhei, vendo para onde iam. Muitos foram para Ops; alguns, para Controle de Qualidade. Então, quando entrei para a equipe do Data Hub, abri mais tíquetes. Mas, o mais importante, consegui ver o outro lado, fazendo o trabalho de que as pessoas precisavam.

Mas, para fazê-lo, tive que abrir mais deles. É um ciclo infinito de tíquetes, Kurt, sendo criados e distribuídos, uma e outra vez, sem fim. Quem fez isso conosco?", pergunta ela, finalmente.

Adam sorri tristemente. "Fomos nós mesmos. Há muito tempo, o QA fazia parte do Dev, mas, quando entrei, tornou-se independente. Criamos um monte de regras para nos separar das preocupações de Dev, para proteger o negócio de todos aqueles desenvolvedores malucos e imprudentes. A cada ano, usamos qualquer coisa que dava errado como desculpa para criar mais e mais regras para 'responsabilizar mais os desenvolvedores', o que só nos atrasava ainda mais. O que me deixa tão animado com a Rebelião é que estamos desfazendo tudo isso."

Dwayne concorda com a cabeça. "Adam está certo. Em Ops, também fizemos isso. Tudo começou pelos motivos certos — trouxemos processos ITIL para organizar, o que foi infinitamente melhor do que o caos que tínhamos. Em Ops é pior, porque temos muitas áreas de especialização. Trabalhos complexos, como implantações, atingem cada uma delas. Temos servidores, bancos de dados, redes, firewalls... caramba, na última década, criamos ainda mais silos: armazenamento, VLANs, equipes de automação, virtualização, infraestrutura hiperconvergente e quem sabe quantos mais.

"E, com as pilhas de tecnologia moderna, precisamos de pessoas com um profundo conhecimento em contêineres, registro, gestão de segredos, pipelines de dados, bancos de dados NoSQL. Ninguém pode ser especialista em tudo isso!", diz Dwayne. "Portanto, precisamos de um sistema de tíquetes para gerenciar esses complexos fluxos de trabalho. Mas é fácil as pessoas perderem de vista o propósito do que fazem. Por isso a Rebelião é crucial. Veja quantas pessoas estão trabalhando até tarde nos esforços do Data Hub."

Todos ao redor de Maxine erguem seus copos, gritando: "Isso aí! Derrubar a ordem antiga e poderosa!" Maxine também levanta a taça, mas não diz nada.

Ela costuma ouvir que TI é o centro nevrálgico da organização, porque nos últimos trinta anos quase todos os processos de negócios foram automatizados por meio de sistemas de TI. Mas, por alguma razão, as empresas permitiram que seu sistema nervoso se degradasse, como a esclerose múltipla interrompendo o fluxo de informações dentro do cérebro, e entre o cérebro e o corpo.

Maxine serve mais uma dose, mas só dá um gole. De repente, ela não se sente bem. Não tem nada a ver com o que bebeu. Ela definitivamente está ficando doente. Logo se despede de todos, agradecendo por se juntarem a ela esta noite.

Ao chegar em casa, ela abraça o marido, diz boa noite aos filhos e fica aliviada ao ir para a cama depois de tomar banho.

De madrugada, Maxine começa a suar incontrolavelmente, depois é dominada por calafrios e ranger de dentes, e sente febre. Ela sucumbiu à doença que dizimou as fileiras de seus companheiros de equipe após a libertação do Fênix.

Tem sonhos intermináveis de estar presa em uma burocracia, transferida de uma mesa para outra, colocada em espera, solicitada a preencher mais formulários, embaralhada de um departamento para outro e colocada em outra linha com mais formulários para preencher. Os formulários vão para vastos armazéns de dados, onde são pulverizados, transformados em um miasma fumegante e gorduroso de arquivos de texto separados por vírgulas, pontilhados com marcas aleatórias de byte-order.

Ela vê o mecanismo cruel da burocracia girando, com pessoas indefesas presas nas incontáveis engrenagens. Ela ouve seus gritos desesperados, até que caem no silêncio, toda a energia sugada deles apenas para ser revivida periodicamente para preencher seus cartões de ponto.

Ela empurra montanhas de tíquetes de papel escada acima, através de uma seção de cubículos, e desce mais escadas, condenada a atravessar essa pedra de Sísifo para sempre como punição pelo problema na folha de pagamento.

Quando acorda, o Sol está nascendo. Seu travesseiro está encharcado de suor. Seus seios da face e seus pulmões estão congestionados. Seu peito dói de tanto ter tossido. Ela mal consegue se mover.

Ela se força a sair da cama e tomar banho. O vapor quente é bom, mas, quando ela sai, outro ciclo de suor incontrolável e calafrios começa. Ela desce as escadas cambaleando para comer um pedaço de torrada e beber um pouco de água, e percebe o quanto sua garganta dói.

Seu marido diz a ela para ficar na cama, que ele vai levar as crianças à escola. Grata, ela murmura um obrigada. Ela sobe até a metade da escada antes de ter que fazer uma pausa, rastejando de volta para a cama.

Quase sem conseguir ler a tela do smartphone, ela envia mensagens de texto a todos para que saibam que não vai conseguir trabalhar. Ela adormece e acorda repentinamente, percebendo que saiu do escritório sem preencher o cartão de ponto. Mas está fraca demais para fazer qualquer coisa a respeito. Ela finalmente volta a dormir, gemendo de dores por todo o corpo.

No dia seguinte, Maxine mal consegue se levantar da cama. Ela se tornou um dos destruídos, juntando-se às fileiras das pessoas incapazes de fazer seu trabalho, por doença, burocracia ou por estarem presas na Sala de Espera.

Desesperada por mais remédios para resfriado, ela se aventura e caminha pelos corredores da farmácia, amontoada em cinco camadas de roupas, em busca de alívio. Para evitar que sua família adoeça, ela compra uma máscara cirúrgica, como se fosse uma funcionária do metrô. Quando o marido a vê usando, ele apenas ri.

Por volta do meio-dia de sexta-feira, Maxine se sente um pouco melhor, finalmente capaz de ficar acordada por mais de uma hora durante o dia. Ela não toca no telefone há quase dois dias e, na verdade, quase não fala, exceto com o marido, em monossílabos que saem com dificuldade. Cansada de ler romances na cama, desce as escadas e envia uma mensagem para Kurt e Purna:

> Os desenvolvedores já terminaram a fusão?

Em segundos, Maxine recebe uma resposta de Kurt:

> Hahahahaha! Desculpa, não. Talvez segunda-feira. Mas o Data Hub e o seu ambiente estão quase prontos para serem testados. O Controle de qualidade provavelmente começa esta noite! Se quiser saber mais, me liga! Espero que esteja se sentindo melhor.

Maxine disca o número dele. Ele nem mesmo diz oi. "Brent e Tom têm trabalhado sem parar. Eles estão perto de colocar o Data Hub em execução no novo ambiente menor. Todos os desenvolvedores do Data Hub estão trabalhando com a equipe de QA para escreverem testes automatizados juntos. Adam e um grupo de desenvolvedores estão liderando classes de codificação, e algumas pessoas do QA estão escrevendo testes sem nenhuma ajuda. Você deve ter visto esses testes sendo verificados no repositório de código-fonte.

"E Shannon está pavimentando o caminho para a Segurança", diz Kurt. "Imagens de ambiente serão corrigidas automaticamente todos os dias, e, talvez em breve, dependências de aplicativos também!"

Maxine tenta sorrir. Ela fica impressionada com o quanto eles conquistaram enquanto ela estava doente. Ela olha no canal de bate-papo e vê mensagens empolgantes sobre o progresso que estão fazendo. Ela adora ver todos os commits de código das equipes de Dev e de QA.

Maxine sabe que os desenvolvedores serão responsáveis por testar o código, com o QA assumindo um papel mais estratégico, de coaching e consultoria. Isso significa que os testes automatizados que estão escrevendo serão executados em breve a cada check-in, uma vez que o servidor de build centralizado e integração contínua (IC) entre em funcionamento. Eles estão perto!

"Isso é ótimo", resmunga ela, o que faz seus dentes doerem, tanto que diz a Kurt que o verá na próxima semana e desliga.

Maxine rasteja de volta para a cama e fecha os olhos, pensando no que vem a seguir. Se eles conseguissem fazer Ops concordar, poderiam até mesmo automatizar as implantações para o serviço do Data Hub de produção. E, embora isso pareça uma aposta alta, talvez eles pudessem até mesmo executar os serviços de produção do Data Hub de seu cluster.

Isso facilita as coisas para todos, até mesmo para Ops. Para começar, eles seriam capazes de testar e implantar suas alterações imediatamente após trabalhar nelas, em vez de esperar duas semanas pelo próximo ciclo de teste.

A verdadeira questão, Maxine percebe, é em quais recursos eles devem trabalhar. Ela se pergunta quais recursos do Data Hub são mais importantes para os negócios. E em qual unidade de negócios devem se concentrar. O Data Hub é único por tocar em muitas áreas da Parts Unlimited, cada uma com suas necessidades e prioridades triviais.

Ela tenta voltar a dormir, mas fica pensando em qual atividade é de maior valor comercial para o Data Hub. Curiosa, ela se senta e abre o notebook, abrindo o sistema de bilhetagem. Mas, em vez de abrir um novo tíquete ou trabalhar em um tíquete de outra pessoa, ela apenas olha em volta. É a primeira vez que faz isso desde seu exílio.

Com alguns cliques, descobre como visualizar todos os tíquetes abertos do Data Hub. Existem centenas deles, lindamente codificados por cores com base nos sistemas de negócios relacionado. Ela estremece ao ver quantos têm mais de um ano. Não admira que todos pareçam frustrados. Ela se pergunta quais recursos neste backlog são mais importantes para a empresa. Essa última parte é fácil. Steve diz a todos quais são as prioridades nas reuniões públicas. Steve e Sarah falam consistentemente sobre a importância de ajudar os clientes a manter seus carros funcionando e fornecer uma maneira para eles comprarem facilmente o que precisam. Fazer isso bem deve aumentar a receita por cliente, o tamanho médio do pedido do cliente, a receita e a lucratividade.

Com isso em mente, ela percorre páginas e páginas de recursos. É difícil saber quais são pelo nome do tíquete ou pela leitura do conteúdo. Eles falam muito sobre o quê e como, mas não sobre o porquê.

Maxine finalmente percebe um termo que surge continuamente: "Promoção de itens."

Ela vê um monte de tíquetes relacionados a uma promoção de verão, oferecendo pacotes de produtos com desconto para substituição de baterias, ar-condicionado e itens de manutenção do sistema de refrigeração. Eles nunca foram iniciados. Maxine suspira. Como já estamos no outono, as oportunidades associadas a essa campanha surgiram e desapareceram.

Ela se pergunta qual é o processo de exclusão de recursos que não são mais relevantes. Há um fardo cognitivo e espiritual muito real de ter que carregar tantas promessas não cumpridas para sempre, quando qualquer um pode perguntar a qualquer momento "Onde está meu recurso?"

Curiosa, ela pesquisa "Promoção de inverno" e vê uma série de tíquetes. Ela começa a clicar neles. Um tíquete marcado como concluído era para criar um SKU para um conjunto de lâminas de limpador e raspadores de gelo. Um tíquete ainda aberto é criar um preço com desconto para o pacote.

Ela vê outro padrão igual a este, mas para pneus e correntes de inverno, correntes e fluido de degelo de para-brisa e muito mais. Há outra série de tíquetes para a "Promoção de Ação de Graças". Cada uma dessas campanhas requer duas implantações do Data Hub — uma para criar o produto no banco de dados de produtos e outra para criar preços promocionais especiais no banco de dados de preços.

Isso significa que cada pacote com desconto sempre leva dois meses para ser criado. Sentindo que está no caminho certo, ela examina os outros recursos solicitados na categoria de promoções. Um imediatamente atrai sua atenção. O tíquete foi criado sete meses atrás, e o título diz: "Crie em uma etapa: novo pacote de produto SKU com desconto associado."

Abrindo o tíquete, Maxine lê sobre como o Marketing deseja a capacidade de criar e definir o preço de novos SKUs inteiramente de autoatendimento, sem ter que passar pela equipe do Data Hub.

Sim! Exatamente como eu pensava. A descrição do recurso indica que o processo atual requer quase noventa dias para que um desconto recém-criado esteja disponível para os clientes.

O autor do tíquete é Maggie Lee, diretora sênior de produtos. De repente, Maxine suspeita que o Data Hub esteja com restrição organizacional! Ela manda um e-mail para Kurt e Maggie. Em cerca de cinco minutos, ela recebe uma ligação de Kurt.

Ela resmunga: "Você viu meu e-mail?"

"Sim", diz Kurt. "Verifiquei os links que você me enviou. Isso é interessante. Enquanto você está fora, tentei descobrir quem são nossos clientes mais importantes. E também estou procurando quem são os agentes que podem nos dar alguma cobertura aérea enquanto movemos o Data Hub para fora do Fênix. O nome de Maggie surgiu repetidamente.

"Ela trabalha para a Sarah, e todos os proprietários de produtos das lojas e do e-commerce se reportam a ela", continua Kurt. "Vou enviar-lhe o organograma que desenterrei. Já conheci o administrador dela, e temos uma reunião agendada com ela em breve."

"Fantástico, Kurt!", diz Maxine, mas, quando ela sorri, geme de dor. Ela está animada para voltar ao trabalho... quando estiver saudável novamente.

Gemendo, ela desliga, rasteja de volta para a cama e vai dormir.

Na segunda-feira, Maxine está de volta ao trabalho, discutindo o Data Hub com Dwayne, Tom e Kurt em uma sala de conferências. Tom está exibindo seu notebook na tela na frente da sala. "Trabalhamos nisso durante todo o fim de semana, garantindo que fique estável o suficiente para mostrar. Caramba, estou animado. Agora temos o ambiente do Data Hub em execução inteiramente em uma imagem Docker, portanto, qualquer pessoa pode usá-lo. Brent e eu baseamos tudo no trabalho que Maxine fez antes de adoecer. Obrigado, Maxine!

"Agora, em vez de esperar semanas para obter acesso a um dos escassos ambientes de QA, você pode simplesmente executar esta imagem Docker em seu notebook. Demora alguns minutos para fazer o download, mas apenas alguns segundos para iniciar. É incrível.", diz Tom, digitando em uma janela de terminal. "Com a ajuda de Brent, conectei esses ambientes ao nosso servidor de IC para que execute testes do Data Hub. Finalmente estamos construindo e testando! Estamos usando-o com o controle de qualidade para testar os quatro recursos que concluímos desde o último lançamento."

Olhando para Maxine, ele diz: "Temos capacidade suficiente em nosso servidor de IC para quem quiser usá-lo. Não teríamos conseguido sem o seu excelente trabalho, Maxine."

Tom sorri, balançando a cabeça. "Há anos que queremos fazer algo assim, mas nunca tínhamos tempo. Estou muito animado, porque isso mudará completamente a forma como os desenvolvedores do Data Hub gastam seu tempo. Todos podem ser mais produtivos — eles serão capazes de desenvolver e testar muito mais rápido. E, talvez, se ocorrer um milagre, possamos até mesmo colocar esses recursos em produção mais rápido também."

Kurt comemora, erguendo os punhos no ar. "Agora *esta* é uma história de sucesso incrível! Vamos finalmente mostrar às pessoas o valor que podemos oferecer."

Maxine está impressionada. Essa é uma conquista incrível, e ela está orgulhosa de que Brent e Tom, que conheceu há poucas semanas, conseguiram fazer tanto sem ela.

Kurt franze a testa. "Na verdade, reforço o que eu disse. Esta é uma história de sucesso de Dev e QA. Ainda temos stakeholders furiosos por não terem seus recursos. Como colocá-los em produção?"

"Essa é uma questão totalmente diferente", diz Dwayne, balançando a cabeça e tamborilando na mesa. "Maxine está certa. Há uma longa história de não permitir que os desenvolvedores empurrem as coisas diretamente para a produção. Há instituições cujo único propósito é impedir que isso aconteça."

"Quem é a oposição mais poderosa?", pergunta Kurt.

"Segurança, definitivamente", diz Dwayne. "Eles vão querer fazer uma revisão de segurança do código antes de entrar em produção — essa é a política corporativa. E Ops também não se interessa. E, por falar nisso, tantas pessoas foram prejudicadas por mudanças ruins que a *maioria* não vai pular de alegria quando você propor isso... Então, sim, basicamente o que estou dizendo é que todo mundo será contra os desenvolvedores implantarem diretamente na produção", diz ele, com um sorriso cabisbaixo.

Maxine meneia a cabeça. "A Segurança já está familiarizada com o Data Hub. Não é um aplicativo novo que estamos apresentando. Só precisamos que eles agendem a revisão do Data Hub separadamente do Fênix."

"Vamos nos encontrar com eles. O pior que eles podem dizer é não, e não é nada que não ouvimos antes, né?!", diz Kurt. "Portanto, além da Segurança, qual é o processo oficial para obter aprovação com Ops?"

Dwayne suspira, sem responder por um longo momento. Por fim, ele diz: "Provavelmente, precisamos passar pelo TEP-LARB."

"Ah", diz Maxine. Kurt se encolhe como se algo o tivesse picado. Tom olha ao redor da mesa, confuso. "Isso é ruim?"

"Bem, certamente há coisas mais fáceis de passar do que o TEP-LARB...", diz Kurt, olhando para um lugar vazio na mesa à sua frente.

Dwayne diz: "Não é bem assim, Kurt. A verdade é que não existe *nada* mais difícil do que passar pelo TEP-LARB. *Nada* passa por TEP e LARB. E eu deveria saber, eu *estou* no LARB."

"Ele está certo, Kurt", diz Maxine. "Em todos os meus anos aqui, nunca fui capaz de fazer nada passar. É uma tonelada de trabalho até mesmo preencher seus formulários, e nunca os vi aprovar nada. Eles são o Grande Conselho Implacável do Não."

Ela olha para Dwayne e diz: "Sem ofensas."

Ele rapidamente responde com um sorriso: "Não ofendeu."

"O que é TEP-LARB? E por que eles sempre dizem não?", pergunta Tom.

"'LARB' significa Lead Architecture Review Board, comitê de revisão de arquitetura líder", explica Dwayne.

"Foi criado décadas atrás, após vários incidentes na tecnologia, muito antes de eu entrar na empresa. Decidiram criar um monte de regras para que tudo fosse 'devidamente revisado'", diz Dwayne, fazendo aspas com as mãos.

"É um comitê de comitês. Há sete arquitetos de Ops, sete de Dev, dois de Segurança e dois arquitetos corporativos. É como se eles estivessem congelados no tempo, agindo como se estivéssemos em 1990", diz ele. "Qualquer iniciativa de tecnologia precisa da sua aprovação.

"E, para propor qualquer coisa a eles, primeiro você precisa preencher o formulário do Processo de Avaliação de Tecnologia, ou TEP", explica ele. "Maxine está certa. É muito esforço. São cerca de cinquenta páginas hoje em dia."

Os olhos de Maxine se arregalam. Reunir todas as informações para preencher o TEP foi uma provação incrível da última vez que ela tentou. E tinha apenas cerca da metade desse tamanho. Ela pergunta: "Se você está no LARB, por que não simplificou o processo?"

Dwayne diz: "É um comitê. Todos eles acham que seu trabalho é dizer não. Sou a única voz radical em todo o grupo e, sem apoio, é impossível eu votar sim ou trazer membros mais jovens. Acredite, tenho tentado."

Kurt tamborila os dedos por um momento. "Dwayne está certo. Qualquer grande iniciativa de tecnologia precisa passar pelo TEP-LARB. Se não o fizermos, eles vão matar nossos esforços antes mesmo de começarmos."

Ele respira fundo. "É doloroso dizer isso, mas acho que precisamos preparar um TEP e lançar o LARB. Assim como teremos que pedir a Segurança, embora já saibamos que eles vão dizer não também."

Maxine responde: "Podemos simplesmente executar o Data Hub nós mesmos. Por exemplo, execute-o completamente sem qualquer ajuda de Ops, da mesma forma como rodávamos nosso próprio sistema MRP no meu antigo grupo. Além disso, algo dar errado com o Data Hub não é novidade."

Todos olham para Maxine, chocados. Em particular, Dwayne e Shannon parecem escandalizados, como se Maxine tivesse acabado de propor fazer algo ilegal ou talvez até imoral. Brent diz: "Mas como? E quanto à segurança da informação? E a conformidade? E o TEP-LARB?"

Maxine bufa, lembrando que essas eram exatamente as mesmas razões que ela ouviu para que apenas Jared pudesse implantar o código.

Ela observa Dwayne alternar entre assentir e balançar a cabeça, como se duas visões opostas lutassem violentamente dentro dele. "Ah, seria ótimo. Mas eles *nunca* permitiriam que nós executássemos esse tipo de serviço de classe empresarial por nossa conta. Não é por falta de habilidades na equipe... teríamos que ser responsáveis por todos os dados, garantir o backup e tudo mais. Seria incrível, porque o executaríamos como quiséssemos..."

Sua voz diminui. Maxine reconhece suas preocupações: "Isso mesmo. Operamos nosso próprio sistema MRP, do qual todas as nossas fábricas dependem. Isso é o mais crítico. Fazemos todos os backups, manutenção preventiva, patching... Não é fácil nem simples, mas também não é exatamente uma ciência espacial. Temos algumas das melhores pessoas de Ops da empresa nesta sala. A gente consegue."

Brent diz: "Nossa, sim. Não tenho medo de nada na produção."

Dwayne balança a cabeça lentamente. "Ok, estou dentro. Precisamos muito disso e, claro, eu *sei* que podemos executar tudo sozinhos muito bem."

Kurt sorri largamente. "Ok, temos um Plano B. Se tudo mais falhar, operamos o Data Hub nós mesmos. Isso exigirá a participação de Chris, é claro."

Maxine engasga com o café, mas concorda com todos.

Tom está claramente animado com a ideia de que tudo o que ele ajudou a construir em breve esteja em produção. De repente, ele franze a testa. "Espera, espera, espera. Isso significa que todos vamos ter que usar um pager?"

"Sim", diz Brent, inflexível. "Você constrói, você administra." A empolgação de Tom desaparece visivelmente.

Maxine ri.

Até Maxine fica surpresa com a rapidez com que toda a equipe de Dev do Data Hub começa a usar os novos ambientes. Todo mundo usa um de uma forma ou de outra. Eles se espalharam como um incêndio. Alguns estão apenas usando as imagens do Docker em seus notebooks, alguns estão usando ambientes em configurações *vagrant*, *Git* ou *terraform*, simulando ambientes de Dev e teste.

Mais importante, Purna e as equipes de QA também estão usando os ambientes do Data Hub; uma vez que os recursos são sinalizados como "Pronto para Teste", são testados em algumas horas. E, como os testes estão sendo verificados com o próprio código, é fácil para o desenvolvedor reproduzir e corrigir o problema rapidamente.

A nova forma de trabalhar faz com que muitas falhas e recursos sejam implementados e testados em um dia. Por causa dos requisitos de relatórios que Maxine ainda não entende bem, eles ainda usam dois tíquetes separados. Mas as equipes de Dev e QA estão mais próximas do que nunca. Na verdade, muitas das equipes de QA estão sentadas ao lado dos desenvolvedores todos os dias. Alguns no Prédio 5 e outros no Prédio 7.

Assistir às equipes trabalhando lembra a Maxine de seus dias de startup, quando todos trabalhavam juntos rumo a um objetivo comum. Ela está surpresa com a rapidez com que as atitudes mudaram no Data Hub.

Nos três dias seguintes, eles fecharam mais soluções como "entregáveis" do que faziam na maioria dos meses, e a energia de todos está alta e entusiasmada. Mais importante, Maxine sabe que todos estão se divertindo. Maxine e Tom terminam outra edição, marcando-a como concluída no sistema de tíquetes. Dentro de um minuto, dois engenheiros dizem na sala de bate-papo que vão revisar e testar dentro de uma hora.

Maxine se levanta. "A menos que precisem de mim, estou indo ver como Dave Nervosinho e Purna estão."

"Ei, vou também", diz Tom, com o notebook. "Vamos testar nossas soluções."

Eles encontram Purna com Dave Nervosinho e outro desenvolvedor do Data Hub, todos olhando atentamente para algo no monitor. "O que estão fazendo?", pergunta Maxine.

"Estamos testando a funcionalidade do estoque excedente", diz Purna.

Dave Nervosinho acrescenta: "Para apoiar a maior iniciativa do Fênix. É o elo crítico que permite que as Promoções digitalizem os sistemas de estoque das lojas em busca de produtos que ficaram parados nas prateleiras acumulando poeira e os enviem para um dos armazéns regionais, tornando-os qualificados para serem promovidos no site de e-commerce."

"Esta é a primeira vez que conseguimos fazê-lo funcionar", diz Purna. "Esse recurso foi concluído há mais de seis meses, mas nos dois últimos lançamentos não conseguimos fazê-lo funcionar. Na primeira vez, não se conectou aos sistemas de inventário e perfil do cliente. Na outra, aos sistemas de histórico de compras. Em ambas as vezes houve algum problema de ambiente ou configuração, mas simplesmente não houve tempo para descobrir."

"Tivemos que retirar esse recurso do lançamento, caso contrário, todos os outros seriam atrasados também", diz Purna.

Esta é uma das melhores coisas sobre o uso de contêineres Docker, pensa Maxine. Os contêineres são imutáveis, não podem ser alterados depois de criados, portanto, se funcionarem no Dev, funcionarão no Teste.

Imutabilidade é outro conceito de programação funcional que está tornando o mundo um lugar mais previsível e seguro, pensa Maxine, sorrindo.

"Estamos na etapa 20 do teste de 80 etapas", diz Dave Nervosinho, sem nenhum traço de irritação, observa Maxine. "Tenho uma sensação muito boa sobre isso. Encontramos um problema hoje, mas resolvi em menos de cinco minutos e continuamos avançando na lista. Que ótimo!"

Nem Dave Nervosinho consegue ser tão mal-humorado quando seus recursos estão funcionando, pensa Maxine.

Ele continua: "Todo desenvolvedor sabe que, no próximo intervalo, precisa escrever testes automatizados enquanto escreve o recurso, não depois. O que me lembra de que deveríamos ter alguns membros da equipe de QA permanentemente alocados conosco. Parece tão bobo termos que caminhar até um prédio diferente para resolver pequenos problemas."

"Ótima ideia", diz Maxine. "Vamos falar com Kurt — lidar com a política de espaço e instalações de escritório é da alçada dele. Seria ótimo."

"A propósito, você deveria verificar o que Adam e Shannon estão fazendo na sala de conferências. Acho que ficará feliz", diz Dave Nervosinho, segurando-se ao máximo para não adiantar nada.

Maxine vê Adam e Shannon em uma grande mesa com seis outros engenheiros de Dev e QA ao redor deles, notebooks abertos. Adam projeta a tela do seu notebook na TV.

"Isso é o que eu penso que é?", pergunta Maxine, parando no meio do caminho e olhando para a tela.

"Está falando disso, um servidor de integração contínua que está fazendo compilações de código e testes automatizados no Data Hub para cada check-in, executado nos ambientes que ajudou a construir? Nesse caso, você está absolutamente certa", diz Adam, com um enorme sorriso no rosto.

Maxine reconhece a ferramenta IC imediatamente. Todos pensam que o Data Hub é arcaico e retrógrado, mas agora está funcionando em integração contínua. Eles agora têm as melhores práticas técnicas que a maioria do Fênix.

"Isso é incrivelmente lindo", diz Maxine, com os olhos turvos. "Todos do Data Hub têm acesso? Quando as outras equipes poderão usá-lo?"

Shannon levanta os olhos do notebook e diz: "Todos do Data Hub estão dentro. E, como você sabe, colocar o código deles em IC foi uma das principais solicitações das equipes do Fênix. Adam e eu estamos integrando as primeiras equipes e as treinando. Faremos o que for preciso para garantir que sejam bem-sucedidas. Quando tudo estiver funcionando, muitos mais vão querer vir a bordo", diz ela.

Maxine saboreia o momento. Ela esperava por isso desde o seu primeiro dia no Projeto Fênix. Todo desenvolvedor merece ter essa infraestrutura para torná-lo produtivo e uma equipe de especialistas para ajudá-lo a trabalhar.

Ela olha para a tela e vê que, nas últimas quatro horas, cinco desenvolvedores do Data Hub verificaram as alterações de código e, em dois casos, os testes falharam, mas foram corrigidos em dez minutos.

Erik ficaria orgulhoso, pensa ela. Esse feedback rápido e frequente é uma parte importante para alcançar o Segundo Ideal: Foco, Fluxo e Felicidade. E tudo isso foi possibilitado elevando adequadamente o aprimoramento do trabalho diário, conforme ditado pelo Terceiro Ideal.

"*Amo* a ideia de deixar as equipes de QA e Dev perto", diz Kurt, dirigindo-se a todos, reunidos no Dockside. "Mesmo que os outros gerentes de Dev tenham achado a ideia infame quando comentei", acrescenta ele, com um sorriso.

"Pouco antes de vir, mostrei algumas propostas de plantas baixas ao diretor de Instalações", continua. "Quando as viu, quase bateu no teto. Na verdade, acho que ele queria confiscá-las." Kurt ri. "Ele começou a me contar sobre todas as regras que eles têm sobre a conformidade com as diretrizes espaciais que o RH criou. Aparentemente, existem regras sobre a extensão dos espaços com base nos cargos..."

"Parece as regras do USDA sobre o tamanho dos currais para gados", diz Dave Nervosinho. Todo mundo olha para ele. "Quê?! Venho de uma família de agricultores. Tive de lidar com algumas auditorias do USDA."

"Ótimo", diz Shannon. "Ele está chamando engenheiros de gado."

"Qual é o prazo, Kurt?", pergunta Adam.

"Nove meses", diz Kurt.

Maxine ouve várias pessoas repetirem "Nove meses?!" Alguns gargalharam.

"É, pois é", diz Kurt, olhando para suas anotações. "Qualquer coisa que Instalações fizer vai levar uma eternidade. Temos que solicitar as cadeiras e mesas com suporte oficial por meio de Compras e agendar a instalação dos móveis com a equipe de Instalações..."

"Podemos fazer isso sozinhos no fim de semana?", pergunta Dwayne. "Não afetaria ninguém fora da equipe. Poderíamos simplesmente ir a uma loja de materiais de escritório ou de móveis, comprar o mínimo necessário e mudá-los para o prédio. Podemos usar meu caminhão."

"Mas o que acontece quando Instalações aparecer com seus crachás dizendo que não temos as licenças certas ou que estamos quebrando as regras?", pergunta Dave Nervosinho.

Kurt começa a rir: "Instalações não vai se livrar sozinha, porque ninguém vai lhe dar o orçamento." Ele pensa por um momento. "Vamos fazer isso. Mas vamos levar alguns móveis que não possam ser carregados facilmente... como estantes, e nós as encheremos de livros. Talvez um aquário de peixinho dourado. O que acham?"

Dave Nervosinho e Shannon riem. Adam balança a cabeça, pensativo: "É mais fácil deixar como está do que autorizar a mudança, de fato. Mas não deveríamos conseguir o sinal verde de Chris primeiro?"

Kurt bufa. "Sem chances. Ele nunca autorizaria. Vamos fazer."

"Como temos espaço limitado, que tal movermos algumas das pessoas de QA para a área de Dev e alguns dos desenvolvedores para QA?", sugere Shannon.

"Ótima ideia, Shannon", diz Maxine. Ela está encantada com o fato de a equipe estar se organizando, exatamente como Erik previu.

CAPÍTULO 12

• *Segunda-feira, 13 de outubro*

Durante a semana passada, ficou claro para Maxine que o Data Hub descobriu como agregar melhor valor, mais rápido, mais seguro e ainda mais feliz. Mas também está claro que surgiu uma nova restrição. A restrição eram os ambientes de obtenção — ninguém jamais conseguia um e, quando o fazia, nunca estava certo. Então a restrição tornou-se o teste, que só começava quando o Dev era concluído, com todos os recursos; encontrar e corrigir defeitos levaria semanas, em vez das horas ou dias que leva agora.

Agora é óbvio que a restrição é a implantação — eles são capazes de obter recursos rapidamente prontos para a produção, mas ainda têm que esperar semanas para que a Ops implante seu código na produção.

Descobrir como colocar o Data Hub em produção mais rapidamente não é mais uma preocupação acadêmica. Tom está parado na frente da sala de conferências com o resto da equipe do Data Hub. Ele diz: "Maxine, as suspeitas que você teve quando estava doente acertaram o alvo. De acordo com Maggie e todos os proprietários dos produtos, a criação de pacotes promocionais eficazes é uma das prioridades mais críticas e urgentes do Fênix."

"Kurt, a reunião que temos com Maggie está marcada para amanhã, e você me pediu para estudar isso antes", continua Tom. "Descobri que o Marketing está constantemente experimentando campanhas promocionais para acelerar as vendas, e isso é crucial, à medida que nos aproximamos das festas de fim de ano, a temporada de pico de vendas. Por exemplo, agora que está nevando em muitas áreas, eles querem criar um pacote de promoção de inverno: correntes para pneus, sais de derretimento de gelo e raspadores de janela. Eles também precisam criar um preço com desconto para esse pacote, digamos, 20%. Eles também fazem promoções para segmentos de clientes — se você comprar muitos limpadores de para-brisa, receberá a oferta de um pacote de fluido de limpador e desembaçadores de vidro, sabendo que pode precisar apenas de um pequeno empurrão para comprar.

"Na teoria, é fácil. Mas vejam todas as etapas insanas que se precisa seguir para isso: primeiro, cada novo pacote de produtos precisa de um novo SKU, como todos os itens que vendemos. Esses SKUs são usados por todas as nossas áreas: rastreamento de estoque, cadeia de suprimentos, registros nas lojas, sites de e-commerce e até mesmo os aplicativos móveis...

"Nós só criamos novos SKUs em grandes lotes a cada seis semanas. Depois que os SKUs são criados, precisamos enviar por push todas as alterações de aplicativo e lógica de negócios para esses novos SKUs. Eles são enviados para todos os aplicativos que precisam conhecê-los. Geralmente, são dezenas de aplicativos de backend e front-end em toda a empresa. Você deve tê-los visto saindo às 20h de sexta-feira. E, quando isso é feito, às vezes até precisamos atualizar manualmente certos bancos de dados de produção.

"Eis o problema número um: só criamos novos SKUs a cada seis semanas, o que estoura o prazo. O Dia de Ação de Graças é daqui a um mês, e já corremos o risco de não obter os SKUs do pacote de produtos criados a tempo. E a verdade é que geralmente demoramos muito mais do que seis semanas. Precisamos mudar tantos aplicativos durante esses envios que, se algo der errado durante o teste, todo o lançamento é cancelado... Não há como disponibilizar novos SKUs quando alguns aplicativos não sabem lidar com eles. Simplesmente não há tempo suficiente para consertar essas coisas durante o período de teste, então é tudo ou nada.

"E, além disso, Promoções também precisa experimentar e iterar rapidamente para descobrir em quais pacotes os clientes têm interesse e quais fatores levam a uma compra. No momento, iterar apenas uma vez a cada seis semanas não é suficiente para aprendermos e nos adaptarmos — nossos concorrentes de e-commerce fazem vários experimentos por dia", conclui Tom.

"Uau, isso é incrível", diz Maxine, olhando para todas as caixas que ele desenhou no quadro branco. "Parece a arquitetura Fênix, o que dificulta para as equipes desenvolverem, testarem e implantarem valor para nossos clientes de forma independente. A arquitetura que dá suporte ao fluxo de valor de Promoções, que você acabou de desenhar no quadro branco, torna quase impossível mover qualquer trabalho rapidamente para onde ele precisa ir."

Ela aponta para o diagrama dele. "Cada etapa está emaranhada com muitos outros fluxos de valor. Temos que sincronizar com as programações de lançamento de todos os outros. Se algum *deles* não for liberado, nós não somos liberados... É uma loucura!"

"De fato. É frustrante que o Data Hub seja tão acoplado ao Fênix e ao GB", diz Tom.

"O que é GB?", pergunta Maxine.

"Ah, é o que chamamos de... sabe, grande bosta. Um jeito carinhoso de nos referirmos aos mais de cem aplicativos aos quais nos conectamos", diz Tom.

Maxine ri. "Acho que se implantássemos as alterações do Data Hub na produção sob demanda e se elas fossem desacopladas do cronograma de lançamento do Fênix, seria muito melhor... Dessa forma, se tivermos que cancelar um lançamento, podemos, pelo menos, tentar de novo no outro dia. Com a prática, aposto que reduziríamos a criação de SKU para um ou dois dias."

"Definitivamente, concordo", disse Tom. Maxine sorri, satisfeita por estar no caminho certo. *E o valor de fazer isso será enorme*, pensa ela.

"Isso pode não ter a ver, mas acho que vale a pena mencionar", diz Tom. "Temos outros problemas enormes por estarmos conectados tão intimamente ao Fênix. Às vezes, ele nos envia toneladas de mensagens que martelam os sistemas backend que usamos. Vemos rotineiramente ondas massivas de transações que causam enormes problemas de confiabilidade e taxa de transferência e, às vezes, até integridade de dados. Às vezes é o Data Hub travando, mas na maioria das vezes, são os sistemas que estamos chamando que travam."

Dave Nervosinho continua. "Lidar com esses sistemas de registro é um grande pé no saco. Não temos nenhuma estratégia real de API por aqui. Ninguém sabe quais APIs estão disponíveis e, mesmo que saiba, não sabe como obter acesso a elas ou lidar com seus esquemas malucos de autenticação ou paginação. A documentação de todo mundo é uma porcaria, e algumas dessas equipes nem se importam se suas APIs não funcionam como deveriam.

"E, uma vez que você *faz* a API de alguém funcionar, ele a destruirá como e quando quiser, em particular porque provavelmente não possui uma versão dela. Assim, as transações começam a falhar para nossos clientes, e eles culpam a *nós*. Eles não fornecem todos os dados de que você precisa, então, quando você realmente tem uma alteração de API que deseja, tem que passar por vários comitês para aprová-la! É o suficiente para deixar qualquer um louco", diz Dave Nervosinho, exausto.

"Temos que parar com essa loucura", diz Maxine, decidida.

Como prometido, no dia seguinte, Kurt, Maxine e a equipe do Data Hub se encontram com Maggie. Como de costume, Kurt apresenta todos os membros da equipe do Data Hub a Maggie e, em seguida, pede a ela que se apresente.

"Muitos de vocês já me conhecem", diz ela com um sorriso. "Meu nome é Maggie Lee. Sou diretora sênior de Gestão do Programa de Varejo. Isso significa que tenho as responsabilidades de P&L de todos os produtos e programas por trás de nossas lojas, o que inclui lojas físicas, e-commerce e dispositivos móveis. Meu grupo de gerentes de produto é estratégico, entende o cliente e o mercado, a segmentação do cliente, identifica quais problemas do cliente queremos resolver, a precificação e a embalagem, e gerencia a lucratividade de todo o nosso portfólio."

Ela continua: "Fazemos a ponte entre os objetivos de negócios e tudo o que é necessário para alcançá-los. Isso inclui Ops de negócios, analistas de negócios e gerentes de produto, que trabalham com as equipes técnicas de Chris. Também tenho todas as peças operacionais necessárias para lidar com Vendas, Finanças e Ops em minha equipe.

"Quando Kurt disse que vocês tinham algumas ideias para acelerar a maneira como criamos pacotes de produtos promocionais, chamou minha atenção", diz ela. "Desculpem, não pude vir mais cedo, mas, como vocês sabem, estamos todos enterrados em um milhão de problemas. Este será definitivamente um trimestre decisivo para nós. Para *todos* nós."

Maxine está impressionada. Maggie está na casa dos 40 e tem uma intensidade inconfundível. Ela tem a mesma altura de Maxine e é obviamente competente. É sensata, sempre séria. Maxine suspeita de que ela seja o cérebro anterior de Sarah, lidando com milhões de coisas necessárias para manter em funcionamento uma operação de varejo de um bilhão de dólares.

Kurt explica no que eles estão trabalhando.

Maggie olha para Kurt. "Então você está me dizendo que o Marketing pode criar promoções inteiramente de autoatendimento, como nossos concorrentes de e-commerce? E que tem como colocarmos outras mudanças em produção no mesmo dia?", diz Maggie. "Puta merda, pessoal! Se vocês realmente podem fazer isso, será o milagre que esperávamos! Não sou dada a exageros, mas não estou brincando quando digo que isso pode salvar o trimestre. E talvez até a empresa."

Maxine sorri. "De tudo o que estudamos, fica claro que é muito difícil e demora muito criar esses pacotes promocionais. Adoraríamos capacitar totalmente as equipes para fazerem o que for preciso para criar promoções a qualquer hora que você quiser e enviá-las a todos os canais de vendas em poucas horas. Há muita coisa que não entendemos, mas que, em teoria, somos capazes de fazer. Queríamos explorar se isso será útil para vocês."

Maggie acena com a cabeça. "Extremamente útil. Olha, Steve prometeu a todos os analistas que neste período de festas finalmente veremos um aumento na receita. Isso depois de anos de promessas exageradas e insuficientes. Tudo depende de Promoções mexer com as vendas. Se vocês acreditam que podem fazer isso acontecer, faremos o que for preciso. O que exatamente está no caminho?", pergunta ela.

"O que não está no caminho?", Kurt ri. "Vamos encontrar a Segurança da Informação amanhã, que vai ser rápido. Mas a ameaça é o TEP-LARB. Reunimos uma equipe para criar nossa proposta, mas as pessoas esperam de seis a nove meses para chegar à sua frente", diz Kurt. "A menos, é claro, que haja uma necessidade comercial urgente de um apoiador poderoso."

Maggie finalmente sorri, de uma forma não totalmente gentil. "Para isso, precisamos de peixe grande."

"Quem?", pergunta Maxine, curiosa para saber quem seria um apoiador mais poderoso do que Maggie.

Maggie sorri. "Sarah... Acredite, *ninguém* é mais eficaz para derrubar barreiras inconvenientes do que ela. Ela é uma motosserra, corta tudo."

"... e serra mãos", murmura Kurt baixinho.

No dia seguinte, Kurt e Maxine encontram Ron, o gerente de Segurança, a quem Shannon os apresentou. Eles entram na sala de conferências e veem que Shannon chegou cedo.

"Não tinha como eu perder isso", diz ela, sorrindo. "Eu deveria ter trazido pipoca!"

Ron, que está em seus 30 e poucos anos, entra e se senta. Após as apresentações, Kurt explica a ideia deles de separar o Data Hub do resto do Fênix.

Ron diz: "Ideia interessante. Lembro-me de quando o Data Hub ainda se chamava Octopus. Por que a necessidade de uma mudança tão grande? Parece funcionar bem agora."

Kurt explica todos os motivos e, para a surpresa de Maxine, Ron concorda com a cabeça. *Está indo melhor do que achei*, pensa Maxine.

"Isso é empolgante", diz ele, amigavelmente. Então ele tira os óculos e os coloca na mesa. "Olha, eu quero ajudar, mas não posso. Sou responsável por garantir que os aplicativos do meu portfólio atendam a todas as leis e regulamentos aplicáveis e que sejam seguros. Dada a mudança radical que estão fazendo, infelizmente precisamos realizar um esforço completo de devida diligência. E vocês não podem simplesmente pular a fila. Tem vinte pessoas na frente que ficariam putas", diz ele.

"Mas a capacidade de Promoções é um dos recursos mais importantes dentro do Fênix, que é a iniciativa mais importante para a empresa", responde Shannon. "Você sabe que deveríamos ter prioridade, certo?"

"Sim, mas...", diz Ron, balançando a cabeça. "Eu não defino as prioridades ou a ordem dos aplicativos. Isso vem do negócio. Nossos clientes."

"Mas nós somos 'o negócio!' E esses 'clientes' de que você fala não são os nossos clientes — são os nossos colegas! Nossos clientes são os que nos pagam!", diz Shannon, vermelha de exasperação. "Todo mundo sabe quais são os principais objetivos. São o que Steve sempre fala em todas as reuniões públicas. O que é mais importante do que dissociar o Data Hub do Fênix, para que a equipe de Promoções possa cumprir as metas de vendas de fim de ano?"

Ron encolhe os ombros. "Se quiserem alterar a ordem, terão que falar com nosso chefe, John."

Kurt fecha o notebook, concluindo que não há nada a ganhar nesta reunião.

"Tudo bem, tudo bem", diz Shannon, resignada também. Em seguida, ela usa toda a sua persuasão: "Ei, você pode, pelo menos, nos dar todos os procedimentos de teste que usará para certificar o Data Hub, com a lista de ferramentas que usa para digitalizá-lo? Faremos o nosso melhor para replicá-lo em nosso conjunto de testes automatizados. Talvez possamos gerar relatórios de auditoria de segurança para você sob demanda."

"É uma ótima ideia, Shannon", responde ele. "Venha até minha mesa e mostrarei onde está toda a documentação das auditorias anteriores."

Maxine adora a forma como Shannon aproveita todas as oportunidades para atrair as pessoas para o seu lado.

Ao vê-los partir, Kurt olha para Maxine, encolhendo os ombros. "Poderia ter sido pior, suponho. Talvez nos sairemos melhor com o LARB."

Maxine suspira. Ela se pergunta o que é necessário para gerar um verdadeiro senso de urgência. Quando seu pai teve derrame, dois anos atrás, ela comentou sobre todos os processos desconcertantes no hospital para uma amiga médica. A amiga respondeu: "Você teve sorte. Os processos em uma enfermaria de AVC tendem a ser excelentes, porque todos sabem que cada minuto conta e que a espera faz a diferença entre a vida e a morte."

"Os piores sistemas tendem a ser os de saúde mental e cuidados aos idosos, porque há menos urgência e, muitas vezes, ninguém para defender o paciente", disse ela. "Você se perde no sistema por anos. Às vezes, até décadas."

Maxine se lembra de como foi ser a defensora de seu pai, fazendo o que fosse necessário para que ele passasse pelo sistema de saúde. Agora, ela se compromete a fazer o que for necessário para que suas equipes passem pelas burocracias da empresa — o senso de missão e urgência da equipe do Data Hub não merece menos.

Otimismo implacável, lembra a si mesma.

Como Maggie prometeu, eles estão na agenda do LARB na quinta-feira. Maxine fica pasma e se pergunta quais tramoias Sarah fez para ter sido tão rápido. Então ela se pergunta o que Maggie teve que fazer para convencer Sarah. Embora Maxine reconheça a necessidade política de lançar o LARB, ainda se ressente de todo o tempo que a equipe gastou preenchendo o TEP — engenheiros devem escrever códigos, não preencher formulários.

Tinha muitas perguntas válidas sobre arquitetura e segurança, mas algumas estavam desatualizadas, lembrando-a os diagramas de arquitetura TOGAF de décadas passadas, claramente escritos para uma era diferente: Dev de software e portas de fase de teste, especificações de data center, especificações de HVAC, regras de firewall Check Point (se aplicável...).

A gangue do Data Hub responsável por montar a proposta está toda aqui, sentada no fundo da sala: Tom, Brent, Shannon, Dwayne, Adam, Purna e Maxine. Em uma mesa estão todos os arquitetos seniores de Dev e empreendimento e, na outra, todos os arquitetos de Ops e segurança. Eles têm quase a mesma idade de Maxine, mas a maioria é branca, com alguns indianos e asiáticos. Maxine percebe que não há uma única mulher em nenhuma das mesas.

O Data Hub está em segundo lugar na agenda. Em primeiro, está uma reunião para reorganizar todos os aplicativos de um produto comercial no Apache Tomcat, um servidor de aplicativos Java battle-tested e de código aberto. Uma mulher mais jovem apresenta a situação com confiança, de uma maneira muito minuciosa e competente. Mas, quando Maxine ouve que tudo o que eles procuram é permissão para *usar* o Tomcat, fica horrorizada.

Ter que pedir permissão para usar o Tomcat na produção é como pedir permissão para usar eletricidade — talvez já tenha sido considerado perigoso, mas agora é comum. Pior, aparentemente é a segunda vez deles lançando o LARB. O coração de Maxine afunda. Se o Tomcat for considerado arriscado e polêmico, sua proposta do Data Hub será ridicularizada.

Após vinte minutos de perguntas céticas do LARB, a jovem engenheira levanta as mãos exasperada. "Por que temos tanto medo de rodar o software que escrevemos? Somos uma empresa de manufatura. Escrevemos nosso próprio MRP e o executamos *nós mesmos*. E, para o Tomcat, não precisamos mais depender de um fornecedor comercial. Algumas das maiores empresas do mundo o usam. Não só economizaríamos milhares de dólares por ano para a empresa, como também poderíamos finalmente fazer coisas que nosso fornecedor atual não nos permite. Há inúmeros recursos de que precisamos para atender melhor a nossos clientes."

Maxine fica arrepiada — não por que a apresentadora mencionou seu antigo sistema MRP, mas por que ela é claramente uma engenheira brilhante, fazendo sem medo o que ela acha que precisa ser feito e sem medo de executar as coisas na produção.

Enquanto a jovem engenheira responde a mais perguntas do LARB, Maxine envia uma mensagem de texto para a Rebelião no canal de bate-papo:

> Quem é essa engenheira que está apresentando? Ela é incrível. Ela obviamente é material para a Rebelião. Deveríamos recrutá-la.

Adam responde:

> Essa é a Ellen. Ela é uma das melhores de Ops.

Todos acenam para Maxine, concordando com a avaliação de Adam. Brent adiciona no canal de bate-papo:

> Concordo. Eu não tinha ideia de que ela estava trabalhando nisso. Isso é ótimo!

Maxine ergue os olhos ao ouvir Dwayne falando. "Ah, você está de brincadeira! Criamos o TEP-LARB para ajudar a avaliar novas tecnologias. O Apache Tomcat foi criado há décadas e é o segundo ou o terceiro servidor de aplicativos mais usado. Se não formos corajosos o suficiente para rodar o Tomcat, devemos abandonar a tecnologia de uma vez por todas. Eu voto sim. E, se alguém discorda, todos nós precisamos ouvir o porquê."

Alguém da delegação de Ops diz: "Não tenho nada contra o Tomcat. Simplesmente não confio em nossa capacidade de suportá-lo, dados nossos atuais níveis de pessoal. Estamos sobrecarregados do jeito que estamos e, embora eu reconheça que essa tecnologia não é de ponta, ainda precisamos de pessoas para operá-la e mantê-la..."

Dwayne interrompe: "Mas você *acabou de ouvir* Ellen dizer que sua equipe está disposta a fazer exatamente isso!"

Sem nem mesmo considerar o comentário de Dwayne, o arquiteto de segurança acrescenta: "E há os riscos de segurança. Gostaria de obter um relatório do histórico das vulnerabilidades do Tomcat, a rapidez com que os patches foram disponibilizados e todos os problemas relatados no patch. Talvez então possamos chegar a uma decisão."

Dwayne murmura: "Pelo amor de Deus. *Ellen* é a pessoa que escreveria as diretrizes de segurança e patch."

"Agradeço a sua proposta. Esperamos que esta equipe apresente as informações solicitadas na nossa próxima reunião", diz o arquiteto de Ops, sem tirar os olhos da nota que está escrevendo.

Na frente da sala, Maxine vê Ellen e seus companheiros de equipe desmoronarem de exasperação. Ellen fecha o notebook, acena com a cabeça respeitosamente para todos os arquitetos reunidos e se senta no fundo da sala.

Maxine dá a Ellen e seus colegas de equipe o polegar mais entusiasmado que consegue.

"O próximo passo é Maxine e Adam moverem o Data Hub para um novo ambiente, rodando em contêineres, com compilações de código automatizadas, testes e implantações?", avisa o arquiteto de Ops.

Adam se levanta, mas, depois de ver o último apresentador, Maxine já sabe que eles estão acabados. Não importa o quão bem preparados estejam, eles nunca serão capazes de convencer o LARB.

"... e, para resumir, as necessidades urgentes da equipe de Promoções exigem que forneçamos a funcionalidade Data Hub mais rápido aos nossos clientes internos. Precisamos de uma maneira diferente de armazenar e recuperar dados que nos permita ser dissociados do resto das equipes do Fênix", conclui Maxine. "Encontramos um conjunto de tecnologias battle-tested que nos ajudarão a alcançar isso, que foram usadas em produção por mais de uma década em algumas das maiores propriedades da internet do planeta: Google, Netflix, Spotify, Walmart, Target, Capital One e muitos mais. Com base em nossos testes nas últimas semanas, estamos confiantes em nossa capacidade de apoiá-lo e estamos dispostos a apoiá-lo nós mesmos, se necessário."

Brent, que se juntou a eles na frente da sala, acrescenta: "A equipe de suporte à produção do Data Hub seria uma das mais experientes de Ops. Pessoalmente, não consigo nem descrever o quão animado estou com isso. Essas tecnologias têm aplicabilidade muito além do Data Hub e melhorarão quase todos os aplicativos que suportamos. Estamos dispostos a estar disponíveis e responsáveis para resolver qualquer problema que dê errado. Essas técnicas ajudarão a todos de Dev e de Ops da Parts Unlimited."

Maxine vê Kurt sorrir para a equipe, do fundo da sala. Maxine sente orgulho de todos. Foi uma apresentação sólida. Ela vê Ellen sorrindo descontroladamente, obviamente impressionada. Mas Maxine sabe que é tudo em vão. O LARB foi projetado para ser um sistema imunológico organizacional para evitar mudanças perigosas — eles são muito poderosos e conservadores.

Dwayne tenta reunir apoio. "O LARB deve fomentar esforços inovadores como este, escolhendo tecnologias que nos ajudarão a vencer no mercado. Definíamos a direção do setor, fazendo escolhas ousadas que deixavam nossos concorrentes comendo poeira. As pessoas riram quando criamos nosso próprio sistema MRP, julgavam-nos idiotas, mas a história mostra que essa era a coisa certa a fazer. Fomos a primeira empresa do setor a usar thin clients em nossas fábricas e, por causa disso e de centenas de decisões tecnológicas brilhantes, tornamo-nos um dos fabricantes mais eficientes e eficazes do país."

Maxine olha ao redor da sala e vê alguns sinais de empolgação e curiosidade renovada entre os arquitetos de Dev. No entanto, ela vê todos os arquitetos de Ops e Segurança balançando a cabeça. Um deles diz: "Dwayne, agradeço o que está dizendo, mas nunca fizemos nada nem remotamente parecido com isso. É constrangedor que nem mesmo possamos apoiar o Tomcat, mas isso mostra exatamente por que não podemos apoiá-lo. A menos que haja um grupo disposto a se voluntariar para apoiar esta iniciativa como um projeto paralelo, precisamos suspendê-la."

Dwayne fala: "Claro que sim, sou voluntário. E vou chamar algumas pessoas que conheço que adorariam ajudar a equipe do Data Hub com as responsabilidades de suporte."

"Adoraria ajudar", diz Ellen do fundo da sala. "Há anos uso o Docker e as outras ferramentas que mencionou. Estas são as competências de que precisamos nesta empresa."

"Você está dentro", diz Maxine para Ellen, sorrindo.

O presidente de Ops parece surpreso, mas diz: "Agradeço seu entusiasmo, mas infelizmente não podemos apoiar sua iniciativa neste momento. Vamos retomá-la em seis meses e vemos se as condições mudaram até lá."

No limite, Kurt se levanta e se dirige à sala. "Você não ouviu o contexto de negócios? Tanto Maggie Lee quanto Sarah Moulton afirmaram claramente que a sobrevivência da empresa depende disso. Isso é tão importante que, se você não puder apoiá-lo, teremos que apoiá-lo nós mesmos no Dev."

"Ouvimos empresários dizerem coisas assim o tempo todo", diz o presidente de Ops. "Convidamos vocês para voltarem em seis meses para discutir o assunto novamente. E, agora, quanto aos outros assuntos…"

Derrotada, a equipe sai da reunião, voltando a se reunir em uma sala de conferências próxima que Kurt já tinha reservado. Maxine convida Ellen e os outros três engenheiros que apresentaram a proposta do Tomcat.

"Nossa, isso foi demais. Você vai ignorar e administrar tudo por conta própria?", pergunta Ellen, sorrindo de orelha a orelha, sem ser afetada pelos rostos taciturnos ao redor. "Contem comigo. A propósito, sou Ellen", diz ela, estendendo a mão para Maxine e apresentando a sua equipe.

"É bom rever você, Ellen", diz Adam com um grande sorriso. "Bem-vindos ao nosso alegre bando de rebeldes. Se eu for um bom vidente, vamos precisar da sua ajuda em breve."

Ellen sorri. "O fato de terem Brent a bordo é o suficiente para mim. O que vocês apresentaram foi incrível. Não tinha ideia de que alguém estava trabalhando nesse tipo de coisa aqui na Parts Unlimited."

Brent sorri, modesto: "E ainda temos nossos traseiros chutados, certo?"

Kurt diz: "Sim, sim. Mas, se tudo correr de acordo com o planejado, no final do dia Chris e Sarah enviarão um memorando anunciando uma pequena reorganização que permitirá que o Data Hub opere fora dos processos convencionais de Ops e Controle de Qualidade. Esse será o sinal verde oficial para fazer tudo o que precisamos."

Todos na equipe do Data Hub aplaudem, surpresos com as boas notícias. Maxine ouve Ellen murmurar: "Uau. Você tem um mojo muito poderoso do seu lado!"

Brent murmura de volta: "Você não faz ideia. Depois lhe conto." Adam ri, concordando.

Enquanto quase todo mundo está comemorando, Dwayne está taciturno. Quando Maxine pergunta por quê, ele diz: "Simplesmente não consigo acreditar que o LARB não apoiou esses esforços. Nós decepcionamos todos vocês. Era *óbvio* que eles veriam o grave perigo no Horizonte. Era *óbvio* apoiar a nossa causa. Era *óbvio* eles ajudarem... Como Gandalf recebendo o apoio do Conselho Branco em *Senhor dos Anéis*..."

Maxine fica surpresa quando Dwayne coloca as duas mãos nas têmporas, gemendo. Depois de um minuto, ele finalmente diz: "Mas não foi assim de jeito nenhum."

Brent ri. "Você entendeu errado, Dwayne. A Sociedade do Anel nunca foi oficialmente sancionada pelo Conselho Branco. Gandalf avisou a todos que O Anel estava foragido, mas Saruman se recusou a ajudar, porque já estava trabalhando para o malvado Sauron. Então, Gandalf se rebelou. Ele agiu sozinho. Exatamente como nós vamos fazer."

"Certo", diz Kurt. Virando-se para Ellen e sua equipe, ele diz: "Vocês vão fazer alguma coisa depois do trabalho? Tem um bar que frequentamos..."

"Em que diabos você me meteu?!", diz Chris, furioso com Kurt. "Maggie e Sarah me disseram que você propôs criar sua própria organização de Ops dentro do Dev! E que você obteve algum tipo de isenção de exceção para começar a executar alguns novos serviços de Nível 2 na nuvem! E nem sequer pensou em me perguntar primeiro?!"

Maxine está no escritório de Chris, com Kurt, Dwayne e Maggie. Chris claramente não está feliz, mas Maggie não mede esforços para descrever os resultados de negócios que precisam ser alcançados e as graves consequências de não o fazer.

Chris olha pela janela por vários momentos e depois se vira para Maxine. "Você acha que realmente temos a capacidade de impedir que tudo isso exploda na nossa cara?"

"Com certeza, com a ajuda de Dwayne e Brent da Ops", diz ela, firme. "Farei tudo ao meu alcance para garantir que tudo corra bem. Eu acredito nisso, Chris. E prometo me responsabilizar por tudo o que acontecer."

À menção de Dwayne e Brent, uma expressão de dor aparece no rosto de Chris. Ele olha para ela, obviamente pensando, *Qual a parte de "fica na sua" e "não arruma confusão" você não entendeu?*

Maxine encolhe os ombros. Ela sabe que Chris apoiou serviços de missão crítica no início de sua carreira de engenheiro, há mais de vinte anos. Mas, desde então, ele é apenas responsável pelo código, não executando mais os serviços que habilita. Maxine quase podia vê-lo tabulando todos os inconvenientes que isso poderia criar, todas as coisas que poderiam dar errado, comparando com o que poderia acontecer se ele se recusasse.

"Tá, tá, tá. Farei isso", diz ele, relutante. "Vocês vão me causar um ataque cardíaco", e então os expulsa do escritório.

Como prometido, Chris envia um memorando a todos anunciando a reorganização — a equipe do Data Hub se reportará diretamente a ele e, como um experimento, ficará isenta das regras e regulamentos normais sobre mudanças, podendo testar seu próprio código, implantá-lo e operá-lo na produção.

"O e-mail acabou de ser enviado", diz Kurt, sorrindo descontroladamente. "Estamos no negócio de implantação e Ops!"

"Uau, isso é incrível", diz Maxine, ainda olhando para o e-mail em seu smartphone. "Sabe, apesar de tudo o que fizemos, eu tinha certeza de que não aconteceria de verdade."

Kurt ri. "Não acho que Chris tinha muita escolha. Maggie e Sarah levaram isso até ele."

Com a reorganização do Data Hub, a equipe agora está comprometida. Eles estão trabalhando intensamente para automatizar as implantações de produção e descobrir como fazer Ops de produção sem Ops centralizadas. Até que ponto eles precisavam se dissociar de Ops por coisas como backup ainda não estava claro e estava em negociação.

A enormidade do desafio é estimulante. O objetivo é claro: permitir implementações rápidas e seguras na produção e, pela primeira vez em anos, fazê-lo usando os mesmos ambientes em Dev, Teste e Produção. E todos querem provar que podem colocar tudo em funcionamento antes mesmo que o restante do Projeto Fênix termine seu ciclo de testes.

Mais uma vez, eles estão em uma corrida imaginária contra o pesado Projeto Fênix.

Maxine está trabalhando com Dwayne, Adam, Shannon e Brent, em um progresso lento, mas seguro, para os serviços de produção do Data Hub rodarem em algo além dos servidores bare-metal mais rápidos que o dinheiro podia comprar... uma década atrás. Muitas coisas no Data Hub explodiam quando instaladas em uma versão atual do sistema operacional... *desta* década. Encontraram vários executáveis binários dos quais ninguém encontrou o código-fonte. O Data Hub tornou-se um artefato frágil e irreproduzível. *Isso é ótimo para um colecionador de arte*, pensa Maxine, *mas inaceitável ao se executar um serviço de missão crítica.*

Eles trabalham metodicamente para criar um serviço de Teste e Produção que se comporta como o antigo, mas que é ativado instantaneamente em um contêiner. Por dias, ela está de novo atolada no mundo confuso da infraestrutura, lidando com arquivos de configuração Makefiles, YAML e XML; Dockerfiles; limpando segredos de seus repositórios de código-fonte; e usando toda a sua experiência para acelerar os tempos de compilação e teste. Isso, infelizmente, exigia muitos scripts Bash.

Maxine se lembra de uma citação de Jeffrey Snover, o inventor do PowerShell. Certa vez, ele disse: "Bash é a doença com a qual você morre, mas da qual não morre." Maxine compartilha desse sentimento. A infraestrutura é um trabalho confuso, quase o oposto da programação funcional pura, que adora — na infraestrutura, quase tudo o que você faz tem um efeito colateral que altera o estado de *alguma coisa* no ambiente, dificultando isolar e testar mudanças, bem como diagnosticar problemas quando algo dá errado.

Mas ela sabe como esse trabalho é importante, e cada bit de conhecimento e experiência que ela puder colocar nesses ambientes e plataformas de IC/CD elevará a produtividade de cada engenheiro da Parts Unlimited.

Olhando em volta, ela percebe que agora alguns dos melhores engenheiros da empresa estão trabalhando para tornar todos os outros mais produtivos. *É assim que deve ser*, pensa ela.

Na quinta-feira seguinte, Maxine fica emocionada com o quanto eles foram capazes de realizar com todas as restrições levantadas. Mas algo lhe parece estranho. Ela percebe que todos os engenheiros do Data Hub estão contribuindo. Ela certamente agradece a ajuda deles e sabe que o Projeto Inversão deveria proibir o trabalho de recurso, mas, ainda assim, quase sempre há algum recurso urgente que precisa ser trabalhado.

Suspeita, ela pergunta a Tom o que está acontecendo. Ele diz: "Isso parece estranho, mas tecnicamente não há nenhum trabalho de recurso pronto. Acredite ou não, cada recurso está esperando por algo da Gestão de Produto", diz ele. "É tudo, desde um requisito do cliente que precisa de esclarecimento, uma pergunta sobre um wireframe, uma escolha que precisa ser feita entre diferentes opções ou prioridades... Às vezes, é algo pequeno, como o local em que um botão deve ser inserido. E às vezes é algo grande, como se eles não aparecessem na demonstração para validar o que construímos." Tom ri. "Eles pensam que somos o gargalo, mas estamos sempre esperando por eles."

"Você pode me mostrar?", diz Maxine. Nenhuma das coisas que Tom descreveu parecia boa, mas a parte sobre o gerente de produto não aparecer para a demonstração a irrita. Que coisa desrespeitosa de se fazer com os engenheiros que construíram o que você pediu.

Ela observa enquanto Tom puxa uma ferramenta com a qual ela não havia trabalhado, usada pelos gerentes de produto para captar ideias de clientes: a jornada ideal do cliente, hipóteses de valor, gestão de experimentos e assim por diante.

"O que são todos esses cartões azuis?", pergunta ela.

"Bom olho. Esse é exatamente o problema", diz ele. "São todos os recursos em que estamos trabalhando, mas estamos bloqueados por algo que precisamos da Gestão de Produtos. Como todas as razões que mencionei antes. Ah, e aqui estão alguns cartões amarelos, que são os recursos que concluímos, mas que ainda não foram aceitos pelos stakeholders da empresa. Este está esperando há quarenta dias."

Maxine sente seu rosto ficar vermelho, indignada porque, por mais que a Gestão de Produtos reclame da necessidade de colocar recursos no mercado rapidamente, todos esses cartões azuis e amarelos representam que *eles* estão no caminho, não o Dev. *Como responsabilizar a Gestão de Produtos*, pensa Maxine. *É hora de trazer Kurt.*

Dez minutos depois, Kurt está com eles, olhando para o mar de cartões azuis. "Entendi. Isso não é bom, mas tenho uma ideia", diz. "A propósito, você sabia que Sarah contratou uma grande agência de design e agora eles estão inundando algumas das outras equipes com diagramas de wireframe que dificilmente serão trabalhados? E não importa o quanto os gerentes de Dev peçam que parem de enviar wireframes, eles continuam."

"Por quê?", pergunta Maxine.

"Acho que é porque Sarah precisa mostrar os aplicativos que deseja construir", diz ele. "Mas o engraçado é que, quando os designers chegaram aqui, a última coisa que queriam eram os wireframes. Eles queriam aprender sobre nossos clientes e fizeram vários exercícios para esclarecer melhor os objetivos em torno das personas que usamos. Houve até uma sessão em que *nós* todos desenhamos wireframes", diz Kurt, rindo.

Trabalhar com designers fascina Maxine. No início de sua carreira, a proporção de UX e designers para desenvolvedores era de 1:70. Hoje em dia, grandes equipes que fazem produtos voltados para o consumidor têm proporções de 1:6, porque é crucial criar produtos que as pessoas amem. Todo consumidor hoje em dia sabe como é um aplicativo profissional. Aplicativos que não têm grandes designers são ridicularizados como "amadores".

Ela viu equipes ainda esperando para serem designadas por designers, eventualmente fazendo seus próprios wireframes, estilos HTML e CSS, e ícones apenas para manter o fluxo de recursos em movimento. *Esses são os projetos que as equipes têm vergonha de mostrar a outras pessoas*, pensa ela.

A boa notícia é que Sarah tem vários designers excelentes. A má notícia é que ela os colocou onde não eram necessários e estava, na verdade, retardando um importante trabalho de Dev ao atolá-los com coisas que não importavam.

Naquela noite, depois do jantar, enquanto sua família brincava com Waffles, Maxine abriu o notebook. Algo sobre o mar de cartões azuis que Tom lhe mostrou a estava incomodando, e ela estava decidida a entender o que está por trás disso.

Esse mar de cartões azuis é uma parte da ferramenta que os gerentes de produto usam para gerir o funil de ideias para alcançar resultados de negócios. É um processo que começa muito antes de um recurso ser criado no sistema de tíquetes de Dev. Ela se conecta com as credenciais que Tom lhe deu. Na busca, ela vê quando as ideias foram concebidas e invadidas pela primeira vez e todas as fases até se tornarem um recurso aprovado.

Ela procura o primeiro recurso em que trabalhou com Tom, sobre programas de garantia estendida. Quando encontra, seu queixo cai. Esse recurso foi discutido pela primeira vez há quase dois anos. Ele começou como um pequeno recurso, mas foi transformado em uma iniciativa de garantia maior, que então teve que ser apresentada a um comitê gestor. Quando foi aprovado, eles redigiram especificações detalhadas, que foram lançadas seis meses depois. Só então foram aprovados (uma segunda vez) e finalmente financiados.

Essa ideia foi disseminada na organização de Gestão de Projetos e Marketing por quase dois anos e, em seguida, se transformou em um recurso de prioridade urgente que precisava ser lançado até o final do ano.

Para algo tão importante, perdemos quase dois anos, pensa ela. O ideal era terem designado uma equipe que incluísse desenvolvedores para explorar a ideia e construir uma solução. *Em vez de um gerente de produto trabalhando nisso o tempo todo, poderíamos ter cinco pessoas trabalhando nisso. E aprenderíamos o tempo todo*, pensa Maxine.

Ela se pergunta o quanto deste documento de especificações, escrito há dois anos, está desatualizado.

Ela abre o sistema de tíquetes de Dev e Controle de Qualidade e copia algumas datas na planilha. Ela passa quase dez minutos pesquisando no Google, tentando se lembrar de como fazer conversões de datas e aritmética de datas corretamente.

Ela olha para a tela, chocada. Ela faz a fórmula de duas maneiras diferentes, mas obtém o mesmo número.

Ela manda uma mensagem para Kurt:

> Temos que nos encontrar amanhã. Tenho algo para lhe mostrar.

Maxine está com Kurt, Tom e Kirsten em uma sala de conferências projetando seu notebook na tela. Todo mundo está olhando para a tela sem acreditar, o que ela entende totalmente. Ela pensou neste número a noite toda. "Isso está certo?", pergunta Kurt finalmente.

"Receio que sim", diz Maxine. Kurt olha para Kirsten, que ainda está olhando os números.

"Apenas 2,5% do tempo necessário para ir de *conceito* para *clientes que realmente usam o recurso* é gasto em Dev?", pergunta ela finalmente, a descrença evidente em sua voz. Ela se levanta e vai até a grande tela da TV para olhar mais de perto a planilha. "Para onde vai todo o resto do tempo?"

Maxine diz: "Muito antes de o recurso chegar ao Dev, ele passa pelo processo de aprovação de financiamento, que geralmente leva mais de um ano. E, depois que o recurso é criado, a maior parte do tempo não é gasto no trabalho, mas esperando que um gerente de produto responda a uma pergunta. As equipes estão gastando muito tempo esperando que os gerentes de produto forneçam o que elas precisam...

"E, então, quando concluem o recurso, aguardam o Controle de Qualidade e a Implantação", diz Maxine. "Isso é terrível. Passamos todo esse tempo contratando mais desenvolvedores, mas muitas vezes eles não têm no que trabalhar. E, quando terminam um recurso, leva uma eternidade para tudo ir para a produção para que nossos clientes possam usá-lo. E muitas vezes o único feedback que recebemos vem dos grupos de foco anuais.

"Não temos um fluxo de valor rápido", diz Maxine. "O que temos é mais um lago de valor estagnado, cheio de escória, gerando malária."

"É hora de ligar para Maggie", diz Kurt.

Naquela tarde, Maggie apresenta uma solução elegante. Ela decide mover o gerente de produto do Data Hub do prédio de Marketing para uma mesa ao lado de Maxine a partir de segunda-feira.

Na sala de conferências, Maggie diz a ele: "Você é o gargalo. Sua principal prioridade agora é garantir que todas as perguntas das equipes de tecnologia sejam respondidas rapidamente. Nada mais tem prioridade sobre isso."

Ele hesita e passa a descrever todas as outras demandas de seu tempo. Conversar com clientes, ajudar as vendas nas negociações e tentar quebrar os maus hábitos, instruir executivos internos, trabalhar com Ops de negócios, chegar a acordos com os stakeholders da empresa sobre um roteiro de produto, escalar as coisas na cadeia para obter aprovações para questões urgentes... E, no final da lista, estava responder aos desenvolvedores. Maxine escuta com interesse, percebendo que ninguém consegue fazer nada quando é puxado em tantas direções. Maggie também ouve pacientemente, balançando a cabeça e ocasionalmente fazendo perguntas.

Quando ele termina, ela diz: "Se estiver muito ocupado para trabalhar com as equipes de tecnologia, vou colocá-lo em uma função de Marketing de produto puro, e você não precisa mudar sua mesa. No momento, preciso de gerentes de produto que trabalhem lado a lado com as equipes que estão construindo o que vai atingir nossos objetivos de negócios mais importantes.

Se ainda deseja ser um gerente de produto, descobrirei como aliviar essa carga indevida e designar essas outras responsabilidades a outra pessoa.

"Não precisa me responder agora", diz Maggie. "Pense nisso e me avise logo na segunda de manhã."

Maxine está impressionada. *Maggie não brinca*, pensa ela.

Por volta do meio-dia de segunda-feira, o proprietário de produto muda sua mesa para ficar ao lado de Maxine. A dinâmica muda imediatamente. Para obter respostas, as coisas não esperam mais por tíquetes. Os engenheiros podem apenas girar suas cadeiras e perguntar a ele. Coisas que normalmente demoram dias estão sendo resolvidas em minutos. E, melhor ainda, os engenheiros começam a compreender muito melhor o domínio do negócio.

Maxine sorri. A equipe de equipes continua crescendo, e isso é bom.

De: Alan Perez (Sócio Operacional, Wayne-Yokohama Equity Partners)
Para: Dick Landry (CFO), Sarah Moulton (SVP de Ops de Varejo),
Cc: Steve Masters (CEO), Bob Strauss (Presidente do Conselho)
Data: 19h45, 5 de novembro
Assunto: Opções estratégicas **CONFIDENCIAL**

Dick e Sarah,

Para a nossa próxima reunião, pedi a um banqueiro de investimentos com que trabalhamos no passado para nos informar sobre as perspectivas de mercado para o varejo e manufatura dos negócios da Parts Unlimited. Vocês podem apresentar um briefing de alto nível sobre a iniciativa Fênix para que ele opine?

Dada a importância do desempenho das vendas de fim de ano, que está por vir, achei que seria útil nos apresentarmos a eles mais cedo ou mais tarde. Espero que qualquer estimativa de avaliação seja ancorada antes de qualquer desastre. (Você nunca quer falar com banqueiros quando realmente precisa deles. Eles sempre sentem o cheiro do medo.)

Atenciosamente, Alan.

CAPÍTULO 13

- *Quinta-feira, 6 de novembro*

São 18h30 de quinta-feira, e Maxine está novamente em uma sala de conferências, com toda a equipe do Data Hub. Todos estão tensos e nervosos, olhando para uma tela grande que contém toda a telemetria de produção e painéis que mostram a integridade dos serviços do Data Hub de teste e produção. Maxine tem certeza de que todos estão prendendo a respiração, igual a ela.

A equipe estava implantando em um ambiente de teste por semanas antes de ter a confiança para começar a implantar na produção, o que exigiu dias de negociações com aparentemente todas as áreas do negócio. Chegou-se a um acordo de que os impulsos de produção ocorreriam após o horário comercial, depois que os usuários de negócios internos fossem para casa, mas antes dos milhares de trabalhos internos em lote executados à meia-noite.

Nos últimos dois dias, no mesmo horário, como um teste, eles faziam "alterações de espaço em branco" na produção — adicionando algumas linhas em branco ao final dos arquivos HTML ou de configuração, que em teoria não deveriam mudar a funcionalidade de forma alguma.

Claro, a realidade é muito, muito mais confusa. Era o "mundo imaginado" colidindo violentamente com o "mundo como realmente é". Eles descobriram que esqueceram acidentalmente alguns arquivos críticos em suas imagens de contêiner, o que deixou o Data Hub offline por quase meia hora. Três horas depois, após uma investigação meticulosa, conseguiram executar a implantação do espaço em branco sem travar nada.

No dia seguinte, realizaram uma segunda implantação de espaço em branco, mas absolutamente nada aconteceu. Eles levaram mais uma hora para descobrir que um erro de configuração que cometeram no início do dia havia quebrado todos os seus pipelines. Era confuso e imperfeito, mas o fato de estarem resolvendo esses problemas rapidamente deu a Maxine a confiança de que estavam no caminho certo.

Hoje, Tom e Brent estão prestes a iniciar o primeiro envio do código do aplicativo Data Hub para a produção.

"Ok, vamos lá", diz Tom. "Iniciando a implantação do código." Ele clica em um botão e algumas novas caixas aparecem na página do pipeline de IC/CD, mostrando que uma nova implantação foi iniciada. Todos eles assistem com a respiração suspensa enquanto os arquivos de log começam a rolar.

Durante os próximos dez minutos, Maxine vê as notificações dos testes sendo executados, a aprovação deles, os arquivos sendo copiados para o sistema de produção, o Data Hub sendo reiniciado, mais mensagens de log quando ele é inicializado e, em seguida, as mensagens de log param.

Na tela à frente, o grande círculo que representa a integridade do Data Hub vai de verde para vermelho e permanece vermelho.

"Ah, não", diz Tom. "O Data Hub travou na inicialização..." Ele digita rapidamente em uma janela de terminal.

Maxine ouve pessoas xingando ao seu redor e se junta a Tom em seu notebook enquanto ele tenta descobrir o que deu errado. Ela o vê percorrendo rastreamentos de pilha Java intermináveis, procurando qualquer pista sobre o motivo da falha do Data Hub. Ele grita: "É algum tipo de exceção não detectada, mas não consigo encontrar uma mensagem de erro útil..."

Shannon grita do outro lado da mesa: "Gente, não estou vendo nenhuma conexão ativa com o banco de dados."

Brent ergue os olhos com uma expressão de horror no rosto. "Merda, esqueci de mudar a string de conexão do banco de dados?!"

Enquanto ele encara o nada, Maxine pergunta gentilmente: "Boa hipótese, Brent. No que você está pensando? Como podemos testar isso?"

Como se saísse de um transe, Brent olha para trás, para Maxine. "Não me lembro onde a string de conexão do banco de dados está armazenada! É uma variável de ambiente? Está em um arquivo de configuração? Alguém sabe?"

"É uma variável de ambiente. Estou colando sua posição na sala de bate-papo", diz Purna. Maxine observa a equipe entrar em ação.

Vinte longos minutos depois, as correções necessárias são feitas, e o Data Hub está de volta. Todo mundo suspira de alívio. Todas as transações bloqueadas foram processadas, e tudo está verde novamente. "Ok, encontramos dois outros lugares nos quais perdemos algumas definições de configuração em variáveis de ambiente. Eles agora estão todos no controle da versão. Deve funcionar desta vez. Todos estão prontos para tentar novamente?", pergunta Tom, e todos fazem sinal de positivo, embora não tão confiantes quanto antes.

De novo, observam a implantação do Data Hub ser iniciada... os testes são executados no ambiente de teste, os arquivos são enviados para o servidor de produção, o Data Hub é interrompido, os novos arquivos copiados para o servidor, o Data Hub é reiniciado e as mensagens de inicialização rolam.

Desta vez, há apenas uma pausa de meio segundo no momento que estava travando, e, então, telas cheias de mensagens de registro rolam tão rápido que ninguém consegue ler. Tom dá um grito de alegria, mas ele ainda observa seu notebook, sabendo que muitas coisas ainda precisam acontecer antes que o Data Hub volte a lidar com as solicitações.

Momentos depois, o indicador vermelho ao lado da integridade do Data Hub fica verde. Algumas pessoas aplaudem, mas a maioria percebe que qualquer comemoração é prematura, pois os olhos se voltam rapidamente para a telemetria de produção. Maxine vê as mensagens de registro engatinharem e depois pararem, e os gráficos de produção começam a subir novamente.

A sala inteira irrompe em aplausos. Quase toda a sala. Maxine percebe que Brent parece chateado, como se estivesse com raiva de si mesmo pelo primeiro erro de conexão do banco de dados.

Tom confirma: "O Data Hub está processando as transações novamente. Estamos na implantação!" Ele olha em volta com um grande sorriso. "Quem quer ir para o Dockside comemorar?"

"Agora que todos estão aqui, posso erguer um brinde pelo trabalho incrível!", diz Kurt com um grande sorriso. "Tenham certeza de que vocês ganharam a atenção de *pessoas muito importantes*, que decidiram se juntar a nós hoje!"

Kirsten levanta o copo. "Meus parabéns a todos. E vocês fizeram tudo isso sem nem um gerente de projeto da minha equipe, o que o torna ainda melhor!"

Todos riem e aplaudem. Até Brent está sorrindo agora.

"Ah, que momento!", continua Kurt, erguendo o copo para alguém que caminha na direção deles.

Maxine se vira para olhar. *Caramba!*, pensa ela.

É Maggie Lee. A multidão no Dockside está ficando cada vez mais sofisticada. Kurt sorri e diz: "Conheça nossa mais nova VIP visitante."

"Olá a todos", diz Maggie, sentando-se ao lado de Maxine. "Estou muito feliz por estar aqui comemorando o sucesso do envio do código do Data Hub."

Kurt apresenta a ela os membros da equipe do Data Hub, e Maggie se levanta e se apresenta a todos eles. "O que você está fazendo com o Data Hub é incrível, e, acredite, todos os meus gerentes de produto estão incrivelmente entusiasmados, porque o que você está fazendo nos ajudará a criar rapidamente pacotes de produtos", diz Maggie. "Sabemos muito sobre nossos clientes e queremos usar essas informações para ajudá-los a resolver seus problemas. Se fizermos isso da maneira certa, cumpriremos naturalmente as nossas metas de receita. Essa é a nossa aposta. Não preciso dizer a todos vocês o quão importante é a próxima temporada de Ação de Graças e de Natal.

"Só quero agradecer a vocês por estarem dispostos a nos ajudar e estou ansiosa para trabalhar com todos vocês", diz Maggie. "O trabalho que estão fazendo é importante e acho que é fundamental para o sucesso da empresa."

Ela levanta o copo sob os aplausos de todos.

Com jarras de cerveja e taças de vinho, Maggie conta ao grupo mais sobre suas lutas, algumas que surpreendem e preocupam Maxine. Eles concluíram as integrações apenas com dois sistemas de registro. Ainda estão esperando quase vinte integrações de API, incluindo produtos, preços, promoções e compras...

Eles contrataram cientistas de dados para criarem ofertas mais eficazes, mas ainda dependem do armazenamento de dados: histórico de compra de todos os sistemas díspares, de serviço de carro, seus programas de fidelidade de cliente e seus cartões de crédito de marca. Quando não é um executivo pedindo dados para uma apresentação do conselho, até as solicitações mais simples demoram seis meses, já que passam pelos processos de Dev e controle de qualidade do armazenamento. E, como Brent descobriu, os dados que obtêm são malformados, ilegíveis, incompletos ou, pior, imprecisos.

Quando Maggie e a equipe reclamam, o gerente do armazenamento de dados envia a todos por e-mail um gráfico mostrando que eles estão acompanhando as solicitações de dados que chegam, mas apenas porque as pessoas desistiram e pararam de pedir qualquer coisa.

Depois que os desafios à frente se tornam claros, Kurt se volta para Maxine. "Maggie já tem um monte de equipes de Dev designadas para apoiar o esforço de Promoções, mas eles precisam de ajuda. Com base no que ouviu, quem você gostaria de levar para fazer mais diferença?" Ele gesticula para todos ao redor da mesa. "Você tem a escolha de toda a ninhada. Pode ter qualquer pessoa das equipes de Dev e controle de qualidade do Data Hub. Caramba, qualquer um da Rebelião."

"Escolha da ninhada. Legal, Kurt", Maxine bufa, tentando não imaginar seus melhores engenheiros como uma cesta de cachorrinhos para adoção.

Ela verifica a lista mental que vem acumulando. "Vamos precisar de alguém com experiência em arquitetura e componentes de desacoplamento profundamente emaranhados. Precisaremos de alguém muito bom com bancos de dados, porque precisaremos reduzir nossa dependência dos grandes bancos de dados do Fênix centralizados e de todos esses sistemas de registro. Precisaremos de algumas habilidades fortes de infraestrutura para dar suporte a um novo modelo de implantação e Ops. E, como provavelmente executaremos a produção nós mesmos novamente, precisaremos de pessoas com excelentes habilidades em segurança e Ops."

Ela pensa bastante por um minuto. "Eu levaria Dave Nervosinho, Adam e Purna para Dev e arquitetura. Dwayne e Brent para bancos de dados, infraestrutura e Ops. Shannon, segurança e dados."

Enquanto ela chama os nomes das pessoas, elas sorriem, sentando-se mais eretas. Ela aponta para Dwayne e Brent. "Acho que precisaremos de mais duas ou três pessoas em infraestrutura e bancos de dados, já que provavelmente criaremos um monte de coisas, provavelmente na nuvem. Vocês conseguem pensar em alguém que gostariam no time?"

Dwayne e Brent se olham. Dwayne diz, sorrindo: "Acho que podemos fazer uma pequena lista de engenheiros incríveis."

Para Kurt, ela diz: "Não conheço os desenvolvedores de Promoções, então não sei seus níveis de habilidade. Se precisamos fazer a diferença no Dia de Ação de Graças, precisamos ver o código logo e garantir que todas as equipes de Promoções sejam produtivas — ou as integramos nas plataformas que já construímos, ou as construímos, ou compraremos o que for preciso."

Ela aponta para Tom. "Eu gostaria de levar três ou quatro desenvolvedores para serem nativos em Promoções. Tom, quem você escolheria?"

Quando ele balança a cabeça, ela diz a Kurt: "São doze pessoas. Não tenho ideia de como você vai convencer todos a nos deixarem despir os bancos. Nenhum desses gerentes quer perder seus melhores funcionários."

Kurt olha para Maggie. "Teremos que convencer os superiores a fazer um grande investimento em velocidade para atingir seus objetivos. Você acha que dá conta disso?"

"Espere um segundo. Você faria isso por mim?", diz Maggie, de repente parecendo um pouco desconfiada. "O que você ganha com isso?"

Kurt sorri. "Minha querida, você está vendo um grupo renegado de engenheiros que querem resolver grandes problemas relevantes para os negócios. Nossas tentativas de passar pelos canais normais não funcionaram, então esta é a nossa chance de trabalhar diretamente com a empresa, em vez de por meio de gerentes intermediários de tecnologia. Se tivermos sucesso, obteremos credibilidade. Adoraríamos seu apoio a essas novas formas de trabalho."

Kurt dá de ombros, continuando: "Se não funcionar, todos fingimos que nada aconteceu e prometemos não a incomodar novamente."

"Fechado", diz Maggie depois de pensar um momento. "E aqui está a boa notícia… Não preciso da aprovação de ninguém — a decisão é minha. Sarah já está a bordo. Acredito que a sobrevivência da empresa dependa disso."

Quase na hora, Maggie olha para seu smartphone, dizendo: "Espere um segundo, é a Sarah", enquanto digita uma resposta. "Ah, ela está sendo atacada por algumas pessoas pela queda do Data Hub de mais cedo e quer saber o que está acontecendo, quem causou o problema e se precisamos puni-lo."

Ah, ótimo, pensa Maxine. Trabalhando com Maggie, eles se aproximarão ainda mais de Sarah.

Na manhã seguinte, Kurt, Maxine, Kirsten e Maggie estão mais uma vez na frente de Chris. Quando Kurt propõe enxamear temporariamente os esforços da Promoções, não é de surpreender que Chris pareça exasperado.

"Você quer meu trabalho, Kurt? Porque você está agindo como se quisesse", resmunga ele. Mas Maggie implora sobre a necessidade de acelerar o trabalho para apoiar as promoções do feriado da Black Friday e como isso pode gerar vitórias muito visíveis e rápidas, e Kirsten o tranquiliza de que os outros esforços podem absorver as realocações temporárias.

Chris franze a testa. Assim como da última vez, ele se vira para Maxine. "O que você acha, Maxine? Realmente precisamos fazer isso?"

Maxine o estuda, percebendo o quão desconfortável ele está com os planos em constante mudança, muito diferentes dos planos estáticos que caracterizavam o Projeto Fênix.

"Sem dúvida, Chris. É aqui que a empresa mais precisa de desenvolvedores. Não podemos ser prejudicados por nosso organograma ou, por falar nisso, pelo plano anual que fizemos no ano passado", diz Maxine, tranquilizando-o.

Ele olha para ela por mais um momento, grunhe em aprovação e novamente os bota para fora de seu escritório.

Maxine e Kurt levantam discretamente os polegares enquanto saem.

Apesar das altas exigências de Sarah para encontrar alguém para culpar pela interrupção temporária do Data Hub ontem, Kurt se recusa a fazer qualquer coisa nesse sentido. Em vez disso, ele reúne todos.

Kurt começa a reunião dizendo: "Sempre que houver um problema, conduziremos uma necropsia como essa, sem buscar culpados. O espírito e a intenção dessas sessões são aprender, narrando o que aconteceu antes que as memórias se apaguem. A prevenção requer honestidade, e a honestidade requer destemor. Assim como Norm Kerth diz na Diretiva Agile Prime: 'Independentemente do que descobrirmos, entendemos e acreditamos que todos fizeram o melhor trabalho que podiam, dado o que sabiam na época, suas habilidades e capacidades, os recursos disponíveis e a situação em questão.'

"Vamos começar montando uma linha do tempo e reunindo detalhes sobre o que aconteceu. Para ajudar no processo, Maxine reuniu nossa telemetria de produção e logs, e nossas salas de bate-papo, para termos uma estrutura para discussão. O objetivo é permitir que as pessoas mais próximas do problema compartilhem o que viram, para que tornemos nossos sistemas mais seguros. A única regra é que você não pode dizer 'Eu deveria ter feito X' ou 'Se eu soubesse disso, teria feito Y'. A retrospectiva é sempre perfeita. Em crises, nunca sabemos o que realmente está acontecendo e precisamos nos preparar para um futuro em que tenhamos uma visão igualmente imperfeita do mundo."

Ele olha para Maxine, indicando para ela prosseguir. Maxine está impressionada e se pergunta se Kurt foi treinado por Erik antes dessa reunião. Se for assim, ela está feliz. Mas, apesar da declaração extenuante de Kurt de que as pessoas não deveriam ter medo de falar, todos parecem reticentes em reagir... até mesmo os membros da Rebelião. Dada a cultura cada vez maior de medo e culpa, Maxine foi preparada para modelar os comportamentos que você veria onde há saúde mental real — o Quarto Ideal de Erik.

Mas, antes que Maxine possa começar, Brent deixa escapar: "Sinto muito, pessoal. Minha culpa. Não acredito que perdi a string de conexão do banco de dados. Nunca cometi esse tipo de erro, mas estava com muita pressa..."

Brent parece perturbado, como se há dias quisesse fazer essa confissão. Kurt põe a mão no ombro dele e diz: "Brent, vamos voltar à primeira diretiva do Agile. Ninguém tem culpa. Todos fizeram o melhor que puderam, dado o que sabiam. Vamos apenas montar a linha do tempo. Maxine, por favor, assuma."

"É um prazer", diz Maxine, piscando para Brent, projetando seu notebook na TV. "Estou optando por iniciar nosso cronograma às 18h37, depois de Tom iniciar a implantação, depois que todos os testes foram aprovados, mas o aplicativo falhou ao iniciar. Os indicadores de saúde ficaram vermelhos, e Tom foi o primeiro a notar. O que exatamente você viu?"

"Eu estava observando os logs rolarem na ferramenta de implantação e vi as mensagens de inicialização, como esperávamos, e então vi um monte de mensagens de erro e um rastreamento de pilha", diz ele, com o rosto se fechando, revivendo a crise.

"Entendi", diz ela, acrescentando às suas anotações, que todos veem na TV, na frente da sala. "O que aconteceu depois? Lembro-me de ter sentido um pânico quase no limite, porque, apesar da nossa preparação, estávamos claramente em águas desconhecidas." Com um sorriso irônico, ela acrescenta: "Hmm, isso é um código para 'Eu estava cagando nas calças de medo.'"

As pessoas ao redor da mesa riem, e Tom diz: "Sim, eu também. Passei décadas procurando rastreamentos de pilha, mas nunca os vi em nossa ferramenta de implantação. Não consegui impedir a janela de rolar e não consegui ver nada por tempo suficiente para ler."

Maxine não fazia ideia, porque Tom parecia muito calmo e era muito eficaz em dar sentido aos logs. Ela está digitando quando Tom diz: "Sabe, eu deveria ter ensaiado olhando os registros nesta nova ferramenta."

"Entendo totalmente, afinal, eu estava lá... e é uma merda se sentir assim", responde Kurt. "Mas, lembre-se, estamos fazendo isso para nos prepararmos melhor para a próxima crise, quando estaremos igualmente ignorantes a respeito de coisas novas, tão importantes e tão óbvias quanto essas em retrospecto... Isso é ótimo, Tom. Continue. O que aconteceu depois?"

Durante a hora seguinte, Maxine e o grupo montam uma linha do tempo incrivelmente detalhada e vívida dos fatos. Mais uma vez, ela se maravilha ao ver que tudo funciona em produção, dadas todas as imperfeições e arestas afiadas presentes em seu trabalho diário. Arquivos de log rolando rápido demais para serem lidos, definições de configuração espalhadas por vários locais, pontos de falha em potencial escondidos em quase todos os cantos, surpresas espreitando em cada esquina... *Diante de tudo isso, é incrível que o Data Hub tenha trabalhado quase sem incidentes por mais de uma década*, pensa ela.

Maxine tem certeza de que todos aprenderam algo sobre o funcionamento do Data Hub, em total contraste com seus modelos mentais de como eles *pensavam* que ele funcionava. Ela registra uma lista de cinco coisas que as pessoas mudarão imediatamente, o que provavelmente evitará problemas futuros e certamente tornará a correção de certos problemas mais rápida.

Quando encerram, Maxine sorri e diz a Kurt: "Bom trabalho conduzindo a reunião." Ela está falando sério. Foi um exemplo perfeito de aprimoramento do trabalho diário e de promoção de uma cultura de saúde mental, como descreveu Erik no Terceiro e no Quarto Ideais.

Refletindo sobre a reunião, Maxine agora avalia como podem ser tênues e fugazes as condições que viabilizam a saúde mental. Depende do comportamento dos líderes, de seus colegas, de seu humor, de seu senso de autoestima, das feridas de seu passado... *Diante de tudo isso, é incrível que a saúde mental possa ser criada*, pensa ela.

Mais tarde naquele dia, Kurt, Maxine e o resto da equipe recém-selecionada se reúnem em uma sala de conferências para se encontrarem com Maggie e com o resto dos líderes da equipe de Promoções.

Durante as apresentações, Maxine observa que a maioria das vinte pessoas na equipe de Promoções são desenvolvedores front-end — eles possuem o aplicativo móvel, as páginas de destino do produto para o site de e-commerce, aplicativos na loja e todos os aplicativos de Marketing que a equipe usa para gerenciar o ciclo de vida das promoções de produtos.

Maggie está apresentando. "Agradeço a Kurt, Maxine e ao restante dos engenheiros da equipe do Data Hub que se ofereceram para nos ajudar a alcançar vitórias cruciais em curto prazo. Elaborei alguns slides para enquadrar os resultados de negócios de nível superior que essa equipe objetiva.

"Nossa participação de mercado está diminuindo, principalmente porque temos pouca presença no e-commerce, a parte que mais cresce no mercado mais amplo", diz ela. "É aqui que nossos concorrentes e gigantes do e-commerce tiram nossa fatia. A boa notícia é que temos clientes leais... a má notícia é que a idade média deles continua aumentando. Nossos concorrentes estão conquistando clientes mais jovens, um bom segmento de mercado, apesar do declínio da propriedade de carros devido ao aumento do compartilhamento de caronas, como Uber e Lyft. Mas o número de quilômetros percorridos por carro por ano continua crescendo, embora o público que dirige seja outro. Mas a demanda por manutenção de automóveis só cresce, não diminui."

Maggie continua: "Sabemos o que nossos clientes leais compram e com que frequência. Estamos focados em permitir a personalização e o conhecimento do estoque atual para impulsionar a promoção. Até recentemente, nunca pudemos usar essas informações para criar ofertas atraentes para eles.

"Sabemos, por meio da nossa pesquisa com clientes, que nosso principal mercado usa aplicativos de celular extensivamente — na verdade", ela aponta para o slide projetado, "aqui está uma foto de Tomas, um cliente que entrevistamos durante nossa pesquisa de mercado. Ele tem 52 anos, é professor de escola pública. Por décadas, ele fez toda a manutenção do seu próprio carro. É algo que ele fez com seu pai e agora é algo que faz com suas duas filhas adolescentes e com o filho. Ele quer que seus filhos se concentrem em exatas, mas insiste que entendam o básico da mecânica e saibam se virar.

"Ele também faz a manutenção do carro da esposa e, quando tem tempo, dos carros dos pais também", diz Maggie. "Tomas não se considera muito técnico, mas tem em casa seis computadores de que cuida para toda a família.

"No momento, ele usa um caderno espiral e essas pastas de arquivo para manter os registros de cada carro que tem. Ele usa o celular o tempo todo, principalmente para enviar mensagens, mas também na Amazon. Ele adoraria ter mais da rotina de manutenção codificada. Ele adora usar a Parts Unlimited, mas diz que prefere procurar peças no aplicativo em vez de ligar para as lojas. Ele diz que gosta dos colaboradores das lojas e conhece muitos deles pelo nome, mas reclama do nosso terrível sistema telefônico automatizado e odeia ter de ouvir qual botão deve apertar até chegar a uma pessoa real."

Maxine ri. Ninguém gosta dessas coisas.

"Para a temporada de Ação de Graças e do Natal, queremos encontrar o estoque que temos em excesso, combiná-lo com nossos dados de personalização, criar promoções atraentes e entregá-las por meio de nosso site de e-commerce, e-mail e nossos aplicativos móveis. Queremos gerar uma receita real por meio dessas promoções e aumentar o uso médio mensal do aplicativo para provar que estamos realmente construindo algo que eles valorizam.

"As equipes do Fênix já identificaram todas as interfaces necessárias para todos os vários sistemas nos quais esses dados são armazenados: banco de dados de clientes e pedidos, transações de PDV, sistemas de atendimento, site de e-commerce e dados da campanha publicitária da equipe de Marketing.

"Uma das fontes de dados mais críticas são os sistemas de estoque das lojas. Queremos promover itens com excesso de estoque, mas devemos ter muito cuidado para não promover os que não tivermos em mãos naquela região.

"Finalmente implementamos um sistema de gestão de relacionamento com o cliente, CRM, há anos. Mas, como descrevi ontem à noite, conectar dados sobre os clientes, como quais automóveis possuem e informações demográficas, com a vasta riqueza de outros dados que temos é uma verdadeira luta.

"Percebem o que estamos fazendo, certo? Se ao menos tivéssemos uma visão única do cliente: parte superior do funil, parte inferior do funil, bem como seu histórico completo com a empresa... Não só o que compraram, mas também o que fizeram em nosso site, como navegaram, pesquisaram, suas transações de cartão de crédito, histórico de reparos... Há muito potencial!

"Se pudéssemos combinar todas essas informações, saberíamos muito sobre o que eles precisam e seríamos muito mais capazes de ajudá-los", diz ela, quase melancólica.

Maxine meneia a cabeça, impressionada. Ela diz: "Após analisar até mesmo a pequena quantidade de dados que fomos capazes de combinar, criamos alguns perfis de cliente com base em seu comportamento. Os arquétipos que criamos até agora são: entusiasta ferrenho, mantenedor frugal, mantenedor meticuloso, mantenedor tardio catastrófico e aventureiro."

"Por enquanto, estamos nos concentrando nos mantenedores meticulosos e nos mantenedores tardios catastróficos, porque achamos que esses grupos têm mais probabilidade de compra para as campanhas em que estamos pensando", diz Maggie. "Sabemos que os mantenedores meticulosos compram coisas como produtos de troca de óleo todos os meses, sem falta. Por outro lado, o histórico de compras dos mantenedores tardios catastróficos sugere que eles estão constantemente acumulando ferramentas e peças de motor mais caras, precisando apenas de um empurrãozinho para concluir seu trabalho.

"Na tela, você vê várias hipóteses que temos. Acreditamos que essas ofertas serão um grande sucesso com esses segmentos de clientes. E esse relatório mostra os atributos dos clientes que corremos o risco de perder", diz Maggie. "O problema é que a execução de qualquer uma dessas ideias requer meses. Sempre que queremos fazer algo, temos que fazer um milhão de mudanças no Fênix. O Fênix está em operação há três anos e ainda não fizemos uma promoção direcionada. E se não podemos experimentar, não podemos aprender!"

"Você não conseguiu executar nenhuma dessas ideias de promoção?" Maxine pergunta, surpresa. "Como isso é possível?"

Maxine ouve resmungos ao redor da sala da equipe de promoções. Eles começam a descrever o porquê.

"Ainda estamos esperando o acesso a todos esses sistemas de backend. Só temos acesso ao sistema de gestão de estoque", reclama alguém. "Já temos todos os dados do TOFU — parte superior do funil [*top of the funnel*]. Precisamos de informações sobre o valor da vida útil do cliente no BOFU — parte inferior do funil [*bottom of the funnel*]."

"As equipes de integração levam de seis a nove meses para criar qualquer integração para nós", disse outra pessoa.

"Quando consultamos os sistemas de gestão de inventário, eles geralmente nos desligam por causa da carga da CPU que geramos ou da quantidade de dados que copiamos", disse uma terceira pessoa.

"As APIs de muitos dos sistemas de backend não fornecem os dados de que precisamos. Estamos esperando há meses por essas equipes para implementar as alterações de API necessárias."

"Ainda estamos esperando os dados corretos da equipe de armazenamento de dados, porque seus relatórios estão sempre errados. Da última vez, encontramos os sobrenomes das pessoas no campo do código postal."

"Ainda estamos esperando a obtenção de novas instâncias de banco de dados criadas para nós." E assim por diante.

Havia vinte desenvolvedores na equipe de Promoções, com uma tonelada de boas ideias que poderiam cumprir muitas das promessas do Fênix, mas todos estavam com gargalos nos sistemas de backend.

De repente, Maxine tem certeza de que eles podem ajudar. Mas outra parte dela está horrorizada com o quão desamparados esses desenvolvedores têm sido, incapazes de concluir seu trabalho.

Maxine e o restante dos engenheiros da equipe do Data Hub sorriem uns para os outros. Vendo isso, Kurt cruza as mãos na frente de si, sorrindo. "Acho que podemos ajudar!"

Depois de quase noventa minutos de discussão animada e brainstorming, todos encerram. Maggie puxa Kurt e Maxine de lado. "Foi incrível. Há muito tempo que clamamos por ajuda, mas esta foi a primeira vez que fomos capazes de nos envolver assim com alguém."

"Não fizemos nada ainda", diz Kurt. "Mas, até o final da próxima semana, aposto que teremos algum progresso." Maxine acena com a cabeça enfaticamente. Ela olha para Maggie por vários momentos e, em seguida, faz a pergunta que está querendo fazer desde a noite passada. "O que é preciso para construir ótimos produtos? E como podemos ajudar, como desenvolvedores?"

"Por onde começo?", diz Maggie. "Geralmente começa com a compreensão de quem são nossos clientes, atuais e desejados. Em seguida, segmentamos a base de clientes, para sabermos o conjunto de problemas que cada um enfrenta. Depois de sabermos isso, vemos quais desses problemas queremos resolver, com base no tamanho do mercado, na facilidade de alcançá-los e assim por diante. Depois, pensamos em preços, embalagens, Dev de ofertas e questões mais estratégicas, como a lucratividade geral do portfólio de produtos e como isso afeta o cumprimento de metas estratégicas.

"Preciso que cada um dos meus gerentes de produto consiga viver neste domínio", continua Maggie. "Quase todas as grandes organizações de produtos criam personas de clientes para que todos entendam melhor e se relacionem com as pessoas para quem fazem produtos. Essa é a razão por trás de grande parte da UX e da pesquisa etnográfica que fazemos. Articulamos objetivos e aspirações dessas personas, descobrimos o que lhes causa problemas durante um dia normal e descrevemos como fazem seu trabalho diário. Se fizermos tudo certo, construímos um conjunto de histórias de usuários, enquadradas nos resultados de negócios que desejamos. Devemos testar e validar todas essas suposições no mercado e aprender o tempo todo."

Maxine diz: "Adoro esse enfoque implacável em compreender o cliente — isso me lembra do Quinto Ideal."

Maggie olha para ela curiosa. "Explico mais tarde", diz Maxine.

"Sabe, se você está tão interessada no cliente, pode fazer o mesmo treinamento na loja que todos os funcionários e gerentes fazem. Duas semanas atrás, todos os novos gerentes de vendas voaram até a sede para passar uma semana com as nossas lojas locais. Você perdeu, mas, se quiser, há um treinamento para novos funcionários no sábado. Quer se juntar a eles?", pergunta Maggie.

O queixo de Maxine cai. Ela sempre teve inveja das pessoas que conseguiam fazer esse programa, e Maggie ofereceu a ela a chance de participar dele. "Caramba, eu adoraria. Francamente, estava um pouco chateada por estar aqui há quase sete anos e nunca terem me oferecido isso."

"Exijo que todos os proprietários de produtos e todos no nível de gerente e acima passem por isso", diz Maggie. "Ficaria feliz em providenciar isso."

"Tô dentro!"

É sábado de manhã. Maxine está na frente do espelho do banheiro certificando-se de que um: "Olá, meu nome é Maxine, como posso ajudar?" funciona.

Ela está muito animada para finalmente participar deste programa. Notoriamente na Parts Unlimited, todo líder no nível de diretor ou superior deve trabalhar nas lojas como funcionário da linha de frente duas vezes por ano. Não como um gerente de loja de alto nível, mas como um funcionário regular atrás da caixa registradora ou na frente de loja. Isso é algo que a Parts Unlimited tem feito desde sua inauguração, em 1914.

Maxine rapidamente se despede de sua família, que está aproveitando várias formas de tecnologia na sala de estar, e corre para o carro. Ela não quer se atrasar para o primeiro dia de treinamento na loja. Maxine é uma defensora da pontualidade e espera que o gerente das lojas a quem ela se reportará seja da mesma forma.

Na noite anterior, ela passou três horas assistindo a vídeos no YouTube sobre manutenção de carros domésticos com seus filhos. Ela está aliviada porque a troca de óleo em um Toyota Tercel 1984 é exatamente a mesma de vinte anos atrás. Uma mudança de óleo é uma mudança de óleo desde a invenção do motor de combustão interna. Mesmo agora, Maxine ainda reabastece o limpador de para-brisa nos carros de sua família, recusando-se a pagar a alguém para fazer isso por ela. No entanto, já se passaram décadas desde que ela mudou seu próprio óleo ou fluido de transmissão.

Quando Maxine entra na loja, imediatamente se sente deslocada. Ela vê quatro rapazes e uma mulher, todos na casa dos 20 anos, e um homem mais velho, na casa dos 40.

Levemente irritada por não ser a primeira pessoa a chegar, ela se junta ao semicírculo em frente ao gerente de loja, Matt. Maxine o reconhece por já ter estado na loja antes. Ele tem 30 e poucos anos e parece quase um sargento instrutor. Ele olha para o relógio e dá a Maxine um pequeno aceno de cabeça e um sorriso de reconhecimento.

"Bom dia. Sou Matt, o gerente de loja. Estou aqui para orientar todos vocês, nossos novos funcionários, que trabalharão nesta loja ou em uma das quatro lojas em um raio de 100km. Todos vocês têm sorte; como nossa sede corporativa fica em Elk Grove, existem algumas comodidades de loja aqui que nenhuma das outras quase mil lojas possui.

"A Parts Unlimited foi fundada em 1914 e ainda nos orgulhamos de ser os melhores em atender às necessidades do mecânico doméstico. Não vendemos itens de luxo para os ricos e famosos. Atendemos a pessoas como nós, que dependem de nossos carros para chegar ao trabalho todos os dias, levar nossos filhos à escola, que precisam de um transporte confiável para o cotidiano.

"Em nossas lojas, nosso objetivo é fornecer aos nossos clientes as peças de que precisam para manter o carro funcionando. Às vezes somos tudo o que existe entre um carro funcionando e uma viagem muito cara até o mecânico ou o posto, que prende o carro por dias. Nosso trabalho é evitar esse destino."

Maxine está arrepiada. Ela fica impressionada com a consistência com que Matt comunica a visão da empresa. Parece Steve falando nas reuniões públicas. É muito bom ouvir isso dos gerentes de loja. É muito diferente de ouvir executivos ou gerentes de fábrica dizerem isso, porque é aqui, na linha de frente, que mais importa.

"Nos próximos dois dias, mostrarei as funções de trabalhar em uma loja Parts Unlimited e todas as ferramentas de que você precisa para se tornar especialista em ajudar nossos clientes", diz Matt. "E há um teste no final, então preste atenção — quase 1/4 das pessoas que fazem esse treinamento não passam na primeira vez. Portanto, para ajudá-los a fazerem anotações e a se prepararem, para o exame, aqui está um conjunto de manuais, cadernos e canetas da Parts Unlimited. Há um prêmio para a pontuação mais alta."

Ela olha para seus colegas estudantes, resistindo ao desejo de vê-los como rivais. *Eles são só crianças*, pensa ela.

Matt começa um tour pela loja, descrevendo as grandes categorias de itens e por que eles os estocam. Ele aponta para uma estante de livros grandes e grossos. "Estes são os livros que vocês usarão para ajudar os clientes." Eles parecem as enormes listas telefônicas da infância de Maxine, dez centímetros de espessura e um papel de jornal fino como uma navalha.

"Seus clientes muitas vezes vêm em busca de uma peça de reposição ou com um problema que você precisa diagnosticar", explica Matt. "Seu trabalho é ajudá-los a encontrar o que precisam. Se tivermos em estoque, você venderá para eles. Se não o tivermos, você fará o que for necessário para encontrar uma de nossas lojas que o tenha. Temos um site que qualquer pessoa pode usar, mas é muito difícil encontrar as peças de que você precisa. A melhor maneira de encontrar é com estes livros."

Maxine olha hesitante para a fileira de livros. Ela odeia a ideia de a tecnologia ser derrotada por uma pilha de livros e faz uma anotação para descobrir o que torna o aplicativo atual tão complicado de usar.

"É muito importante que você acerte essa parte", diz ele. "Se você vender as pastilhas de freio erradas para alguém, ele só descobrirá depois de levantar o carro, tirar todas as rodas e tentar descobrir por que as peças não encaixam. Ou, pior, descobre ao tentar reduzir a velocidade em uma rodovia ou depois de bater em uma árvore.

"Nós nos consideramos médicos", continua Matt. "Não queremos prejudicar nossos clientes. E a melhor maneira de evitar isso é garantindo que recebam as peças certas na primeira vez. Fazemos isso por meio desses livros."

Matt pega um e pede a todos que façam o mesmo. "Você tem um cliente que tem um Toyota Tacoma 2010 e ele precisa de tapetes para o banco de trás. Qual número de peça devemos lhe vender?"

Maxine relutantemente pega um dos livros. *Neste século*, pensa ela, *em uma empresa comercial moderna, ainda dependemos de pesquisar as coisas em um livro? É como usar um catálogo de fichas na biblioteca.* Do qual, ela lembra, seus filhos nunca ouviram falar.

Ela folheia o livro. É organizado em ordem alfabética por marca, modelo e ano. Ela vira 3/4, pulando para os Toyotas, os Tacomas e, em seguida, 2010.

Ela geme com o que vê. Mesmo para o ano modelo de 2010, há tabela após tabela com todas as configurações diferentes. Número de cilindros do motor, tamanho do motor, cabine padrão, cabine estendida, distância entre eixos curta, distância entre eixos longa... e, para variação, há um monte de partes.

Um dos homens mais jovens diz: "Depende da configuração do caminhão. Que tipo de cabine é?"

"Exatamente", diz Matt, sorrindo. "Encontrar a peça certa se baseia em uma série de fatores. E, muitas vezes, o cliente não sabe disso. Quando isso acontece, você vai até o carro com ele e o ajuda a encontrar as informações. A maneira mais rápida é registrar todas as informações nesta pequena folha." Ele segura um pedaço de papel. "Isso ajuda a garantir que você só precise ir ao carro uma vez."

"Sim, Maxine?", diz Matt, quando Maxine levanta a mão.

"Não há como usar o computador para descobrir essas informações?", pergunta ela, não querendo revelar que já trabalha para a Parts Unlimited.

Matt dá uma risadinha. "Confie em mim, isso é muito mais fácil. Depois que eu mostrar como fazer isso no papel, usaremos os sistemas de computador e você verá por que recomendamos que todos façam isso manualmente."

Isso é embaraçoso, pensa ela. *Passamos por tantos problemas para construir esses sistemas para servir a nossos funcionários, mas o que geramos para eles é tão inadequado que eles ainda usam esses sistemas de papel antiquados.*

No final do dia, Maxine está exausta. Ela aprendeu muito mais sobre manutenção e diagnóstico de automóveis do que esperava. Não tinha ideia de quanto tempo os funcionários das lojas gastam ajudando os clientes a descobrir por que os carros não pegam ou o que significam os ruídos estranhos no motor.

Diagnosticar o problema com precisão é importante, pois ajuda o cliente a evitar ir a um posto de serviços. Há muitos exemplos de postos de serviço que se aproveitam dos clientes, cobrando por um trabalho de que não precisam.

Ajudar os clientes a resolverem os problemas por conta própria geralmente economiza milhares de dólares. Por outro lado, os funcionários também precisam saber quais problemas estão muito além do escopo do "faça você mesmo", como quando há um dano real em um motor ou quando o problema envolve os sistemas eletrônicos de gestão do motor.

Mas Maxine também está exausta de ver as constantes inadequações dos sistemas de computador que dão suporte aos funcionários das lojas. Matt estava certo — usar o sistema era um pesadelo. Depois de saber o VIN e a peça necessária, era preciso procurar certas peças fora de estoque usando uma sessão de terminal 3270 e digitar comandos. Essa é a famosa interface de mainframe de "tela verde", que a maioria das pessoas viu, mas poucas usaram.

Maxine fica sempre pasma quando vê os melhores agentes de portão de embarque usando sistemas como esse para fazer mudanças complexas de voos no aeroporto. Alguém precisa reservar um voo para Boston, porque seu voo foi cancelado, mas precisa de assentos contíguos para a família, mas não quer incorrer na taxa de alteração. Um agente experiente digitará rapidamente todas as teclas necessárias para encontrar as opções disponíveis, executando círculos ao redor de outro agente com a "interface gráfica de usuário moderna".

Não há dúvida de que, com a prática, alguns desses aplicativos são extremamente eficientes nas lojas. Afinal, Maxine adora o pacote de estatísticas SPSS que nasceu durante a era do mainframe, testado em batalhas por décadas, que roda com as ferramentas mais modernas, como notebooks Jupyter, Python, R e Tableau. Mas, apesar de sua evangelização e evidência objetiva de superioridade, as pessoas acham o SPSS diferente e estranho.

É por isso que Maxine sabe que alguns desses sistemas nas lojas prolongam o tempo necessário para que os funcionários e gerentes aprendam como gerir com eficácia uma loja da Parts Unlimited. E ela sabe que as pessoas de muitas equipes de mainframe desejam melhorar sua experiência do usuário, mas não têm orçamento.

O processo de pedido de peças fora do estoque é ainda pior. Você obtém relatórios de estoque de outras lojas, de meses atrás. Em seguida, precisa pegar o telefone e ligar para cada loja para verificar se eles têm uma determinada peça, recitando códigos de produto de onze dígitos.

Se a peça estiver em estoque, a pessoa do outro lado do telefone digitará um pedido de transferência de peças no sistema. A parte mais fácil de todo o processo é transportar a peça para a doca de carga, onde será retirada por um caminhão e entregue em um ou dois dias.

Quando ela não aguenta mais, pergunta a Matt: "Se você pudesse ter um sistema que, sabe, fosse como o da Amazon para fazer pesquisas de peças e executar ordens de transferência, seria útil para você?"

Matt respondeu imediatamente: "Ah, meu Deus, sim. Eu *não quero* que os meus funcionários gastem vinte minutos procurando coisas em livros ou conversando com outros funcionários das lojas por telefone. Eu os quero na frente de nossos clientes. Em nossas reuniões de Ops regionais, reclamamos infinitamente sobre isso durante anos, mas a corporação continua dizendo que está trabalhando nisso. Seria uma virada para nós. Teríamos um serviço mais rápido, clientes mais satisfeitos e as peças certas em estoque com mais frequência."

Ele aponta para o balcão, atrás da caixa registradora. "Dentro desses armários estão prateleiras de tablets que a empresa implantou nas lojas. O problema é que todos os aplicativos fazem você preencher tantos campos que ficam ainda mais difíceis de usar do que os computadores. Pelo menos, os computadores têm teclados reais. Ninguém usa um tablet há meses."

Maxine se segura para não deixar o queixo cair. Obviamente, não há tecnólogos suficientes passando um tempo nas lojas e observando os resultados dos produtos que criam.

Depois que ela chega em casa, brinca com seu *segundo* novo cachorrinho, Marshmallow, um cachorro disfarçado de uma grande e fofa bola de penugem branca. Incrivelmente, foi ideia de Jake, e Maxine não conseguia acreditar que eles dirigiram duas horas ontem para buscá-lo com seus filhos.

Depois que as crianças desaparecem em seus quartos, e seu marido insiste em levar os dois cachorros para passear, Maxine pega seu notebook e passa uma hora digitando um relatório de viagem. Ela lista todas as suas observações divididas por área de trabalho diário do funcionário das lojas e aplicativos com os quais eles devem interagir. São quase doze páginas quando ela termina.

Ela sempre foi uma anotadora prolífica. Ela se lembra de ter lido em algum lugar: "Para falar com clareza, você precisa ser capaz de pensar com clareza. E, para pensar com clareza, precisa ser capaz de escrever com clareza." É por isso que se dá ao trabalho de escrever o documento, para que as pessoas entendam o que observou. Ela descreve tudo objetivamente, muitas vezes anexando fotos que fez com o smartphone e outros tipos de recomendações.

Antes da Parts Unlimited, Maxine trabalhou para um CEO que escrevia white papers, que eram amplamente lidos pelos clientes e funcionários. Certa vez, ela perguntou por que ele se importava em gastar tempo escrevendo quando tinha uma equipe de Marketing para fazer coisas assim.

Ele disse que achava importante pensar claramente sobre os problemas e, para ele, escrever as coisas impunha um rigor lógico que considerava muito importante que os líderes tivessem. "Como você pode direcionar uma empresa para um caminho estratégico sem ter pensado em todas as implicações?"

Isso marcou Maxine. Desde então, especialmente à medida que se tornou mais velha, ela se certifica de reservar um tempo para escrever as coisas, o que também lhe permite influenciar as coisas de forma mais ampla.

Ela sabe que algumas coisas que observou ontem não pertencem à sua cabeça. Eles precisam estar na frente das pessoas cujo trabalho diário é escrever e manter os aplicativos dos quais os funcionários das lojas dependem.

Quando termina o rascunho, uma hora depois, fecha o notebook. Ela sabe que nem todos lerão o documento, então terá que fazer uma apresentação.

Felizmente, ela fez muitas fotos hoje, mas muito menos do que normalmente faria — nenhum dos outros estagiários fez fotos, e ela não queria chamar a atenção.

Ela rapidamente fala com Kurt e Maggie em uma sala de bate-papo:

> Aqui está o meu relatório de viagem do primeiro dia. Estou vendo muitas coisas que não podemos ignorar. Há muitos pontos simples que ajudarão a avançar as metas das promoções.
>
> Estou anexando meu relatório não editado. Kurt, você pode se juntar a mim no treinamento amanhã? Há um monte de coisas em que podemos ajudar, mesmo que não seja de imediato.

Na manhã seguinte, Maxine tira da secadora a camisa que vestia ontem, praguejando ao perceber que vai precisar passá-la. *De jeito nenhum eu vou aparecer com uma camisa amassada*, pensa ela.

Ela aparece na loja quinze minutos mais cedo, do jeito que ela gosta. Para a alegria dela, Kurt diz que vai conseguir chegar mais tarde na manhã seguinte.

Quando os outros trainees chegam, todos seguem Matt até a garagem de serviço. Houve um piloto de vários anos para equipar algumas de suas lojas maiores com essas garagens. Elas fazem um sucesso incrível com os clientes.

O treinamento desta manhã foi o diagnóstico de baterias de automóveis. Um dos principais motivos pelos quais os clientes vêm às lojas é porque seus carros não pegam.

"Esta é apenas uma introdução ao básico. Você não conseguirá fazer isso sozinho até que trabalhe com alguém já treinado e certificado." Eles estão ao lado de um Honda Accord de quinze anos com uma técnica vestindo um uniforme da Parts Unlimited trabalhando na conexão de cabos à bateria e conectados a uma pilha de instrumentos.

Matt explica as etapas enquanto a técnica trabalha. "E agora ela insere os dados no computador, que usamos para gerar um relatório de diagnóstico para o cliente." Maxine observa com interesse Matt continuar sua explicação, ocasionalmente fazendo perguntas à técnica sobre o que ela está fazendo.

Kurt entra na área de serviço enquanto eles observam o trabalho da técnica. Ele está vestindo um uniforme da Parts Unlimited, exatamente igual a ela, completo, com um crachá com: "Olá, meu nome é Kurt." Sua camisa está ligeiramente amassada. Ele deve ter saído com pressa, porque costuma ser muito meticuloso.

Kurt fica ao lado de Maxine, e Matt acena para ele e sorri.

Maxine observa a técnica trabalhar. Depois de um minuto, ela não consegue deixar de perguntar: "Por que temos que inserir tantos dados? Se essa pessoa for um cliente frequente, ainda temos que digitar tudo isso?" Maxine tenta falar como um dos seus colegas. Esta é a experiência de integração deles, que ela está invadindo, e ela não quer fazer nada que possa prejudicá-la.

Matt ri, voltando-se para a técnica: "Quanta recodificação de informações você precisa fazer para cada diagnóstico?"

A técnica, usando um crachá com: "Olá, meu nome é Emily", balança a cabeça. "Muitas. Digitar o endereço do cliente leva tempo, mas os números de identificação do veículo são os piores. Eles têm dezessete caracteres, e é muito fácil errar um deles. E ainda preciso inserir a marca, o modelo e o ano. Na maioria de nossos outros sistemas, tudo é preenchido para nós a partir do VIN. Algumas pessoas por aqui apenas colocam lixo nos campos VIN, mas isso não me parece certo."

"Ainda não entendi. Por que temos que digitar tantas informações?", pergunta o estagiário mais jovem.

"A empresa quer que o façamos", diz Matt, arrancando risos dos trainees. Até mesmo os jovens de 20 e poucos anos parecem cansados do mundo, como se já tivessem lidado com burocratas de back-office.

Eles não têm ideia do que é estar preso em uma verdadeira burocracia corporativa, pensa Maxine, relembrando sua provação na prisão do Fênix.

"Sério, no entanto", continua Matt, "queremos essas informações porque a empresa trabalha nos perfis dos clientes. Algum dia, quando um cliente entrar em uma loja, saberemos quem ele é, quais carros possui, quais são as marcas e modelos... para que eventualmente não tenhamos que reinserir essas informações. Eu sei que há uma iniciativa, há anos em andamento, para obter escâneres portáteis para apenas digitalizarmos os VINs".

Maxine vê Kurt franzir os lábios de frustração, embora ele esteja aqui há menos de cinco minutos. *Bom*, pensa Maxine. *Agora não sou a única frustrada.* Ela confia em que Kurt traduzirá essa frustração em ação, em algum lugar, de alguma forma.

Maxine examina o computador no rack de diagnóstico. É uma espécie de PC de mesa conectado a uma tela LCD, com um tipo de baia para periféricos que possui portas USB e seriais e algum outro anexo que ela não reconhece.

Ela ouve Matt dizer: "Quando você tem clientes que vêm repetidamente com problemas de bateria, é provável que não dirijam com frequência, deixando a carga da bateria cair abaixo dos níveis necessários para ligá-lo." Ele continua: "Quando vir isso, recomendo comprar um carregador de bateria de carro que mantenha as baterias carregadas. Eu amo o meu e, desde que o comprei, nunca tive que dar partida em nenhum dos meus carros. Temos vários tipos, de US$25 a US$100. Comprei este modelo de US$49."

Maxine observa como Matt repetidamente vinculou os sintomas do cliente às peças do carro de que eles provavelmente precisam. Ela vê por que certos gerentes de loja superam outros, não apenas na satisfação do cliente, produtividade e retenção de funcionários, mas também com as melhores vendas por metro quadrado. Matt está ensinando todos esses comportamentos desejados aos novos funcionários.

"Seria ótimo se os sistemas de computador nos dissessem quem comprou várias baterias para que pudéssemos fazer essa recomendação de forma proativa", acrescenta Kurt.

"Isso seria ótimo", diz Matt. Passando a incluir os trainees na discussão, ele continua: "Como vocês sabem, não pagamos comissões de vendas, porque descobrimos que isso às vezes leva as pessoas a fazerem coisas que não são do melhor interesse dos nossos clientes. Mas todos recebem um bônus considerável se excedermos nossas metas de vendas, e isso acontecerá naturalmente se todos fizermos o que é certo para eles.

"Portanto, agora vocês sabem um pouco sobre inspeção de bateria, o que resulta neste relatório que apresentará ao cliente", diz Matt, mostrando um relatório de sete páginas.

À medida que seu segundo dia de treinamento termina, Maxine pensa nas dificuldades que os funcionários das lojas enfrentam ao usar os sistemas que construíram. Em vez de se sentir desanimada, Maxine se inspira. Corrigir esses problemas facilitará o trabalho dos funcionários das lojas, que poderão manter melhor os carros dos clientes em movimento.

Ao longo do fim de semana, Maxine também recebeu um fluxo constante de atualizações do restante da Rebelião. Eles têm trabalhado intensamente para ajudar as equipes de Promoções a obter os dados de que precisam para a grande campanha da Black Friday. Mas eles estão começando a encontrar desafios, incluindo definições conflitantes de dados em todos os silos corporativos, escolhas difíceis sobre quais tecnologias de banco de dados dariam melhor suporte ao esforço de Promoções e muitos problemas imprevistos agora que estão trabalhando diretamente com os cientistas de dados e analistas.

Maxine está ansiosa para ver todos amanhã e ver tudo de perto. Existem tantas coisas interessantes para fazer!

PARTE TRÊS

10 de novembro – Hoje

CAPÍTULO 14

• *Segunda-feira, 10 de novembro*

Na segunda-feira de manhã, Maxine está assustada. A equipe superou suas expectativas mais uma vez. Todos estão reunidos para revisar rapidamente o status e conversar sobre as áreas em que precisam de ajuda.

"Antes de começarmos, há algo que precisamos fazer", diz Maggie. "Nós precisamos de um codinome para este esforço. Se estamos trabalhando para algo grande, precisamos ter um nome. Quanto mais realizarmos, mais teremos que falar sobre o que estamos fazendo, e não podemos continuar nos referindo a nós mesmos como a Rebelião."

"O que há de errado com Promoções?", alguém pergunta.

"Bom, esse é o nome da equipe", responde ela. "Mas a equipe mudou muito desde que nossos amigos do Data Hub se juntaram a nós, e há muitas novas iniciativas. Acho que precisamos de um novo nome porque a forma como estamos trabalhando é muito diferente de antes."

As ideias começam a voar velozes e furiosas. Nomes sérios são propostos: Ulisses, Faetonte, Ilíada... e nomes do programa espacial dos EUA: Mercury, Apollo, Gemini...

"Eles são sérios e soam como Fênix", diz Shannon. "Eu não gostaria que ninguém pensasse que existe alguma semelhança entre o que estamos fazendo e a forma como o Projeto Fênix acabou."

"Exato", diz Brent. "Não me incomodaria em nada se salgássemos o solo para garantir que nenhum programa fosse chamado de 'Fênix' novamente."

"Que tal filmes? Como *Kill Bill*, *Blade Runner*, *Star Wars*?", sugere Shannon. Outros propõem nomes de bandas, de Pokémons, de jogos de tabuleiro, de armas do Dungeons and Dragons...

"Que tal o Projeto Unicórnio?", sugere Dwayne, obviamente meio brincando. "Isso é bastante distintivo."

Maxine ri alto. Ela adorou. O termo "unicórnio" é usado para se referir a startups de alta tecnologia e aos FAANGs dos quais Erik falou — Facebooks, Amazons, Apples, Netflixes e Googles do mundo todo. A Parts Unlimited é um cavalo centenário, mas objetiva provar que pode fazer tudo que os unicórnios podem, com a cultura, as práticas técnicas e as arquiteturas corretas para apoiá-los. Na verdade, o que é um unicórnio além de um cavalo com um chifre pintado com algumas cores extravagantes do arco-íris?

E, no nosso caso, pensa Maxine, *nossos concorrentes não são os FAANGs — são os outros cavalos do setor e pequenas startups de software que estão invadindo nosso mercado*. As startups têm muita habilidade para fazer coisas, ela sabe por experiência pessoal, mas estão sempre sem recursos para fazê-las.

Essa não é uma história sobre o pequeno superando o grande; o rápido, o lento. O que os últimos meses provaram decisivamente para ela é que a grandeza pode ser sufocada, mas também restaurada.

"Eu adoro", diz Maxine. "Você consegue imaginar Steve dizendo 'unicórnio' em todas as reuniões públicas? Vamos fazer isso."

Todos riem. Dwayne diz: "Hmm, você tem certeza de que isso vai dar certo? Precisamos obter aprovação para isso?"

Maxine ri alto. "Aprovação? Desde quando você acha que precisa da aprovação de alguém? Não, isso depende de nós. Sim, o Projeto Unicórnio", testa Maxine. "Vamos fazer isso."

Eles decidem que o Projeto Unicórnio é o novo nome para os recursos personalizados de recomendação e promoção que, entre muitas outras coisas, impulsionarão a Black Friday e as campanhas de promoção de feriados e, esperançosamente, muito mais no futuro. Orca é o nome das equipes de análise e ciência de dados que trabalharão lado a lado e apoiarão os esforços de promoção do Unicórnio. E Narwhal é o novo banco de dados e plataforma de gateway de API para usar no Unicórnio. Unikitty é o nome da plataforma de integração e implantação contínua que está sendo usada pela equipe do Data Hub e por algumas outras equipes do Fênix. Maxine está satisfeita. Em retrospectiva, dar à equipe um nome exclusivo já deveria ter sido feito há muito tempo. Ela sempre amou as fases de Tuckman das equipes, passando por forma, tempestade, norma e desempenho. Ela está pronta para normatizar e atuar!

E os nomes das equipes ajudam a criar uma identidade para todo o grupo, não apenas para os indivíduos, e reforçam a noção de que os objetivos da equipe são mais importantes do que os individuais.

"Sabe, também vou dizer 'unicórnio' na frente de todo mundo", resmunga Maggie. Mas Maxine suspeita que Maggie está secretamente satisfeita. Mais tarde naquela manhã, Maxine volta ao auditório para a reunião pública bimestral, a segunda desde seu exílio e a primeira desde o desastroso lançamento, há um mês. Ela está especialmente interessada em ver como Steve abordará esse tópico. Maggie disse à equipe que apresentará um slide para toda a empresa sobre suas esperanças e aspirações para a campanha da Black Friday.

Como da última vez, Maxine se senta o mais próximo possível do palco. Mas, desta vez, está cercada por seus companheiros de equipe. Kurt está sentado na fileira atrás dela, e ela está animada para ver Maggie nos bastidores recebendo um microfone.

Exatamente às 9h, Steve entra no palco e dá as boas-vindas a todos à 67ª reunião pública. Ele promete falar sobre visão, missão e metas anuais. Ele diz: "Também vou abordar todos os problemas associados ao lançamento do Fênix e nossas esperanças para as próximas campanhas da Black Friday."

Como fez em todas as reuniões públicas anteriores, ele fala com entusiasmo sobre a missão da Parts Unlimited de ajudar os clientes que trabalham duro a manterem seus carros funcionando para conduzir suas rotinas. Depois de passar um fim de semana inteiro trabalhando com os gerentes das lojas e a nova equipe de linha de frente, Maxine ganhou uma tremenda apreciação de como a repetição implacável de Steve dessas metas organizacionais se reflete no trabalho diário de tantas pessoas da empresa.

"Nosso negócio depende da excelência operacional e do serviço superior. Fazemos uma promessa simples aos clientes: forneceremos peças e serviços para manter seus carros funcionando. Quando lançamos o Fênix na produção, decepcionamos a todos. Frustramos nossos clientes, e decepcionamos nossos colaboradores e nossos investidores.

"Fizemos promessas aos clientes que não podíamos cumprir. Oferecemos mercadorias que não estavam em estoque ou não puderam ser compradas e até divulgamos acidentalmente centenas de números de cartão de crédito. Distribuímos milhões em vouchers para clientes que decepcionamos, mas não reconquistamos a confiança que perdemos.

"E não são apenas os clientes. Muitos de nossos sistemas internos críticos estavam inoperantes, impedindo que milhares de funcionários fizessem seu trabalho diário. Como CEO da empresa, assumo a responsabilidade por isso.

"Agradeço a todos nesta sala que fizeram absolutamente tudo o que podiam para ajudar a cumprir nossas obrigações para com os clientes. Muitos de vocês sabem que, nos últimos dois meses, também tenho atuado como chefe de tecnologia", diz ele. "Não riam, porque, como vocês sabem, preciso de muita ajuda com qualquer coisa relacionada à tecnologia. E quero reconhecer todas as coisas incríveis que as equipes de tecnologia fizeram.

"Desde então, tenho trabalhado com Chris Allers, VP de P&D, e Bill Palmer, VP de Ops de TI, para fazer algumas coisas radicalmente diferentes. Entre eles estava o congelamento de recursos por trinta dias. Todos na área de tecnologia trabalharam para consertar problemas e pagar dívidas técnicas.

"Para quem não é da área de tecnologia, 'dívida técnica' é o que cria dificuldades, labuta e reduz a agilidade de nossos engenheiros de software", continua. "É como uma planilha que cresceu ao longo dos anos a ponto de não ser mais possível alterá-la sem quebrar fórmulas ou introduzir erros. Mas a dívida técnica nos afeta em uma escala muito mais ampla, envolvendo sistemas que executam os processos mais complexos da empresa.

"Tenho ouvido de pessoas de toda a organização que isso era extremamente necessário", diz ele. "Assim como na manufatura, de onde venho, é importante ter um ritmo de trabalho sustentável e limitar nosso trabalho em processo para garantir que continue fluindo pela fábrica. É o que estamos fazendo.

"Este trimestre é tudo ou nada. Prometemos ao mundo que lançaríamos o Fênix em setembro, mas, por causa de todos os recursos que adiamos, não estamos obtendo os benefícios de vendas que esperávamos. Agora estamos no trimestre, com a temporada de compras de fim de ano bem à nossa frente. Estamos sem tempo.

"Para falar sobre o que aprendemos, Maggie Lee, nossa diretora sênior de Marketing de produtos de varejo", diz ele. "Venha, Maggie."

Maggie parece mais nervosa do que Maxine jamais a viu, mas a maioria das pessoas nunca notaria. Maggie diz: "Como vocês sabem, o Fênix sempre se preocupou em ajudar os clientes a comprarem peças de alta qualidade que precisam de nós de maneira mais rápida, fácil e barata. Ao longo dos anos, construímos as bases para que isso aconteça, mas não fomos capazes de ativar esses recursos... ainda. Graças a Steve, Chris e Bill, tive o privilégio de trabalhar com uma equipe composta por uma seção transversal de toda a empresa, incluindo finanças e contabilidade, Marketing, promoções, Ops de Varejo e, claro, um incrível grupo de tecnologia para descobrir como entregar um conjunto pequeno, mas extremamente importante, de metas do Fênix. Queremos gerar ótimas recomendações de clientes e permitir que a equipe de promoções venda produtos lucrativos que temos em estoque", diz ela. "Temos anos de dados de compra de clientes e, por causa de nossos cartões de crédito de marca, conhecemos os dados demográficos e as preferências dos nossos clientes. Se conseguirmos fazer com que essas promoções cheguem a eles, faremos uma diferença real na empresa e criaremos um valor incrível para eles.

"E é por isso que estou animada para apresentar o Projeto Unicórnio", diz ela, sorrindo enquanto todos na plateia riem do nome extravagante. "Gostaria de reconhecer Kurt Reznick e Maxine Chambers que me abordaram há pouco tempo com uma ideia radical para fazer isso acontecer, com um grupo de engenheiros que queria ajudar. Todos temos trabalhado com o apoio do Projeto

Fênix, com o objetivo de criar campanhas altamente eficazes para a Black Friday, uma das temporadas de maior vendas do ano. Nosso objetivo é quebrar todos os recordes e torná-lo o dia de maior venda da história da empresa."

Maggie continua: "Faremos uma série de testes nas próximas duas semanas para garantir que tudo dê certo quando lançarmos a campanha para milhões de clientes na Black Friday", diz ela. "Obrigada e nos desejem boa sorte", Maggie sorri, acenando para todos e apertando a mão de Steve antes de sair do palco.

"Obrigado, Maggie", diz ele. "Há quem diga que isso não funcionará, incluindo algumas pessoas que defenderam o Projeto Fênix por muitos anos. Mas Maggie e sua equipe me fizeram acreditar. Em minha carreira, descobri que sempre que você tem uma equipe apaixonadamente comprometida com cumprir uma missão e que tem as características e habilidades certas, é perigoso apostar contra eles, porque eles moverão céus e terras para fazer acontecer. Então... boa sorte para o Projeto Unicórnio!"

Maxine vibra e assobia alto. Ela também nota a referência indireta de Steve a Sarah e a sua ausência hoje. Maxine olha em volta e confirma que ela não está em lugar nenhum, se perguntando se isso é uma boa ou uma má notícia.

Nos próximos dias, a equipe estará totalmente focada no trabalho necessário para gerar promoções vencedoras até a Black Friday. Todo mundo está enterrado no trabalho urgente. Maxine novamente menciona para Kurt sobre a necessidade de ter pessoas mais experientes para ajudar.

"Estou muito à sua frente", diz ele. "Pedi a Chris para trazer William de sua licença e vou trazê-lo para ajudar a equipe Unikitty."

"Não acredito!", diz Maxine, incrédula. Ela ri, pensando em como Chris provavelmente reagiu. "Como você conseguiu trazê-lo de volta da licença indefinida?"

Kurt ri. "Digamos que paguei todos os favores acumulados ao longo de anos fazendo o bem. Pedi a todos que pressionassem Chris para trazer William de volta. Não há pessoa melhor para nos ajudar a fazer esses ambientes funcionarem. Também é ótimo que ele tenha voltado daquele exílio injusto."

Maxine concorda e fica novamente impressionada com a capacidade de Kurt entregar as coisas de que as equipes precisam, capaz de navegar na organização de uma forma muito diferente da sugerida pelo organograma oficial.

Enquanto isso, a equipe de Narwhal tenta descobrir um gateway de API e uma solução de banco de dados viável, dadas todas as coisas que as várias equipes precisam. O desafio é enorme. A quantidade de dados com a qual lidarão é enorme, e as consequências de isso não funcionar seriam desastrosas.

É um empreendimento ambicioso, mas que deslumbra Maxine. Narwhal protegerá a todos dos problemas de API dos quais Dave Nervosinho tanto se queixou, muitas vezes sem a necessidade de alterar os sistemas de backend. Ele servirá como um local central para os desenvolvedores acessarem facilmente os dados de que precisam e encontrarem outros da empresa que podem ajudar a resolver seus problemas de negócios, geralmente de silos distantes. E Shannon tem ajudado a garantir que Narwhal manterá todos esses dados seguros, aplicando políticas de autenticação e anonimato de PII.

Uma parte importante do Narwhal é que ele geralmente armazena cópias dos principais sistemas de registro da empresa — sempre que os sistemas de backend ficam muito lentos, muito difíceis de mudar ou muito caros para dar conta de todas as transações de que precisam.

"Precisamos tomar uma decisão", diz Dwayne em uma grande reunião que ele organiza no final da tarde de quarta-feira. Para Maxine, ele diz: "Acredite ou não, todos nós somos fortemente a favor de uma solução NoSQL pura. Achamos que é a maneira mais rápida de colocar todos os dados de que precisamos em um local que controlamos e satisfazermos as necessidades de desempenho da equipe Unicórnio.

"Brent e a equipe têm dois clusters NoSQL em execução, um para teste e outro que podemos usar para produção", diz Dwayne. "E o processo de ETL de dados... ah, extrair, transformar e carregar... está melhor do que pensávamos. Temos uma equipe estendida que junta várias tecnologias para copiar dados de quase vinte sistemas diferentes de registro em nosso banco de dados, usando uma combinação de ferramentas comerciais e caseiras. A boa notícia é que está indo cada vez mais rápido do que pensávamos...

"Mas, aqui está o nosso enigma", diz ele. "Estávamos planejando manter todos os dados nos bancos de dados NoSQL e MySQL, para o caso de a opção NoSQL explodir. Mas, após as experiências de ETL e de alguns testes em grande escala, achamos que devemos deixar para lá e usar o NoSQL puro. O suporte a dois bancos de dados de backend vai nos atrasar, e não obteremos nenhuma das vantagens de produtividade que buscávamos."

"Nossa", diz ela, surpresa. Essa foi uma abordagem muito mais ousada do que Maxine esperava. Na verdade, provavelmente foram decisões como essa que levaram as pessoas a criarem o TEP-LARB.

Ninguém na empresa havia usado o NoSQL na produção de maneira significativa, muito menos para algo tão grande e de missão crítica. Normalmente,

Maxine acha que a prudência e a praticidade desqualificariam uma abordagem tão arriscada para um projeto tão grande, em particular quando há tão pouco tempo para pesquisar e ganhar experiência de produção no mundo real. Ela diz isso para a equipe.

"Eu concordaria, Maxine. Pensamos que o maior risco seria operacional", diz Brent, vendo sua expressão preocupada. "Mas acho que o risco muito maior é o de perder a integridade relacional entre todas essas tabelas que estamos copiando de todos os lugares da empresa. Como você sabe, um banco de dados NoSQL não impõe integridade relacional como a maioria dos bancos de dados a que estamos acostumados. Mas acho interessante o aplicarmos no nível da API."

Embora estressante, Maxine admite que é emocionante ver os tecnólogos no topo de seu jogo trabalhando para resolver um problema urgente de negócios. Maxine faz um monte de perguntas, às vezes repetidamente, e examina suas ideias. Mas, no final, todos se convencem de apostar tudo no NoSQL.

"Ok, vamos nessa", diz finalmente Maxine. Simplesmente não há tempo para qualquer outra opção. Ela não gosta desse nível de incerteza, mas confia na equipe.

A agilidade do desenvolvedor que isso possibilitará é inegável, mas, mais do que nunca, Maxine percebe como eles eram limitados pela engenharia. Para trabalhar com mais sistemas, eles realmente precisavam de uma equipe maior. Ela lembra a si mesma de que esse será novamente o primeiro tópico a ser discutido em seu próximo encontro com Kurt.

Nos próximos dois dias, as equipes trabalham em suas partes do Projeto Unicórnio. Maxine passa a maior parte do tempo no que considera a área mais arriscada de toda a operação, que é colocar todos os dados nos bancos de dados Narwhal NoSQL e permitir que todas as equipes acessem o que precisam. Ela sabe que agora eles estão bem além do ponto sem volta, tendo incendiado os navios que sabiam navegar.

A parte mais difícil não era a mecânica de importar os dados de vinte sistemas de negócios. Em vez disso, estava tentando criar um vocabulário e uma taxonomia unificados que pudessem usar, porque quase todos os sistemas de negócios tinham nomes diferentes para coisas semelhantes.

As lojas físicas têm cinco definições de vendas, inclusive de uma empresa adquirida há décadas. Há seis maneiras de catalogar os produtos. Categorias de produtos e preços não se alinham. Regras de negócios para preços e promoções são exercícios de arqueologia forense. Eles atraíram analistas de negócios de toda a empresa para entender e tomar decisões sobre como representar.

Maxine se viu alternando entre insistir na clareza e na consistência para garantir a precisão de dizer "bom o suficiente por agora" e adiar decisões que exigiriam dias de construção de consenso porque impactariam a Parts Unlimited nas próximas décadas. Sem sua vasta experiência em sistemas corporativos, ela tem certeza de que não teria o discernimento necessário para fazer esse tipo de chamada, especialmente considerando os prazos envolvidos.

Todos estão focados no grande Dia de Teste que se aproxima, no qual cada equipe mostrará suas partes do sistema nos últimos dias antes da Black Friday. Maggie será a líder, e quase todos os stakeholders estarão presentes, assim como todos os executivos de tecnologia, terminando com uma decisão final de lançamento "vai/não vai".

Por causa dos altos riscos envolvidos, Maxine participa de todas as reuniões diárias da equipe de engenharia, nas quais os membros da equipe rapidamente compartilham o progresso e, mais importante, a ajuda de que precisam. Ela aprova a rapidez e a eficiência com que essas reuniões são realizadas, com os bloqueadores sendo tratados com urgência pelos líderes da equipe.

Nesse prazo apertado, todos os dias contam. Falta pouco mais de uma semana para o Dia de Ação de Graças. Ela escuta atentamente enquanto se senta na mesa do Unicórnio. Um dos dois cientistas de dados mais experientes da equipe de Promoções está visivelmente perturbado. "Ainda não temos os campos de que precisamos no subconjunto de 1% da lista de clientes da equipe de armazenamento de dados, e ainda não podemos corresponder a quase metade dos dados de pedidos das lojas físicas.

"E, para a nossa análise de dados, o banco de dados Narwhal é incrivelmente rápido, em comparação com o que estamos acostumados. Mas, por causa de todas as junções que precisamos fazer, os tempos de consulta ainda são muito lentos", continua ele. "Dados os prazos, temos apenas uma ou duas tentativas, e, se os resultados forem como os que estamos obtendo agora, não estaremos prontos para o lançamento da Black Friday. E, se usarmos os dados de que dispomos agora, as promoções serão um legítimo fracasso. Ainda esta manhã, encontrei um cenário em que teríamos enviado ofertas de pneus de neve para pessoas no Texas, que não têm neve."

Ah, Merda, pensa Maxine. Isso é o que você ganha por esperar muito tempo para convidar os cientistas de dados para as reuniões de engenharia. Ela diz:

"Tudo bem, organizarei uma reunião de emergência de um único tópico no final desta manhã. Vou me certificar de que Kurt e Maggie estejam lá, assim como a equipe de Narwhal. Vocês poderiam preparar um briefing de dez minutos sobre esses problemas e algumas ideias para resolvê-los?"

Quando ele balança a cabeça, Maxine pega o telefone e liga para Kurt.

Duas horas depois, todos estão reunidos em uma sala de conferências ouvindo os problemas que as equipes de Análise e Promoções estão enfrentando. Depois de quinze minutos, Maxine está se sentindo genuinamente assustada com a escala do problema.

Não é de admirar que a equipe de análise tenha feito tão pouco progresso — o que eles querem fazer é simplesmente impossível com a infraestrutura que construíram. Os conjuntos de dados são ordens de magnitude maiores do que podem suportar. Maxine logo vê que as consultas que os cientistas de dados estão construindo são de uma incompatibilidade completa com o objetivo para o qual construíram o Narwhal. Narwhal é excelente em lidar com solicitações de API de todas as várias equipes da empresa, mas agora eles estão aprendendo que isso não é espetacular para o que as equipes de análise precisam fazer.

Pior, as equipes do Unicórnio ainda não conseguem obter os dados de que precisam. A equipe de Armazenamento de Dados leva quatro meses para obter vinte linhas de SQL, do Dev ao controle de qualidade e à Produção. E, sempre que o fazem, os relatórios quebram ou mostram dados incorretos. Aparentemente, no mês passado, uma mudança de esquema em algum lugar interrompeu quase todos os relatórios da empresa. Para Maxine, são os mesmos problemas que eles tiveram com o Projeto Fênix, mas, em vez do código, foram os dados de que as equipes do Unicórnio precisam.

Além disso, as equipes de armazenamento de dados ainda não reconciliaram as diferentes definições de produto, estoque e cliente das lojas físicas e de e-commerce. As equipes recém-criadas do Narwhal já estavam bem à frente.

Maxine tamborila os dedos. Ela não acredita que eles se chocaram contra outro atoleiro burocrático da escala do Fênix — o armazenamento de dados está atravancando muitas coisas de que eles precisam.

Enquanto as pessoas continuam falando, Maxine olha os números no quadro branco. *Isto não vai funcionar*, pensa ela. Então pensa em sinalizar discretamente para Kurt ir ao corredor para que ela diga a ele que não há nenhuma maneira de o plano de Promoções funcionar de forma realista como previsto atualmente. Eles precisarão convencer a equipe do Unicórnio a reduzir drasticamente seus planos. Ou talvez a Rebelião deva abandoná-los e encontrar outro programa para trabalhar para gerar uma vitória nos negócios.

Para que a equipe do Unicórnio tenha sucesso, eles de alguma forma precisam ser desacoplados e liberados do armazém de dados gigante, e talvez até mesmo do Narwhal, para suportar os cálculos e consultas massivos que precisam fazer. "Sei o que você está pensando", diz Shannon, assim que Maxine está prestes a chamar a atenção de Kurt. "Isso parece impossível, certo? Mas passei quase cinco anos na equipe de armazenamento de dados pensando nisso. Deixe-me mostrar a você algo que eu queria fazer há anos."

Ao longo dos próximos trinta minutos, Shannon apresenta um plano de tirar o fôlego, que ela obviamente tem pensado e estudado profundamente. Ela propõe construir uma plataforma de big data e computação semelhante ao Spark, alimentada por um barramento de streaming de eventos novo, modelado de acordo com o que todos os gigantes da tecnologia construíram para resolver seus problemas de dados em escala. Isso permitiria que centenas, até milhares, de núcleos de CPU fossem lançados nos cálculos, permitindo que análises que levam dias ou semanas sejam feitas em minutos ou horas.

Maxine está familiarizada com essas técnicas. Seu uso explodiu depois que o famoso artigo de pesquisa Google Map/Reduce de 2004 foi publicado, que descreveu as técnicas que o Google usou para paralelizar massivamente a indexação de toda a internet em hardware comum, usando técnicas no centro da programação funcional. Isso levou à invenção do Hadoop, Spark, Beam e de muitas outras tecnologias interessantes que transformaram a área assim como o NoSQL revolucionou o cenário do banco de dados.

Shannon descreve como essa nova plataforma de dados seria alimentada por uma nova tecnologia de streaming de eventos. "Ao contrário do Data Hub, onde quase todas as mudanças nas regras de negócios também exigem uma mudança da equipe, este novo esquema permitirá uma dissociação massiva de serviços e dados, o que possibilitará aos desenvolvedores mudarem as coisas de forma independente, sem a necessidade de uma equipe centralizada para escrever o código intermediário. E, ao contrário do armazenamento centralizado, a responsabilidade de limpar, ingerir, analisar e publicar dados precisos para o resto da organização seria de cada equipe de negócios e aplicativos, onde eles têm mais conhecimento do que os dados realmente significam."

Ela continua: "A importância e a urgência de manter esses dados seguros, certificando-se de não armazenar PII que não deveríamos, a necessidade de criptografá-los em repouso e os riscos do que poderia acontecer à Parts Unlimited se esses dados forem roubados são equivalentes." É óbvio que Shannon tem uma paixão pela forma como essa plataforma garantirá a segurança de todos esses dados, sem deixar isso para cada equipe individualmente.

E o que é mais atraente para Maxine, ele também suporta um modelo de dados de origem de eventos imutável, o que seria uma simplificação maciça em comparação com o atual pântano de complexidade de décadas.

Também seria rápido. Teria que ser, porque o Data Hub e potencialmente todos os aplicativos da empresa estariam eventualmente jogando tudo neste novo barramento de mensagens: todos os pedidos do cliente, todas as atividades do cliente de seu CRM, tudo de seu site de e-commerce e sistemas de gestão de campanhas de Marketing, todas as atividades do cliente na loja e nas oficinas... tudo isso.

Quando Shannon termina a apresentação e responde às perguntas da equipe, Kurt está pálido. "Você só pode estar brincando. Ainda não temos aprovação para tirar Narwhal do chão. E adicionando tudo... isto... quadruplicaria nossa necessidade de computação e armazenamento... e potencialmente colocaria dados ainda mais confidenciais na nuvem", diz ele, apontando para o quadro branco. "Ah, cara, Chris vai perder a cabeça. Ele não vai aceitar isso de jeito nenhum."

Até Brent parece perturbado. "Sempre quis fazer algo assim, mas... é muita infraestrutura nova para construir de uma vez. Isso parece um pouco imprudente, até para mim."

Maxine estuda a expressão de Kurt e, em seguida, Shannon e seus desenhos que cobrem dois quadros brancos completos. Então ela ri, momentaneamente apreciando o desconforto de Kurt e Brent. Mas ela sabe como eles se sentem. Os apostadores que perderam tudo no cassino provavelmente tiveram momentos de reflexão e prudência como este antes de apostarem tudo.

Ela diz: "Estamos jogando para vencer e estabelecer a supremacia técnica de que precisamos para fazer o que a empresa precisa, ou apenas continuamos mancando, acorrentados a coisas construídas décadas atrás, e dizemos à nossa liderança empresarial para lançar a toalha e parar de propor boas ideias?"

Maxine acha que a ideia de Shannon é boa, embora pareça suicida. Maxine diz: "Minha intuição e experiência dizem que nossa arquitetura de dados criou outro gargalo que afeta todas as áreas da empresa. Esse é um problema muito maior do que os desenvolvedores. Qualquer pessoa que precisa de dados como parte de seu trabalho diário não está obtendo o que precisa."

"Sim", diz Maggie, parecendo que foi atingida por um morcego. "Isso é absolutamente certo! Tenho 25 cientistas e analistas de dados em 5 equipes que nunca têm os dados de que precisam. Mas não são apenas eles — quase todo mundo do Marketing acessa ou manipula dados. As Ops baseiam-se principalmente nos dados. As Ops e a gestão de vendas envolvem dados. Na verdade, aposto que metade dos colaboradores da Parts Unlimited acessam ou manipulam dados todos os dias. E, por anos, somos detidos pela maneira como tudo tem que passar pela equipe de armazenamento de dados.

"E precisamos de mais profissionais como você", diz ela, envergonhada. "Gerenciamos algumas plataformas de visualização de dados internamente, mas não somos de software. No início do ano, corrompemos os dados de pedidos quando o fornecedor nos disse para alterar o fuso horário do servidor."

Brent geme, e Maxine fica aliviada por ele evitar dizer qualquer coisa humilhante sobre o fornecedor ou os administradores de servidor de Maggie.

Vendo a expressão repentina de interesse extasiado e cálculo de Kurt, Maxine sorri. Ela sabe que ouvir esse tipo de angústia e sofrimento é exatamente o que o motiva a agir. Ela diz: "Vamos começar devagar, com os recursos mais críticos para capacitar a equipe do Unicórnio. Aproveitamos todo o trabalho de ETL que já estamos fazendo com o Narwhal e usamos serviços de plataforma de dados totalmente gerenciados e testados na nuvem que podem reduzir muito o risco operacional. Estou pensando nisto aqui..."

Maxine se parabeniza porque nas próximas quatro horas ninguém sai da sala. Ou desiste. Em vez disso, eles discutem sobre o quadro branco e apresentam um esboço de um plano que todos concordam em explorar. Eles adiam a plataforma de streaming de eventos, mas Maxine e Shannon vão liderar a criação de algo para fornecer transformações de dados à prova de balas, colocar as coisas sob controle de versão, construir testes automatizados para confirmar a forma e o tamanho corretos dos dados antes de serem ingeridos, e outras coisas para evitar todos esses acidentes de dados que ela viu e ouviu falar.

Kurt e Maggie prometem iniciar uma discussão delicada com Chris e Bill para evitar uma batalha política com a equipe de armazenamento de dados, que pode se sentir ameaçada. *O que tem sua lógica*, pensa Maxine. A equipe do armazenamento de dados tem a custódia desses dados por décadas, e agora os liberaremos, tornando-os disponíveis para quem quiser, sob demanda, sem abrir um tíquete.

Apesar dos planos, todos sabem que existe uma chance real de fracasso total. Ela ouve Brent murmurar no quadro branco: "Eu adorei, mas não há como terminarmos tudo isso até o dia de Ação de Graças..."

Como os filhos de Maxine diriam, errado Brent não está. Mas, claramente, a maneira como eles geram dados agora não está funcionando, e esta é uma oportunidade de mostrar que existe uma maneira melhor de fazê-lo. *Se há um momento que merece coragem e otimismo implacável, é agora,* pensa ela.

Quando Brent finalmente diz: "Vamos chamar isso de Projeto Pantera", Maxine sabe que há uma chance de eles fazerem tudo funcionar.

Na noite anterior ao Dia de Teste, muitas equipes trabalham até tarde. Na manhã seguinte, todos estão lá quando as demonstrações da Black Friday começam, no refeitório. Kurt pede a Maggie para iniciar a sessão para enquadrar o "porquê" por trás de todos os seus esforços, mas todos sabem que a Black Friday está perto. Todos que trabalham no Projeto Unicórnio sabem que não é exagero que a sobrevivência da empresa dependa de seus esforços.

O Projeto Unicórnio agora é famoso. E Maxine sabe que, se as coisas não derem certo hoje, não será bom para a empresa e muito menos para Maggie, Kurt e para ela mesma.

Maggie começa: "Como todos sabem, a Black Friday está chegando. Nosso objetivo é que o Projeto Unicórnio gere uma receita real, possibilitada pelas equipes Orca, Narwhal, Pantera e pelos aplicativos móveis. Nosso foco é usar informações de inventário e dados de personalização para impulsionar a promoção e obter informações nos aplicativos, como disponibilidade de estoque. Queremos afetar a receita, o envolvimento repetido nos aplicativos móveis e o site do e-commerce e das campanhas que geram uma resposta positiva."

Maggie faz uma pausa. "Temos um convidado especial na sala, Bill Palmer, nosso VP de Ops de TI, que ajudou a criar o Projeto Inversão, o que nos permitiu concentrar tanta energia no esforço das Promoções. Também temos um grande contingente de Ops aqui que ajuda a acelerar todas essas iniciativas. A primeira a se apresentar para a equipe Orca é Justine."

"Sou Justine e faço parte da equipe responsável por gerar os dados usados para criar as promoções. Como Maggie mencionou, nosso objetivo é dar ao Marketing a capacidade de criar as melhores promoções com base em tudo o que sabemos sobre os nossos clientes."

"Os dados são a força vital da empresa", continua ela. "Em Marketing, quase todos acessamos ou manipulamos dados para orientar os esforços da empresa. Pela primeira vez, graças à plataforma Pantera, que Shannon e a equipe criaram, podemos finalmente obtê-los, confiar que estão corretos e usar todos os tipos de técnicas estatísticas e até mesmo coisas como aprendizado de máquina para prever do que os clientes podem precisar. Isso é o que usamos para criar ofertas e promoções. Não tenho dúvidas de que o futuro da organização será construído sobre a compreensão dos clientes e de fornecer-lhes o que precisam... e podemos fazer isso melhor entendendo esses dados."

Shannon sorri enquanto Justine descreve os sucessos do Orca. "Nas últimas duas semanas, nosso objetivo era obter todas as consultas necessárias para dar suporte aos casos de uso de maior prioridade: precisamos descobrir quais são os itens mais vendidos, quais segmentos de clientes os compraram e vice-versa. Para cada segmento de cliente, precisamos determinar os produtos comprados com mais frequência.

"Uma grande promoção é aquela em que podemos vender o estoque que já temos, mas também com o preço ideal. Não queremos, sem saber, vender produtos abaixo do valor que os clientes estão dispostos a pagar. E só podemos saber qual é esse preço por meio da experimentação", diz ela.

"Construímos um aplicativo da web simples, no qual todos podem gerar e executar essas consultas, criar promoções de candidatos e compartilhá-las uns com os outros", continua ela. "Na tela, há todos os itens mais vendidos, com foto. Isso é muito bom, mas também enfadonho, e é muito difícil entender rapidamente o que todos esses SKUs realmente são. Percebemos que o site de e-commerce possui imagens para todos esses produtos. Então, pedimos a Maxine e à equipe do Narwhal para eles nos fornecerem esses links também, o que eles fizeram em horas e sem precisar abrir um tíquete! No final do dia, com apenas dez linhas de código, mostrávamos essas imagens em nosso aplicativo, o que ajudou todos na equipe a gerar ofertas mais atraentes com mais rapidez e eficácia. Isso agradou a todos", diz ela, com um sorriso.

Maxine vê Tom, seu ex-parceiro de codificação do Data Hub, juntar-se a Justine, na frente da sala. Ele diz: "Após entendermos o que a equipe de promoções estava fazendo, foi fácil gerar este aplicativo. O pessoal do Narwhal nos deu a API e acabamos de usar um dos frameworks modernos para exibi-la. Justine está certa sobre o quão incrível é a API do banco Narwhal. E é incrivelmente rápida. Estou acostumado a consultas que demoram minutos ou horas para rodar em grandes servidores. Então, tiro o chapéu para a equipe Narwhal — estou maravilhado. Não teríamos feito isso sem eles."

Maxine sorri, e vê que Brent e Dwayne também têm grandes sorrisos em seus rostos.

Justine mostra seu último slide. "Estamos trabalhando com as equipes de Marketing para finalizar as campanhas de promoção para as duas personas do cliente de maior prioridade: os mantenedores meticulosos e os mantenedores tardios catastróficos. Para cada um deles, usando os dados do Pantera e os clusters de computação, geramos produtos e pacotes recomendados, que ainda estão sendo revisados e aprimorados. Quando terminar, carregaremos eles nos bancos de dados de produtos e preços para executarmos a campanha."

Espontaneamente, um colaborador sênior do Marketing vai até a frente da sala e diz: "Quero reconhecer e agradecer o trabalho árduo de todos. Isso é incrivelmente emocionante e impressionante. Fiquei surpreso com o quanto essa equipe fez em poucas semanas. Estamos nisso há quase dois anos, mas nunca fiquei tão animado como agora. Estamos pegando todos os dados da equipe Orca e ajustando as ofertas que apresentaremos durante o fim de semana de Ação de Graças. Vamos liberar milhões em receita!"

Maggie agradece a ele e a Justine, aplaudindo com a multidão. Ela então chama Mark, o desenvolvedor líder do aplicativo móvel da Parts Unlimited. Ele é um homem alto, em seus 30 e poucos anos. Seu notebook está tão coberto de adesivos de tecnologias e fornecedores que você nem consegue dizer de que tipo é. "Bom dia, quero responder à pergunta em que vocês provavelmente está pensando. A resposta é: sim, somos a equipe que construiu os aplicativos móveis atuais — ambos. Não estamos orgulhosos e estamos felizes que os usuários não possam avaliar um aplicativo com zero estrelas."

As pessoas riem. O aplicativo da Parts Unlimited é uma vergonha há anos. "Há tanto que queríamos consertar, mas todos fomos colocados em outros projetos, então, até recentemente, não havia desenvolvedores atuando em tempo integral nos aplicativos móveis. Mas, como Maggie disse, isso mudou. Essa é a forma como nossos clientes desejam interagir conosco, por isso reconstituímos a equipe, com uma abordagem orientada para nos concentrarmos no que nossos clientes desejam", continua ele. "Temos trabalhado em estreita colaboração com os proprietários do produto para gerar alguns ganhos rápidos e aproveitar ao máximo o que a equipe Narwhal fez.

"Nunca tivemos acesso aos níveis de estoque de uma loja antes. Adoramos a ideia de mostrar quais lojas mais próximas do cliente têm uma determinada peça. Podemos usar os dados de geolocalização do dispositivo do cliente ou eles podem colocar seus endereços. A página está assim agora..."

Ele abre um simulador de iPhone e o aplicativo da Parts Unlimited na tela. "Obter informações de estoque do Narwhal foi incrivelmente fácil. Assim, quando clicamos na página do produto, há a disponibilidade de itens para todas as lojas ao redor deles. Eles agora podem reservar o item, então, com certeza, estará lá, o que também foi possibilitado pelo Narwhal. E, agora, estamos coletando informações sobre como a disponibilidade de peças afeta a compra para que possamos calcular o efeito que isso tem."

Uau. Maxine está impressionada. Ela nunca tinha visto nada desse trabalho e adorou o que eles criaram.

E, embora Mark tenha se desculpado pelo aplicativo, Maxine o acha muito bom. Ela se surpreende com a aparência da maioria dos aplicativos móveis, apresentando uma quantidade incrivelmente rica de informações — até mesmo o da Parts Unlimited. Ela está acostumada com a engenharia de protótipos que ela e outros desenvolvedores constroem, que se parecem mais com os sites da década de 1990. É claro que a equipe de aplicativos móveis tinha designers profissionais trabalhando neles. Os consumidores exigem agora esse refinamento. Se um aplicativo parecer ruim, eles provavelmente não o usarão, muito menos o abrirão uma segunda vez.

"Todas essas mudanças já foram enviadas para as lojas de aplicativos. Tudo o que precisamos fazer para habilitá-los para os clientes é apertar um botão", diz ele. "Também estamos registrando uma tonelada de dados a mais no Narwhal para ajudar as equipes de Marketing a realizar experimentos. Estamos especialmente interessados no que exatamente deve e não deve ser apresentado ao usuário nos resultados da pesquisa e nas páginas do produto para aumentar as taxas de conversão. O desempenho do Narwhal é incrível — nada disso retarda a experiência do usuário."

Ele continua: "Fizemos centenas de iterações internamente e estamos prontos para usar toda a telemetria do usuário para realizar experimentos com clientes reais. Nunca fomos capazes de fazer algo assim. Essa foi uma experiência fantástica para mim e para minha equipe. Continuem com o ótimo trabalho!"

Maggie agradece a Mark, e todos aplaudem em agradecimento, então ela se vira para a sala novamente. "Vocês acabaram de ver demonstrações do progresso que estamos fazendo. Tudo isso nos dá a confiança de que conseguiremos realizar algumas promoções emocionantes de Ação de Graças.

"Passamos o mês tentando chegar às melhores promoções, fatiando e cortando os dados de muitas maneiras diferentes", continua ela. "Conseguimos ativar vários recursos de computação na nuvem para fazer os cálculos necessários. Iniciamos a execução de relatórios de recomendações todas as noites e acionamos centenas de instâncias de computação até terminarmos e, em seguida, as desligamos. Temos feito isso nos últimos quatro dias e tudo está funcionando bem — muito bem. Certo, Brent? Certo, Shannon?"

Brent e Shannon estão sentados na frente da sala, e estão radiantes. Maxine está satisfeita com o fato de Brent, em particular, ter investido tanto no resultado. Ela nunca o viu tão feliz e se divertindo tanto, o que a faz pensar no

Segundo Ideal. E Shannon está orgulhosa de fazer o Pantera decolar. De forma alguma as equipes teriam gerado essas promoções sem essa nova plataforma.

O Pantera já estava fazendo uma grande diferença na forma como as equipes trabalhavam com os dados. Erros em uploads de dados foram detectados imediatamente por meio de testes automatizados. As equipes podem acessar facilmente quaisquer dados de toda a organização e adicionar facilmente novos dados, contribuindo com todo o conhecimento coletivo, que pode ser aproveitado para experimentar e testar novas ideias. Ele permitiu que vários novos relatórios e análises fossem conduzidos, aproveitando uma incrível variedade de ferramentas, muitas das quais Maxine nunca ouvira falar.

E, para a surpresa de Maxine, até mesmo o resultado dessas descobertas e experimentos está retornando à plataforma de dados Pantera, enriquecendo ainda mais os dados já existentes. Ver e divulgar aprendizados, conforme o Terceiro Ideal de Erik: Aprimoramento do Trabalho Diário.

Maggie mostra um slide com vários produtos. "Estas são as promoções do Unicórnio, geradas para a minha conta de cliente. Como podem ver, ele analisou meu histórico de compras e me informa que os pneus e baterias para neve estão com 15% de desconto. Na verdade, fui ao nosso site e comprei os dois porque preciso deles. A empresa só ganhou dinheiro porque temos um excesso desses itens em estoque, e eles têm altas margens de lucro.

"E aqui estão as promoções do Unicórnio para o Wes", continua ela, indo para o próximo slide com um sorriso. "Você ganhou um desconto em pastilhas de freio de corrida e aditivos de combustível. Isso é do seu interesse?"

"Nada mal", grita Wes.

"Dado o incrível sucesso desses experimentos iniciais, aqui está a minha proposta", diz Maggie. "Conforme planejado, gostaria de fazer uma campanha por e-mail para 1% de nossos clientes, para ver o que acontece. Se tudo correr bem, estaremos a todo vapor na Black Friday."

Maggie analisa a liderança de Ops. "Parece um ótimo plano", diz Bill. "Wes, há alguma razão para não fazermos isso?"

Na frente da sala, Wes diz: "Da perspectiva das Ops, não consigo pensar em nenhuma. O trabalho já foi feito. Se Chris, William e Marketing têm confiança de que o código está funcionando, eu digo, vá em frente."

Maggie comemora e diz: "Pessoal, temos um plano. Vamos fazer acontecer!"

Maxine está vibrando com todos os outros. De repente curiosa, ela olha em volta — novamente, Sarah não está em lugar nenhum. Ela não gostaria de estar aqui em um momento como este, de repente até para levar todo o crédito? Sua ausência é conspícua. E isso deixa Maxine nervosa.

CAPÍTULO 15

• *Terça-feira, 25 de novembro*

Apesar do clima feliz, todos sabem que estão longe de estarem preparados para as promoções da Black Friday. Como Maggie disse, o plano é fazer um teste com um pequeno subconjunto de clientes para testar sua prontidão para a campanha em grande escala na sexta-feira — então, às 11h, eles conduzirão uma campanha para apenas 1% dos clientes. Eles a farão no meio do dia porque todos já estarão no escritório e conseguirão responder rapidamente às emergências. Isso os ajudará a encontrar vulnerabilidades e pontos fracos no processo para que os corrijam antes de sexta-feira.

Para Maxine, essa decisão por si só mostra o quanto a organização mudou. Alguns meses atrás, eles não teriam feito nenhum teste. E certamente teriam programado a campanha para começar à meia-noite, exigindo que as equipes virassem a noite no escritório.

Às 9h, todos estão na sala de guerra, lidando furiosamente com os detalhes de última hora da preparação para o minilançamento de 1%. A equipe Orca ainda está ajustando as ofertas do cliente. Maxine fica um pouco alarmada ao saber que eles ainda estão decidindo qual porcentagem da base de clientes almejam — mas, se eles não estão em pânico, ela também não ficará. Eles conquistaram esse nível de confiança nas últimas semanas.

Mesmo que estejam enviando e-mails para apenas 1% da lista de mala direta de clientes, as apostas ainda são enormes. Eles enviarão cerca de 100 mil e-mails para todos os perfis da persona, não apenas os Mantenedores Meticulosos e os Mantenedores Tardios Catastróficos, para saber como cada segmento responde.

Inúmeras coisas ainda podem dar errado. Se a taxa de resposta não estiver no mesmo patamar de seus primeiros experimentos, todas as esperanças e sonhos ao montar no Projeto Unicórnio serão destruídos. Se promoverem os itens errados, ou se esses itens não estiverem em estoque, ou se atrapalharem o atendimento, eles irritarão os clientes.

Essa campanha representa muitas novidades para a Parts Unlimited. É a primeira vez que os e-mails abrem o aplicativo móvel se forem lidos em um smartphone. É a primeira vez que apresentam promoções por meio do aplicativo — as pessoas que o têm receberão uma notificação sobre essa oferta por tempo limitado, que a equipe de Promoções acredita que terá taxas de resposta mais altas até mesmo do que seus e-mails cuidadosamente projetados.

Durante a última semana, eles realizaram experimentos contínuos com o aplicativo móvel, concentrando-se no que maximiza as taxas de conversão, como apresentar itens promovidos de maneira diferente, usando imagens, tamanhos de imagens, tipografia e direitos autorais diferentes. Essas lições e aprendizados foram considerados para as campanhas de e-mail.

Os resultados de todos esses experimentos foram despejados no Pantera para orientar a próxima rodada de experimentos e testes, com todas as atividades do cliente dentro do aplicativo. Eram muitos dados, mas deixaram a equipe de análise ansiosa por mais. O apreço das pessoas pela plataforma de dados Pantera continuou crescendo.

A equipe do aplicativo móvel também tem trabalhado sem parar para garantir que as coisas sejam exibidas corretamente e que os botões façam o que devem, mas também estão tentando agilizar o processo de compra o máximo possível. Percebendo que muitos clientes desistiram quando solicitados a fornecerem um cartão de crédito, eles licenciaram alguma tecnologia para inserir essas informações usando a câmera do telefone e oferecendo diferentes opções de pagamento, como PayPal e Apple Pay, na esperança de que uma delas reduza as taxas de desistência de pedido.

A grande aposta é que todo esse investimento no aplicativo móvel resulte em vendas significativamente maiores do que apenas usando o navegador do smartphone. É uma aposta, mas estudada, feita por uma organização que está aprendendo óbvia e constantemente.

Mas o tempo de preparação e prática acabou; agora é a hora do jogo, pensa Maxine. Ela vê muitas das equipes de tecnologia começando a se reunir, mas a equipe de dados do Narwhal já está amontoada em torno de suas telas, examinando listas de verificação e sussurrando em todo canto, certificando-se de que tudo pode lidar com o tráfego que eles esperam. Na última semana, Brent e sua equipe testaram todo o sistema, fazendo com que partes do cenário tecnológico explodissem rotineiramente. E então, em uma necropsia sem culpa, todos trabalhariam juntos para descobrir como consertar as coisas para que sobrevivessem ao lançamento real.

Os resultados desses exercícios de "Engenharia do Caos" resultaram em revoluções surpreendentes. Mas todos têm trabalhado com afinco, tentando garantir que estejam o mais preparados possível para o grande evento de lançamento. Há alguns dias, uma pequena execução de teste do processo de geração de ofertas travava porque não aumentava os limites de um serviço externo que usavam. Eles adquiriram o hábito de reduzir tudo para economizar custos, e alguém se esqueceu de aumentar a escala antes do teste.

Ainda temos muito a aprender antes de sermos especialistas nisso, pensa Maxine. Às vezes, é difícil saber quem trabalha em qual equipe, porque as pessoas atuam em várias delas. Quando todos souberem quais são os objetivos, como previu Erik, as equipes se auto-organizarão para melhor alcançá-los. Para Maxine, tem sido incrível ver como as pessoas estão agindo e reagindo umas às outras, especialmente quando pensa no grande lançamento do Fênix, há dois meses. Pessoas de diferentes áreas — Dev, controle de qualidade, Ops, segurança e agora até mesmo dados e análise — têm trabalhado juntas diariamente como colegas de equipe em vez de adversários. Estão trabalhando focadas em um objetivo comum. Elas perceberam que estão em uma jornada de aprendizado e de exploração, e que cometer erros é inevitável. A criação de sistemas cada vez mais seguros e a melhoria contínua agora são vistas como parte do trabalho diário. *Isso é digno do Terceiro Ideal, Aprimoramento do Trabalho Diário, que Erik pintou há muitas semanas*, pensa Maxine.

Graças ao trabalho pioneiro do Data Hub, o código agora está sendo promovido para produção várias vezes por dia, de maneira tranquila, rápida e, principalmente, sem incidentes, com quaisquer problemas sendo resolvidos rapidamente e sem culpa ou crise indevida. Mesmo agora, Maxine vê que há implantações de produção acontecendo, já que as equipes estão promovendo mudanças de última hora para garantir o sucesso do minilançamento.

Vinte minutos atrás, alguém notou que uma API retornava um monte de erros HTTP "500". Aparentemente, ontem, alguém cometeu uma mudança de código que acidentalmente classificou incorretamente os erros "400" causados pelo usuário como erros causados pelo servidor "500". Wes fez uma reunião, e Maxine ficou surpresa quando ele recomendou fazer uma correção, embora faltasse menos de uma hora para o minilançamento.

"Se não consertarmos esses erros, eles ocultarão sinais importantes se houver um problema real", disse ele. "Provamos repetidamente que podemos realizar essas mudanças de uma linha com segurança."

A melhor parte foi que um desenvolvedor detectou o erro e induziu a correção. *Finalmente confiamos nos desenvolvedores*, pensa ela. Se alguém tivesse dito a ela há um mês que Wes apoiaria algo assim, ela nunca teria acreditado.

E, o melhor de tudo, os piores temores de Maxine sobre os desenvolvedores enlouquecerem e arruinarem a integridade dos dados na plataforma Narwhal não se materializaram. Deixadas por conta própria, as equipes de Dev muitas vezes otimizam tudo ao seu redor. Essa é apenas a natureza limitada e egoísta das equipes individuais. *E é por isso que precisamos de arquitetos*, pensa Maxine.

Como eles forneceram acesso aos dados por meio de APIS versionadas, as coisas permaneceram sob controle, e as equipes puderam continuar trabalhando de forma independente. Maxine não está apenas aliviada — está exultante. Eles projetaram essas plataformas para otimizar o sistema como um todo, e garantir a segurança e a proteção de toda a organização.

"Enviando e-mails e notificações para os aplicativos móveis em 3, 2, 1... agora. Lá vamos nós, pessoal", diz o coordenador de lançamento de Marketing com a voz calma. Maxine olha para o relógio, são 11h12. E-mails e notificações de aplicativos móveis agora estão sendo enviados para os 100 mil clientes.

O lançamento está começando doze minutos atrasado por causa de alguns problemas inesperados — um problema de configuração foi encontrado nos sistemas Narwhal e alguém percebeu que havia muitos endereços de e-mail na campanha, exigindo recálculo e regeneração da lista de e-mail no Pantera. Maxine fez um sinal de positivo para Shannon quando as equipes do Unicórnio rapidamente geraram e carregaram os novos dados em tempo recorde.

Por um lado, Maxine está um pouco irritada por esses detalhes terem sido detectados tão tarde no processo do lançamento. Mas, por outro lado, é para isso que servem os ensaios e por isso que todos estão reunidos na sala de guerra. Todos que precisavam fazer esse tipo de ligação de última hora estão aqui e concordam que faz sentido. Maggie, Kurt, os líderes da equipe e muitos outros estão reunidos aqui, bem como Wes e pessoas-chave de Ops.

Maxine olha em volta. De novo, Sarah não está em lugar nenhum. Maxine se pergunta se ela é a única que suspeita que Sarah possa fazer algo errado.

Ela volta sua atenção para o que todos os outros na sala estão assistindo — o grande monitor pendurado na parede. Todo mundo está prendendo a respiração. Na tela, há vários gráficos, dominados pelo número de e-mails enviados e o funil de pedido: isso mostra quantas pessoas visualizaram a página de um produto, adicionaram-no ao carrinho de compras, clicaram no botão de finalização da compra, tiveram seus pedidos processados e atendidos. A parte inferior mostra onde estão ocorrendo as maiores quedas, bem como o número de pedidos e de receitas reservadas.

Abaixo desses gráficos, há as métricas de desempenho técnico: cargas de CPU para todos os vários clusters de computação, número de transações sendo processadas pelos serviços e bancos de dados, tráfego de rede e muito mais.

Ela via vários picos associados aos cálculos massivos habilitados pelo Pantera. Mas, agora, a maioria dos gráficos está em zero. Vários dos gráficos da CPU estão em 20%. Esses são os serviços que precisam ficar aquecidos para evitar que durmam. Em um de seus ensaios de lançamento, eles ficaram horrorizados quando isso aconteceu com um sistema-chave, levando seis minutos para que o sistema fosse ativado e escalado.

Nada acontece. Um minuto se passa. Mais outro. Maxine está começando a ficar preocupada com que o lançamento tenha sido um fracasso. Talvez algo terrível tenha acontecido na infraestrutura. Ou talvez algo terrível impediu o recebimento dos e-mails. Ou talvez seus piores temores sobre recomendações terríveis tenham se tornado reais, e eles acidentalmente enviaram ofertas de pneus para neve a pessoas que não moram perto da neve.

Maxine suspira alto de alívio quando o gráfico de visualizações da página do produto de repente salta para dez, vinte, cinquenta... e continua subindo.

Todos comemoram, incluindo Maxine. Ela está olhando para as métricas técnicas, rezando para que a infraestrutura não caia como durante o lançamento do Fênix. Ela fica aliviada quando as cargas da CPU começam a subir pela placa, mostrando que as coisas estão realmente sendo processadas.

Minutos depois, quase 5 mil pessoas estão em vários estágios do funil de pedidos. *Até agora tudo bem*, pensa Maxine, vendo os números subir. De novo, as pessoas comemoram, à medida que o número de pedidos processados continua subindo... Dez pedidos concluídos, depois vinte, e segue. Para sua empolgação, a receita gerada com essa campanha ultrapassou US$1.000.

Tudo está funcionando conforme planejado. Ela sorri ao ouvir alguns aplausos em toda a sala, mas continua olhando para o gráfico.

Seu rosto fica mais sério. O gráfico do número de pedidos concluídos se estabilizou, estagnou em 250. Ela olha os outros gráficos para ver se eles estão travados, mas ainda estão subindo. Maxine vê um monte de gente aglomerada em volta da TV, apontando para o gráfico parado.

Definitivamente, há algo de errado.

"Silêncio, pessoal!", grita Wes. Ele permanece em silêncio por alguns instantes antes de se virar e finalmente dizer: "Preciso que vocês façam pedidos de produtos na web e no celular e me digam o que está acontecendo. Algo está impedindo que os pedidos sejam processados!" Maxine já está com o aplicativo aberto no smartphone. Ela clica no botão "Adicionar ao carrinho de compras" e pisca surpresa. Ela grita: "O aplicativo móvel trava quando você adiciona um item ao carrinho de um iPhone... o aplicativo trava e desaparece."

"Droga", ela ouve alguém dizer do outro lado da sala. Outra pessoa grita: "Recebi uma mensagem de erro no Android. Vejo uma caixa de diálogo que diz: 'Ocorreu um erro'."

Bem ao lado dela, Shannon grita: "O carrinho de compras da web está gerando um erro — a página da web é renderizada depois que você clica em enviar, mas gera uma página em branco! Acho que algo no backend está errando quando questionamos se os itens estão disponíveis para envio."

Wes diz da frente da sala: "Obrigado, Shannon. Obtenha todas essas imagens no canal #launch. Pessoal, escutem. Estamos recebendo erros em todas as plataformas de cliente — Shannon acha que é uma das chamadas de backend que fazemos: talvez a chamada de API 'disponível sob encomenda' ou 'disponível para envio imediato'. Alguém tem alguma ideia?"

Maxine entra em ação, apreciando o quão bom Wes é em comandar a sala de guerra. *Sim, ele é rabugento*, pensa ela, *mas lidou com mais interrupções do que todos os outros na sala juntos.* Esse tipo de experiência durante esse lançamento de alto risco é uma coisa muito boa. *Nós, desenvolvedores, somos ótimos no que fazemos, mas esses tipos de crises fazem parte do cotidiano das Ops.*

Não demorou muito para confirmar que a hipótese de Shannon está correta — era um problema nos sistemas backend de entrada de pedidos. Todos os sistemas naquele cluster estão vinculados a 100% uso da CPU; infelizmente, o sistema que está sendo atingido faz parte do ERP principal, que lida com as principais finanças da empresa. Está em execução há mais de trinta anos, mas está preso em uma versão que já tem quase quinze. Foi tão personalizado que ficou impossível atualizá-lo. Pelo menos, é colocado em hardware mais novo a cada cinco anos. Mas não há como usar mais núcleos de CPU para acelerá-lo.

Aparentemente, mesmo a pequena promoção de 1% está causando o backup. Maxine vê que as consultas estão demorando cada vez mais para retornar e os pedidos, expirando. Todos esses clientes reenviaram pedidos, fazendo com que as solicitações sobrecarregassem o banco de dados backend.

"Problema de manada", murmura Wes, referindo-se a quando às novas tentativas simultâneas travam um servidor. "Não podemos fazer nada no backend. Como fazemos todos os clientes desistirem das novas tentativas?"

"Não podemos mudar os aplicativos móveis, mas podemos fazer com que os servidores de e-commerce esperem mais antes de tentar novamente", diz Brent. Wes aponta para Brent, e Maxine e diz: "Faça isso."

Maxine e Brent trabalham com as equipes de e-commerce para enviar novos arquivos de configuração para cada servidor da web. Eles conseguem colocar todas essas mudanças em produção em menos de dez minutos.

Felizmente, isso é suficiente para evitar o desastre. Maxine observa aliviada as taxas de erro do banco de dados diminuírem, e o número de pedidos concluídos aumentar de novo. Várias outras coisas dão errado nas próximas duas horas, mas nenhuma é tão impressionante quanto o problema do servidor "disponível sob encomenda", com que Brent e ela tiveram que lidar.

E, 45 minutos depois, eles ultrapassam a meta de 3 mil pedidos concluídos, arrecadando US$250 mil em receita, e os pedidos ainda estão chegando com força. Maggie deve ter escapado, porque, duas horas depois, Maxine a vê voltando para a sala com um bando de pessoas carregando garrafas de champanhe. Maggie abre uma e serve as taças, entregando a primeira a Maxine.

Depois que todos estão com as taças em mãos, Maggie levanta a dela com um grande sorriso. "Caramba, todo mundo. Que dia! E que esforço coletivo incrível! Quero compartilhar com vocês alguns dos primeiros resultados e, uau, são ótimos... as pessoas continuam respondendo às promoções, mas, a essa altura, quase 1/3 respondeu à nossa campanha. Essa é, sem dúvida, a maior taxa de conversão que já alcançamos por, pelo menos, um fator de cinco!"

Ela pega seu smartphone e olha para a tela. "Aqui estão alguns cálculos iniciais da equipe. Mais de 20% das pessoas que receberam a oferta foram ver os produtos que recomendamos e mais de 6% compraram. Nunca vimos números assim! Obrigada a todos que ajudaram a fazer isso acontecer.

"E, lembrem-se, quase todos os itens que promovemos são de alta margem ou estavam nas prateleiras acumulando poeira. Portanto, cada venda que fizemos hoje terá um efeito extraordinário nos lucros!" Maggie brinda e esvazia sua taça. Todo mundo ri e segue o exemplo.

Ela diz: "Com base nesses resultados, a campanha promocional do Unicórnio para toda a nossa base de clientes na Black Friday é um GO! Se os resultados estiverem próximos do que vimos nessa campanha de teste, teremos uma temporada de férias explosiva...

"Ah, só um lembrete, essa é uma informação privilegiada. Se a usarem para operar ações da Parts Unlimited, vocês podem ser até presos. Dick Landry, nosso CFO, me disse para avisar que ele ajudará na acusação, de acordo com o contrato de trabalho", diz ela, e depois sorri. "Mas, dito isso, não há dúvida de que vamos *detonar* na Black Friday!"

Todos comemoram ruidosamente, incluindo Maxine. Maggie faz um gesto para que todos se acalmem, e pede que Kurt e Maxine falem. Maxine ri, gesticulando para que Kurt vá. Ele diz: "Que esforço incrível, pessoal! Estou tão orgulhoso! Maxine?"

Maxine não quer dizer nada, mas, encurralada assim, ela se levanta e ergue o copo. "Um brinde à Rebelião, mostrando à ordem antiga e poderosa como o trabalho de uma engenharia fenomenal é feito!"

De novo, todos aplaudem e riem. Quando tudo acaba, Maxine diz: "Tudo bem, chega disso. Na Black Friday, podemos esperar cem vezes mais carga do que hoje. Certamente teremos muitos problemas que nunca nem vimos, portanto, temos muito trabalho de agora em diante. Vamos descobrir a melhor forma de nos prepararmos para isso."

Kurt acrescenta: "Quero mandar o maior número possível de pessoas pra casa na hora certa amanhã, visto que é Ação de Graças na quinta-feira. Vamos nessa. E precisaremos de pessoas no escritório na sexta-feira para apoiar o lançamento." Eles concordam em escalonar os e-mails e as notificações de aplicativos móveis para evitar que os sistemas sejam bloqueados de uma vez e para proteger melhor os servidores backend, inesperadamente delicados. Brent teve a ideia de reconfigurar os balanceadores de carga para limitar a taxa de transações. Isso causará erros no aplicativo móvel e nos servidores de e-commerce, mas todos concordam que é muito melhor do que os sistemas backend travando.

"Vamos cuidar disso. Estamos bem preparados, a tempo para o Dia de Ação de Graças!", diz Brent com um grande sorriso. "Feliz Dia de Ação de Graças, pessoal!"

Como Brent previu, todo o trabalho foi concluído antes das 17h do dia seguinte. Com poucas exceções, as pessoas começam a sair. Maxine está circulando, tentando enxotar os retardatários de volta para casa. É véspera de Ação de Graças, e Maxine quer sair às 17h30. Ela está orgulhosa de ter convencido até Brent a ir.

Uma equipe que não pôde sair foram os analistas de dados. Agora que o teste de 1% provou ser um sucesso estrondoso, eles tinham que terminar de gerar todas as recomendações para milhões de clientes até sexta-feira. As cargas de computação resultantes no Pantera continuam crescendo, e eles continuam atualizando os dados de promoções na plataforma de dados Narwhal. Sorrindo, Maxine pensa: *Estamos acumulando uma conta enorme com os provedores de computação em nuvem, mas absolutamente ninguém no Marketing está reclamando, porque os benefícios para os negócios são espetaculares.*

Ela se inclina para se despedir de Kurt, mas congela no meio do caminho, quando vê Sarah tendo uma discussão acalorada com ele.

"... e eu ando em volta deste prédio depois das 17h, e quase não tem ninguém aqui. Kurt, não sei se você percebe, mas a empresa está à beira da extinção. Precisamos de todos fazendo sua parte", diz Sarah, furiosa com a indignação. "Precisamos de algumas horas extras obrigatórias. Compre mais pizza para eles, e eles ficarão felizes em ficar e fazer o trabalho necessário.

"E como se isso não fosse ruim o suficiente", continua ela, "acabei de ver um monte de pessoas sentadas lendo livros! Não pagamos pessoas para ler, pagamos para trabalhar. Isso deve estar bem claro, certo, Kurt?" Kurt permanece inexpressivo.

"Você vai ter que falar sobre isso com Chris. Banir livros do local de trabalho está além da minha alçada." Ela olha feio para ele e sai furiosa.

Kurt faz um gesto para Maxine, indicando que ele quer se enforcar. "É tão estranho", diz ele. "Ela acha que pagamos aos desenvolvedores apenas para digitar, em vez de pagá-los para pensar e obter resultados de negócios. E isso significa que lhes pagamos para aprender, porque é assim que vencemos. Já cogitou proibir livros no trabalho?", diz ele, rindo e meneando a cabeça.

Maxine apenas encara Kurt. As crenças de Sarah são o extremo oposto do Terceiro Ideal, Aprimoramento do Trabalho Diário, e do Quarto Ideal, Saúde Mental. Maxine sabe que a única maneira de terem alcançado tudo o que tinham era criando uma cultura na qual as pessoas se sentissem à vontade para experimentar, aprender e cometer erros, e na qual as pessoas reservassem um tempo para descobertas, inovações e aprendizado.

"Nem tenho o que dizer, Kurt. Avise-me se você a convencer", diz Maxine com um sorriso, acenando para se despedir. "Feliz Dia de Ação de Graças!"

Maxine tem um Dia de Ação de Graças fantástico. É o primeiro desde que seu pai morreu, e ela gosta de receber todo mundo, mesmo que fique disfarçadamente conferindo no celular os preparativos para a Black Friday.

O ponto alto do Dia de Ação de Graças é quando Waffles, agora não tão pequeno, pesando 18kg, pega um grande pedaço de peru da mesa na frente de todos, para horror de Maxine. Foi a primeira vez que ele fez isso, jura Jake.

Todo mundo ajuda a limpar as coisas depois, e Maxine vai para a cama cedo. Ela precisa estar no escritório na manhã seguinte.

Às 3h30, ela está no escritório com o resto da equipe. As equipes técnicas examinaram a lista de verificação de lançamento, preparando-se para o aumento da demanda que começaria em algumas horas. Eles pegam outra sala de conferências para as equipes estendidas, que não cabem na primeira. É um evento muito maior do que o teste de 1% que executaram na terça-feira. Cada sala de conferências tem uma configuração semelhante de grandes mesas em forma de U com cerca de trinta pessoas sentadas. Ela começa o dia na sala com as equipes técnicas.

Na sala de guerra estendida, estão as equipes Narwhal e Orca, ao lado da equipe de monitoramento, as equipes de front-end da web, as equipes móveis e as inúmeras equipes de serviço de backend responsáveis por produtos, preços, pedidos e atendimento. Há muitas outras em espera na sala de bate-papo.

Todos os serviços devem ser executados perfeitamente para que os produtos sejam apresentados a um cliente e para que os pedidos sejam feitos. No enorme monitor de TV na parede, há gráficos mais técnicos, que mostram visitas ao site, estatísticas nas páginas dos produtos principais, verificações de funcionalidade e erros recentes de todos os serviços representados na sala.

Na sala de guerra primária, eles instalaram uma segunda TV, na qual algumas dessas métricas técnicas são exibidas. E, hoje, eles têm mais representantes da liderança de negócios e de tecnologia, toda a equipe Unicórnio e Promoções, e até mesmo pessoal de Finanças e Contabilidade. Todos os que importam estão aqui para ver o andamento da campanha.

Às 4h30, Maxine está saindo com Kurt e Maggie na sala de guerra principal. Ela está procurando algo para ajudar, mas todos parecem saber o que estão fazendo. Nesse ponto, tudo o que ela pode fazer vai atrapalhar. Faltam trinta minutos para o início do lançamento da campanha.

Sarah também está aqui. Pelo que Maxine percebe, ela parece brigar com alguém sobre os preços e a cópia promocional de uma das ofertas. Maggie também está no amontoado, não parecendo feliz, dizendo: "Olha, eu sei que queremos que as ofertas sejam perfeitas, mas o momento de fazer alterações foi ontem. O risco de fazer alterações na cópia é muito alto para algo que vai para muitas pessoas. Isso pode atrasar o lançamento em mais uma hora."

"Isso pode ser bom para você, mas não basta para mim. Conserte isso. Agora", diz Sarah, cortando qualquer discussão adicional.

Maggie suspira e vai embora, juntando-se a Kurt e Maxine. "Teremos que fazer algumas mudanças", diz ela, revirando os olhos. "Elas vão atrasar o lançamento em, pelo menos, uma hora."

"Vou avisar às equipes técnicas aqui ao lado", diz Kurt, fazendo uma careta ao sair da sala.

Uma hora depois, as coisas estão finalmente prontas. Maggie pergunta da frente da sala: "Se não houver objeções, vamos lançar às 6h. Daqui a 15 minutos."

Quando o lançamento começa, Maxine está na sala de guerra, assistindo ao grande monitor de TV, como todos. Em 2 minutos, mais de 10 mil pessoas acessaram o site e estão passando pelo funil de pedidos, e as taxas de chegadas continuam subindo. E, novamente, todas as cargas da CPU começam a subir, muito mais altas do que no lançamento de teste.

As pessoas aplaudem quando os pedidos concluídos passam de 500. Maxine fica surpresa com a escalada de clientes mobilizados com o lançamento.

Ela prende a respiração, esperando que todo o trabalho árduo de endurecer seus sistemas tornasse esse lançamento entediante. Ela observa enquanto o número de pedidos aumenta... até que se estabilizam, como na terça-feira.

"Droga, droga", murmura Maxine. Definitivamente, algo está errado de novo. E na mesma parte do funil de pedido. Algo está impedindo as pessoas de finalizarem a compra do carrinho de compras.

Wes grita: "Alguém me diga o que há de errado com o carrinho de compras! Quem tem dados ou mensagens de erro relevantes?"

Shannon é a primeira a falar. Maxine aprecia a incrível habilidade dela de sacar tudo. "O carrinho de compras da web está gerando um erro. As opções de preenchimento não estão sendo mostradas! Algum serviço de atendimento está falhando, postando uma captura de tela na sala de bate-papo."

Alguém do outro lado da sala grita: "Aplicativo móvel iOS travando de novo." Wes pragueja. O gerenciador de Dev de aplicativos móveis pragueja.

De repente, Maxine desliga tudo, porque, naquele momento, ela de repente tem medo de que talvez o Data Hub esteja causando o problema. Ela ainda está tentando pensar nisso quando ouve alguém da equipe móvel gritar: "Wes! O aplicativo travou depois de apertar o botão de finalização de compra, no momento em que deveria apresentar os detalhes da transação. Acho que uma chamada para um serviço de backend expirou. Achei que havíamos consertado todos os pontos em que isso aconteceria, mas esquecemos algum. Estamos tentando descobrir qual chamada de serviço causa o problema."

"Isso poderia ser uma chamada para o Data Hub?", sussurra Maxine para Tom.

"Não tenho certeza", diz Tom, pensando. "Não acho que haja nenhuma chamada direta do aplicativo móvel para nós..."

Em seu notebook, Maxine puxa os logs do serviço Data Hub de produção procurando algo incomum, grata por poder fazer isso sozinha agora. Ela vê alguns eventos de pedidos recebidos, que geram quatro chamadas de saída para outros sistemas de negócios. Todos parecem estar tendo sucesso.

Não vendo nada, ela volta sua atenção para a frente da sala barulhenta, onde Wes, Kurt e Chris estão reunidos. Vendo que eles estão discutindo, Maxine se junta a eles. Ela ouve Wes perguntar: "... então o que *está* falhando?"

Chris e Kurt conversam, e Wes aparentemente perde a paciência. Ele se vira para a sala inteira e grita acima de toda a comoção: "Ouçam todos! Algo no caminho da transação entre abrir o carrinho de compras e concluir o pedido está falhando. Maxine, quais são os nomes de cada uma dessas transações e chamadas de serviço?"

Embora ela fique surpresa com a solicitação, rapidamente recita onze chamadas e serviços de API por trás dele. Brent grita mais três. "Obrigado, Maxine e Brent", diz Wes.

Virando-se para a sala, ele grita: "Ok, pessoal, provem-me que cada um desses serviços está funcionando!"

Minutos depois, eles descobrem o problema. Quando um cliente visualiza o carrinho de compras, são apresentados os detalhes do pedido, as opções de pagamento e as opções de envio. Quando tudo estiver correto, o cliente clica no botão "Fazer pedido".

Aparentemente, ao exibir essa página no aplicativo móvel e na web, uma chamada é feita para um serviço de backend para determinar quais opções de envio estão disponíveis com base em sua localização, como remessa aérea e terrestre no dia seguinte, bem como provedores como UPS e FedEx.

Esse serviço chama um monte de APIs externas dos fornecedores de remessa, e algumas delas estão falhando. Brent suspeita que eles estejam com uma taxa limitada por um deles, porque nunca receberam tantas solicitações da Parts Unlimited como estas.

Maxine não consegue acreditar que um serviço que parece tão trivial está prejudicando todo o lançamento. Ela sorri e nota isso, porque sabe que provavelmente este será o novo normal. *Mas, para algo tão essencial para a missão, não devemos depender de serviços externos*, pensa ela. *Precisamos lidar bem com a situação quando eles estiverem fora do ar ou quando nos travarem.*

Maxine se junta aos líderes da equipe de tecnologia, amontoados na frente da sala. Ela sugere: "Quando temos falhas de API de envio, talvez apresentemos apenas a opção de envio terrestre. Sabemos que esse tipo de envio está sempre disponível... Ideias?"

O líder da equipe de serviço de atendimento acena com a cabeça, e rapidamente resolvem os detalhes com Wes e Maggie. Eles decidem que, com efeito imediato, se não puderem obter informações de todas as transportadoras, apresentarão a remessa terrestre como única opção.

Afinal, é melhor anotar o pedido e enviá-lo lentamente em vez de retornar uma página de erro.

O líder da equipe diz: "Dê-nos dez ou quinze minutos para mudarmos o código. Vou mantê-los informados", e sai correndo da sala.

Dez minutos depois, Maxine está andando de um lado para o outro, esperando que a equipe de atendimento anuncie que a correção está sendo feita. Quando isso acontecer, todos vão aplaudir e comemorar. Ela ainda está esperando quando alguém grita: "Wes! As solicitações de página do servidor web estão expirando, e os servidores front-end estão travando! Não são erros '404'. Dois servidores estão reiniciando, e os clientes estão começando a obter erros de 'Não é possível conectar!'"

Maxine olha para os painéis e fica chocada com o que vê. Todo o farm de servidores da web está fixado em 100% de utilização da CPU, com alguns deles eliminados porque travaram fortemente. O tempo de carregamento da página passou de 700 milissegundos para mais de 20 segundos, o que é basicamente uma eternidade, e continua subindo.

Isso significa que algumas pessoas que acessam suas páginas da web não verão nada, porque as solicitações da página não estão sendo atendidas.

Wes também está olhando para os gráficos e, em seguida, tenta carregar a página da web em seu smartphone. "Confirmado. Nada carrega no meu navegador móvel. Equipe do servidor web, o que está acontecendo?", grita ele.

"Eles estão na sala ao lado", diz Kurt. "Vou lá descobrir." Maxine o segue.

Nos próximos dez minutos, eles descobrem o quão grave é o problema. Um número recorde de pessoas está acessando o site de e-commerce. Eles previram isso, e por isso Brent explodiu seu site com um exército de bots caseiros, certificando-se de que conseguiriam lidar com uma carga tão pesada.

Mas, aparentemente, negligenciaram algo importante. Eles não haviam testado com clientes reais visitando o site, aos quais eram apresentadas recomendações de produtos com base em seu perfil de cliente. Esse era um componente novo, criado na semana anterior. O componente não seria renderizado para bots, apenas para clientes reais que estivessem logados.

Conforme os clientes reais acessavam o site, esse componente fazia várias pesquisas de banco de dados nos servidores front-end, que nunca foram testadas nessa escala. Agora, esses servidores front-end estão quebrando sob a carga de acessos como um castelo de cartas.

"Preciso de ideias para manter esses servidores front-end vivos, não importa o quão loucas sejam!", diz Wes, da frente da sala. A enormidade do problema está clara para todos. E 70% de todo o tráfego de entrada é feito pela web. A maior parte do funil de pedidos ainda vem da web, e, se ela permanecer inativa, todas as metas da Black Friday cairão com ela.

"Colocar mais servidores em rotação?", alguém pergunta. Wes responde imediatamente: "Façam isso! Não, Brent, você não, você fica aqui. Designe alguém para isso... Outras ideias, pessoal?"

Mais ideias surgem, e quase todas são derrubadas. Brent diz: "É o componente de recomendação que está causando a carga incomum do servidor. Podemos desativá-lo até que o tráfego diminua?"

Maxine geme por dentro. Eles trabalharam tanto para fazê-lo funcionar, e agora talvez precisem arrancá-lo para manter o site funcionando.

"Interessante. Bem, podemos ou não?", pergunta Wes a todos na sala.

Um grupo de gerentes e líderes técnicos reúne-se com Maxine e Brent, e discutem algumas ideias rapidamente. Eles finalmente decidem apenas mudar a página HTML, comentando o componente de recomendações. Uma abordagem de força bruta que Maxine aprecia, porque nenhuma mudança de código é necessária. O líder da equipe de front-end diz: "Podemos mudar a página HTML e enviá-la para todos os servidores em dez minutos."

"Vá!", diz Wes.

Maxine observa os ombros de dois engenheiros enquanto eles modificam cuidadosamente o arquivo HTML. Eles são cuidadosos, porque um erro no HTML pode corromper o site tão completamente quanto qualquer alteração de código. Quando ele termina, eles revisam juntos, confirmam a mudança no controle de versão e iniciam o envio para a produção.

Eles ficam surpresos quando não há impacto no desempenho do front-end, mesmo após três minutos. Eles continuam esperando para ver uma mudança, mas os servidores continuam morrendo. "O que está acontecendo? O que perdemos?", pergunta o engenheiro, obviamente tentando manter a calma, confirmando continuamente que seu arquivo HTML modificado está sendo carregado no navegador.

"Posso ver suas mudanças no HTML fornecido pelo site", anuncia Maxine em voz alta. "Há outro caminho que exibe o componente de recomendações?"

Wes está assistindo por trás deles. "Pessoal, o novo arquivo HTML foi colocado em produção, mas ainda estamos recebendo uma carga excessiva na CPU. Preciso da confirmação de que o componente de recomendação ainda está sendo renderizado em algum lugar. Me deem hipóteses e ideias!"

Leva mais 4 minutos para eles descobrirem que há mais um lugar no qual renderizar o componente. Maxine observa eles enviarem outro arquivo HTML e fica aliviada quando, 60 segundos depois, a carga da CPU cai 30%.

"Parabéns, equipe", diz Wes, fazendo uma pausa para sorrir. Ele continua: "Mas isso não é suficiente para manter nossos servidores ativos. O que mais podemos fazer para reduzir a carga, pessoal?"

Mais ideias são propostas, mais ideias são eliminadas, mas algumas são implementadas de pronto. A carga do servidor finalmente cai mais 50% quando as imagens gráficas mais comuns são descarregadas de seus servidores da web locais e movidas para uma rede de distribuição de conteúdo (CDN). Isso leva quase uma hora para ser executado totalmente, mas é o suficiente para evitar que o site seja totalmente desativado.

E assim vai durante o resto do dia — centenas de coisas dando errado, algumas grandes, outras pequenas, e nunca apenas um problema de cada vez. Como em suas necropsias, eles aprendem como entendem de maneira imperfeita esse sistema incrivelmente vasto e complexo que criaram e agora devem continuar operando sob condições extremas.

As horas voam. Há momentos de sorrisos cansados e cumprimentos enquanto atos heroicos mantêm tudo funcionando. O número de pedidos concluídos continua subindo, e Maxine fica aliviada com o pico das taxas de entrada de pedidos por volta das 15h, dando às pessoas um motivo para acreditar que o pior já tenha passado.

Estranhamente, Maxine tem um breve vislumbre de Sarah parecendo azeda nas vias adjacentes — mas nem isso a incomoda. Maxine está muito orgulhosa de como suas equipes se saíram bem, lidando com todas as crises que surgiram no caminho, adaptando-se e aprendendo rapidamente. E absolutamente todos sabem que toda essa adversidade é uma coisa ótima, porque é consequência do exorbitante sucesso da promoção da Black Friday, possibilitada pelo Projeto Unicórnio.

Por volta das 16h, fica claro que o pior já passou. O tráfego de pedidos ainda é incrivelmente alto, mas 50% abaixo do pico do início do dia. O número de falhas e pseudoacidentes caiu para uma taxa menos desconcertante, e as pessoas estão realmente começando a relaxar. Como prova disso, Wes agora está usando um boné de beisebol da Parts Unlimited com um unicórnio e grandes chamas estampadas na lateral. Ele está rindo e brincando com as pessoas ao redor, distribuindo bonés para todos que passam.

Pouco antes das 17h, Maggie vai para a frente da sala, e as garrafas de champanhe e as taças plásticas são carregadas por sua equipe. Quando todos tomam uma taça, ela diz: "Que dia, pessoal! Conseguimos."

Todos comemoram, e Maxine esvazia sua taça. Ela está exausta, mas mal pode esperar para ouvir os resultados comerciais de tudo o que fizeram hoje.

"Essa foi a maior campanha digital que esta empresa já fez", diz Maggie. "Enviamos mais e-mails do que nunca. Enviamos mais notificações de aplicativos móveis do que nunca. Tivemos as maiores taxas de resposta. As maiores taxas de conversão. Tivemos mais vendas no e-commerce hoje do que em qualquer outro dia da história da empresa. Teremos a maior margem de vendas hoje do que em qualquer outro dia. O que acham do Projeto Unicórnio?"

Maxine ri e aplaude ruidosamente com todos ao seu redor.

Maggie continua: "Vai levar dias para obtermos os números finais, mas vejam na tela atrás de mim que reservamos mais de US$29 milhões em receita só hoje. Explodimos o recorde de vendas do ano passado de longe!"

Maggie olha ao redor da sala por um momento, comemora novamente e diz lentamente: "Este é um momento divisor de águas para a Parts Unlimited. É isso que temos buscado há anos. Isso mostra que até os cavalos podem fazer coisas semelhantes às dos unicórnios. Acreditem em mim, isso vai virar muitas cabeças, e nosso trabalho agora é começar a sonhar maior. Mostramos o que uma equipe incrível de negócios e tecnologia trabalhando em conjunto pode fazer e temos que elevar os sonhos, os objetivos e as aspirações da nossa liderança empresarial.

"Coisas maiores e melhores ainda estão por vir, pessoal", diz ela. "Mas, enquanto isso, todos ganhamos o direito de comemorar. Ah, isto é, quando Wes diz que é seguro comemorarmos. Kurt e Maxine, subam aqui e digam algumas palavras."

Kurt se junta a Maggie, rindo enquanto acena para Maxine se juntar a ele, na frente da sala. "Um brinde a uma equipe de tecnologia incrível que apoiou a equipe de Promoções! Corremos muitos riscos e fizemos coisas que nunca foram feitas nesta empresa. Como Maggie acabou de dizer, temos a chance de fazer uma diferença notável no desempenho da empresa."

Kurt se vira para Maxine, obviamente esperando que ela diga algo. Maxine olha para todos por um momento. "Estou muito orgulhosa de fazer parte deste esforço. Kurt está certo ao dizer que todos nós corremos muitos riscos para chegar aqui, e acho que todos nós aprendemos muito nesta jornada. Nem acredito no quanto fizemos desde que fui exilada no Projeto Fênix, há poucos meses. Trabalhar no Projeto Unicórnio foi uma das coisas mais gratificantes e divertidas que já fiz, e nunca estive tão orgulhosa como estou hoje.

"E mal posso esperar para comemorar com todos vocês esta noite, porque ouvi dizer que Kurt está comprando bebidas no Dockside. Mas há uma coisa que preciso dizer", diz ela, esperando que a empolgação das pessoas se acalme. "Por mais incrível e extraordinário o que fizemos hoje, estamos muito longe de terminar. Somos basicamente a Blockbuster, que acabou de descobrir como fazer promoções com cupons de papel. Se você acha que é o suficiente para a Parts Unlimited, você só pode estar louco!

"Maggie está certa. Estamos apenas no início da luta. Não explodimos a Estrela da Morte ainda. Não chegamos nem perto disso. Ela ainda está lá fora. O que fizemos hoje foi finalmente descobrir como fazer nossos X-wings voarem. Nosso mundo ainda está em grave perigo", continua ela. "Mas finalmente temos as ferramentas, a cultura, a excelência técnica e a liderança para vencer a luta. Mal posso esperar pelo próximo capítulo para provar que não somos Blockbusters, Borders, Toys 'R' Us ou Sears. Estamos nisso para vencer, não para virar estatística do Apocalipse do Varejo!"

Tendo dito o que queria dizer, Maxine ergue os olhos e vê a expressão de choque no rosto de todos. *Ops*, pensa Maxine, percebendo que talvez devesse ter guardado aquele discurso para uma conversa particular no Dockside. Então ela ouve Maggie dizer: "Caramba, Maxine está certa! Vou usar essa ideia com Steve e Sarah. Mal posso esperar pela segunda rodada!"

Todo mundo ri, e então as pessoas começam a aplaudir e a gritar, Maggie, mais alto que todos. Embora, com a menção de Sarah, Maxine olhe em volta, intrigada. Ela não está às vistas. *Isso é um péssimo sinal*, pensa Maxine. *Normalmente, ela estaria aqui para reclamar o crédito. Ou atacando alguém se algo desse errado.* Mas Maxine está se sentindo muito animada para se importar.

Kurt e Maxine são os primeiros a chegar ao Dockside. Eles juntam um monte de mesas e pedem um monte de jarras de cerveja para o grande grupo que se reunirá lá em breve. Kurt olha diretamente para Maxine. "A propósito, este é um ótimo momento para eu dizer o quanto aprecio tudo o que você fez. Não teríamos feito nada sem você... a Rebelião mudou quando você entrou."

Ao ouvir isso, Maxine sorri. "De nada, Kurt! Somos um grande time. E sou muito grata por você ter me colocado nessa."

Ela se senta enquanto as pessoas começam a entrar e toma um gole de seu vinho, saboreando-o completamente. Ela descobriu, algumas semanas atrás, que Erik instruiu o barman a sempre lhe servir de um estoque especial de vinho de um vinhedo de um amigo dele.

Ela pensou em comprar um monte de garrafas, mas hesitou quando descobriu quanto custava. Aparentemente, Erik subsidia drasticamente o custo para ela aqui. Ela comprou uma garrafa para ela e seu marido beberem em uma ocasião especial.

Como se soubesse que ela estava pensando no vinho, Erik chega e se senta ao lado dela. "Parabéns a vocês dois — vocês foram maravilhosos hoje. Agora, você precisa mostrar a Steve e a Dick que o futuro requer a criação de uma organização dinâmica de aprendizado, na qual a experimentação e o aprendizado fazem parte do trabalho diário de todos. É engraçado, quando Steve era VP de manufatura, ficou orgulhoso que centenas de sugestões de trabalhadores da fábrica foram colocadas em produção para melhorar a segurança, reduzir o trabalho, e aumentar a qualidade e o fluxo. Isso também é uma forma de experimentação contínua. Agora você precisa disso em um nível muito maior, livre da tirania do gerenciamento de projetos e dos silos funcionais.

"O Quinto Ideal aborda o Foco no Cliente, de forma implacável, segundo o qual você se esforça para oferecer o que é melhor para eles, em vez de buscar os objetivos mais triviais, com os quais eles não se importam, como seus planos internos de registro ou como seus silos funcionais são medidos", diz ele. "Em vez disso, perguntamos se nossas ações diárias realmente melhoram a vida dos nossos clientes, criam valor para eles e se eles pagariam por elas. E, se não o fizerem, talvez nem devêssemos executá-las."

Erik se levanta, e um dos bartenders chega com uma garrafa de vinho recém-aberta. Erik a pega e a coloca na frente de Maxine com uma piscadela. "Parabéns, Maxine. Falo com vocês mais tarde!"

Ele sai quando mais seis de seus colegas entram pela porta.

Maggie se vira para Maxine e Kurt, e pergunta: "O que foi aquilo?"

"Estou tentando entender", diz Maxine. "Mas não é nada que não possa esperar até a próxima semana. Talvez encontremos um momento para conversar mais tarde esta noite… Mas, enquanto isso, vamos comemorar!"

Na manhã seguinte, quando Maxine acorda, sua cabeça está latejando. Além da celebração no Dockside, ela e o marido tomaram mais alguns drinques enquanto assistiam à sua série de TV favorita até tarde da noite. Ela nem se lembrava de ter adormecido, tal era sua exaustão.

Ela quer voltar a dormir na manhã de sábado, mas verifica o smartphone. Há alguma conversa nas salas de bate-papo sobre um problema em andamento nas lojas. Aparentemente, os gerentes estão com problemas devido à enorme demanda por itens promovidos. Eles estavam fora de estoque, e seus pedidos de checagem levavam quinze minutos por cliente para serem feitos, tendo que inserir cada um em outro desajeitado sistema de pedidos interno.

As equipes de aplicativos das lojas foram enviadas para lá para descobrir como acelerar as coisas. Alguém acha que poderia escrever um aplicativo simples para tablet para simplificar o processo. Maxine gosta da ideia e tem plena confiança de que eles encontrarão uma solução que encantará os gerentes e a equipe das lojas. Ela sorri, satisfeita porque esse problema pode ser resolvido sem ela.

No último mês, ela passou a confiar e a respeitar seus colegas de equipe e a valorizar o que fazem.

Maxine sorri enquanto olha para os ingressos para a Comic-Con, que Jake comprou ontem para toda a família.

Ela sente o cheiro de bacon e ovos. *Jake deve estar fazendo café da manhã*, pensa ela. Talvez ela possa voltar a dormir depois de comer. *A vida continua ficando cada vez melhor.*

CAPÍTULO 16
• Sexta-feira, 5 de dezembro

Uma semana depois, Maxine está sentada na sala de conferências mais chique que já viu. Ela está no Prédio 2, onde todos os principais executivos têm seus escritórios. O prédio tem quase 70 anos, é um dos mais antigos e mais altos do campus corporativo, com paredes cobertas por painéis de madeira.

Para Maxine, é surreal ver quem está sentado à mesa. Nunca tinha estado em uma reunião com tantos executivos de alto escalão. Na cabeceira, estão Steve, Dick, Sarah e três outros executivos que ela não reconhece. Esta é a primeira vez que ela está na mesma sala que Steve e Dick, fora a reunião pública.

Maxine fica surpresa por Erik também estar sentado à mesa. Steve e Dick não lhe dão muita atenção, como se estivessem acostumados a tê-lo por perto.

Enquanto Maggie está na frente da sala se preparando para apresentar, Maxine olha ao redor, a opulência de uma época passada. Ela sente que precisa dizer a Kurt para não tocar em nenhuma das pinturas ou roubar qualquer uma das coisas chiques penduradas nas paredes.

É como se a equipe geral tivesse decidido convidar os redshirts da engenharia para os aposentos do capitão para o chá, pedindo seus conselhos sobre como implantar sua frota de espaçonaves.

O que é, ocorre a ela, o que está acontecendo. Maggie está informando os principais executivos da empresa sobre o incrível sucesso do Projeto Unicórnio, as ameaças remanescentes sobre as quais Maxine havia alertado e lhes pedindo para apresentarem suas propostas.

Quando Steve meneia a cabeça, Maggie começa sua apresentação, revisando as incríveis estatísticas da Black Friday. Embora Maxine já a tenha visto, ainda está maravilhada com Maggie. Ela está em chamas, descrevendo de forma brilhante o que a equipe fez e os resultados incríveis que geraram.

"... Toda essa atividade resultou no que vocês viram nos números oficiais de receita. Por causa da campanha da Black Friday, registramos quase US$35 milhões em receita além de nossa taxa de execução. Quase todos esses pedidos vieram da web ou de nossos aplicativos móveis", diz ela. "Por uma série de razões, acreditamos que se trata principalmente de uma receita aditiva. Ou seja, receitas que não seriam alcançadas se não fossem as campanhas. Como resultado de milhares de experimentos, analisando nossa base de clientes de uma forma que nunca tínhamos conseguido fazer. Isso foi possível graças às cinco incríveis plataformas de tecnologia que criamos e ao uso de todos os dados em nossos sistemas para fazer previsões fantásticas sobre quais promoções impulsionariam as vendas de forma mais eficaz.

"Movimentamos o estoque que estava parado nas prateleiras, por um ano ou mais, liberando o capital de giro extremamente necessário", diz ela. "Vislumbrando o futuro, supondo que possamos gerar algumas promoções igualmente empolgantes durante os feriados, acredito que cheguemos a uma receita de US$70 milhões. Isso é 20% acima do que consideram os analistas e Wall Street."

Isso gera sorrisos e um burburinho de conversa, especialmente de Dick. "Isso elevaria nossas margens líquidas a níveis que não víamos há quatro anos, Steve", diz ele. "Já faz muito tempo que não surpreendemos os analistas, no bom sentido, é claro."

Há risos em volta da mesa, e Steve dá um sorriso feliz, mas contido. As pessoas estão de bom humor, Maxine vê. Exceto Sarah, que está carrancuda, periodicamente pegando seu smartphone e digitando furiosamente para alguém.

Maxine encara Steve e Sarah, perplexa com a estranha dinâmica entre eles. Maggie continua: "Há mais boas notícias. Focamos a melhoria dos sistemas das lojas para ajudar os gerentes delas a incorporarem as práticas que sabemos que cada um deles usa. Colocamos um monte de novos recursos nos tablets que os funcionários usam, facilitando para eles verificarem a disponibilidade de peças e pedi-las de outras lojas, por exemplo.

"Talvez mais importante, em cada aplicativo para tablet, tiramos qualquer questão que diminuísse a capacidade de nossos funcionários das lojas de ajudarem nossos clientes", diz ela. "Pedíamos primeiro o nome ou o celular do cliente, obrigatoriamente. Não à toa nossos funcionários pararam de usar esses tablets!

"Nos últimos 60 dias, as vendas nas nossas lojas-piloto aumentaram quase 7%", explica Maggie. "A título de comparação, as lojas não piloto mantiveram as vendas estáveis ou foram reduzidas. Esse desempenho é extremamente notável e mostra que um melhor atendimento ao cliente possibilita mais vendas, o que sempre foi um valor central da Parts Unlimited.

"Como a maioria das empresas hoje em dia, usamos o Net Promoter Score para avaliar a satisfação do cliente. Perguntamos a eles, em uma escala de 0 a 10, qual é a probabilidade de nos recomendarem aos amigos. Os 9 e 10 são promotores; os 7 e 8, neutros; e o resto são detratores. Para calcular a pontuação, subtraímos a porcentagem de detratores da de promotores. Uma pontuação NPS de 30 é considerada boa, e, acima de 50, ótima.

"Por quase uma década, pairamos em torno de 15, o que nos coloca bem no meio dos concorrentes. Mas isso também é o que a maioria das companhias aéreas consegue, então não é algo de que nos gabamos", diz ela. "Fizemos uma pequena experiência após a promoção da Black Friday. Comparamos as pessoas que compraram um item promovido com a população em geral. Os clientes que compraram algo durante a promoção obtiveram 11 pontos a mais do que os demais. E quando você olha para as lojas-piloto com entrega e os novos aplicativos, elas oscilam quase 15 pontos acima.

"Nunca vi nada assim na minha carreira", diz ela. "Essas lojas agora estão pontuando mais alto do que qualquer um dos nossos concorrentes. Elas agora estão no mesmo nível de alguns varejistas fantásticos, como a Ikea. Para uma loja que vende fluido de limpador de para-brisa, acho isso incrível."

Ela passa ao próximo slide: "Nossos gerentes das lojas também estão relatando melhorias no engajamento e moral dos funcionários. Aqui está uma citação de um gerente que sempre releio: 'Minha equipe adora os novos sistemas internos. Uma das minhas funcionárias até chorou. Ela disse que o sistema antigo não só a fazia se sentir estúpida e desamparada, mas também frustrada, porque ela não conseguia ajudar os clientes. Muito obrigado a você e sua equipe por fazer uma diferença real para minha equipe e nossos clientes!'"

Maxine ouve murmúrios impressionados por toda a mesa. Steve sorri amplamente. "É verdade, há centenas de anos e provavelmente milhares mais: o envolvimento dos funcionários e a satisfação do cliente são as únicas coisas que importam. Se fizermos isso direito e gerenciarmos o caixa de forma eficaz, todos os outros alvos financeiros cuidarão de si mesmos."

Maxine não se contém e diz a Dick: "Como alguém que gosta de números, você acredita no que Steve disse? É uma afirmação bastante ousada, não?"

Dick sorri, como se tivesse apreciado a pergunta. "Eu acredito nisso, especialmente por ser dos números. Algumas das empresas mais reverenciadas e admiradas tiveram isso em seu apogeu, como Xerox, P&G, Walmart, Motorola... Agora, é Toyota, Tesla, Apple, Microsoft, Amazon... A forma como se atingem essas métricas mudou, mas a importância delas ainda é a mesma."

"Assim seja, Dick", diz Erik. "Muito bem, Maggie, Kurt e Maxine."

"É tão emocionante ver acontecer... realmente acho que estamos progredindo", diz Maggie, sorrindo quase tão amplamente quanto Maxine. "Guardei o melhor para o final. Seis meses atrás, tínhamos um dos piores aplicativos móveis do setor. Suponho que todos vocês tenham instalado o aplicativo, mas que ninguém passou mais do que alguns minutos nele."

Maggie sorri, olhando para os sorrisos tímidos ao redor da mesa. Ela diz: "Não fiquem sem graça, eu também não. Todos sabiam que esse era um problema real. Se não podemos criar um motivo convincente para usar o aplicativo, se não resolvermos um problema real com o qual nossos clientes se preocupam, por que o criamos?

"Passamos muito tempo estudando nossos clientes, tentando descobrir seus desejos e necessidades", diz ela. "Então, fizemos algumas apostas, olhando o que poderíamos construir para fazê-los voltar. Aqui está uma aposta que fizemos."

Ela avança para o próximo slide, mostrando a imagem de um adesivo VIN, que está em todos os carros fabricados desde 1954.

"Digitar esses números VIN é a desgraça de quase todos os funcionários da Parts Unlimited", diz ela, resultando em risadas conhecidas de toda a sala. "Todos vocês trabalharam nas lojas. Sabem como isso é difícil e propicia erros. Agora permitimos que os clientes usem seu aplicativo para criar um perfil para todos os seus carros. Eles escaneiam o VIN do carro com a câmera do smartphone e nós preenchemos automaticamente as informações do carro: marca, modelo, ano e até mesmo registros do Carfax e de outros serviços.

"Agora, eles entram em uma das lojas e nossos funcionários podem escanear um QR code em seu smartphone para acessar o registro do cliente. Nossos funcionários não precisam ir até o carro, às vezes na chuva e na neve, para escrever aquele VIN de catorze dígitos em um pedaço de papel.

"Um de nossos gerentes de loja disse: 'Isso é uma grande virada. Além de ser ótimo para nossos clientes, é ótimo para nossos funcionários. Pela primeira vez, é como se fôssemos médicos com os prontuários dos pacientes em mãos. Conhecemos a história dos nossos clientes, o que é importante para eles e podemos ajudar a manter seus carros na estrada. Recebi mais agradecimentos no último mês do que na maioria dos anos!'

"Isso cria algumas oportunidades de negócios interessantes: podemos criar todos os tipos de programas de manutenção para eles. Poderíamos explorar programas de assinatura, como eles receberem peças automaticamente com base em seu consumo. Poderíamos fazer parcerias com postos de serviços para agendar qualquer trabalho necessário, ou fazer isso nós mesmos", diz ela, avançando para o próximo slide.

"Para mim, o sucesso de todos esses programas sugere que existem algumas oportunidades que podem remodelar drasticamente o futuro da Parts Unlimited", diz ela, parecendo mais séria do que durante todo o briefing.

"Depois da promoção da Black Friday, Maxine disse que ainda estávamos muito longe de vencer a guerra. Assim como uma campanha melhor de cupons não teria salvado a Blockbuster, ainda estamos muito longe de descobrir como sobreviver à 'disrupção digital' e ao 'apocalipse do varejo'. Por melhor que tenha sido o trimestre, não explodimos a Estrela da Morte. Ela ainda está por aí, e precisamos descobrir como travar a batalha e vencê-la. Caso contrário, corremos o risco de declínio, irrelevância ou, pior, extinção."

Maxine sente que está corando, mas mantém a atenção nos executivos. Ela sabe que Maggie está começando seu discurso.

"O Projeto Unicórnio pode ser apenas o começo de como podemos dominar o mercado, entendendo nossos clientes melhor do que qualquer outro", diz ela. "Afinal, criamos esse mercado, há quase um século. Nossa proposta é financiar mais equipes para explorar as ideias de negócios mais promissoras, para encontrar o próximo vencedor como o Projeto Unicórnio.

"O que aprendi com as Promoções é que o processo é extremamente experimental, um exercício de exploração e aprendizado. Nem toda ideia é vencedora", diz ela. "Para cada ideia vencedora, há muitas perdedoras. E alguns dos vencedores pareciam completamente malucos e nunca teriam sido aprovados pelo típico gerente médio ou comitê. A literatura sugere que, em geral, apenas uma em cada três ideias estratégicas tem um resultado positivo e apenas um terço dá resultados práticos. E isso vale para as grandes ideias estratégicas. Para promoções de recursos, testes A/B ou testes algorítmicos, você pode se entusiasmar se até 5% dos testes funcionarem.

"Precisamos de um grupo dedicado e capaz de explorar uma ampla gama de ideias de negócios que aproveitem nossa posição única no mercado, para fazer apostas rapidamente e depois explorá-las e validá-las", diz ela. "Precisamos encontrar uma maneira de encerrar rapidamente as apostas que não dão certo e de dobrar as vencedoras.

"O Projeto Unicórnio mostra que temos a capacidade para fazer isso", diz ela. "Mas, desta vez, precisamos fazer isso com o patrocínio e o apoio dos mais altos níveis da organização."

Maxine vê Steve sorrir, parecendo não apenas interessado, mas encantado. Ele aplaude ruidosamente, mas, antes de dizer qualquer coisa, Erik fala.

"A Sra. Lee foi precisa, Steve", diz Erik, erguendo os olhos do caderno, que parece cheio de rabiscos. "Você está no comando de um negócio centenário, que finalmente sairá da estagnação, graças ao trabalho heroico de Maggie, Kurt e Maxine. Tudo ao seu redor foi construído com base no sucesso do seu

Horizonte 1, ou negócio lucrativo. E, como disse Maggie, você não tem nada nos Horizontes 2 e 3."

Maxine olha em volta e confirma que não é a única pessoa confusa com o que Erik acabou de dizer. Steve não parece estar perturbado pelo *non sequitur* de Erik. Em vez disso, ele pergunta: "O que são os Horizontes 1, 2 e 3, e por que são importantes?"

"Uma ótima pergunta", diz Erik, levantando-se. "Os conceitos dos Horizontes 1, 2 e 3 foram popularizados pelo Sensei Dr. Geoffrey Moore, mais famoso pelo livro *Atravessando o Abismo*, que introduziu a curva de adoção de novos produtos pelo consumidor no planejamento de negócios moderno. Ele observou que essa adoção é uma curva de distribuição gaussiana e classificou os clientes como inovadores [entusiastas], adotantes iniciais [visionários], maioria inicial [pragmáticos], maioria tardia [conservadores] e retardatários [céticos]. E, no entanto, por mais brilhante que tenha sido, acho que ele será mais conhecido pelas Quatro Zonas, que nos ajudam a nos organizar melhor para vencer em todos os Três Horizontes.

"O Horizonte 1 é o seu negócio lucrativo de sucesso, no qual o cliente, o negócio e os modelos operacionais são bem conhecidos e previsíveis. Para você, são suas Ops de manufatura e varejo, que representam 60% e 40% da receita, respectivamente. Ambos os negócios geram mais de US$1 bilhão em receita anual, mas estão sob ataque feroz de concorrentes e disruptores.

"Quase todos os negócios desaparecem com o tempo, porque qualquer operação lucrativa atrairá concorrentes. A lógica econômica de vender reduções no custo de transação é irresistível e inevitável", afirma. "É por isso que as linhas de negócios do Horizonte 2 são tão importantes, porque representam o futuro da empresa. Elas podem apresentar os recursos da empresa a novos clientes, mercados adjacentes ou com diferentes modelos de negócios. Esses empreendimentos podem não ser lucrativos, mas é aqui que encontramos áreas de maior crescimento. É a partir daqui que os líderes empreendedores criam a próxima geração de negócios do Horizonte 1. Aqui, essa transição acontece quando a receita de negócios do Horizonte 2 atinge US$100 milhões.

"Vocês devem ter adivinhado que os esforços do Horizonte 2 vêm do Horizonte 3, cujo foco é a velocidade de aprendizado e um amplo conjunto de ideias para explorar", diz ele. "Aqui, o nome do jogo é prototipar ideias e responder o mais rápido possível às três questões de risco de mercado, risco técnico e risco de modelo de negócios: A ideia resolve uma necessidade real do cliente? É tecnicamente viável? E há um motor de crescimento financeiramente viável? Se a resposta for *não* para qualquer uma, é hora de mudar ou abandonar a ideia.

"Se a resposta for *sim*, a ideia deve ser desenvolvida até se graduar para o Horizonte 2, em que os construtores de negócios assumem", diz ele, parando por um momento. "Seu problema óbvio é que você praticamente não tem negócios no Horizonte 2 e, muito menos, no Horizonte 3.

"Steve, sua intuição é boa. Você sabe que precisa explorar as oportunidades do Horizonte 3. E sabe como os Horizontes 1 e 3 são diferentes", diz ele. "O Horizonte 1 prospera em processos, consistência, regras, conformidade e burocracia, que criam uma forte resiliência. São os mecanismos que permitem que a grandeza seja alcançada de maneira consistente ao longo de décadas.

"Em contraste, no Horizonte 3, você deve ir rápido, sempre experimentando, e deve ter permissão para quebrar todas as regras e processos que regem o Horizonte 1", continua ele. "Como diz Maggie, trata-se de iteração rápida, fazer muitas apostas e dobrar os vencedores até que se tornem negócios do Horizonte 2. É aqui que os novos métodos são forjados e dominados, o que provavelmente ajudará a organização a sobreviver no próximo século.

"E, nesta era, e em nenhum lugar mais do que no Horizonte 3, a velocidade é crucial. No setor farmacêutico, o esforço necessário para criar uma oferta de mercado é enorme: bilhões são gastos ao longo de uma década para criar um novo medicamento. No instante em que você tem uma ideia, você a patenteia, o que lhe dá apenas vinte anos de proteção de PI antes que cópias genéricas sejam permitidas e sua capacidade de cobrar um preço premium desapareça.

"Nesse ponto, o Sensei Dr. Steven Spear observou que, a cada dia que você chega ao mercado mais rápido, obtém milhões de receita adicional. Se você for o primeiro a chegar ao mercado, obterá 50% da receita que toda a categoria de produtos jamais produzirá. O segundo lugar ficará com 25%, e o terceiro, com 15%. Para qualquer participante posterior, certamente terá sido uma completa perda de tempo e dinheiro.

"Velocidade é importante. Ou, mais precisamente, o tempo de espera da ideia à oferta de mercado é importante", diz ele. "E, independentemente do Horizonte em que estiver, esta é a Era do Software. Quase todos os investimentos empresariais envolvem software. E isso significa que devemos elevar a produtividade dos desenvolvedores, como Maxine fez tão esplendidamente."

Erik olha para o relógio e começa a juntar suas coisas. "Vou deixar vocês com um último alerta. O Horizonte 1 e o Horizonte 3 costumam estar em conflito um com o outro." Ele gesticula veementemente para Sarah. "Se nada for feito, os líderes do Horizonte 1 consumirão todos os recursos da empresa.

Eles perceberão corretamente que são a força vital dela, mas isso só vale em curto prazo. Há um instinto de maximizar a lucratividade e retirar dinheiro do negócio, em vez de reinvesti-lo. Essa é a tese de 'gerenciar para valorizar', o oposto de 'gerenciar para crescer'. Se quiser crescer, Steve, proteja os Horizontes 2 e 3, e espalhe todo aprendizado gerado por toda a empresa."

Erik olha para Maxine. "Você viu como o aprendizado com o Data Hub e com o Projeto Unicórnio viabilizaram atingir os objetivos originais do Projeto Fênix. Há muito mais chances de aprendizado. E, na verdade, acredito que a criação de uma organização que aprende será um modelo em breve."

Erik volta a olhar para Steve. "Você criou uma das organizações de manufatura mais seguras e admiradas do mundo, criando uma cultura de aprendizado única, na qual a segurança física é adotada por todos", diz ele. "E se a segurança psicológica for uma precondição para organizações dinâmicas e que aprendem tanto quanto a segurança física?"

Ele olha para o relógio. "Tenho que correr, pessoal", diz ele, dirigindo-se para a porta. "Tenho um almoço que não posso perder. Desejo-lhes o melhor. A sobrevivência da empresa depende disso."

Todos olham enquanto Erik sai da sala, puxando sua mala. Maxine volta a olhar para Steve, que parece pensativo. Com admiração, ela se lembra de Erik sugerindo que ela deveria contar com a ajuda de Steve para mudar a cultura do medo da organização de tecnologia. *Não acredito que ele armou isso para mim*, pensa ela.

Maxine pensa no que fazer quando Sarah se levanta. Ela diz: "Steve, por mais que aprecie o que Maggie e sua pequena equipe fizeram, acho que esta é uma proposta perdida. Seu presidente e chefe, Bob Strauss, tem sérias dúvidas sobre o futuro da empresa", diz Sarah. "Não podemos aumentar as despesas de P&D para nenhum empreendimento ambicioso, essas atividades chamadas de 'Horizonte'. Demonstramos repetidamente que simplesmente não temos o DNA para competir contra todas as startups de baixo custo e não podemos continuar a travar uma batalha em duas frentes, na fabricação e no varejo, ao mesmo tempo.

"Nossos dois negócios de Horizonte 1 estão em dificuldades. Neste ponto, a ideia de Bob de dividir a empresa e vender as partes é nossa única opção para salvar o valor para os acionistas. Ninguém está interessado em comprá-la toda", diz ela. "Durante a preparação para a reunião de diretoria de janeiro, Bob e nosso novo diretor, Alan, convenceram-me de que o caminho de crescimento é muito arriscado. Na verdade, estou convencida de que devemos fazer outra rodada de reduções de pessoal logo para aumentar os lucros.

"Esta é a coisa certa a fazer pelos nossos acionistas e, sem dúvida, nos tornará mais atraentes para os adquirentes quando iniciarmos o roadshow com os banqueiros de investimento", continua ela. "Isso é o que recomendarei em minha reunião com Bob e Alan em nosso subcomitê especial da diretoria."

Sarah junta suas coisas. Com uma expressão que Maxine só pode caracterizar como sinistra, ela diz a Steve: "Reparei que você não foi convidado para essa próxima reunião. Que pena. Contarei como foi e o que decidimos."

Maxine observa todos os outros enquanto ela abre a porta e sai, e se pergunta por que Steve não pode simplesmente despedi-la. Por que ele atura suas palhaçadas? A empolgação e o orgulho que sentia momentos atrás se foram. Sarah poderia desconsiderar tudo o que o Projeto Unicórnio alcançou? Foi tudo em vão? Ela se lembra de quando todos comemoraram o sucesso do lançamento da Black Friday, exceto Sarah, que desaparecera misteriosamente.

Assistindo à porta se fechar, Maxine percebe que seus piores temores sobre Sarah rejeitar ou minar seus esforços não são tão despropositados, afinal.

Steve encara a porta por muito tempo antes de soltar um longo suspiro. Ele se vira para o resto da sala. "Ao contrário de Sarah, minhas apostas são no crescimento. Se não estamos crescendo, estamos encolhendo, e não é para isso que estou na Parts Unlimited. Não há dúvida de que precisamos fazer apostas no Horizonte 3. Dick e eu já modelamos esse cenário. Proponho desembolsarmos US$5 milhões para financiar os esforços de Inovação de Maggie", diz ele.

O coração de Maxine dá um salto, percebendo que a proposta de Maggie ainda tem chance. Então Steve diz: "Mas Sarah pode nos cortar pela raiz se convencer o Bob a cortar pessoal e despesas."

"Talvez Bob e o resto do conselho não sejam tão obtusos", responde Dick. Diante da expressão cética de Steve, ele diz: "Bom, se acontecer, vamos dar um jeito. Nesse ínterim, o que faríamos com esses US$5 milhões? Como os aplicaríamos?"

Durante as próximas três empolgantes horas, o esboço de um plano emerge. Kurt, Maggie e Maxine farão parte da equipe de Inovação, reportando-se diretamente a Bill Palmer. Kurt e Maggie serão "dois em um", ocupando a mesma posição no organograma, compartilhando a responsabilidade pelos resultados comerciais e técnicos.

"Vocês serão responsáveis por gerar ideias promissoras e explorar o risco de mercado, o risco técnico e o risco do modelo de negócios", continua resumindo Steve. "Cada iniciativa terá medidas de resultado de negócios claramente definidas, como aquisição de clientes, uso repetido pelos clientes ou satisfação deles. No final de cada trimestre, revisaremos o andamento de cada iniciativa e tomaremos uma decisão: continuar financiando o projeto; aniquilá-lo, reatribuindo a equipe à próxima melhor ideia; dobrá-lo; ou mudá-lo para o Horizonte 2. Também decidiremos se o programa será ampliado ou reduzido.

"Seu objetivo é encontrar novas maneiras de usar a tecnologia para melhor apoiar a visão de quase um século: ajudar nossos clientes a manter seus carros funcionando para que possam conduzir seu cotidiano."

Steve se vira para Bill e diz: "Para capturar as melhores ideias, crie um Conselho de Inovação. Encontre cinquenta das pessoas mais respeitadas de toda a organização, incluindo gerentes de lojas e de vendas, técnicos, engenheiros e, claro, o setor de tecnologia."

Bill balança a cabeça, fazendo anotações em sua prancheta. Maxine vê todos ao redor da mesa concordando com a cabeça.

No encerramento, Steve diz a todos: "Tenho a maior confiança no Bill, que liderará essa iniciativa. Isso é algo que nunca fizemos, então todos somos novatos. Avisem-me o que podemos fazer para apoiar vocês e seus esforços."

"Entendido", diz Bill. Gesticulando para a prancheta, ele diz: "Já tenho uma lista de coisas para as quais gostaria da sua ajuda." Enquanto Bill as explica, Steve rapidamente mobiliza recursos de toda a empresa. Maxine se maravilha com a eficiência com que Bill consegue o que precisa de Steve e com os recursos que Steve está colocando à disposição de Bill.

Após a reunião, Bill pede a Kurt, Maggie e Maxine que o acompanhem de volta ao Prédio 5. Durante toda a caminhada de volta, Maxine ouve Kurt e Maggie compartilharem como ficaram entusiasmados com a reunião. Maxine está animada por trabalhar com Bill, que sempre pareceu sensato e certeiro, e ele já demonstrou como pode efetivamente conduzir grandes iniciativas.

Para Maxine, parece que a vitória da Rebelião está à vista, com todo o patrocínio, financiamento, apoio e energia de que precisam para vencer.

Mas ainda há Sarah. *Se ela conseguir convencer Bob Strauss a dividir e vender a empresa, o Império do Mal terá vencido. Mas nem mesmo Sarah pode fazer isso, certo?*

CAPÍTULO 17
• *Sexta-feira, 12 de dezembro*

"O que você quer dizer com estamos perdendo todo o nosso pessoal?", pergunta Kurt, parecendo chocado.

Uma semana depois da reunião com Steve e Dick, Maxine está satisfeita com a rapidez com que o plano acordado está progredindo. Bill, Maggie e Kurt estão começando a formar o Conselho de Inovação, e o trabalho dentro do Projeto Unicórnio está indo mais rápido do que nunca, com todos se preparando para o lançamento massivo das promoções para o Natal.

A equipe do Orca continua estudando os dados da campanha de Ação de Graças, e eles têm certeza de que terão uma taxa de resposta ainda maior desta vez, incorporando o que aprenderam. Todos os experimentos e resultados estão novamente sendo despejados na plataforma Pantera. Eles também continuam fortalecendo a infraestrutura para lidar com o ataque resultante.

No entanto, muitas das coisas que eles consideraram óbvias após o emocionante encontro da última sexta-feira com Steve e Dick não parecem mais certas. É por isso que Chris chamou Kurt e Maxine ao seu escritório.

"Eles nunca foram 'seu time', Kurt. Vocês foram temporariamente emprestados como um grupo de engenheiros para o Projeto Unicórnio", diz Chris. "Todos já foram designados para outros projetos no novo ano fiscal, que começa em algumas semanas. Todos são projetos importantes, com pessoas que dependem de uma equipe completa. Todos os gerentes respectivos estão causando confusão porque transferimos os recursos e eles se uniram em revolta."

"Mas por que agora?", pergunta Kurt, incrédulo. "O que deixou todo mundo tão irritado?"

Chris dá um riso apático. "Sarah está tocando na ferida, incitando todos eles. Bill está organizando outra reunião com Steve e Dick para descobrir como lidar com as peripécias que ela anda aprontando."

"Não acredito que a Sarah está incitando uma contrarrebelião contra, humm, a nossa Rebelião", murmura Kurt, parecendo ofendido por Sarah ter roubado seu manual.

> Continue conforme planejado. Vamos descobrir como ocupar essas posições. Estamos presos no meio de uma grande batalha política. Sarah e uma facção do Conselho estão de um lado, e nós, do outro, com Steve e Dick.

Ao longo do dia, eles descobrem que Sarah é de fato uma guerrilheira corporativa incrivelmente eficaz, tendo levantado com sucesso um exército de insurgência contra eles na semana anterior.

Maxine está relutantemente impressionada com sua desenvoltura, apesar de Sarah deixá-la maluca. Ela não quer nada mais do que Sarah simplesmente desistir e ir embora.

"Em muitos aspectos, Sarah é uma pessoa notável", disse ela ao marido durante o jantar. "Em um universo ligeiramente diferente, Sarah poderia ter sido uma força incrível para o bem. Se fosse um filme de super-heróis, ela seria a pessoa talentosa que se transforma na vilã após algum evento traumático. E então ela se desviou para esmagar todas as faíscas de alegria que encontra."

Segunda-feira de manhã, Kurt e Maggie se encontram com Bill para evitar os esforços de Sarah de miná-los. Maxine fica para trás, retomando seu trabalho com Dave Nervosinho em um problema técnico que colocava em risco a campanha de promoções do Unicórnio e o aplicativo principal do Fênix. No último mês, eles começaram a construir toneladas de testes automatizados para o Fênix, para que pudessem fazer alterações de uma maneira melhor e mais segura. O esforço foi incrivelmente bem-sucedido. No entanto, com tantos testes, executá-los leva horas, e os desenvolvedores estão começando a evitar o check-in de suas alterações, não querendo esperar pelos longos tempos de teste.

Pior, alguns dos testes automatizados estavam falhando intermitentemente. Na semana passada, ela se encolheu ao ver um desenvolvedor, cujos testes falharam, os executar novamente, e, de novo, falharem. Então, ele os rodou pela terceira vez, como se fosse uma máquina caça-níqueis em um cassino. Dessa vez, foi. *Não é assim que funciona uma loja de Dev*, pensa Maxine, com constrangimento e desgosto.

Reconhecendo que isso logo será um novo gargalo para os desenvolvedores, ela fez com que as equipes trabalhassem na paralelização dos testes do Fênix para que eles sejam executados em vários servidores. Mas descobriram que a execução de testes paralelos fazia com que o Fênix ocasionalmente travasse, até totalmente — e se travava durante o teste, provavelmente também o faria na produção. "Maxine, reduzimos a uma exceção não detectada em algum lugar do módulo de atendimento de pedidos do Fênix", disse Dave Nervosinho. Maxine está com Dave Nervosinho e outro engenheiro com notebooks abertos. Quando ela puxa o código em seu notebook, recua.

"Nossa", diz ela, atônita enquanto rola o arquivo... e rola... e rola...

"Sim", diz Dave Nervosinho, rindo. "São duas mil linhas de código para determinar se podemos enviar para o local do pedido. Um grupo de arquitetos fez essa estrutura há 15 anos, antes do Fênix. Até o TEP-LARB chegou e percebeu que tudo isso era um erro terrível, mas as pessoas que escreveram essa estrutura já se foram."

Maxine continua rolando e rolando, chocada por não encontrar nenhuma lógica de negócios, apenas código clichê: loops iterando por meio de pedidos, itens de pedido, itens de linha, tão perigoso quanto as garotas do ensino fundamental fizeram meses atrás. Há verificação de nulos em todos os lugares, bem como testes de tipo, downcasting, coerção e todos os tipos de contorções horríveis para obter os dados desejados, por meio de tipos enumerados ou supertipos polimórficos sem subtipos concretos. Há tantos métodos que ela não consegue fixá-los: getOrderLines, getItemLines, getShippingLines...

Ela abre a boca, mas não sai som. "Isso é... incrível", diz ela, finalmente, em apoplexia e descrença. Ela fecha os olhos, invocando algum otimismo, pensando no princípio de Hoare: "Existem duas maneiras de escrever código: escrever um tão simples que obviamente não haverá bugs, ou tão complexo que não há bugs óbvios."

"Senhores, vamos limpar toda essa porcaria", diz Maxine, com um nível de confiança que ela julga temerário. Até Dave Nervosinho parece intimidado. Ela exorta: "O código deve ser simples. Tudo o que precisamos fazer é recuperar os locais do pedido, certo? Podemos fazer!"

Eles passam duas horas escrevendo testes em torno do código para ter certeza de que realmente entendem como ele funciona e, em seguida, começam a extrair Ops comuns, colocando-as onde pertencem. Maxine modifica a hierarquia de classes, mas adere aos princípios da programação funcional, usando tipos modernos e seu mapa idiomático, funções de redução e filtro, assim como o famoso artigo Google Map/Reduce, que inspirou o Pantera, de Shannon.

Ao meio-dia, eles reduziram as duas mil linhas de código a cinco centenas. Dave Nervosinho sorri. "Isso é incrível, Maxine. Esta é a primeira vez em mais de cinco anos que alguém foi corajoso o suficiente para tocar neste código."

"Oito anos", diz o outro desenvolvedor. "Este código é lindo! E acho que encontrei o problema. Aqui está um código que não está contido em um bloco try/catch."

Olhando para seu notebook, Maxine imediatamente sabe que encontraram o problema. "Bom trabalho." Agora que eles drenaram a lama do pântano, o problema fica evidente.

Enquanto eles vão almoçar, Maxine fica para trás, para testar uma ideia. Ela abre uma nova janela em seu notebook. Copia os dados que a equipe manipulou durante toda a manhã e começa a refazer o código do zero em Clojure.

Quarenta e cinco minutos depois, Dave Nervosinho está de volta e entrega um sanduíche a Maxine. Ele pergunta: "Por que você está sorrindo?"

"Ah, só os resultados de um pequeno experimento", diz ela. "Reescrevi nosso código em uma linguagem de programação funcional, usando seus tipos de dados integrados e biblioteca padrão, para ver se poderia torná-lo ainda mais simples, menor e me livrar da necessidade de tratamento de exceções."

"E?", pergunta Dave Nervosinho. Ela vira o notebook para mostrar a ele.

"Puta merda!", diz ele, olhando para a tela em descrença. "Cinquenta linhas de código!"

Maxine ri, sabendo que eles se sentirão inspirados para tentar igualar ou superar seus resultados. Mesmo para ela, essa foi uma demonstração incrível de alcançar o Primeiro Ideal: Localização e Simplicidade.

O trabalho que eles fizeram essa manhã habilitará testes paralelizados e os tornará extremamente rápidos, criando enormes dividendos de produtividade no futuro, permitindo que os desenvolvedores avancem, obtenham feedbacks ainda mais rápido sobre quaisquer erros. É o oposto da dívida técnica. É como quando os juros compostos trabalham a seu favor. Se pudessem tornar os desenvolvedores mais produtivos o tempo todo, sempre valeria a pena.

Maxine sorri ao ver Dave Nervosinho abrir seu notebook, ainda tonto de empolgação com seus sucessos. Ele diz: "Ahá!"

Em sua tela, está a página de status do Unikitty IC. Maxine verifica se a correção feita antes do almoço passou nos testes automatizados. Mas, em vez de receber todas as luzes verdes, ela vê que os testes não estão sendo executados. Há mais de cinquenta trabalhos pela frente, todos esperando para começar.

"Isso é ruim", diz Dave Nervosinho. "Todo o cluster Unikitty IC está inativo. As construções de todos estão travadas."

Aborrecida, Maxine olha para sua tela. Pragueja. Isso está arruinando o que deveria ser seu momento brilhante de triunfo e glória.

Ele diz: "O canal #ci-unikitty está enlouquecendo. Ninguém pode fazer seus testes."

Sempre que o Unikitty é desativado, eles têm um monte de clientes irritados: seus colegas desenvolvedores. A melhor prova de que o Unikitty é uma plataforma interna que eles devem gerenciar como um produto, não apenas como um projeto. O trabalho nunca acaba, se quiserem manter os clientes satisfeitos.

Eles procuram por toda parte a equipe Unikitty. Encontram Dwayne, Kurt e dois outros engenheiros em uma sala de conferências, aglomerados em torno do notebook de Brent. "Bem na hora. Todos os gerentes de Dev gritam que suas equipes não conseguem trabalhar", diz Kurt, erguendo os olhos do amontoado. Maxine fica surpresa ao ver como ele está abatido. Olheiras.

Kurt está tendo semanas difíceis, pensa ela. "Não podemos permitir essa distração agora, de todas..."

"Isso é o que a gente sempre quis, certo? Clientes!", diz Maxine com um grande sorriso. "Você queria que as pessoas valorizassem a infraestrutura que estamos criando? Bem, seu desejo foi atendido. Afinal, se eles não se importassem, nem perderiam tempo reclamando."

A adoção de práticas de IC tem sido surpreendente, com quase 1/3 de todas as equipes de engenharia usando Unikitty em seu trabalho diário. Mas eles estão tendo problemas para escalá-lo para acompanhar a demanda.

Ela checa o relógio. É quase meio-dia. Cada desenvolvedor costumava verificar seu código antes de sair para almoçar, o que provavelmente fazia com que algo no Unikitty caísse. *A Unikitty está tendo mais do que sua cota de dores de crescimento*, pensa Maxine.

Kurt suspira. "Se você olhar na sala de bate-papo, muitos dos gerentes de Dev estão dizendo que estão cansados de nossos servidores de construção instáveis e que estão retirando suas equipes do Unikitty. Eles vão voltar a fazer builds da maneira antiga."

O sorriso de Maxine congela em seu rosto. "Você está brincando." Voltando aos velhos tempos ruins, como seus primeiros dias no Projeto Fênix... intoleráveis. Isso não seria um revés — seria um desastre genuíno.

O que estava acontecendo? Parecia que todo o progresso que haviam feito com os desenvolvedores do Fênix e com as conquistas do lançamento da Black Friday e do Projeto Unicórnio estavam secando. Eles estavam lentamente sendo puxados de volta para o pântano, arrastando de volta com eles todos os engenheiros que haviam libertado e tornado produtivos.

São quase 16h30 quando a equipe Unikitty finalmente recupera as coisas. Mas há tantos builds e testes com backup que até todos os trabalhos serem executados será quase meia-noite.

"Não acredito que foi uma falha de switch de rede", diz Dwayne.

Maxine balança a cabeça em descrença. Outra falha de hardware Unikitty é constrangedora. Desde o início, ele havia sido remendado com qualquer equipamento que Kurt e a equipe conseguiram limpar em quase todos os cantos da organização.

Eles tiveram falhas de disco, de energia e agora problemas de hardware de rede. Ela odeia ver engenheiros altamente qualificados vagando com chaves de fenda, abrindo caixas de servidores e mexendo na infraestrutura física.

Claro, ela tem muitas boas lembranças de trabalhar com hardware, tanto na carreira quanto com os filhos. Quando era uma jovem engenheira, adorava abrir aquelas caixas enormes cheias dos equipamentos mais novos e mais populares na plataforma de carga e, em seguida, armazená-los e empilhá-los. Mas, naquela época, ela também adorava alternar as fitas de backup.

Agora, esse tipo de trabalho parece de baixo valor, em particular quando comparado ao custo de oportunidade da obra que eles *deveriam* fazer, que é descobrir como incendiar o futuro digital da Parts Unlimited.

O trabalho deles era construir código, não bagunçar o hardware real em que o código é executado.

"Odeio dizer isso, mas acho que a Unikitty está nas últimas", diz Maxine a Dwayne. "Não podemos continuar executando algo tão crítico para a missão com o hardware que Brent encontra sob sua mesa. E não se trata apenas de problemas de hardware — cada servidor de build ainda é um pouco diferente. Como quando meu trabalho de compilação não é executado no Build Server #3, leva dez vezes mais tempo. Estamos gastando muito tempo para mantê-lo funcionando. Precisamos fazer algo a respeito — logo."

"Nada a declarar. Estamos todos muito ocupados agora", diz Dwayne, encolhendo os ombros. Maxine não pode contra-argumentar.

Como previsto, haveria consequências. Terça-feira de manhã durante a reunião da equipe de Kurt, ele diz: "Chris não só me deu uma bronca na frente de todos em sua reunião de equipe, mas também a Rick. Ele apresentou seu plano para criar um serviço de IC para competir com o Unikitty."

"Rick?!", retruca Dwayne, expressando o completo choque e descrença de Maxine. "Ele não reconheceria um IC nem se o esfregássemos na cara dele!"

Kurt despenca. "Sarah começou a gritar dos telhados que a Unikitty está colocando em risco a empresa inteira e que devemos ser fechados."

O silêncio recai sobre a mesa.

"É incrível como as pessoas estão nos culpando por tudo de ruim que acontece por aqui. Os banheiros do segundo andar quebraram ontem, e nós também somos culpados por isso", disse Dave Nervosinho.

O telefone de Kurt vibra. Ele o pega e olha para a tela por vários momentos. Ele olha para Maxine. "Temos que ir. Bill acabou de marcar uma reunião com Maggie. Mais más notícias, acho."

Maggie vê Bill levantar os olhos quando sua assistente, Ellen, permite que ela, Kurt e Maggie entrem no escritório. "Temos problemas", diz ele, levantando-se e pegando a prancheta. "Vamos encontrar Steve e Dick em quinze minutos no Prédio 2. Vou informá-los que estamos indo."

Enquanto saem, ele diz: "Sarah convenceu Bob e o resto do conselho a congelar todas as despesas, com efeito imediato. E Steve acabou de descobrir que eles estão negando os US$5 milhões que ele alocaria para a Inovação."

Bill balança a cabeça. "Essa Sarah tem sérios problemas."

"Aprendi muito com ela. Ela é uma especialista incrível em merchandising, mas nunca liderou projetos de software", diz Maggie. "Ela cria grandes expectativas para todos, o que é ótimo, mas definitivamente tem alguns pontos cegos quando se trata de gerenciar pessoas e equipes... ela não é exatamente alguém que sabe cultivar."

"Não, suponho que não", diz Bill, fazendo uma careta. "Tenho um mau pressentimento sobre esta reunião."

Quando eles entram na grande sala de conferências, Maxine sabe imediatamente que algo está errado. Steve e Dick estão aqui, assim como Chris. Mas, surpreendentemente, Kirsten e, de forma muito ameaçadora, Laura Beck, a VP de RH.

Chefe de RH em uma reunião nunca é bom, pensa Maxine. Para sua surpresa, ela avista Erik parado no fundo da sala, olhando para as fotos históricas penduradas na parede. Ele dá a ela um aceno rápido.

Pelo menos Sarah está longe das vistas, pensa Maxine.

"Sentem-se, todos", diz Steve, erguendo os olhos de uma planilha impressa, com uma expressão sombria no rosto. "Vocês provavelmente ouviram que Sarah conseguiu convencer o conselho de que não devemos aumentar nossos custos antes de liberarmos os lucros.

"Infelizmente, há mais notícias ruins", diz ele. "Ontem à noite, o conselho me instruiu a reduzir os custos de toda a empresa em 3%. Sarah e nosso novo diretor do conselho, Alan, convenceram a todos de que o sucesso das promoções da Black Friday desbloqueou novas eficiências enormes; portanto, não precisamos de tantas pessoas."

Maxine ouve suspiros na sala. Ela sente que vai vomitar. Ou chorar. Ou ambos.

Não acredito que isso está acontecendo, pensa Maxine. *Sinto-me como se eu fosse responsável por isso. Afinal, fiz de tudo para tornar o Projeto Unicórnio bem-sucedido e para plantar as sementes dos esforços de inovação.*

E, de alguma forma, esses esforços bem-sucedidos dos quais ela tem tanto orgulho agora farão com que um bando de inocentes perca seus empregos. *Droga, Sarah*, pensa ela.

"Desculpe, pessoal. É uma notícia aterradora, dado o aumento da receita do Unicórnio. Achei que tínhamos mais tempo com o conselho", diz Steve.

"Vocês provavelmente já fizeram as contas", continua ele. "Para atingir essa meta, teremos que cortar cerca de 150 funcionários em toda a empresa. E, para financiarmos os esforços de inovação de Ops internas, teremos que cortar outros US$5 milhões em custos ou demitir cerca de 40 pessoas."

Maxine ouve mais suspiros ao redor da mesa enquanto as vítimas continuam aumentando. Ela não consegue respirar e sente seus olhos lacrimejando.

Ela olha para Laura, a VP de RH. *Então, esta é uma daquelas reuniões.* Agora que as metas de redução foram definidas, todos primeiro defenderão seu território, tentando manter sua fatia do bolo. Assim que as alocações forem acordadas, todos farão uma lista de pessoas a serem eliminadas. Então, terão que decidir se Sally é mais importante do que Sam ou vice-versa.

Maxine está tomada pelo pavor. Olhando em volta da mesa, ela diz: "Estamos falando de pessoas. Pessoas com famílias que dependem delas. Eles sairão porta afora com todas as suas coisas. Um após o outro, todos vão assistir às pessoas saindo, temendo que seus nomes sejam chamados em seguida, imaginando quando os gerentes finalmente terminarão de empilhar os corpos. Só então o e-mail programado de Steve irá para toda a empresa, anunciando que o expurgo acabou, incluindo comentários melosos de otimismo e, é claro, pedindo a todos que façam mais com menos."

Todo mundo abaixa a cabeça. De repente, Maxine não quer ter nada a ver com nada disso. Ela gostaria que as coisas voltassem a ser como antes. Queria nunca ter se juntado à Rebelião. Queria apenas iniciar os builds, para ajudar a tornar os desenvolvedores produtivos. Ela nunca imaginaria que a Rebelião ajudaria a decidir quem ficaria e quem deveria partir.

Se eu soubesse que me juntar à Rebelião levaria a tudo isso, pensa ela, olhando ao redor, *teria mantido minha cabeça baixa, permanecido na minha, sem arrumar confusão, exatamente como Chris me disse para fazer.*

"Pensei que eles nos dariam, pelo menos, até janeiro", diz Dick, balançando a cabeça. "O objetivo desta reunião é preparar um plano a ser apresentado ao conselho que reduza as despesas operacionais em US$15 milhões. E, se quisermos financiar a Inovação, precisamos reduzir os custos em US$20 milhões."

"Steve e eu já nos encontramos com os chefes de cada setor e pedimos a eles que elaborassem um plano para cortar sua parte na meta de US$20 milhões", diz ele. "É por isso que vocês estão todos na sala. Precisamos que todos vocês elaborem um plano para eliminar US$2 milhões da organização de TI — cerca de 15 pessoas em todos os seus grupos."

Maxine faz as contas. Isso representa mais de 4% de todos os tecnólogos da empresa. "Não! Isso é terrível! Não podemos financiar o esforço de Inovação a troco disso. Simplesmente não vale a pena deixar todas essas pessoas irem", diz Maxine. Ela vê todos se virando para ela, alguns com expressões de cansaço e alguns com simpatia, como se ela fosse uma criança que acabou de descobrir que Papai Noel não existe.

"Maxine, em torno dessa mesa estamos todos muito acostumados a fazer demissões", diz Bill. "Imagino que todos nós acreditamos que nosso trabalho mais importante hoje é encontrar uma maneira de financiar o esforço de Inovação. Caso contrário, tudo o que você fez e conquistou será desperdiçado. Escolheremos uma morte um pouco mais lenta. Se não investirmos em fazer coisas novas, ainda vamos terminar onde começamos: com menos armas e mais manobras no mercado."

Chris se vira para Maxine. "Bill está certo. É a coisa certa a fazer." Maxine apenas balança a cabeça, ainda horrorizada com os números.

Steve olha para Maxine. "Sim, proteger o esforço de Inovação é nossa tarefa mais importante. Se eu não acreditasse nisso, teria apenas ameaçado renunciar. Afinal, eles podem cortar custos sem mim. Mas este trabalho é tão importante que devemos fazer tudo o que pudermos para garantir que o grupo de Inovação tenha sua chance."

Tudo isso faz Maxine se sentir ainda pior.

"Mas por quê? Por que este esforço de inovação é tão importante para você?", pergunta finalmente Maxine a Steve.

Steve parece pensativo por um momento. "O que Erik disse na semana passada estava certo. Como empresa, devemos mostrar que temos uma tese de crescimento viável e que podemos criar valor além de apenas cortar custos. De acordo com o livro, há dois extremos para administrar empresas, o que afeta o modo como você planeja e como a comunidade de investimentos o vê. Em um extremo, você tem a maneira de Alan e Sarah de criar valor, que consiste apenas em cortar custos. Você espreme cada pedacinho de margem que pode para fora da operação. Algumas empresas prosperam com isso, e algumas conseguem driblar os contratempos por décadas, mas a maioria eventualmente desvanece e desaparece", explica Steve.

"Mas, quando você age desse modo, geralmente só joga com a engenharia financeira", diz Steve, apontando para Dick. "Para conter nossas perdas, tivemos que fazer algumas vendas de ativos para gerar caixa. Mas isso pode ser como vender a mobília para pagar o financiamento. Em algum momento, você fica sem produtos para vender e não pode mais financiar as Ops diárias, o que significa mais perdas.

"Do outro lado do espectro, você pode escolher construir a empresa para o crescimento. Como eu disse, se você não está crescendo, está morrendo lentamente. O Projeto Unicórnio provou a todos nós que podemos crescer: criando novas ofertas que os clientes desejam, tirando participação de mercado de nossos concorrentes, fazendo coisas que grandes empresas fazem", diz Steve com um leve sorriso. "E, quando aumentamos a receita, aumentamos os lucros também. E ganhamos a capacidade de inovar e fazer mais apostas no mercado, o que acelera o crescimento e garante nossa relevância no futuro.

"Os investidores recompensam o crescimento", diz ele. "O preço de nossas ações já está em alta e ainda nem informamos os lucros. Os analistas estão começando a aumentar seus preços-alvo. Isso significa que Wall Street está nos recompensando com um múltiplo mais alto na receita. Alguns meses atrás, fomos avaliados em menos de 1,0x a receita inferior, o que é quase um insulto, porque eles *esperavam* nosso encolhimento. Quando anunciarmos os resultados deste trimestre, esperamos que nos valorizem como fariam com qualquer varejista saudável. E, com o tempo, eles nos valorizarão muito mais, como alguém que define, lidera e, talvez, até desestabiliza o mercado.

"Bill está absolutamente certo, Maxine", diz ele. "A coisa mais fácil de fazer é seguir o que o conselho diz. Mas a coisa certa a fazer é garantir que o programa de inovação tenha sua chance. É uma merda, mas, como líderes, não deve haver dúvida de que ir mais fundo é a coisa certa a fazer, porque cria um caminho potencial para o crescimento de longo prazo."

Maxine ainda se sente mal quando os gerentes começam a negociar de quais departamentos vão eliminar dezoito cargos. Eles debatem se eliminarão alguns engenheiros experientes ou, pelo mesmo preço, um número maior de engenheiros juniores. Gerentes ou colaboradores individuais. Funcionários ou contratados.

Quando ela não aguenta mais, pede licença para dar uma volta, apenas para sair da sala.

Quando volta, meia hora depois, Maxine vê que Chris concordou com RAF (reduções à força) para duas posições de Dev e cinco de controle de qualidade, provavelmente engenheiros de baixo desempenho e vários gerentes. Bill deve fazer o RAF em sete posições, visando as posições de helpdesk, servidor e administração de rede, bem como um gerente. Maxine espera que Derek sobreviva a isso, sem falar em sua antiga equipe MRP.

Surpreendentemente, Kirsten colocou na mesa sete gerentes de projeto, observando que a Rebelião mudou a forma como as equipes trabalham. "A longo prazo, não queremos gerenciar nossas dependências, queremos eliminá-las", diz ela. "Esse é o sistema de trabalho e a arquitetura da empresa que precisamos criar, o que significa menos gerentes de projeto. Maxine mostrou repetidamente como isso pode ser feito. E ainda temos muito a fazer."

Por um lado, Maxine está impressionada com o profissionalismo demonstrado por todos na sala. Mas, ao ouvir alguns dos nomes sendo propostos para o RAF e sendo apontados como o motivo para deixar a equipe de Kirsten, Maxine sente de novo que vai vomitar.

"Você provavelmente terá que cortar ainda mais fundo do que pensa", diz Erik do outro lado da mesa, falando pela primeira vez desde o início da reunião. Maxine quase havia esquecido que ele estava ali.

"Ah, *excelente*", diz Bill.

"Da última vez que nos reunimos, mencionei os Três Horizontes, do Sensei Geoffrey Moore, mas não tive tempo de explicar o conceito de Núcleo versus Contexto, que é do que as Quatro Zonas tratam", diz Erik. "Sensei Moore observou que muitas empresas entendem os Três Horizontes, mas não conseguem investir adequadamente na próxima geração de inovação. Em outras palavras, investem pouco no *Núcleo*, porque são controladas pelo *Contexto*.

"Os Núcleos são as competências centrais da organização. São coisas pelas quais os clientes estão dispostos a pagar e que os investidores recompensam", diz ele. "O Contexto é o resto. São os refeitórios, os ônibus entre os prédios e as milhares de coisas que as empresas precisam fazer para operar. Eles geralmente são essenciais, como RH, folha de pagamento e e-mail. Mas nossos clientes não nos pagam pelos excelentes serviços de folha de pagamento que oferecemos aos nossos funcionários.

"Segundo o Sensei Moore, o que *mata* as grandes empresas é não gerir bem o Contexto. As empresas que ficam muito sobrecarregadas com ele são incapazes de investir adequadamente no Núcleo. Há uma estratégia para transformar uma empresa, mas também requer foco implacável e tenacidade."

Erik olha para Bill e Steve. "Vocês sabem que a tecnologia deve se tornar uma competência central desta empresa e, de fato, que o futuro da Parts Unlimited depende disso. Mas quanto dos US$80 milhões de seus gastos com tecnologia é Nuclear, criando ativamente uma vantagem competitiva, e quanto é Contextual, que é importante e talvez até de missão crítica, mas ainda precisa ser padronizado, gerenciado e talvez até mesmo terceirizado inteiramente?"

Bill se eriça, ficando vermelho. Até então, ele parecia sempre estoico e reservado, mas aparentemente Erik tocou em um ponto sensível. "Você está falando de terceirização? Depois de tudo o que passamos, Erik, ainda não concordamos que a terceirização de TI causou muitos dos problemas que temos?"

"Difícil", zomba Erik. "Todos vocês provaram que podem colocar em risco o Primeiro, o Segundo e o Terceiro Ideais sem terceirização. Em vez disso, pense no Quinto Ideal, em ser verdadeiramente centrado no cliente, em vez de no silo. Como Sensei Moore pergunta, dos aplicativos e serviços que você gerencia, por quais os clientes estão dispostos a pagar? Quais realmente aumentam a vantagem competitiva? E com quais fornecedores pode contar?

"Cem anos atrás, a maioria das grandes fábricas tinha um CPO — um diretor de energia —, que comandava os processos de geração de eletricidade. Era uma das funções mais importantes na manufatura, porque, sem eletricidade, sem produção. Era um processo central", diz ele. "Mas esse papel desapareceu completamente. A eletricidade se tornou uma infraestrutura que você compra de uma concessionária de serviços públicos. É intercambiável, e você escolhe os fornecedores principalmente pelo preço. Raramente há uma vantagem competitiva para gerar sua própria energia. Agora é apenas Contextual, não mais Nuclear. Você não quer ser a organização que tem uma grande equipe para gerar energia internamente.

"Como Sensei Clay Christiansen afirmou uma vez, alguém mantém o que 'não é bom o suficiente' e terceiriza o que é 'mais do que bom o suficiente'", diz ele. "Por que você terceirizou seu sistema de ponto de venda de cafeteria?"

Bill parece pensativo, coçando o queixo. "Minha equipe trabalhou com John, o ICSO, para descobrir quais aplicativos armazenavam PII ou dados de cartão de crédito. Isso é lixo tóxico. Não devemos perder tempo ou energia protegendo-o; nós nos livramos dele. Procuramos esses aplicativos e, quando podemos, os aposentamos. E, se não pudermos, procuramos um fornecedor externo que os execute para nós como um serviço."

"Precisamente", diz Erik, levantando-se. "Desafio você e a equipe de tecnologia a pensar profundamente no Quinto Ideal e a identificar áreas de Contexto que podem descarregar, livrando-se de décadas de dívidas técnicas, coisas que vêm prendendo vocês há anos ou talvez décadas. Imagine o que você pode fazer sem todas essas coisas os arrastando para baixo. Mesmo que seja mais doloroso em curto prazo, você encontrará alguns dividendos inesperados e críticos em longo prazo.

"Steve, para sua sorte, de acordo com o Sensei Moore, a pessoa mais adequada para gerenciar o Contexto é alguém como Bill e Maxine", diz Erik. "Isso nunca é fácil. Você precisa de alguém que realmente entenda o negócio, alguém comprometido que conduza a padronização em toda a empresa, que tenha os melhores interesses de toda a organização no coração e que saiba o que a tecnologia pode ou não fazer.

"Imagine um mundo no qual você possa fazer desaparecer décadas de dívidas técnicas...", diz ele. "No qual você se livra de uma automação ruim baseada em processos de negócios ruins. Imagine como seria a sensação de escolher deliberada e cuidadosamente o que deixar para trás e onde, em vez disso, aplicar seu tempo e energia. Dick sabe que a simplicidade possibilita a eficácia e que a complexidade conspira contra isso. Quanto dos negócios aqui é impedido por seus sistemas e processos internos?"

Isso faz Maxine parar. A noção de simplificar o cenário comercial e técnico da empresa é de tirar o fôlego. Ela adora trabalhar em problemas complexos de negócios, mas seria muito melhor e mais fácil se eles não fossem obstruídos por décadas de complexidade sem sentido e com negligência acumulada.

"Por último, para todos os outros, especialmente para Steve", continua ele, "pense cuidadosamente sobre como cada posição que você elimina pode interromper o fluxo, especialmente quando você não tem localização na tomada de decisão, conforme dita o Primeiro Ideal. Por exemplo, o que acontece quando você se livra dos gerentes quando já tem situações como o Square acontecendo o tempo todo?

"Esses gerentes intermediários são sua interface entre a estratégia e a execução", diz ele. "São seus priorizadores e seus guardas de trânsito. Todos nós temos esse ideal de pequenas equipes trabalhando de forma independente, mas quem gerencia as equipes das equipes? São seus gerentes de nível médio. Alguns os chamam zombeteiramente de 'zona cinzenta', mas você descobrirá que desenvolver adequadamente essa camada de pessoas é fundamental para executar a estratégia.

"Desejo-lhe boa sorte", diz Erik, virando-se para sair. "E aguente firme, Maxine. Se você escolher com sabedoria, dias melhores certamente estarão à sua frente, por mais sombrio que o cenário pareça agora."

Todos permanecem em silêncio durante a caminhada de volta ao Prédio 5. Finalmente, Maxine diz a Bill: "Você não fala muito, não é?"

"Às vezes", diz ele com um sorriso de boca fechada.

"Ah, o que achou dessa última reunião?", pergunta ela, a pergunta que provavelmente está na mente de todos.

Bill para e olha Maxine por um momento. "Uma merda. Por um lado, parece os mesmos problemas com os quais todos em Ops lidam o tempo todo. Fazer mais com menos. Terceirizar isso. Terceirizar aquilo. No passado, isso levou a algumas decisões incrivelmente imprudentes, e pessoas como nós continuam limpando a bagunça depois de anos. E, quando todos percebem que as decisões foram péssimas, muitas vezes temos que refazer tudo. Não há nada de divertido nisso.

"Mas, desta vez, pode ser diferente", diz ele, retomando sua caminhada acelerada. "Steve e Erik estão absolutamente certos. Devemos encontrar uma maneira de proteger os esforços de Inovação. Essa é a chave para o nosso futuro em longo prazo. Pela primeira vez na minha carreira, acho que podemos mudar a forma como gerenciamos a tecnologia e fazermos isso da maneira certa, com o apoio dos mais altos níveis da empresa. Isso não vai ser fácil. Gosto do que Erik disse sobre Contexto e Núcleo. Existem serviços que devemos retirar da operação. Um dos lugares em que estou pensando é no meu antigo grupo de médio porte. Criamos as ilhas Galápagos de tecnologias, que nos serviram bem por décadas, mas nos afastamos tanto de todo o resto do setor que não conseguimos nos beneficiar de todas as coisas que os fornecedores têm criado. Talvez seja hora de construir uma ponte de volta ao continente... ou talvez desocupar a ilha completamente."

Ele continua: "Eu me pergunto se podemos requalificar todos da minha antiga equipe e encontrar novas funções para eles sem aumentar as despesas operacionais. Haverá um monte de novas posições nos esforços de inovação. Quero que eles tenham uma chance. Eles têm muita experiência de domínio e conhecimento institucional. Seria uma grande perda para nós. O mesmo acontece com os gerentes de projeto de Kirsten..."

Bill continua pensando, em silêncio, enquanto caminha. O que é bom, porque Maxine está se sentindo ainda mais preocupada do que antes. Seu antigo grupo MRP também fundou suas próprias Ilhas Galápagos?

"Acho que isso *tudo* é uma merda", diz Kurt, pensativo.

Pelo resto do dia e no outro, Maxine e Kurt acompanham Bill, Chris, Kirsten e suas equipes lutam para chegar a um plano para entregar as reduções de pessoal necessárias. Embora Steve tenha dito a Dick que seu trabalho é pesar valor e crescimento, Dick designa dois de seus subordinados diretos, o diretor de Ops de negócios e o controlador corporativo, para ajudá-lo.

Maxine está muito impressionada com eles. São dois executivos obstinados que parecem conhecer cada canto da empresa.

Mas ainda é um trabalho muito difícil.

Frequentemente, Maxine fica tentada a dar uma volta ou até a faltar a essas reuniões, porque se sente sobrecarregada com o custo humano que tudo isso tem causado. Mas ela sabe que isso é importante, até mesmo crítico, para acertarem. E ela quer fazer parte disso.

No início, cada gerente de departamento dividia seu pessoal em três categorias: crítico, desejado e RAF. Claro, apenas algumas pessoas acabaram na terceira lista. Vendo as três listas, ficou claro que os gerentes estavam usando isso como uma oportunidade para se livrar de pessoas que deveriam ter sido demitidas há muito tempo.

Mas isso não foi o suficiente. Assim, Chris e Bill começaram a chegar junto de cada gerente, examinando e comparando as pessoas nas listas de "desejados" deles. Depois de quase uma hora dessa luta exaustiva, Maxine se lembra de algo que Erik disse.

"Espera. Erik nos alertou sobre a necessidade de examinar as coisas do ponto de vista do fluxo", diz Maxine. "Não podemos fazer isso por departamento ou por um tipo de concurso de popularidade. Se tirarmos pessoas aleatórias de um fluxo de valor, podemos causar tantos danos quanto houve na história de Dwayne com os três switches de rede da fábrica.

"E, em nosso mundo, em que atualmente não temos localização suficiente na tomada de decisão", diz ela, "nossos gerentes estão descobrindo como agilizar o principal. Erik os chamou de priorizadores e guardas de trânsito."

Bill e Wes a encaram. Bill diz: "Boa ideia. Vamos deixar isso de lado por um momento e focar em distinguir Núcleo de Contexto. Quais são as amplas áreas de tecnologia que podemos eliminar?" Maxine está perfeitamente ciente de que o objetivo final deste exercício é reduzir as despesas operacionais. Eles precisam reduzir o número de pessoas na folha de pagamento.

Obviamente infeliz por ter que desmantelar o império que ele ajudou a construir na última década, Wes murmura: "Isso é tão estranho. Não faz muito tempo, essas eram coisas de que precisávamos, dizíamos." Mas mesmo ele reconhece que existe um imperativo comercial urgente e importante para fazer isso. Quando ele vê Bill colocar seu antigo grupo de médio porte na lista de tecnologias candidatas a serem eliminadas, ele resmunga.

"Puta merda! Sinto muito, Bill. Isso é difícil demais", diz ele, olhando para o quadro branco. "Claro, zombei deles por estarem congelados no tempo, como *O Homem da Califórnia*, mas eles são boas pessoas. E eu, com certeza, não tive nenhum motivo para reclamar do trabalho deles."

"Obrigado, Wes", diz Bill. "Mas, honestamente, há fornecedores de SaaS por aí que podemos pagar para fazer grande parte do que construímos. E isso nos dará cinco pessoas. E eliminaríamos toda uma pilha de tecnologia, com todas as licenças de software e contratos de manutenção associados. Isso é mais US$100 mil de gasto anual, o que é outra metade de uma cabeça bem ali."

Wes fica sentado em silêncio. "Bem, colocando dessa forma... Eu pagaria qualquer coisa para me livrar do nosso sistema de atendimento ao cliente. Claro, teremos que obter um serviço de substituição, mas prefiro que um fornecedor o gerencie, de qualquer maneira. E nossos servidores de e-mail. E o Lotus Notes, do qual ainda temos bolsos, acredite ou não, porque alguns gerentes reclamaram. Acho que hoje temos a influência para anular suas objeções.

"Combinando esforços, três pessoas dão conta de gerenciar todas essas coisas", diz Wes. "Dessas, gostaria de manter duas por perto. Tudo que quero é a oportunidade de marretar alguns desses servidores antes de retirá-los."

Maxine encara Wes e Bill. Eles não estão sendo exatamente magnânimos, mas também não estão sendo bastardos de coração frio. Na verdade, ela prefere essa abordagem a comparar listas de nomes entre departamentos.

Inspirada, Maxine junta coragem e diz: "Talvez devêssemos dar uma olhada no grupo de Planejamento de Recursos de Fabricação também." Quando Chris olha para ela surpreso, ela diz: "Existem certas peças absolutamente críticas para a vantagem competitiva, como o módulo de programação que estamos mudando de 'construir para prever' para 'construir sob pedido' para oferecer suporte à manufatura sob demanda. Mas o resto pode ser movido para um pacote comercial... Eu manteria cinco desenvolvedores na equipe para concluir a transição, mas isso demitiria dez deles e pessoal de controle de qualidade, e talvez dois outros funcionários de Ops..."

Ela se sente mal. As pessoas que ela reduziu a números são as pessoas maravilhosas que lhe desejaram o bem quando ela foi exilada. Este é o sistema que ela ajudou a construir e manter por quase seis anos. Até Erik disse que era uma maravilha arquitetônica.

Ela rapidamente acrescenta: "Estes são alguns dos melhores engenheiros da empresa. Atesto cada um deles. Se pudessem trabalhar em projetos como o Unicórnio ou nas áreas de Inovação, sua contribuição para a empresa seria muito maior do que no sistema MRP..."

"Você está certa", diz Chris, olhando com orgulho para Maxine. Ela se sente aliviada por finalmente sugerir isso, algo que ela temeu o dia todo.

Bill adiciona o antigo grupo MRP de Maxine ao quadro branco, juntando finanças de médio porte, PDV de refeitório, helpdesk, e-mail e Lotus Notes na lista. Juntos, eles identificam dezoito posições que podem eliminar. Os serviços de software para substituí-los custariam US$500 mil anualmente.

Bill adiciona outra coluna. "Se o esforço de Inovação for totalmente financiado com US$5 milhões, potencialmente criará 33 cargos de tecnologia no Núcleo. Poderíamos contratar todas essas pessoas de volta, como Maxine apontou, fazendo um trabalho que é muito mais valioso."

"Então, vamos lá, do que mais podemos nos livrar para realocarmos mais pessoas ao Núcleo? Quais são as coisas em execução em nossos data centers pelas quais os clientes nunca nos pagarão? Já terceirizamos a folha de pagamento. Que outras funções de back office podemos considerar?"

"Temos três sistemas ERP", sugere Maxine. "É péssimo ter que me integrar com todos eles. Na verdade, todos os três são propriedade de outra empresa agora. Talvez seja a hora de mudarmos."

Wes meneia a cabeça. "Se trocássemos para um, isso liberaria outras duas ou três pessoas de Ops para fazer outra coisa."

"Gosto de onde estamos chegando", diz Bill. "E os nossos sistemas de RH. E ferramentas de comissionamento de vendas e planejamento de compensação... e nossos sistemas de cronometragem nas fábricas..."

À menção dos sistemas de cartão de ponto, cerne do problema na folha de pagamento, o que a levou a seu exílio, Maxine murmura: "Boa viagem."

"Sim, e nossos sistemas de backup de desktop", acrescenta Wes. "Talvez até nossos sistemas telefônicos e PBXs. Somos fabricantes e varejistas, não uma empresa de telefonia..."

O rosto de Wes se ilumina. "E há dois data centers que deveríamos ter fechado anos atrás. Eles e o que há neles provavelmente nos custam um milhão de dólares ao ano. E se realmente nos livrarmos deles, serão mais quatro pessoas... Ah, e aqueles malditos servidores do Kumquat... Vamos nos livrar deles de uma vez por todas. Isso é mais US$100 mil em manutenção."

Olhando para a lista crescente do Contexto ignóbil no quadro branco, Maxine não sente pavor. Em vez disso, ela se sente inspirada pensando em como o descarte dessas coisas libertará a empresa de amarras e trará oportunidades para os engenheiros trabalharem em áreas de valor muito maior. Porém, há mais uma coisa a incomodando.

"Nosso cluster Unikitty IC está nas últimas", diz Maxine. "É um Contexto importante, mas ainda Contexto. Temos nossos melhores profissionais trabalhando no Unikitty. Fez uma grande diferença elevar a produtividade do desenvolvedor, mas devemos encontrar um fornecedor de SaaS com suporte comercial e colocar nosso melhor pessoal trabalhando em coisas para as quais não podemos encontrar fornecedores comerciais. Qual é, Kurt, quanto tempo Dwayne e Brent passaram sustentando o Unikitty?"

"Droga", diz Kurt. Mas, momentos depois, diz: "Sim, adicione-o à lista."

A equipe de finanças de Dick apresenta suas deliberações. Todo mundo fica olhando. Eles identificaram quase US$4 milhões em despesas que podem ser reduzidas, com 26 posições sendo eliminadas.

Mas, se abrissem 33 cargos na Inovação, poderiam contratar quase todos de volta. Se eles estivessem dispostos a aprender coisas novas.

Maxine sorri.

Maxine fica impressionada com a rapidez com que Bill consegue entrar na de Steve e Dick, perplexa por ele ter esse tipo de relação de trabalho com o CEO. Eles apresentarão a ambos no final do dia. Em contraste, há momentos em que Maxine leva semanas para entrar na de Chris. Ela brevemente se pergunta se o problema é ela ou ele.

Quando Bill apresenta seu plano, Steve e Dick tomam notas, fazem perguntas e, por fim, acenam com a cabeça em aprovação.

Steve gostou especialmente de como a equipe identificou áreas a serem eliminadas por valor enquanto mantinha o fluxo. Mas quando Bill fala sobre seu desejo de mover engenheiros talentosos e retreiná-los para contribuírem com a Inovação, Steve fica visivelmente animado.

"Durante meus dias de fábrica, na década de 1990, tive que supervisionar uma grande requalificação da força de trabalho", diz ele. "Fizemos grandes investimentos para garantir que cada trabalhador sobrevivesse e prosperasse em uma nova era em que todos eram pagos não apenas para usar as mãos, mas também a cabeça. Foi uma das coisas mais gratificantes e satisfatórias que já fiz. Devemos fazer o mesmo com a força de trabalho de tecnologia.

"E não me refiro apenas a colocar cartazes na parede", diz ele. "Quero *investir* no nosso pessoal. Talvez criemos uma Universidade Parts Unlimited ou algum outro treinamento de longo prazo para a próxima geração de líderes e de engenheiros de que precisamos para a sobrevivência da empresa em longo prazo. Nós pagaremos para que eles obtenham as habilidades necessárias."

Steve parece animado e vivo de uma maneira que Maxine nunca viu antes. Até Dick parece animado.

"Preciso da sua ajuda neste caso, Steve", diz Bill. "Pegue meu antigo time de médio porte, que coordenava há quatro meses, antes de me colocar nessa função. Nada com eles, eles estão em um processo de negócios que é Contextual, não Nuclear. Precisamos fazer o certo por todos e garantir que os preparemos para uma carreira longa e produtiva. Eles têm um conhecimento valioso, seríamos idiotas se deixássemos escapar."

"Pode apostar", diz Steve. Maxine dá um suspiro de alívio. *Talvez tudo isso seja positivo*, pensa Maxine. *Mesmo sendo Sarah que tenha acendido esse pavio.*

Dick faz anotações e vez ou outra usa a calculadora. "Precisamos de US$15 milhões em reduções de custos. Com os números que você forneceu, estamos quase lá", diz Dick, olhando sua equipe, que acena em resposta. "Na fábrica, encerraremos a produção de nossa categoria de produtos de menor margem. Isso afeta cinquenta trabalhadores, dos quais quinze preencherão as vagas abertas."

"O chefe de gestão de fornecedores visa economizar outros US$2 milhões reduzindo nosso número de fornecedores", diz ele. "Com isso, vamos negociar descontos maiores e reduzir a sobrecarga de logística, deve ser simples."

"No segmento varejista, fecharemos dez das lojas de pior desempenho, o que economizará cerca de US$3 milhões", continua Dick. "E o resto será obtido por meio de aposentadoria precoce e algumas eliminações de cargos."

Dick faz uma pausa para olhar a planilha. "Acho esse plano muito bom. O maior risco que vejo é o operacional da transição para esses novos sistemas. Eles são Contextuais, mas são críticos. Nunca mudamos tantos processos de negócios, muito menos todos ao mesmo tempo. E tenho certeza de que teremos um monte de pessoas infelizes que virão com um monte de razões para não o fazermos."

"Só para você saber, algumas dessas objeções são, sem dúvida, corretas. Esta é só uma lista de trabalho, criada por nós, um bando de jóqueis de planilhas", diz Bill. "Em nosso nível, não sabemos realmente quais são as implicações de desligar esses sistemas e o que é necessário para fazer a transição.

Precisamos de tempo para trabalhar com nossas equipes e descobrir o que é possível e chegar a um cronograma realista."

"Esse é um bom plano, Bill", concorda Dick. "Steve, você precisa encontrar uma maneira de ganhar tempo para ele."

Steve olha a planilha na tela. "Talvez peçamos ao conselho para, em vez do corte de 3% que pediram, apresentarmos um plano para cortar 2% em janeiro, antes do anúncio dos lucros trimestrais, e chegar a 4% no final do próximo ano. Isso deve satisfazê-los..."

"Nada mal", diz Dick com um sorriso. "Isso deixará Alan e seu eleitorado muito felizes."

"Ok, vou levar isso para o conselho", diz Steve. "Assim que obtivermos a aprovação, gostaria de anunciar à empresa e ser o mais franco possível, para que as pessoas consigam se preparar."

Virando-se para Dick, ele acrescenta com um pequeno sorriso: "Desculpe, Dick... Podemos precisar de mais alguns quartos dessa engenharia financeira para manter os números no caminho certo."

Maxine está extremamente aliviada que seus piores temores sobre o plano de redução de custos não se concretizaram. No entanto, ela não se sente despreocupada. Em vez disso, seus medos agudos do pior cenário são substituídos por uma sensação de mal-estar monótona, presente e torturante.

Durante o resto do dia, ela se sente totalmente esgotada e exausta, sua pálpebra esquerda continua se contraindo e seu estômago dói constantemente. Às vezes, ela não consegue olhar as pessoas nos olhos. Uma rápida pesquisa no Google confirma que tudo isso provavelmente se deve ao estresse prolongado. Todos esses tipos de problemas de gestão de pessoas são o motivo pelo qual ela sempre se afastou das funções de gerenciamento.

Naquela noite, ela se esforça para relaxar, tomando algumas taças de vinho e assistindo ao episódio "Casamento Vermelho" de *A Guerra dos Tronos* com o marido, ansiosa para se distrair de qualquer coisa relacionada ao trabalho. Ela fica chocada com a crueldade implacável e a violência sem sentido do massacre no final, e ela e Jake riem sobre a sorte que têm pelo fato de os ambientes de trabalho modernos não envolverem massacres em massa — embora Sarah certamente tenha se esforçado ao máximo para isso.

CAPÍTULO 18
• *Quinta-feira, 18 de dezembro*

Quando Maxine acorda, na quinta-feira, sente-se descansada e animada com o dia. Parte disso se deve a ela ter tido uma noite inteira de sono sem sonhos. Mas também porque hoje os finalistas das ideias de inovação se apresentarão para o Conselho. Como prometido, Bill escolheu cinquenta das pessoas mais respeitadas de toda a empresa para fazerem a seleção das três primeiras ideias de inovação a serem exploradas e a receberem os recursos necessários.

Cada uma das três vencedoras terá uma equipe selecionada por Maxine, e os responsáveis terão noventa dias para explorar a viabilidade da ideia, investigando o risco de mercado, o risco técnico e o risco do modelo de negócios, e esperançosamente alcançando bons resultados de negócios pactuados. Esse é o trabalho do Horizonte 3, que eles lutam tanto para proteger.

Maxine ficou surpresa quando Steve anunciou para a empresa que qualquer um poderia enviar uma ideia; em uma semana, eles tinham centenas de inscrições. Como membro do comitê, Maxine leu todas e se inspirou com a criatividade e sabedoria. Quase todos buscavam resolver problemas reais dos clientes, e muitos sugeriram formas engenhosas de a Parts Unlimited ajudar.

Ela ficou maravilhada com o profundo desejo que as pessoas demonstraram de explorar esses problemas. O comitê deliberou e escolheu as trinta primeiras propostas, e hoje todas estarão no Conselho de Inovação no grande auditório em que acontecem as reuniões públicas. Cada uma das equipes ensaiou com alguns dos membros do comitê durante a semana, obtendo o treinamento e a orientação desejados. Maxine adorava ver o quanto os membros do comitê eram generosos com seu tempo, em particular antes dos feriados. Para as pessoas que farão suas apresentações, essas interações ajudam a criar redes úteis e provavelmente a que avancem em suas carreiras.

Maxine caminha até sua mesa, ansiosa para terminar os trabalhos mais urgentes para poder ir para o auditório ajudar nos preparativos.

Quando ela se senta, vê uma mensagem de texto de Dave Nervosinho:

Cacete. Olha o seu e-mail!

Quando ela abre o e-mail e vê o assunto, começa a suar frio e deixa escapar um: "Ah, não…"

De:	Sarah Moulton (SVP de Ops de varejo)
Para:	Todos os colaboradores de TI
Cc:	Executivos da empresa
Data:	8h05, 18 de dezembro
Assunto:	Mudanças no pessoal e atribuição de responsabilidades

Com efeito imediato, Maggie Lee (Diretora Sênior de Gestão do Programa de Varejo) foi realocada para ajudar na auditoria urgente de estoque nas lojas de varejo.

Devido ao prazo, ela está dispensada das outras funções, incluindo o Conselho de Inovação. Por favor, encaminhe para mim todas as comunicações e decisões.

Além disso, Kurt Reznick (Gerente de QA) está suspenso de todas as responsabilidades, por motivos impublicáveis. Encaminhe todas as questões do Conselho de Inovação para Rick Willis (Gerente de QA) e as outras para Chris Allers (VP de P&D).

Obrigada, Sarah.

Chocada, Maxine encara o e-mail. Ela não consegue concatenar a proporção do que acabou de acontecer. Sarah destruiu os esforços do Horizonte 3. Para defender o Horizonte 1 e sua busca por valor, ela garantiu que o trabalho do Conselho de Inovação morresse antes mesmo de começar.

Estranhamente, Maxine não se sente zangada nem triste — ela se sente entorpecida e suspeita que seja porque toda a sua engrenagem mental foi destruída pela jogada ousada de Sarah. Com certa descrença, percebe que Sarah planejou seu próprio desastre na Parts Unlimited.

Maxine pega o telefone e tenta freneticamente ligar para Kurt e Maggie, mas nenhum deles atende. Ela manda mensagens, perguntando o que está acontecendo. Não obtém nenhuma resposta.

Ela fica olhando para o espaço por um longo tempo, tentando pensar no que fazer. Ela olha para cima e percebe que as pessoas estão se reunindo ao redor de sua mesa — Dave Nervosinho, Dwayne, Brent, Shannon, Adam, Purna, Ellen... Com uma voz frenética, Dave Nervosinho pergunta: "O que diabos está acontecendo? Alguém sabe?"

Ninguém tem ideia. Ninguém pode falar com Kurt ou Maggie. Ou Kirsten. Ou Chris. Ou Bill, por falar nisso.

A equipe executiva e a equipe geral desapareceram, deixando os redshirts por conta própria.

Pela terceira vez, Maxine envia outra mensagem de texto para Kurt:

> O que está havendo? Onde você está? Todo mundo está enlouquecendo!

"A rebelião acabou?", Brent faz a pergunta que está na mente de todos. "Nós todos acabamos?"

"Controle-se", diz Shannon, revirando os olhos. Mas Maxine também percebe que ela está abalada, porque ninguém sabe realmente o que está acontecendo. Maxine tenta ser a adulta madura na sala, acalmando os medos de todos, mas, no fundo, está abalada.

Maxine olha para Brent. Talvez essa grande aventura tenha acabado. Talvez Bill seja o próximo. Quão impactante é um golpe corporativo como esse? Talvez Steve também tenha sido aniquilado. Sarah ganhou a guerra?

Maxine imagina Sarah no lugar do capitão na nave estelar *Enterprise*, sorrindo triunfantemente com uma equipe geral totalmente nova, com seu expurgo da velha guarda concluído. Talvez ela erga todas as cabeças de seus inimigos em tochas para deter os próximos aspirantes a rebeldes.

Será que ela desceria à sala de máquinas e eliminaria todos os redshirts associados a Kurt e a Maggie? Normalmente, ela teria descartado essa ideia. A equipe geral não se preocupa com os redshirts, certo?

Mas a maneira como Sarah conspirou para minar todos os esforços deles a faz repensar essa ideia. Não é difícil imaginá-la passando por toda a lista de redshirts, dividindo-os em listas de bons e maus, com os maus sendo transportados para o exílio no planeta Ceti Alfa V, como Kahn e seus seguidores o foram quinze anos antes de se vingarem do Capitão Kirk.

Não Sarah... Ela provavelmente os prenderia agora e apenas os enviaria para o meio de uma estrela para evitar qualquer possibilidade de ira futura, pensa Maxine. Diga o que quiser sobre Sarah, mas ela definitivamente planeja o futuro.

Maxine olha para o relógio. Faltam apenas 45 minutos para o início das apresentações no auditório. Maggie está ocupada e não conseguirá liderar a sessão como planejado, então Maxine supõe que Steve também não virá.

Quem vai salvar o Horizonte 3? Ela olha em volta.

Nesse momento, ela percebe que agora tudo depende dela.

Ela pega o telefone da mesa e liga para o ramal de Steve no telefone fixo, chamando sua assistente, Stacy.

"Olá, sou Maxine Chambers. Estive nas reuniões com Steve e Dick sobre o Conselho de Inovação, junto com Kurt e Maggie também. Estamos todos um pouco assustados com a mensagem sobre Kurt e Maggie serem suspensos. Steve estava programado para apresentar as ideias de inovação, às 9h. Ele ainda fará isso?"

"Oi, Maxine", ela ouve do outro lado da linha. "Telepatia! Eu estava prestes a ligar para você. Steve tem uma mensagem para você. Ele diz: 'Assuma a reunião de inovação. Boa sorte.' Ele irá se conseguir, mas provavelmente só poderá ficar poucos minutos."

A assistente de Steve pede o número do celular dela para que ele ou Dick falem com ela mais tarde. Depois que Maxine lhe fala, ela diz: "Aguenta firme, Maxine! Estamos torcendo por você!"

Maxine desliga o telefone e fica olhando para a mesa por um breve momento, preparando-se para o que deve fazer.

"Vamos, pessoal", diz ela. "Precisamos chegar à reunião de Inovação."

"Mas Maggie e Kurt estão na mira da Sarah! Quem vai apresentar?", pergunta Shannon.

"Nós", diz Maxine, recolhendo suas coisas.

Na primeira fila do grande auditório, são palpáveis a empolgação e o nervosismo concentrados de todas as equipes que se preparam para se apresentar. Se alguém desistiu por causa do e-mail da Sarah, não deu para notar.

Maxine sobe no palco, procurando quem está comandando a operação. Ela encontra a pessoa que parece gerenciar o A/V e pede um microfone para falar às 9h. Faltam três minutos.

Brent entrega a ela a programação impressa das equipes que apresentarão suas propostas e, em seguida, diz ao diretor de palco para começar a organizar as pessoas nos bastidores. Maxine agradece a Brent, que sorri de volta. "Boa sorte, Maxine! Avise se precisar de alguma coisa!"

Maxine olha para a plateia e vê todos os membros do comitê escolhidos para julgar as propostas sentados na primeira fila. Eles ouvirão cada uma das apresentações, dez minutos para cada equipe. Atrás deles, estão centenas de pessoas que vieram assistir.

Maggie teve um cuidado extraordinário para mitigar o "efeito HIPPO" (Highest Paid Person's Opinion, Opinião da Pessoa Mais Bem Paga), referindo-se à tendência doentia de as pessoas se importar apenas com as opiniões dos tomadores de decisões de mais alto nível. Para combater isso, Maggie instruiu todo o Conselho de Inovação a ouvir cada argumento, fazer perguntas, mas manter seus votos e classificações em segredo.

Ela procura Steve, mas não consegue encontrá-lo. Checa o relógio. Está na hora. Maxine acena para a organizadora, como um aviso de que está pronta. Ela diz algo em seu headset e, em seguida, faz um movimento de contagem regressiva, 3, 2...

"Olá, meu nome é Maxine Chambers", diz ela ao microfone, apertando os olhos contra as luzes fortes. "Ahn... Maggie Lee deveria fazer as apresentações, mas, como vocês devem ter lido no e-mail, ela foi realocada para uma missão urgente de auditoria de inventário."

Ela ouve risos na multidão, o que a surpreende. Ela não pretendia gerar esse efeito.

"E Steve deveria dizer algumas palavras sobre a orgulhosa história da empresa e sobre como devemos ajudar a manter os carros dos nossos clientes funcionando. Ele também falaria sobre a importância de fomentar a inovação na empresa, mas não pôde se juntar a nós no momento. Reunimos um grupo incrível de algumas das pessoas mais respeitadas da empresa para julgar essas propostas. Foram centenas, e li todas elas.

"Todas eram incríveis, e foi difícil escolher apenas trinta. Mas nós o fizemos, e essas trinta serão apresentadas hoje a vocês", diz ela, esperando que sua voz não esteja falhando e que seu nervosismo não esteja aparecendo. Ela pensa que deveria ter vestido uma jaqueta para esconder o suor que escorria no corpo. "Cada equipe terá dez minutos, e depois teremos cinco minutos para perguntas. No final do dia, o Conselho deliberará, e Steve anunciará os três vencedores na próxima reunião pública.

"Minha equipe e eu teremos o privilégio de trabalhar com essas equipes para testar a viabilidade de suas ideias", diz ela com um grande sorriso. Ela pensa nos acontecimentos desta manhã, e seus olhos se enchem de lágrimas. Com a voz embargada, ela diz: "Fizemos muitos sacrifícios para que isso acontecesse, então sou grata a todos vocês por trabalharem tanto em seus argumentos de venda e prometo que faremos o nosso melhor para torná-los reais."

Ela sorri e sente os olhos marejados ao ouvir todos aplaudindo e vibrando. Ela olha para o diretor de palco, que sorri e lhe dá um grande sinal de positivo. Maxine olha para a folha de papel à sua frente, as mãos trêmulas, e chama a primeira equipe para o palco.

Quando vai para os bastidores, Brent aparece ao seu dela, dizendo: "Puta merda, Maxine. Foi demais! Estou muito feliz que todos possam apresentar suas ideias... Mesmo depois de tudo isso... sabe?"

Maxine sorri de volta, dando um abraço rápido em Brent, agradecendo por sua ajuda. Ela volta sua atenção para a apresentação da equipe. Maxine fica encantada com o que ouve. Um gerente de loja apresenta sua ideia de ajudar motoristas de viagens compartilhadas, como Uber e Lyft, com suas necessidades exclusivas. Outro propõe um serviço de concierge para tarefas comuns de manutenção.

Mas a primeira ideia que empolga todo o auditório é um sistema de classificação para garagens e postos de serviço, que logo é apelidado de "Cachorro Mecânico". A ideia é fazer com que os clientes da Parts Unlimited compartilhem suas experiências sobre estações de serviço uns com os outros.

Outra proposta que empolga Maxine vem após o intervalo da manhã. Um gerente sênior de vendas apresenta a ideia de criar um serviço de entrega em quatro horas para os clientes de seus postos. Isso permitiria a eles oferecerem mais serviços de reparo, sabendo que as peças necessárias seriam entregues rapidamente, conforme necessário. Uma startup competitiva surgira recentemente oferecendo entrega em quatro horas, e a unidade de negócios da Parts Unlimited que vendia diretamente para postos de serviço tinha reduzido suas previsões de receita para o próximo ano em 10% por causa disso.

Essa equipe está convencida de que a Parts Unlimited pode enfrentar esse concorrente e vencer, e de que isso vai melhorar seu relacionamento com seus principais clientes de postos de serviço. Quando o líder do projeto diz: "Dadas todas as nossas capacidades, acredito que podemos riscar essa startup do mapa", o auditório explode em aplausos.

Algumas das outras apresentações também são muito boas, mas, no meio da tarde, Maxine vê uma pela qual ela se apaixona, em parte, porque é apresentada por Brent, Shannon, Dwayne e Wes. Ela nem disfarça a empolgação quando eles sobem ao palco. Ela está muito orgulhosa deles.

A ideia deles é vender um sensor de motor e criar uma grande variedade de ofertas em torno dele. Inicialmente, ele se concentrará na detecção antecipada de problemas no carro enquanto forem pequenos, antes que se transformem em problemas grandes e caros, como trocas de óleo e desgaste do motor. As lojas podem fornecer esses serviços de reparo com taxas com desconto para os clientes, porque o trabalho seria agendado durante períodos de baixa.

Muitos meses atrás, Wes viu que um dos itens recomendados para ele no aplicativo (desenvolvido pelo Projeto Unicórnio) era um sensor de motor que começaram a vender recentemente nas lojas. Estava voando das prateleiras. Era um dispositivo surpreendentemente bom. Ele deve ser anexado à porta de diagnóstico de bordo 2 (ODB-II), que todo carro tem atualmente, exigida pela histórica Lei do Conselho de Recursos Aéreos da Califórnia, de 1994. Esse conector de dados padrão permite o monitoramento das características do motor, incluindo, a mais conhecida, os níveis de emissões.

Maxine fica surpresa ao saber que até carros elétricos novos como o Tesla têm portas ODB-II, embora não tenham motor de combustão interna.

A ideia é fazer um OEM ou revender um desses sensores e, então, construir um ecossistema de software de alto nível para ajudar em tudo, desde diagnósticos no local, serviços de consultoria para clientes e melhor manutenção preventiva. Eles também descrevem ideias como trabalhar com seguradoras para ajudar a reduzir prêmios e fazer aplicativos para ajudar os pais a rastrear os hábitos de direção dos filhos.

Isso foi tão atraente para Maxine que ela logo comprou o sensor, durante o lançamento, pelo smartphone. Maxine sempre tem pavor de os filhos dirigirem rápido demais. No final da apresentação, apesar de seu desejo de ser imparcial, Maxine dá um salto e aplaude. Em sua mente, são ideias como essa que podem levar a Parts Unlimited a lugares empolgantes, novos e vibrantes.

Outras propostas também chamam a atenção dela, mas ela sabe em quem vai votar. No final do dia, Maxine sobe ao palco novamente e diz: "Muito obrigada a todos por apresentarem todas essas ideias incríveis. Coletaremos todas as cédulas no final do dia, e Steve anunciará o vencedor na reunião pública de janeiro. Até breve!"

Ela acena para todos e devolve o microfone ao diretor de palco. Ela está exausta. Suas pernas estão tremendo, suas costas doem por ficar em pé e ela reza para que não cheire mal por causa de toda a sua transpiração nervosa e de ficar sob as luzes quentes.

Enquanto ela se junta a seus companheiros membros da Rebelião, pensa sobre o dia. Maxine se sente aliviada e energizada com os argumentos de venda que ouviu. Por mais dolorosas que sejam a reorganização e as mudanças na força de trabalho, se permitem que coisas empolgantes como essa aconteçam, valerão a pena. E, melhor ainda, ela sempre terá a satisfação de ter ajudado a tornar isso realidade. Mas, agora, eles precisam descobrir o que aconteceu com Kurt e Maggie e, por falar nisso, o resto da equipe geral, que desapareceu.

E se o esforço de inovação acontecerá.

Já passa das 17h, então todos decidem ir para o Dockside, como de costume.

Conforme as pessoas chegam ao bar, Maxine se pergunta se alguém tem novidades. Ou mesmo novos boatos para compartilhar. Ninguém ouviu nada.

Instaurou-se um silêncio total. Além do e-mail da Sarah, não houve mais comunicações nem anúncios oficiais da empresa.

Maxine diz a todos: "Olha, aconteça o que acontecer, mesmo que Maggie e Kurt tenham sido demitidos, ainda faremos tudo o que pudermos para que esses projetos do Horizonte 3 tenham sucesso. Mesmo que isso signifique trabalhar com essas equipes durante as férias. Precisamos ajudá-los a começar e aumentar as chances de sucesso deles... Tenho os nomes das três equipes vencedoras aqui. Quem está comigo?"

"Conte com todos nós, Maxine", diz Shannon. "Mesmo que isso signifique ajudar a concorrência."

"Estamos todos no mesmo time, Shannon", diz Brent, revirando os olhos. "Não estamos competindo *entre nós*; estamos competindo com o mercado."

"Você sabe o que eu quis dizer", diz Shannon. "Quem são os vencedores?"

Maxine olha em volta e vê que todos estão concordando, comprometidos em ajudar as três equipes-piloto. Ela diz: "Foi muito decisivo. Não chegou nem perto. A principal escolha dos jurados é o projeto do sensor automático..."

Antes que anuncie os outros, todos aplaudem e dão um tapinha nas costas de Shannon, Brent e Dwayne, parabenizando-os. "Wes está a caminho", diz Shannon. "Estou mandando uma mensagem para ele com as notícias agora."

"... e os outros dois vencedores são a equipe de classificações de postos de serviço e a de entrega de peças em quatro horas", diz Maxine com um sorriso. "Adoraria ajudar o projeto de entrega em quatro horas, porque lida com muitas partes diferentes da organização. Amo essas coisas."

Dave Nervosinho levanta a mão, dizendo: "Vou ajudar no projeto de classificações de postos de serviço". E, enquanto se dividem em equipes, com exceção do grupo do sensor, Maxine sorri. "Enviarei por e-mail as apresentações para cada um dos líderes de equipe."

Dwayne serve cerveja para todos, e Maxine bebe seu vinho "especial do Erik" favorito. Eles pedem comida, e ela convida as três equipes para se juntarem a eles no Dockside. Se conseguirem, podem começar a planejar.

Maxine respira fundo. Ela agora cumpriu suas obrigações de colocar os esforços do Horizonte 3 em andamento. Ela fez tudo o que podia. O clima é uma mistura de alívio e de espera nebulosa, ansiosa, agitada e impaciente, como as pessoas que esperam no hospital o parto de um bebê, aguardando notícias da mãe e do recém-nascido. Wes aparece, mas também não tem notícias do Bill nem dos outros.

São seis. *Certamente deve haver alguma solução para o que quer que esteja acontecendo com a equipe geral*, pensa Maxine.

Passam-se trinta minutos. Uma hora. Duas horas.

Então ela ouve Wes gritar: "Valha-me! Olha seu e-mail!"

Maxine verifica seu smartphone.

De: Steve Masters (CEO, Parts Unlimited)
Para: Todos os colaboradores da Parts Unlimited
Data: 19h45, 18 de dezembro
Assunto: Reintegração de Maggie Lee

Maggie Lee está reassumindo suas responsabilidades pelas Ops de varejo e pelo Conselho de Inovação. Para dúvidas sobre funções e responsabilidades, envie-me um e-mail.

Estou ansioso para compartilhar mais notícias sobre o futuro empolgante da Parts Unlimited, em breve. Nos vemos na próxima reunião pública!

Obrigado e boas festas! Steve.

Maxine ouve aplausos em volta da mesa, mas o destino ainda incerto de Kurt, mais ainda de Sarah, detém o clima. Wes olha para o smartphone e grita com um grande sorriso no rosto: "Bill, Maggie e Kurt estão a caminho!"

Alguém pede mais um monte de jarras de cerveja, bem a tempo. Kurt entra, sorrindo, os dois braços esticados triunfantemente acima da cabeça. Atrás dele, estão Maggie, Kirsten e Bill.

Uma rodada de aplausos irrompe da mesa, a ponto de o resto do Dockside se juntar ao coro. Eles se sentam à mesa, engolindo suas bebidas, e a história finalmente sai.

"Foi igualzinho ao filme *Brazil*!", diz Kurt com orgulho, rindo. "Fui massacrado pela papelada. Sarah abriu uma investigação com o RH sobre todas as regras que quebrei: falhas no envio de cartões de ponto, em seguir as políticas de relatório de despesas, as diretrizes de gastos de capital e os processos de orçamento. Codificação imprecisa de pessoal…"

Maxine vê Bill olhando para Kurt. Ela se pergunta se ele vai ficar de olho nele agora.

"… e, bem, havia outra coisa", diz Kurt. "Uma alegada relação inadequada com outra gerente. Mas nós nunca trabalhamos juntos, ela era minha superior, de fato, e contamos isso ao RH imediatamente. Estamos casados e felizes há cinco anos, então tenho certeza de que não será um problema."

"Ah, Kurt", diz Maxine, aliviada por não ser algo mais sério. "A Sarah pode mesmo apelar para isso?"

"Por enquanto. Estou suspenso, sem pagamento por sessenta dias, enquanto aguardamos uma investigação mais aprofundada", diz ele. "Steve livrou Maggie da mira também. Sarah ainda está foragida, no entanto. Aparentemente, tudo depende do sucesso dos projetos do Horizonte 3. Steve está apostando seu trabalho nisso. Se esses esforços não derem certo, Sarah se tornará a nova e provavelmente última CEO da Parts Unlimited como a conhecemos."

Maxine rapidamente informa Maggie, Kurt e Bill do que aconteceu hoje e como eles se organizaram em três equipes para apoiar os três projetos de inovação.

Maxine vê Maggie explodir em um grande sorriso. "Isso é absolutamente incrível, Maxine. Ótimo trabalho! Vamos retomar isso amanhã. Mas, enquanto isso, uma rodada por minha conta! Foi um dia e tanto!"

"Ainda estamos no jogo, pessoal!", diz Bill. Quase como uma reflexão tardia, ele gesticula para Kurt com um sorriso: "Bem, a maioria de nós… Vejo você em sessenta dias, Kurt."

Ele se vira para Maxine e diz: "Bom trabalho no Horizonte 3 hoje. O próximo mês é crítico, então não ponha tudo a perder." Com um sorriso, ele acrescenta: "Avise-me como posso ajudar. Não há *nada* mais importante."

Apesar da noite fora de casa na quinta-feira, o trabalho começa cedo na sexta-feira, o último dia antes de a maioria das pessoas sair de férias, por duas semanas. Mas todos sabem que o destino dos pilotos de inovação é incerto. Ninguém precisa ser convencido de fazer o máximo o mais rápido possível. A ideia de ter algo, qualquer coisa, para mostrar na reunião pública de janeiro é um objetivo inspirador.

Mas o pico da temporada de vendas também está chegando, e o trabalho continua incessantemente no Projeto Unicórnio. No que tange à infraestrutura, as pessoas estão mais confiantes do que nunca por causa dos esforços da Engenharia do Caos, de Brent. Nas últimas semanas, eles aumentaram os testes de carga de produção e até mesmo injetaram falhas no ambiente de produção para garantir que expusessem os modos de falha que o incrível ataque de pedidos vindos da campanha do Unicórnio poderia criar.

Brent provou ser incrivelmente duvidoso ao projetar esses testes, incluindo desconectar vários cabos de rede no meio de um dos exercícios. Incrivelmente, tudo continuou mancando em vez de explodir espetacularmente como ocorreu durante o lançamento do Fênix, três meses atrás.

Por vários dias, a Rebelião trabalha furiosamente para viabilizar o lançamento das promoções dos feriados. Para alívio de Maxine, o lançamento desse feriado foi mais tranquilo do que o do Dia de Ação de Graças, e os primeiros resultados comerciais são muito bons.

Maggie estava certa — criar ótimas promoções é um jogo de aprendizado, e é óbvio que toda a equipe do Unicórnio aprendeu muito e que a Parts Unlimited está se beneficiando enormemente disso.

Assim que as vendas de fim de ano atingem o pico, toda a Rebelião muda seu foco para ajudar as três agraciadas equipes de Inovação. Mas não antes de investigar os fatos, mesmo que eles não tenham tido nenhum problema.

Por falar nisso, nada terrivelmente ruim aconteceu. Mas, como Kurt os lembrou, o objetivo dessas reuniões é aprender.

Foi uma hora fantástica e fascinante, e Maxine ficou sabendo de vários pseudoacidentes que poderiam ter resultado em algo mais sério. As pessoas se ofereceram com entusiasmo para trabalhos de engenharia que poderiam tornar o sistema ainda mais seguro. É quando Maxine percebe quantas pessoas de fora da equipe vieram assistir.

As pessoas são sempre convidadas a se juntarem a essas investigações, mas ela não esperava que tantos engenheiros aparecessem. Na verdade, não havia espaço suficiente para todos, então muitas pessoas se inscreveram para ver online. Esses fóruns agora tinham a reputação de serem a maneira mais rápida de aprender as maiores e mais interessantes inovações da empresa.

"Onde ela está?", pergunta Debra, a diretora de vendas, olhando para o relógio enquanto caminha pela sala de conferências.

"Não se preocupe, ela virá", diz Maxine.

"Não se preocupe?! Você está de brincadeira? Eu estou preocupada com tudo!", diz Debra. "Estamos aumentando os custos em todos os lugares e, se eu fosse gerente de loja, estaria pirando com todos esses processos manuais que estamos propondo. Bill até sugeriu armazenar peças nas estações de serviço para criar um buffer de segurança, sem que eles nos paguem antecipadamente! E ele está nos pressionando para fazer nosso primeiro piloto de mercado de teste duas semanas antes do planejado!"

"Faz sentido para mim", diz Maxine, sorrindo. "A maneira mais rápida de matar o piloto é derrubando essas estações de serviço. Se Bill está disposto a pagar pelo estoque adicionado, deixe-o. Normalmente é ele quem pressiona por mais restrições, não por mais folga."

Debra para no meio do passo. "Certo. Foco no cliente. O Quinto Ideal."

"Exatamente", diz Maxine. "Certamente testaremos o quanto Steve realmente acredita em seu argumento de como a grande satisfação do cliente e o envolvimento dos funcionários levarão a um grande fluxo de caixa."

"Sabe, é incrível como os gerentes das lojas estão entusiasmados e engajados", diz Debra, sorrindo pela primeira vez. "Estamos confiando muito neles. Eles vão levar mais funcionários para as lojas para lidar com a carga e, em situações críticas, entregarão essas peças pessoalmente, se ninguém estiver disponível...

"Acho que é porque os dados são muito convincentes", continua ela. "Obrigada novamente pela sua ajuda, organizando tudo. Se há algo que aprendi gerenciando vendedores, é que você nunca quer dar opiniões quando está jogando um jogo que precisa de fatos."

Maxine ri. "Eu não fiz muito. Foi a sua equipe que reuniu todas as análises. Apenas nos certificamos de que todos os dados de que eles precisavam estavam em um lugar no qual pudessem acessá-los."

"Eu não minimizaria sua contribuição", diz Debra. "Estamos fazendo muitas apostas. Precisávamos de históricos de compra para cada uma das estações de serviço-piloto, alinhados com nossa disponibilidade de peças e prazos de entrega, sua distância de nossos centros de distribuição e lojas, custos de envio cruzado, sem mencionar todas as incertezas sobre como construir uma boa frota de transporte... e ainda há tanto que nem sabemos!"

Maxine meneia a cabeça. Apesar (ou talvez por causa) dos altos riscos, Maxine está se divertindo, no espírito do Segundo Ideal: Foco, Fluxo e Felicidade. Trabalhar com a equipe para gerar as análises, trabalhar com os silos distantes da empresa, estudar os desafios do transporte... Ela imagina que isso é melhor do que qualquer projeto de MBA, porque isso é colocar a mão na massa.

Embora Debra se preocupe com todos os processos manuais, Maxine sabe que se trata de criar um Produto Mínimo Viável para testar suas ofertas e confirmar suas hipóteses de quais recursos são necessários para lhes atender. Essa rápida iteração e aprendizado antes de investir pesadamente na implantação de um grande processo disruptivo é um ótimo exemplo do Terceiro Ideal: Aprimoramento do Trabalho Diário.

Da mesma forma, ter toda a expertise dentro da equipe e os dados de que precisam em mãos é um ótimo exemplo do Primeiro Ideal: Localização e Simplicidade, e as ideias inusitadas que as pessoas ficam confortáveis em oferecer certamente mostram a presença do Quarto Ideal, Saúde Mental.

"Por que você está sorrindo?", pergunta Debra, olhando para ela.

Maxine apenas balança a cabeça e, em vez de responder, cumprimenta a diretora de Ops, assim que ela e sua equipe entram na sala de conferências.

CAPÍTULO 19

• *Terça-feira, 13 de janeiro*

De: Steve Masters (CEO, Parts Unlimited)
Para: Todos os colaboradores da Parts Unlimited
Data: 8h45, 13 de janeiro
Assunto: Sarah Moulton não está mais na empresa

Com efeito imediato, Sarah Moulton se afastará para passar mais tempo com a família. Maggie Lee assumirá todas as preocupações relacionadas ao varejo, e Pamela Sanders assumirá o Marketing de produto, as relações com os analistas e as relações públicas. Outros assuntos, por favor, encaminhar para mim. Agradecemos a ela por todas as suas contribuições para a empresa nos últimos quatro anos.

Nos vemos na próxima reunião pública! Steve.

De: Alan Perez (Sócio Operacional, Wayne-Yokohama Equity Partners)
Para: Steve Masters (CEO)
Data: 15h15, 13 de janeiro
Assunto: Parabéns pelo trimestre notável!

Steve, no sigilo...

Parabéns pelo trimestre notável! Como se costuma dizer, dois pontos de dados não fazem uma tendência, mas ainda é empolgante de ver. Seu desempenho recorde nas vendas na Black Friday e no feriado de Natal e suas contribuições para os lucros são dignos de nota e mudam definitivamente a postura financeira da empresa. Vislumbro uma história de crescimento tomando forma.

Estou feliz por termos apoiado você durante essa reviravolta. Boa sorte ao fechar os livros, estou ansioso para ver os números finais do trimestre.

Um brinde! Alan.

P.S.: É uma pena que Sarah nunca tenha acreditado totalmente em sua visão. Ela poderia ter sido um trunfo fantástico.

Na reunião pública de janeiro, Maxine se senta na segunda fila. Ela não consegue parar de sorrir com a notícia da partida de Sarah. E, melhor ainda, Chris enviou um memorando dizendo que Kurt fora reintegrado e inocentado de todos os delitos. Kurt se senta ao lado dela e, contra todas as suas expectativas mais insanas, os dois têm um papel menor na programação de hoje.

Às 10h, em ponto, Steve liga o microfone e se dirige à plateia. "Bom dia e Feliz Ano Novo a todos. Dada a fantástica temporada de férias e a chamada de receita que acabei de terminar, este ano já está sendo o melhor de todos os anos para a empresa!" Todos no auditório aplaudem e gritam. Maxine tinha visto as notícias fantásticas sobre o trimestre incrível da empresa. Steve repassa sua habitual reiteração da missão da empresa e, a seguir, dá mais detalhes sobre o desempenho estrondoso de dezembro. Sob aplausos inflamados, ele pede a Maggie que suba ao palco. "Parabéns pelo trabalho bem executado ajudando na auditoria urgente de estoque e por sua nova posição como SVP de Ops de varejo!"

Até esta reunião pública, sempre era Sarah que falava da estratégia da empresa. Maxine está muito satisfeita e orgulhosa por Maggie ter tomado seu lugar e ser reconhecida diante de toda a empresa.

"Obrigada, Steve", diz ela, elegante em seu terno de grife. "Serei breve. Em dezembro, estabelecemos recordes em todos os setores: receita, tamanho médio dos pedidos, taxas de conversão de itens promovidos e margens. Até mesmo na satisfação do cliente.

"Por causa de todo o majestoso trabalho de base estabelecido pelo Fênix, as equipes do Unicórnio conseguiram rapidamente criar recursos de promoções para direcionar as pessoas ao nosso aplicativo móvel, site de e-commerce e lojas físicas. Claro, não foi apenas Marketing. Foi um incrível esforço combinado que incluiu as equipes das lojas e as de tecnologia", diz ela. "Em particular, quero destacar o incrível trabalho de Kurt Reznick e de Maxine Chambers e de toda a equipe do Projeto Unicórnio."

Maggie aponta Maxine e Kurt do palco, insistindo que eles se levantem e acenem para todos de seus assentos. Maxine obedece, cerrando os dentes.

Maggie percorre uma série de gráficos. "... Em suma, devido a esse desempenho fora de série, Steve e Dick anunciaram nosso primeiro trimestre lucrativo em quase dois anos e meio."

Maxine ouve as pessoas aplaudirem descontroladamente e percebe como isso é significativo para o futuro da empresa. Com um grande sorriso, Maggie diz: "Fiquem tranquilos, isso é apenas o começo. Steve não nos deixa descansar sobre os louros. Na verdade, ele aumentou nossas metas e estamos lutando para descobrir como alcançá-las. Muito obrigada a todos."

Steve pega o microfone de Maggie, agradecendo-lhe novamente pelo excelente trabalho. "Quero anunciar oficialmente os vencedores do Concurso de Inovação que realizamos em dezembro. Mais de trinta equipes foram selecionadas para apresentar suas ideias a um grupo de jurados que escolhemos em toda a empresa", diz ele. "Houve muitas ideias fenomenais, e estou muito feliz com as decisões do comitê."

Para a alegria absoluta de Maxine, ela observa Brent, Shannon, Dwayne e Wes subirem ao palco para serem reconhecidos por Steve, bem como pelas equipes que lançaram as avaliações da estação de serviço e a entrega de peças em quatro horas.

Apontando para as pessoas no palco, Steve diz: "Incrivelmente, cada uma dessas equipes já trabalhou com Maxine e suas equipes para explorar, criar protótipos e validá-los. Reportaremos trimestralmente os resultados a vocês."

Cada equipe faz uma apresentação de cinco minutos do que planeja, além de uma demonstração do que já criou, e fala do que pretende fazer a seguir, suas metas para os próximos três meses e a ajuda de que precisa.

Maxine está muito, muito impressionada com o que todos eles criaram.

Steve agradece, pedindo a cada equipe que compartilhe um aprendizado, de um erro ou de um experimento. "É importante compartilhar nossas vitórias *e* nossas derrotas", explica ele.

"Nosso futuro depende da inovação", diz ele. "Isso não vem do processo. Vem das pessoas." Ele descreve os Três Horizontes para todos, bem como as etapas que segue para mover as pessoas do Contexto para o Núcleo.

"Como empresa, não queremos deixar ninguém para trás. Queremos investir em você em um nível que não temos desde a década de 1920, quando o fundador da Parts Unlimited assumiu como missão criar a força de trabalho mais qualificada do país.

"Para isso, estou aumentando a frequência dessas reuniões públicas, de bimestrais para mensais, e convido a todos a enviarem perguntas na sala de bate-papo que criamos, ou você pode até mesmo postar um emoji", diz ele, projetando todas as perguntas e emojis atrás dele.

Isso é emocionante e inovador, pensa Maxine.

Antes de encerrar, Steve diz: "Ah, mais uma notícia. Gostaria de parabenizar Bill Palmer, que foi promovido a diretor de informática, permitindo-me desocupar o cargo. E estou satisfeito por ter obtido a aprovação do conselho para torná-lo diretor de Ops provisório, desde que ele não saia de um programa especial que criamos para ele nos próximos dois anos."

Maxine olha surpresa para Bill. Ela não tinha absolutamente nenhuma ideia de que isso aconteceria. Não à toa parecia que Bill tinha um ótimo relacionamento com Steve. Ela dá um soco no ombro dele e diz: "Parabéns, Bill."

Conforme prometido, Steve faz outra reunião pública em fevereiro. Do palco, ele diz: "Todo mês, entre nossas reuniões públicas regulares, terei uma como esta. Terá apenas uma hora e se voltará principalmente a pequenas notícias e, em seguida, haverá um espaço para perguntas." Ele fala novamente sobre a visão da empresa e o foco em habilitar o Núcleo gerenciando o Contexto.

Ele diz: "Antes das perguntas, tenho um anúncio a fazer. Eu disse da última vez que devemos nos tornar uma organização que aprende ou perderemos para as que o fazem. Para ajudar a avançar nisso, graças a Maxine Chambers, estamos criando algo chamado 'Quinta-feira de Aprendizado'."

O coração de Maxine salta com essa menção. Ela fez muito lobby por isso, e agora tinha conseguido. Não apenas para a área de tecnologia, mas para todos na empresa.

"Todas as semanas vamos tirar um tempo para que todos na empresa estudem. Durante duas horas, todos ensinarão e aprenderão algo. Os tópicos serão o que vocês quiserem aprender: treinar em outro silo ou unidade de negócios, participar do nosso famoso programa de treinamento nas lojas, passar um tempo nelas ou nas fábricas, sentar com seu cliente ou nosso helpdesk, aprender sobre princípios ou práticas de Lean, aprender uma nova tecnologia ou ferramenta, ou até mesmo a gerenciar melhor sua carreira. A coisa mais valiosa que vocês podem fazer é ser mentores e aprenderem com seus colegas. E saibam que me verão lá também. O aprendizado é para todos, e é a partir daí que criaremos a vantagem competitiva."

Nesse momento, Maxine sente um orgulho indescritível de sua realização profissional, e, ao anunciar sua participação, Steve percorreu um longo caminho para reduzir o constrangimento que muitas vezes surge quando se aprende algo novo. Os líderes devem modelar os comportamentos que desejam.

"Bom trabalho, Maxine", diz Bill, que está sentado ao lado dela. "Isso é absolutamente incrível."

Maxine não para de sorrir. Quando Steve começa a responder às perguntas, a sala de bate-papo #pergunteaostevenareuniãopública é projetada atrás dele. Como prometido, ele pergunta como as pessoas se sentem em relação à empresa, pedindo-lhes que respondam a uma pergunta da enquete em que as respostas são emojis. A maioria responde com um coração ou uma carinha sorridente. Cerca de 5% responde com o emoji de cocô, o que faz com que Steve lhes peça para lhe enviarem um e-mail com suas reclamações ou sugestão.

Na quinta-feira seguinte, Maxine está sentada na frente do refeitório com mais de quarenta pessoas. É a Quinta-feira de Aprendizado, e Shannon e um cientista de dados estão na frente da sala dando um tutorial sobre como criar modelos de aprendizado de máquina com dados reais da empresa da plataforma de dados Pantera. Todos, incluindo Maxine, estão com seus notebooks abertos, acompanhando a tarefa do laboratório.

Steve está sentado ao lado dela com seu notebook aberto. Quando Maxine olha para o livro de aprendizado de máquina ao lado de seu notebook, ele diz: "O quê? Estive na logística por décadas. Na verdade, eu queria estudar matemática na pós-graduação, mas não tinha dinheiro para cursá-la. Eu amava álgebra linear e estatística. Ainda sou o melhor em Excel de todos que conheço. Mas também tenho muito o que aprender."

Maxine está impressionada. Olhando ao redor da sala, ela vê muitos de seus ex-colegas de equipe do MRP, bem como alguns dos gerentes de projeto e engenheiros de controle de qualidade e Ops cujas posições seriam eliminadas. Alguns parecem estar aqui a contragosto, mas a maioria entrou com entusiasmo, incluindo Derek, do helpdesk. *Bom para ele*, pensa ela.

Por mais doloroso que tenha sido o exercício de RAF, ver todas essas pessoas aqui aprendendo ansiosamente algumas das habilidades mais populares e desejadas faz Maxine sorrir. Isso tira todas as dúvidas sobre se era a coisa certa a fazer, não apenas para a empresa, mas também para esses engenheiros.

Maxine entende perfeitamente as barreiras psicológicas que às vezes surgem com o aprendizado de coisas novas. É por isso que ela também está aqui, mostrando que até ela precisa aprender.

Muitos anos atrás, quando ela fez um workshop no MIT, seu instrutor disse que os alunos adultos muitas vezes escondem o fato de que estão tentando adquirir uma nova habilidade, seja aprender um novo idioma, nadar ou mesmo ter aulas de golfe. Geralmente, isso vem do constrangimento ou medo de ser visto fazendo algo em que não é bom.

Na verdade, décadas atrás ela queria aprender a nadar melhor. Ela não conseguia nem dar uma volta sem parar no meio da piscina. Ela ficava constrangida, imaginando que os outros nadadores, tanto crianças quanto adultos, ririam dela. Ela ficava incrivelmente constrangida com os salva-vidas sentados nas cadeiras, cujo trabalho era vigiar a todos.

Ela lembrou-se de que até começou a fingir que mancava, como uma desculpa para ser uma péssima nadadora. Finalmente, ela começou a ter aulas com seus filhos e, após anos de prática, ela se orgulha de conseguir nadar durante uma hora inteira.

Ela não quer que nenhum engenheiro se sinta envergonhado como se sentia naquela piscina. Todo mundo é aprendiz. E é por isso que Maxine tem um sentimento profundo de satisfação ao ver o quanto as pessoas estão alcançando com a Quinta-feira de Aprendizado.

Duas semanas depois, Maxine se vê em torno de uma grande pilha de servidores Kumquat no estacionamento do lado de fora da doca de carregamento do Prédio 5. Ainda há neve ao redor do estacionamento, e o tempo ainda está frio, mas isso não impede que quase cinquenta pessoas se aglomerem.

Maxine sabe por que há tantas pessoas aqui. Além de trabalhar no serviço de entrega em quatro horas, ela tem trabalhado incansavelmente para ajudar Brent e Dwayne a migrar tudo dos servidores Kumquat. E agora que seu trabalho está concluído, todas essas pessoas querem dar a esses antigos servidores do Kumquat a despedida que merecem.

Para seu espanto, Steve, Dick e Bill também estão aqui. Steve diz: "Meus mais sinceros parabéns a Wes e equipe por aposentarem esses servidores velhos e cansados. Nosso trabalho é atender a nossos clientes e, francamente, eles não se importam com essas coisas. Por meio de seu trabalho árduo, podemos colher toda a energia que era gasta sustentando essas coisas e direcioná-la ao Núcleo, onde podemos encantar ainda mais nossos clientes. Vou pedir ao Wes para compartilhar essa história na próxima reunião pública para que celebremos juntos. Com isso, Wes, passo a palavra a você", diz ele, sob os aplausos de todos que se reuniram em volta.

Wes dá um passo à frente, dirigindo-se à multidão. "Obrigado por terem vindo. Esta é a primeira de muitas cerimônias que realizaremos ao darmos adeus a essas coisas que habitavam nossos data centers, atormentando-nos diariamente. Cresci com os servidores Kumquat, há quase vinte anos", diz ele. "Aprendi quase tudo que sei sobre eles. Naquela época, eles eram uma maravilha tecnológica, na vanguarda absoluta. Mas, hoje, são a ruína da nossa existência. O middleware que ele executava dificultava a execução de novos trabalhos. Têm propensão a travar, e, pior, o cluster todo leva quase meio dia para reiniciar por causa da verificação do disco do sistema de arquivos.

"Trabalhamos muito nos últimos meses para migrar todos os aplicativos dessas máquinas, para servidores comuns ou inteiramente para a nuvem", diz Wes. "E, agora que o trabalho está completo, podemos retirá-los de nossos data centers e de nossas vidas."

Wes puxa uma marreta gigante de trás dele. "Como a pessoa que mais virou noites com problemas por causa desses brutamontes obsoletos, estou me dando o privilégio de dar o primeiro passo. E então qualquer um pode fazer um discurso e destroçá-los também."

Com isso, Wes levanta a marreta sobre a cabeça e grita: "Adeus, sua pilha horrível de lixo 8U dos anos 1990!" e bate a marreta na pilha de servidores. Ouve-se um som cacofônico de peças frágeis se quebrando, e Maxine dá vivas. Wes dá mais alguns golpes, urrando de alegria. Ele ri, gritando: "Nossa! Isso foi libertador."

Ele entrega a marreta para Brent, que a pega e grita: "Isso é por todas as noites perdidas, cinco anos atrás!" Ele então balança a marreta, resultando em mais ruídos terríveis. Ele grita: "E isso é por arruinar minhas últimas férias, quando eu estava na Disney com a minha família!" e marreta novamente.

Enquanto Brent continua a se vingar dos servidores agora inertes, Maxine, com todos os outros, grava a carnificina em seu celular, sorrindo loucamente. Brent finalmente passa a marreta para a próxima pessoa. Enquanto Maxine entra na fila para se despedir, Wes sorri para ela: "Sabe, isso é realmente incrível. Retiramos quase 4 mil quilos de equipamentos do data center para reciclar. Faltam apenas 15 toneladas!"

Semanas depois, Maxine está em Dockside com a tripulação da Rebelião. Todos compartilham o que estão fazendo, e Maxine fica maravilhada porque todos parecem estar se divertindo tanto quanto ela.

"Esses sensores de motor são dispositivos tão legais! Eles são fabricados na China, mas a sede da empresa que os projetou fica perto daqui. Acho a loja deles muito pequena", diz Shannon. "Fizemos alguns experimentos modificando o software dos aparelhos. Eles têm processadores ARM que executam Linux. Consegui mudar as configurações e fazer o reflash dos dispositivos, então agora eles estão enviando seus dados de sensor para nossos servidores de backend em vez de para os deles."

Ela ri. "Sei bem que o que estamos fazendo não é legal, porque viola os Termos de Serviço, mas é muito divertido. Enviaremos uma equipe para conversar com eles sobre como entrar em algum tipo de joint venture, ou talvez fazermos OEM de seus produtos de uma vez.

"A ingestão de dados e as páginas da web deles são uma porcaria. Travam, pelo menos, uma vez por dia", continua Shannon. "Queremos construir um enorme mecanismo de ingestão de dados na nuvem e jogar tudo na plataforma de dados Pantera. Vamos construir algo que lide facilmente com milhões de dispositivos", diz ela, obviamente animada. "Quero mostrar às pessoas que fazem esses dispositivos o que estamos construindo e que a coisa mais inteligente a fazer é ser nosso parceiro. Ou será o último erro que cometerão."

Vendo o sorriso feroz de Shannon, Maxine se lembra de como Shannon é competitiva, da melhor maneira possível.

"A propósito, você gostaria de se juntar à nossa equipe?", pergunta Shannon. "Você poderia nos ajudar com os aplicativos e os dados. Trabalhar nisso com Brent e Dwayne é um estouro. É um projeto incrivelmente divertido!"

Maxine vacila. Ela fica honrada com o pedido e muito tentada. "Quem deveríamos alocar para o serviço de entrega em quatro horas?"

Shannon olha em volta, mirando todos os novos rostos. "Aposto que qualquer uma dessas pessoas do MRP e das equipes de médio porte daria conta da chance", diz ela com um sorriso.

Maxine acena com a cabeça, sorrindo. Ela concorda.

Durante a reunião pública de março, Steve parece mais otimista do que nunca. Claro, ele começa falando sobre a missão corporativa e, em seguida, descreve como está entusiasmado com todas as novas maneiras como a empresa pode ajudar a manter os carros de seus clientes na estrada.

Ele traz Maggie para o palco, que compartilha as atualizações recentes da segunda reunião do Conselho de Inovação, para revisar o andamento das três iniciativas escolhidas após noventa dias de experimentação e execução.

O serviço de recomendação de garagem é promissor. Os gerentes das lojas gostam de ter os dados, mas as complicações criadas pelos gerentes de contas responsáveis pela relação com os proprietários das oficinas com pontuações mais baixas são problemáticas. O líder de negócios precisa de mais tempo para definir uma política melhor sobre o que fazer com essas organizações. Foi decidido que o Dev dessa ideia seria suspenso, e o Conselho de Inovação decidiu iniciar a próxima proposta mais bem avaliada, que era a ideia de fornecer serviços para motoristas de viagens compartilhadas.

"Em contraste", diz Maggie, "a equipe de entrega em quatro horas está excedendo nossas expectativas."

Maxine vê Debra se juntar a Maggie no palco, descrevendo como os vendedores de seu posto de serviço adoraram a oferta. Nos mercados-piloto, eles converteram mais clientes do que podiam atender, com um número limitado de peças importantes versus uma necessidade de ter velocidade de entrega.

Debra diz: "Aprendemos que muitos postos de serviços têm vários locais e muitas vezes precisam que seus mecânicos conduzam as peças necessárias com urgência de um para outro, o que significa que nem sempre trabalham nos carros. Para eles, nosso serviço foi uma saída óbvia.

"Estamos entusiasmados por eles começarem a compartilhar conosco as peças de que precisam para envio cruzado com mais frequência e estamos descobrindo quais podemos entregar, algumas em até trinta minutos", diz ela.

Quando Debra deixa o palco, sob aplausos, Maggie apresenta Shannon e Wes, que fazem uma atualização sobre o projeto do sensor de motor. Eles mostram um protótipo do aplicativo móvel e do site que estão construindo e descrevem as negociações com duas empresas de sensores, colocando-as uma contra a outra para fechar um acordo exclusivo com a Parts Unlimited.

"Muitos de nós usamos sensores de protótipo em nossos carros, e ninguém mais consegue imaginar a vida sem eles", diz Shannon. "Aqui está um exemplo dessa possibilidade de ver os padrões de direção diários, em um mapa, destacando os momentos em que o carro excedeu o limite de velocidade. E aqui estão os painéis que mostram programas de manutenção e alertas que indicam problemas mecânicos urgentes, como superaquecimento da temperatura do óleo ou quando a pressão dos pneus está baixa. Pense em todos os recursos ou aplicativos incríveis que podemos fazer para ajudar nossos clientes!

"Queremos ter sensores à venda na reunião pública de maio", diz ela. "Assim que encontrarmos um parceiro e confirmarmos que todas as peças se encaixam, começaremos a receber pedidos. Será uma execução de produção de pequenos lotes, mas queremos ver se há demanda real do cliente. E precisamos ter certeza de que a segurança é ideal. Não queremos coletar dados que prejudiquem a empresa e precisamos proteger a privacidade dos clientes."

Maxine aplaude com todos os outros e está muito satisfeita por agora fazer parte da equipe de sensores do motor, assim como muitos de seus ex-parceiros de MRP.

Como prometido, Steve traz Wes e sua equipe para comemorar a retirada de todos os servidores Kumquat, agradecendo-lhes por permitirem que a empresa focasse ainda mais a criação de valor para os clientes da Parts Unlimited.

Steve é muito bom nisso, pensa Maxine. Ela nunca teria imaginado como Wes e sua equipe ficariam tão orgulhosos de desmantelar um império que ajudaram a criar.

Durante a reunião pública de maio, Maggie fala sobre as atualizações para o produto de sensor de motor e Shannon compartilha a boa notícia: "Quando mostramos aos executivos da empresa de sensores o que construímos e quão forte é nosso canal para seu mercado-alvo, ficaram entusiasmados com a parceria", diz ela com um sorriso. "Ou talvez eles estivessem com medo do que faríamos se não se tornassem nossos parceiros. De qualquer forma, concordaram em fazer sensores modificados para nossas especificações.

"Agora recebemos milhares de pedidos de sensores de motor por semana e estamos dando tudo de nós para atender à demanda", continua ela. "Estou muito satisfeita que nossos investimentos no banco de dados Narwhal e na plataforma de dados Pantera estejam valendo a pena. Todos os nossos sensores-piloto estão enviando seus dados para nossa plataforma e sendo analisados por nossos cientistas de dados e pela equipe de produto."

Agradecendo a Shannon, Maggie então diz: "Surpreendentemente, estamos trazendo uma categoria nova de clientes para nossas lojas", diz Maggie. "Descobrimos que muitos clientes são gerentes de frotas de automóveis e motoristas de caronas individuais, pessoas cujo sustento depende de manter seus carros funcionando. Sabemos que podemos ajudá-las de muitas maneiras!

"E outra surpresa é que muitos clientes estão instalando nossos sensores em carros de luxo, muitos deles, elétricos. Eles são muito experientes em tecnologia e adoram as informações que lhes fornecemos. Eles adoram os dados históricos e o mapeamento. Essa demografia é extremamente desejável, o que abre muitas oportunidades para a empresa, incluindo todos os tipos de assinaturas complementares", continua ela.

"Na verdade, estamos fazendo uma experiência para contatá-los quando detectamos que a pressão dos pneus está baixa", diz ela. "Descobrimos que um grande número de proprietários de Tesla dirige por semanas com a pressão dos pneus baixa. Testamos uma oferta para dirigir até o carro deles e reabastecer os pneus e os fluidos, e todos ficamos surpresos com a alta taxa de conversão.

"Este é um mercado pouco sensível ao preço", diz ela com um sorriso. "Confirmamos que podemos cobrar taxas muito mais altas. Suspeito que haja muitos outros problemas que podemos resolver para eles, com margens altas."

Maggie apresenta uma nova iniciativa usando o aprendizado de máquina para analisar as imagens das câmeras das lojas e examinar o tráfego de pedestres. Eles descobriram certos monitores de endcap incrivelmente eficazes em capturar a atenção, resultando em tempos de permanência muito maiores do que o normal, o que significava que poderiam vender mais produtos, cobrar preços mais altos e até mesmo criar ofertas de produtos relacionados. Também acharam lojas com taxas de abandono de fila incomumente altas, nas quais os clientes esperavam tanto tempo nas filas que simplesmente iam embora. E viram que aumentar a equipe interna dessas lojas compensou muito.

Da mesma forma, havia um piloto na loja que notificava os gerentes sempre que um cliente de alto valor com o aplicativo instalado entrava. Os gerentes adoravam, porque podiam usar a já ampla discrição para garantir a satisfação daqueles clientes. Se o cliente não usava o aplicativo, os gerentes eram notificados quando eles apresentavam o cartão de fidelidade ou passavam o cartão de crédito. Tais clientes repararam e expressaram sua apreciação.

Então, Debra compartilha as atualizações interessantes sobre o projeto de entrega em quatro horas. Quando termina, ela diz: "Desculpem, tenho que lhes falar mais uma coisa. Pedi ajuda para encontrar mais rapidamente entrada em novos mercados. Alguém percebeu que 90% de nossos transportadores atuais também eram clientes de sensores de motor. Portanto, em nosso último mercado-piloto, tentamos enviar um e-mail para clientes de sensores de motor na área em que eram conhecidos como motoristas profissionais. A resposta foi incrível. Tínhamos ampla capacidade em uma semana. Foi uma vantagem competitiva fabulosa, então, obrigada a Darrin Devaraj, que sugeriu!"

Quando Steve agradece, acrescenta: "Lembre-se de que nosso negócio se baseia na confiança do cliente. Assumimos o compromisso com ele de proteger sua privacidade e seus dados. Agradeço a Shannon Corman por criar a plataforma Pantera, que nos permite transformar os dados em uma vantagem competitiva e também protegê-los para nossos clientes."

Maxine sorri. Ela sabe que nada disso teria sido possível sem a proposta inicial de Shannon, que levou ao Pantera. Dizem que "os dados são o novo petróleo", e essas são apenas algumas das muitas maneiras que fizeram com que toda a empresa extraísse valor deles.

Ao democratizar os dados, eles os disponibilizam para quem precisa. Eles podem ter equipes descentralizadas, mas podem acessar a vasta experiência em toda a empresa. Essa dinâmica de aprendizado e compartilhamento ampliou de forma óbvia e abundante a eficácia de alguns dos esforços mais estratégicos. *Erik ficaria orgulhoso*, pensa ela.

Pausando o turbilhão interminável e emocionante do projeto do sensor de motor, Maxine sai para caminhar. Sem dúvida, o projeto já é um grande sucesso. As vendas atingiram mais de 10 mil sensores por semana, e há rumores de que seu aplicativo móvel foi indicado para um prêmio de design interativo.

Maxine e sua equipe estão se divertindo, mas precisam de ajuda. Eles começaram a pressionar Maggie para que outros cinco engenheiros acelerem a construção de todas as ideias incríveis do roteiro.

Por capricho, Maxine decide entrar no data center. Ela olha em volta, surpresa com a forma como tudo mudou nos últimos cinco meses.

Antes, era lotado de parede a parede, com servidores do chão ao teto montados em racks de meio metro. Mas, agora, há uma área de 30m de comprimento e quase 15m de largura totalmente vazia, as prateleiras foram retiradas.

No chão, há pedaços de fita adesiva e o que se tornaram lápides de papel, retratando os sistemas de negócios que ficavam nesses servidores.

"Servidor de e-mail: Economia anual de US$163 mil."

"Helpdesk: Economia anual de US$109 mil."

"Sistemas de RH: Economia anual de US$188 mil."

Há quase trinta marcas, e, em uma parede próxima, uma placa que diz: "Funerais de rack: Mais de dez toneladas de equipamentos obsoletos removidos e reciclados... até agora. Que descansem em paz." O "dez" foi riscado e substituído por um "treze" escrito à mão.

Também postadas no quadro, há fotos dos equipamentos removidos. Ver a foto da pilha destruída de servidores Kumquat ainda faz Maxine sorrir. Maxine sabe que, no final do ano, grande parte de seu antigo sistema MRP será reformado para uma oferta com suporte comercial para ser desativado com segurança. Ela está ajudando Glenn, seu ex-chefe, nisso. A meta recém-declarada de Glenn é construir a "melhor cadeia de suprimentos de manufatura do mundo", conforme relatado por uma das organizações comerciais do setor, prometeu ele. "Estou tão chateado que caímos dos dez primeiros. Dê-me três anos, com o seu apoio e o de Steve, e seremos a inveja do setor."

Eles finalmente consolidarão vinte sistemas de gerenciamento de Armazenamento em um. Finalmente migrarão para uma versão atual de seu sistema ERP. Quase todas as personalizações serão convertidas para o produto do fornecedor, a menos que crie uma vantagem competitiva, como certos módulos principais do MRP — quaisquer personalizações seriam feitas fora do ERP em aplicativos separados.

Quando Glenn declarou sua meta incrivelmente ambiciosa, ficou claro que eles precisavam de mais engenheiros talentosos, e ele não teve problemas em obter orçamento para isso — todos sabem que esse esforço ajudará a Parts Unlimited nas próximas décadas.

Houve outras surpresas também. Eles usaram a técnica Wardley Maps para localizar melhor quais partes de várias cadeias de valor eram commodities e deveriam ser terceirizadas, quais deveriam ser compradas e quais deveriam ser mantidas internamente porque criavam uma vantagem competitiva durável. Eles usaram esse exercício para organizar metodicamente suas pilhas de tecnologia, de acordo com o contexto de negócios.

Ao fazer isso, encontraram outra joia de tecnologia ao lado do grupo MRP: um barramento de eventos que ingeria todos os dados de sensores de equipamentos de suas fábricas, que funcionavam perfeitamente por anos.

Quando Maxine encontrou essa pilha de tecnologia, mal acreditou — era exatamente o que Shannon queria quando lançou o Pantera, mas teve que ser tirada do escopo. Embora Maxine se censurasse por não ter pensado nisso, sabia exatamente o que fazer.

Agora, está no centro do Projeto Shamu, formando a base de uma grande mudança arquitetônica que afetará quase todos os serviços de backend e API em toda a empresa. Maxine sabe que essa é uma das iniciativas de tecnologia mais importantes da empresa, pois resolve algo que a incomoda há mais de um ano. No primeiro minilançamento do Unicórnio, o serviço de opções de transporte derrubou todo o funil de pedidos. Era apenas uma das 23 chamadas de API profundamente aninhadas feitas sempre que alguém verificava a disponibilidade do produto.

Mesmo depois de um ano, esse problema permaneceu sem solução. Era simplesmente muito caro sustentar todas as 23 APIS para ser um serviço de Nível 1 — um SLA que requer 5/9 de tempo de atividade, resposta garantida em 10 milissegundos e todos os tipos de outras coisas dispendiosas.

O que sempre a incomodou foram as 23 chamadas de API necessárias, porque tinham que responder em milissegundos e porque sua execução era muito cara. Afinal, as opções de transporte e envio não mudavam a cada milissegundo — elas mudavam mensalmente. As categorias de produtos mudam apenas uma vez por trimestre. As descrições e imagens dos produtos, a cada poucas semanas.

Muitos pensavam que o cache dos resultados resolveria o problema. Mas, para Maxine, a programação funcional e a imutabilidade mostraram uma solução muito mais elegante e até bonita. Se pudessem representar todas essas solicitações de API para informações como valores que eram recalculados toda vez que uma de suas entradas mudasse, eles poderiam reduzir o número de chamadas de API de 23... para um.

Maxine nunca se cansa dos momentos "eureca" que as pessoas têm quando ela explica esse uso do padrão de sourcing de eventos: "Em vez de usar 23 APIS para dizer ao cliente quando ele pode receber seu pedido, ela pede que pensem nesse processo... É como as folhas de uma árvore, todas enviando dados que acabam no tronco. Um serviço sabe apenas sobre produtos, outro serviço, sobre códigos postais ou depósitos. Outro serviço combina esses dois, para descrever quais produtos estão em estoque em cada depósito. Outro combina essas informações com as opções de remessa para informar aos clientes quando poderão receber o produto. E todas essas informações acabam em um armazenamento de chave/valor de exclusão especializado.

"Não são mais 23 chamadas de API para as quais todos devem estar disponíveis e as quais responder prontamente. Em vez disso, é apenas uma chamada de API que pega um ID de produto e código postal e retorna as opções de envio e tempos de entrega sem ter que computar nada", diria ela. "Dessa forma, você economizará milhões por ano!"

Mas isso é apenas o começo e uma fração do valor que será criado, pensa Maxine, sorrindo. Essa será uma simplificação massiva da bagunça com a qual eles conviveram por décadas. Eles farão isso para pedidos de clientes, disponibilidade de estoque, programas de fidelidade, empregos em estações de serviço... quase tudo.

Ele separará todos esses serviços uns dos outros, o que permitirá às equipes fazerem alterações de forma isolada, não mais dependendo da única equipe do Data Hub para implementar suas alterações de regras de negócios. Se tudo correr bem, e Maxine garantir que tudo corra bem, o Shamu substituirá o Data Hub e todas as chamadas de API ponto a ponto em toda a empresa.

Isso tornará o rastreamento de dados e estado em toda a empresa mais simples, seguro, resiliente, compreensível, barato de operar e rápido de entregar... Isso levará a melhores resultados de negócios, e a stakeholders e a engenheiros mais felizes.

Não se trata de princípios de programação funcional aplicados minimamente — mas aplicados à forma como toda a empresa é organizada e arquitetada. Seu cenário de tecnologia agora se assemelhará aos gigantes da tecnologia e possibilitará uma agilidade difícil de imaginar agora. Ela não consegue pensar em nenhuma manifestação melhor do Primeiro Ideal, de Localização e Simplicidade. Ela tem certeza de que proporcionará uma vantagem competitiva, mesmo que não saiba exatamente como — qualquer empresa que não fizer algo do tipo continuará em um lento declínio, mas inevitável. Esse será o maior triunfo e a maior conquista de toda a sua carreira.

Pensando em tudo o que conquistou e em todos os triunfos que certamente virão, Maxine volta a olhar para o data center, muito mais vazio do que da última vez em que esteve aqui.

Ainda é difícil para ela acreditar no que aconteceu desde que foi exilada para o Projeto Fênix. Naquela época, tudo o que ela queria fazer era obter um build do Fênix em execução em seu notebook. Mesmo realizando essa modesta tarefa, ela enfrentou adversidades e obstáculos que pareciam intransponíveis na época, mesmo com sua vasta experiência e habilidades.

Ela quase desistiu quando Kurt a abordou para se juntar à Rebelião, pedindo sua ajuda para liberar os desenvolvedores para que pudessem fazer o que precisava ser feito. Eles eram um grupo aparentemente louco de desajustados que queriam derrubar a antiga e poderosa ordem... e, contra todas as probabilidades, foi exatamente o que eles fizeram.

Começaram como um grupo de redshirts, presos na sala de máquinas. Posteriormente, juntaram-se a eles oficiais subalternos corajosos e com ideias semelhantes, que se apresentaram para ajudar. E, nas mais estranhas reviravoltas dos eventos, trabalharam lado a lado com a equipe geral, ajudando a virar a maré em sua luta coletiva pela sobrevivência, e eles foram até mesmo arrastados para batalhas políticas com a diretoria, que queria quebrar seu navio e vender suas partes.

Maxine sorri. Ela pensa no quanto aprendeu, em quantas vezes estava prestes a desistir e como os Cinco Ideais a guiaram em quais batalhas travar e por que elas eram importantes. E como não poderia ter feito isso sem uma equipe de equipes ao seu redor, apoiando sua busca pela excelência.

Ela encara os servidores que executam o sistema MRP, que supervisionou por seis anos. Pensa em como, mais tarde neste ano, estará no estacionamento comemorando a conclusão da migração do MRP, contando a todos sobre o quão orgulhosa está porque os sistemas MRP serviram tão bem à sua missão, e agora eles poderiam ser aposentados e puxados para longe.

Steve dirá algumas palavras, e então Wes entregará a ela a marreta.

Pensando em tudo isso, ela sorri e volta para a sua mesa.

EPÍLOGO
• *Um Ano Depois*

Maxine sai da reunião pública. Steve e Maggie falaram sobre as incríveis conquistas da empresa. A empresa está crescendo e se tornando uma das mais inovadoras do setor.

Outra vez, Steve recuperou o papel de presidente do conselho e agradeceu a Bob Strauss pelos serviços prestados à empresa.

O grupo de tecnologia tem quase o dobro do tamanho de quando ela foi exilada no Projeto Fênix. E Maxine está muito orgulhosa de que os engenheiros da empresa têm se apresentado em quase todas as conferências de tecnologia, mostrando o que construíram e, claro, avisando a todos que estão contratando.

Cada unidade de negócios está desesperada por mais engenheiros. Maxine passa quase 1/3 do tempo procurando e entrevistando talentos. Eles já contrataram todos os bons engenheiros próximos, então agora estão contratando engenheiros remotos em todos os lugares e recrutando em quase todos os campi universitários.

Eles até descobriram que uma maneira inesperada de atrair grandes talentos era com os novos e incríveis projetos de código aberto do Parts Unlimited que Maxine e as equipes criaram. Assim como os gigantes da tecnologia, eles decidiram abrir o código-fonte de várias tecnologias que não criam vantagem competitiva e agora muitas estão se tornando padrões do setor. Para engenheiros em potencial, a oportunidade de trabalhar com as referências da área é inegavelmente atraente.

Graças ao lobby interminável e implacável de Maxine, o TEP e o LARB foram dissolvidos. Orgulhosamente pendurado em sua mesa, está um certificado que diz: "Prêmio pelo conjunto da obra para Maxine Chambers pela abolição do TEP-LARB", assinado por todos da Rebelião original.

O projeto do sensor de motor é um grande sucesso, de longe, a parte que mais cresce na empresa. Quase 200 mil unidades já foram vendidas, gerando US$25 milhões em receita.

Os sensores de motor foram a surpresa da última temporada de compras natalinas. Apesar de toda a preparação, a empresa não conseguiu manter o suficiente em estoque. Eles não eram apenas impossíveis de manter nas prateleiras das lojas, mas também esgotaram no estoque do e-commerce. Eles ficaram com pedidos atrasados por três meses, mesmo com os pedidos de produção massivos que começaram no início do ano para antecipar as férias.

Mas foi o aplicativo móvel que fez toda a diferença. As pessoas compravam os sensores de motor porque amavam o aplicativo. Um grupo demográfico novo entrou na loja. Muitos gerentes de loja disseram a ela que foi a primeira vez que viram tantas pessoas na casa dos vinte anos indo a Parts Unlimited.

Maggie está convencida de que um grande mercado será formado por gerentes de frotas de aluguel de automóveis, bem como agências que recondicionam carros para o enorme mercado de leilões. Eles estão até explorando conectar suas fileiras entusiasmadas de clientes mecânicos domésticos a fabricantes de automóveis, que precisam reduzir o acúmulo de trabalhos de recall de segurança crítica — um tipo de "Uber para a Mecânica de Automóveis".

O aplicativo da Parts Unlimited, extremamente popular, ganhou vários prêmios de design interativo do setor de algumas das empresas mais prestigiadas do país, para o orgulho de toda a equipe. E, por causa da negociação inteligente, a margem de lucro de cada unidade vendida era fantástica. Maxine faz parte de uma equipe secreta que está ativamente em negociações para adquirir o fabricante do sensor, o que aumentaria ainda mais as margens de lucro. Ela tem certeza de que o dinheiro real a ser feito virá da venda de serviços de assinatura para pessoas com esses sensores. Todos concordam que isso pode ser um negócio de US$100 milhões em alguns anos.

Bill foi designado para liderar as discussões de aquisição. Se o negócio for aprovado, os fundadores da empresa de sensores atingirão uma riqueza independente, desde que fiquem com a Parts Unlimited por mais três anos.

Maxine gostaria de trabalhar com eles. Eles ajudariam a moldar o futuro de uma próspera Parts Unlimited. E deveriam estar muito felizes com o acordo, porque ainda estariam na sua garagem se não fosse pelos incríveis recursos de software que Shannon, Brent, Dwayne e Maxine construíram para eles.

Um deles disse a ela: "Você fez todos os nossos sonhos se tornarem realidade. É por isso que criamos este sensor de motor, mas não tínhamos as habilidades de software para torná-lo um sucesso." Isso fez seu dia.

Mesmo que a aquisição custe milhões de dólares para a Parts Unlimited, Steve está convencido de que esse dinheiro será extremamente bem gasto, porque reforçará ainda mais que a Parts Unlimited está definindo a direção para todo o setor. Dick relata que até os analistas céticos de Wall Street acham que essa será uma grande mudança para a empresa.

Em contraste, Maxine pensa na equipe de entrega em quatro horas. Conforme previsto por Debra, a Parts Unlimited tinha uma tremenda vantagem sobre seu concorrente inicial, com muito mais recursos, conhecimento do mercado, relações comerciais com estações de serviço e uma vontade de aplicar qualquer financiamento necessário para vencer. Em comparação, a startup estava ficando sem dinheiro.

Debra e sua equipe conseguiram aumentar a receita para US$10 milhões, sem sinais de desaceleração. Toda a força de vendas diretas recebeu cotas para vender essa nova oferta, e ela estava rapidamente se tornando seu produto favorito de venda. Seus clientes amam tanto o serviço que o valor que eles pedem da Parts Unlimited estava disparando.

Maxine recomendou a Maggie que os graduassem no Horizonte 2. Ela está trabalhando com Bill e os executivos para descobrir qual organização deve ser a proprietária, sendo a divisão de vendas diretas de postos de serviços a escolha mais lógica. Ela acha que é o lugar dela, mais próximo das pessoas que mais se preocupam com ela e que estão dispostas a financiá-la de bom grado. A tecnologia precisa ser incorporada ao negócio, não externa a ele ou meramente "alinhada com ele".

Algumas semanas atrás, Maxine soube que essa startup concorrente que fora derrotada abordou Steve, querendo saber se ele teria interesse em adquiri-la. Steve encarregou Bill de conduzir a devida diligência. Depois de uma semana, Bill descartou a ideia. Simplesmente a Parts Unlimited já havia replicado e excedido toda a sua propriedade intelectual, know-how e software.

"O boato é que agora estão sendo comprados por alguns banqueiros", disse Bill, rindo. "Tenho certeza de que vão tentar a sorte com todos os nossos concorrentes, para ver se reconsideramos. Mas, como já vencemos no mercado, duvido que isso seja uma ameaça para nós." Isso é exatamente o que Sarah queria fazer com a Parts Unlimited quase um ano e meio atrás. Durante aqueles dias sombrios, Sarah estava tentando vender a empresa por partes, enquanto Maxine e a equipe tentavam descobrir como conseguir US$15 milhões para financiar os esforços de inovação.

Mais uma vez, eles estão no Dockside. Acabaram de abrir um novo pátio nos fundos, que a Rebelião assumiu para aproveitar melhor a noite de verão. Há quase quarenta pessoas, incluindo Maggie e Kirsten e líderes de todas as áreas da empresa. E ela está emocionada porque seu marido também veio.

Maxine está feliz por estar aqui com seus colegas membros da Rebelião. Embora, com o passar dos meses, chamar esse grupo de Rebelião pareça anacrônico. A Rebelião venceu.

Hoje cedo, Bill a chamou de lado para avisá-la que ela seria promovida. Ela seria a primeira engenheira ilustre na história da empresa, reportando-se diretamente a ele. Ela adora a descrição de trabalho proposta. Entre outras coisas, seu objetivo é ajudar a criar uma cultura de excelência em engenharia em toda a empresa. Ela se reunirá regularmente com a liderança para entender seus objetivos e traçar estratégias sobre como a tecnologia pode ser usada para atingi-los, o que, obviamente, ajuda a empresa a vencer no mercado.

Maxine está animada porque finalmente existe uma escada de carreira para colaboradores individuais e tecnólogos brilhantes, sem ter que se tornar gerentes. O trabalho dela não é ter as melhores ideias. É garantir que toda a empresa envie as melhores ideias, de onde quer que venham, com rapidez, segurança e proteção. Ela fez uma anotação para si mesma para encontrar o melhor designer da empresa. Depois de dois dias em uma conferência interativa de design, ela sabe que essa disciplina é crítica para o sucesso da empresa.

Kurt agora está se reportando diretamente a Chris. Rumores dizem que em breve ele será promovido a diretor de engenharia, e que Chris está tentando descobrir como finalmente se aposentar e abrir um bar na Flórida. Nesse ínterim, Chris eliminou o controle de qualidade como um departamento separado, distribuindo-os nas equipes de recursos. Ops está rapidamente se transformando em uma equipe de plataforma e consultores internos, com o objetivo de fornecer aos desenvolvedores a infraestrutura de que precisam, com um vasto exército de especialistas para ajudá-los, procurando maneiras de torná-los mais produtivos.

Patty agora tem um novo papel fascinante. Para ajudar a acelerar a mudança de mais desenvolvedores do Contexto para o Núcleo, ela se ofereceu para gerenciar mais de 150 aplicativos, movendo-os para o modo de manutenção, com o apoio de um pequeno grupo de engenheiros talentosos e motivados, gerenciando-os com o mínimo custo ou sem nenhum. Ela também está ajudando a construir uma função de suporte ao cliente dentro da equipe de produtos de sensores de motor, com o suporte de Derek!

E, em uma reviravolta surpreendente de eventos, no início desta semana, Maxine finalmente teve aquele almoço com Sarah, que a procurou. Não foi nada como Maxine esperava. Apesar da cautela inicial, ela se divertiu e até aprendeu algumas coisas. Maxine acha que elas até construíram um certo grau de respeito mútuo. Talvez. Elas combinaram de se encontrarem novamente.

Quando não aguenta mais a importunação, Maxine se levanta e bate seu copo. "Obrigada a todos por estarem aqui esta noite. Temos muito o que comemorar. Como a Rebelião, partimos para derrubar a ordem antiga, poderosa e injusta! E, contra probabilidades incríveis, acho que realmente conseguimos!", grita Maxine.

Todos gritam e aplaudem, e vários gritam: "Parabéns pela sua promoção, Maxine!" Ela levanta os braços no ar comemorando a vitória, então se senta novamente.

"Realmente, muito bom, Maxine", diz Erik. "Organizações grandes e complexas como a sua são como gigantes adormecidos que estão despertando. Seu produto sensor de motor mostra que você identificou um mercado de US$300 milhões que queria perseguir e, em um ano, conquistou quase 10% dele. É uma façanha incrível. Qual startup conseguiria 10% de um mercado de US$300 milhões em um ano? Se uma startup tivesse feito isso, seria um milagre. Estaria na capa de todas as revistas e jornais. Um verdadeiro unicórnio.

"E esta é certamente a natureza desta nova economia. O poder de criar disrupções na experiência do cliente não é mais apenas o domínio dos FAANGS: Facebooks, Apples, Amazons, Netflixes e Googles da vida", continua Erik. "Em vez disso, está ao alcance de qualquer organização que queira causar uma disrupção no mercado. E quem melhor para mudar as coisas em prol dos clientes do que as empresas que já têm uma relação de décadas com eles?

"Empresas como a Parts Unlimited já têm as relações com os clientes, as cadeias de suprimentos, a compreensão dos desejos e das necessidades do cliente à medida que progridem em sua jornada de vida. Em comparação com as startups, a empresa moderna possui mais recursos e expertise. O que é necessário é foco e urgência, e os métodos modernos de gestão do processo de criação de valor.

"Como prova, veja como Wall Street avalia a empresa", diz Erik. "Está em um ponto mais alto, mais de 2,5 vezes mais alto do que quando você se juntou à Rebelião. A receita da Parts Unlimited é agora avaliada 6 vezes melhor do que antes, ficando atrás das vendas, quase 4 vezes mais do que antes. A Parts Unlimited agora tem um dos maiores múltiplos de qualquer varejista de loja física, tendo se tornado o assunto do setor e uma história de sucesso emergente de sobrevivência e prosperidade na era da disrupção digital.

"E esse é só o começo. Sem dúvida, estamos nos primeiros estágios de uma nova era de ouro que nos levará a décadas de crescimento econômico, gerando prosperidade para todos os segmentos da sociedade.

"Estamos no início da Era do Software e dos Dados. Steve e Maggie estão até pensando em quais dados são mais importantes para o sucesso de longo prazo da empresa, explorando maneiras de comprar dados de nossos clientes e até mesmo adquirir fontes de dados estratégicas. E Steve já sabe que os tecnólogos são algumas das pessoas mais importantes da empresa. É por isso que você é uma engenheira ilustre", diz Erik. "Você sabia que Steve mantém um livro ao lado da cama com as pessoas mais importantes da empresa, para que ele sempre as reconheça, mesmo no meio de uma multidão na Disneylândia. E sabia que você está nele, assim como Kurt, Brent e Shannon? Uma década atrás, apenas os principais gerentes de fábrica e de loja estavam lá. Agora, há engenheiros lá também.

"Os grandes tempos estão realmente à frente, Maxine", diz ele.

"Você está tão certo, Erik. O pequeno não bate o grande", diz Maxine. "Mas o rápido bate o lento. E o rápido e grande vai vencer quase todas as vezes. O Projeto Unicórnio nos mostrou isso."

De: Alan Perez (Sócio Operacional, Wayne-Yokohama Equity Partners)
Para: Steve Masters (CEO)
Cc: Dick Landry (CFO)
Data: 16h51, 11 de janeiro
Assunto: Encontro para uns drinks?

Steve,

Serei o primeiro a admitir que, quando o ouvi falar ao conselho, há pouco mais de um ano, pensei que você estava louco. Mesmo que eu concordasse com você sobre "engajamento dos funcionários, satisfação do cliente e fluxo de caixa" serem as únicas coisas que importam.

Francamente, eu não conseguia ver um crescimento para a Parts Unlimited, muito menos por meio de software. Mas você impulsionou a empresa para a faixa mais alta de crescimento que vemos em nosso portfólio. E dados os múltiplos significativamente mais altos que os mercados colocam no crescimento (vs. valor e lucratividade), sua empresa foi uma das melhores em nosso portfólio no ano passado.

Apesar do meu ceticismo inicial, estou muito feliz que você tenha provado que eu estava errado. De repente, me tornei um pouco um herói em nossa empresa. Temos muitos investimentos, alguns dos quais já foram as marcas mais reconhecidas em seus respectivos setores. Eles definitivamente poderiam ter se beneficiado de uma disrupção digital semelhante. Agora me pergunto como podemos ajudar essas empresas a vencerem em seus mercados.

Estarei em Elkhart Grove para a próxima reunião do conselho. Vamos nos encontrar para beber na noite anterior? Eu adoraria saber mais sobre como você fez isso e como isso pode ser aplicado a algumas das outras empresas do nosso portfólio.

Nos vemos em breve, Alan.

DESCRIÇÃO DE CARGO: ENGENHEIRO ILUSTRE

Motivar e cultivar uma cultura de excelência técnica por meio das seguintes atividades:
- Desenvolver nossa próxima geração de líderes técnicos por meio de programas de mentoria, apoio e treinamento formal.
- Estabelecer e participar de associações entre equipes focadas em áreas de tecnologia como segurança, desempenho e confiabilidade do site.
- Orientar a criação de uma função de revisão de governança e arquitetura que possa evoluir e garantir que as obrigações da empresa sejam cumpridas por muitos anos.
  - Rever as questões importantes com as quais a administração está preocupada.
  - Esta função incluirá risco e garantia, informações e registros eletrônicos e arquitetura.
  - Fornecer assistência técnica a qualquer equipe que queira um feedback sobre sua abordagem.
  - Desenvolver medidas para manter as capacidades de governança e sua equipe ativa e relevante.
- Ser o porta-voz da empresa para públicos técnicos para promover a marca da empresa e facilitar o recrutamento, competindo com as principais empresas de tecnologia por talentos.
- Supervisionar a arquitetura, o design e a implementação da *Shamu*, a plataforma de event-sourcing corporativo para substituir o Data Hub, e o cronograma para fazer a transição de todos os serviços corporativos para usá-la.

OS CINCO IDEAIS

O Primeiro Ideal: Localização e Simplicidade

O Segundo Ideal: Foco, Fluxo e Felicidade

O Terceiro Ideal: Aprimoramento do Trabalho Diário

O Quarto Ideal: Saúde Mental

O Quinto Ideal: Foco no Cliente

Linha do Tempo

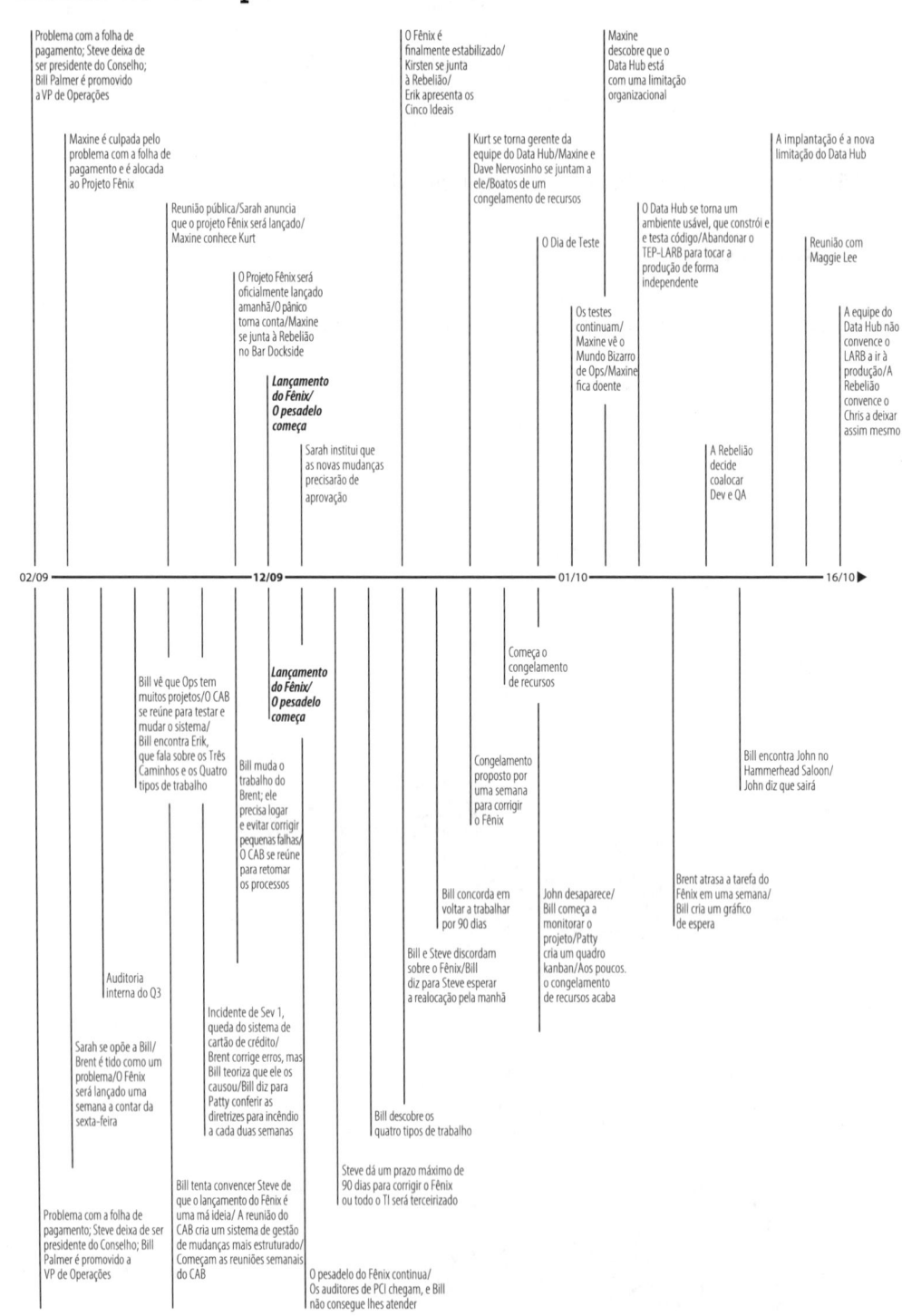

Eventos acima da linha (02/09 → 16/10)

- **02/09** — Problema com a folha de pagamento; Steve deixa de ser presidente do Conselho; Bill Palmer é promovido a VP de Operações
- Maxine é culpada pelo problema com a folha de pagamento e é alocada ao Projeto Fênix
- Reunião pública/Sarah anuncia que o projeto Fênix será lançado/Maxine conhece Kurt
- O Projeto Fênix será oficialmente lançado amanhã/O pânico toma conta/Maxine se junta à Rebelião no Bar Dockside
- **Lançamento do Fênix/O pesadelo começa**
- Sarah institui que as novas mudanças precisarão de aprovação
- O Fênix é finalmente estabilizado/Kirsten se junta à Rebelião/Erik apresenta os Cinco Ideais
- Kurt se torna gerente da equipe do Data Hub/Maxine e Dave Nervosinho se juntam a ele/Boatos de um congelamento de recursos
- O Dia de Teste
- Os testes continuam/Maxine vê o Mundo Bizarro de Ops/Maxine fica doente
- Maxine descobre que o Data Hub está com uma limitação organizacional
- O Data Hub se torna um ambiente usável, que constrói e testa código/Abandonar o TEP-LARB para tocar a produção de forma independente
- A Rebelião decide coalocar Dev e QA
- A implantação é a nova limitação do Data Hub
- Reunião com Maggie Lee
- A equipe do Data Hub não convence o LARB a ir à produção/A Rebelião convence o Chris a deixar assim mesmo

02/09 ———— 12/09 ———— 01/10 ———— 16/10 ▶

Eventos abaixo da linha

- Problema com a folha de pagamento; Steve deixa de ser presidente do Conselho; Bill Palmer é promovido a VP de Operações
- Sarah se opõe a Bill/Brent é tido como um problema/O Fênix será lançado uma semana a contar da sexta-feira
- Auditoria interna do Q3
- Bill vê que Ops tem muitos projetos/O CAB se reúne para testar e mudar o sistema/Bill encontra Erik, que fala sobre os Três Caminhos e os Quatro tipos de trabalho
- Incidente de Sev 1, queda do sistema de cartão de crédito/Brent corrige erros, mas Bill teoriza que ele os causou/Bill diz para Patty conferir as diretrizes para incêndio a cada duas semanas
- Bill tenta convencer Steve de que o lançamento do Fênix é uma má ideia/A reunião do CAB cria um sistema de gestão de mudanças mais estruturado/Começam as reuniões semanais do CAB
- **Lançamento do Fênix/O pesadelo começa**
- Bill muda o trabalho do Brent; ele precisa logar e evitar corrigir pequenas falhas/O CAB se reúne para retomar os processos
- O pesadelo do Fênix continua/Os auditores de PCI chegam, e Bill não consegue lhes atender
- Bill descobre os quatro tipos de trabalho
- Steve dá um prazo máximo de 90 dias para corrigir o Fênix ou todo o TI será terceirizado
- Bill e Steve discordam sobre o Fênix/Bill diz para Steve esperar a realocação pela manhã
- Bill concorda em voltar a trabalhar por 90 dias
- Começa o congelamento de recursos
- Congelamento proposto por uma semana para corrigir o Fênix
- John desaparece/Bill começa a monitorar o projeto/Patty cria um quadro kanban/Aos poucos, o congelamento de recursos acaba
- Brent atrasa a tarefa do Fênix em uma semana/Bill cria um gráfico de espera
- Bill encontra John no Hammerhead Saloon/John diz que sairá

Linha do tempo

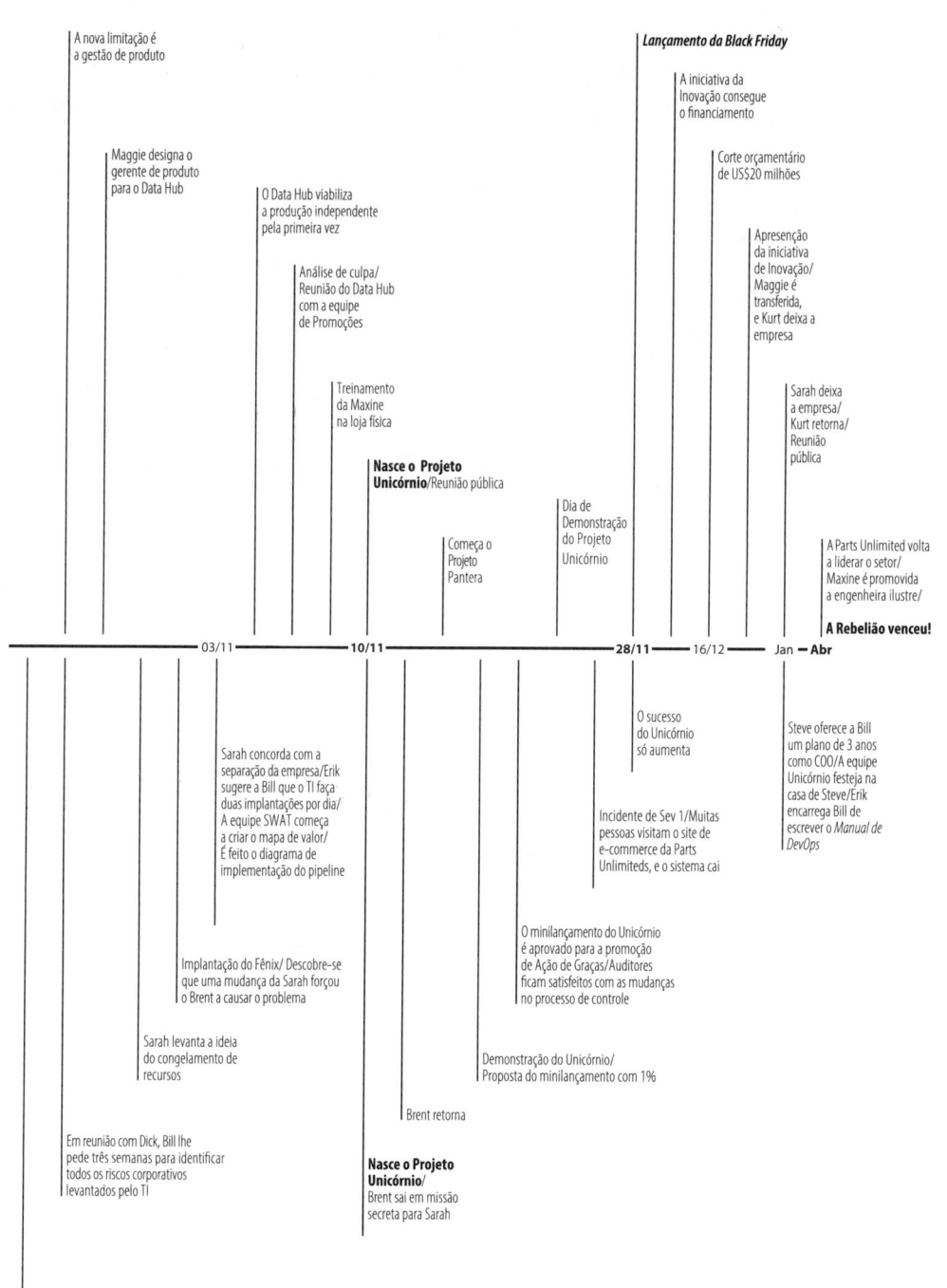

Acima da linha (eventos superiores):

- A nova limitação é a gestão de produto
- Maggie designa o gerente de produto para o Data Hub
- O Data Hub viabiliza a produção independente pela primeira vez
- Análise de culpa/Reunião do Data Hub com a equipe de Promoções
- Treinamento da Maxine na loja física
- **Nasce o Projeto Unicórnio**/Reunião pública
- Começa o Projeto Pantera
- Dia de Demonstração do Projeto Unicórnio
- **Lançamento da Black Friday**
- A iniciativa da Inovação consegue o financiamento
- Corte orçamentário de US$20 milhões
- Apresenção da iniciativa de Inovação/Maggie é transferida, e Kurt deixa a empresa
- Sarah deixa a empresa/Kurt retorna/Reunião pública
- A Parts Unlimited volta a liderar o setor/Maxine é promovida a engenheira ilustre/ **A Rebelião venceu!**

Eixo: ———— 03/11 ———— 10/11 ———— 28/11 ——— 16/12 ——— Jan — Abr

Abaixo da linha (eventos inferiores):

- Sarah concorda com a separação da empresa/Erik sugere a Bill que o TI faça duas implantações por dia/A equipe SWAT começa a criar o mapa de valor/É feito o diagrama de implementação do pipeline
- Implantação do Fênix/ Descobre-se que uma mudança da Sarah forçou o Brent a causar o problema
- Sarah levanta a ideia do congelamento de recursos
- Em reunião com Dick, Bill lhe pede três semanas para identificar todos os riscos corporativos levantados pelo TI
- Bill e Patty encontram Maggie Lee/Eles percebem que o Fênix será incapaz de corrigir os problemas de qualidade dos dados, como achavam que seria
- Brent retorna
- **Nasce o Projeto Unicórnio**/Brent sai em missão secreta para Sarah
- Demonstração do Unicórnio/Proposta do minilançamento com 1%
- O minilançamento do Unicórnio é aprovado para a promoção de Ação de Graças/Auditores ficam satisfeitos com as mudanças no processo de controle
- Incidente de Sev 1/Muitas pessoas visitam o site de e-commerce da Parts Unlimiteds, e o sistema cai
- O sucesso do Unicórnio só aumenta
- Steve oferece a Bill um plano de 3 anos como COO/A equipe Unicórnio festeja na casa de Steve/Erik encarrega Bill de escrever o *Manual de DevOps*

REFERÊNCIAS

O Projeto Unicórnio foi fortemente influenciado por muitos livros. Abaixo estão listados os que, na minha opinião, abordam melhor os conhecimentos nos quais nos baseamos:

Accelerate: The Science of Lean Software and DevOps: Building and Scaling High Performing Technology Organizations, de Nicole Forsgren, PhD, Jez Humble e Gene Kim (IT Revolution, 2018).

The Goal: A Process of Ongoing Improvement, de Eliyahu M. Goldratt e Jeff Cox (North River Press, 1984).

The High-Velocity Edge: How Market Leaders Leverage Operational Excellence to Beat the Competition, de Steven J. Spear (McGraw Hill, 2010).

The Principles of Product Development Flow: Second Generation Lean Product Development, de Donald G. Reinertsen (Celeritas, 2009).

Project to Product: How to Survive and Thrive in the Age of Digital Disruption with the Flow Framework, de Mik Kersten (IT Revolution, 2018).

A Seat at The Table: IT Leadership in the Age of Agility, de Mark Schwartz (IT Revolution, 2017).

Team of Teams: New Rules of Engagement for a Complex World, de Gen. Stanley McChrystal com Tantum Collins, David Silverman e Chris Fussell (Portfolio, 2015).

Technological Revolutions and Financial Capital: The Dynamics of Bubbles and Golden Ages, de Carlota Perez (Edward Elgar Pub, 2003).

Transforming NOKIA: The Power of Paranoid Optimism to Lead Through Colossal Change, de Risto Siilasmaa (McGraw-Hill, 2018).

Ao longo dos anos, também fui inspirado por muitas palestras, vídeos, artigos, tuítes e correspondência pessoal com pessoas que admiro. Incluí muitos dos que influenciaram diretamente os momentos do *Projeto Unicórnio* a seguir, apresentados na ordem em que aparecem no livro.

Capítulo 2

"Fireside Chat with Compuware CEO Chris O'Malley", vídeo do YouTube, de IT Revolution, de DevOps Enterprise Summit, Las Vegas, 2018, https://www.youtube.com/watch?v=r3H1E2lY_ig.

Capítulo 3

Zachary Tellman, *Elements of Clojure* (LuLu.com, 2019).

Capítulo 6

"The PMO is Dead, Long Live the PMO — Barclays", vídeo do YouTube, de IT Revolution, de DevOps Enterprise Summit, Londres, 2018, https://www.youtube.com/watch?v=R-fol1vkPlM.

"Better Value Sooner Safer Happier — Jon Smart", vídeo do YouTube, de IT Revolution, de DevOps Enterprise Summit, Londres, 2019, https://www.youtube.com/watch?v=-ZKrhdyjGoM8.

Capítulo 7

RichHickey, "SimpleMadeEasy", *InfoQ*, gravado no QCon, Londres, 2012, 20 de junho de 2012, https://www.infoq.com/presentations/Simple-Made-Easy-QCon-London-2012/.

Nicole Forsgren, PhD, Jez Humble e Gene Kim, *Accelerate: The Science of Lean Software and DevOps: Building and Scaling High Performing Technology Organizations*, de Nicole Forsgren, PhD, Jez Humble e Gene Kim (IT Revolution, 2018).

Ward Cunningham, "Ward Explains Debt Metaphor", wiki.c2.com, última edição em 22 de janeiro de 2011, http://c2.com/cgi/wiki?WardExplainsDebtMetaphor.

Capítulo 8

"What people think programming is vs. how it actually is", vídeo do YouTube, de Jombo, 22 de fevereiro de 2018, https://www.youtube.com/watch?v=HluANRwPyNo&feature=youtu.be.

Ryan Naraine, "10 Years Since the Bill Gates Security Memo: A Personal Journey", ZDNet, 13 de janeiro de 2012, https://www.zdnet.com/article/10-years-since-the-bill-gates-security-memo-a-personal-journey/.

Bill Gates, "Bill Gates: Trustworthy Computing", *Wired*, 17 de janeiro de 2012, https://www.wired.com/2002/01/bill-gates-trustworthy-computing/.

Risto Siilasmaa, *Transforming NOKIA: The Power of Paranoid Optimism to Lead Through Colossal Change* (McGraw-Hill, 2018) Kindle, 49.

John Cutler (@johncutlefish), "Case in point (from actual org) * In 2015 reference feature took 15-30d. * In 2018 same (class of) feature took 150-300d primarily bc of 1) tech debt e 2) fast track silver bullets to drive success theater and/or acquisitions (for same effect) Cc: @realgenekim @mik_kersten" Twitter, 29 de setembro de 2018.

John Allspaw, "How Your Systems Keep Running Day After Day – John Allspaw", vídeo do YouTube, de ITRevolution, de the DevOps Enterprise Summit Las Vegas, 2017, https://www.youtube.com/watch?v=xA5U85LSk0M.

Charles Duhigg, "What Google Learned From Its Quest to Build the Perfect Team", *New York Times*, 25 de fevereiro de 2016, https://www.nytimes.com/2016/02/28/magazine/what-google-learned-from-its-quest-to-build-the-perfect-team.html?smid=pl-share.

"Guide: Understand Team Effectiveness", ReWork, acessado em 21 de agosto de 2019, https://rework.withgoogle.com/print/guides/5721312655835136/.

Team of Teams: New Rules of Engagement for a Complex World, de Gen. Stanley McChrystal com Tantum Collins, David Silverman e Chris Fussell (Portfolio, 2015).

"Quote, de W. Edwards Deming", The W. Edwards Deming Institute, fevereiro de 1993, https://quotes.deming.org/authors/W._Edwards_Deming/quote/10091.

The Principles of Product Development Flow: Second Generation Lean Product Development, de Donald G. Reinertsen (Celeritas, 2009).

The High-Velocity Edge: How Market Leaders Leverage Operational Excellence to Beat the Competition, de Steven J. Spear (McGraw Hill, 2010).

"Convergence of Safety Culture and Lean: Lessons from the Leaders", vídeo do YouTube, de IT Revolution, de DevOps Enterprise Summit, São Francisco, 2017, https://www.youtube.com/watch?v=CFMJ3V4VakA.

Jeffrey Snover (@jsnover), "I literally (and yes I do mean literally) wanted to hide under my desk. I knew that they wouldn't be able to tell who did it (downside of DomainOS) so ... making the phonecall was one of the hardest things I've every done." Twitter, 17 de novembro de 2017, https://twitter.com/jsnover/status/931632205020913664.

"Paul O'Neill of Safety Leadership", vídeo do YouTube, de Steve Japs, 7 de fevereiro de 2014, https://www.youtube.com/watch?v=0gvOrYuPBEA&t=1467s.

"Paul O'Neill The Irreducible Components of Leadership.wmv", vídeo do YouTube, de ValueCapture, 22 de março de 2012, https://www.youtube.com/watch?v=htLCVqaL-Bvo.

Capítulo 9

Bill Sempf (@sempf), "QA Engineer walks into a bar. Order a beer. Orders 0 beers. Orders 999999999 beers. Orders a lizard. Orders -1 beers. Orders a sfdeljknesv." Twitter, 23 de setembro de 2014, https://twitter.com/sempf/status/514473420277694465.

Capítulo 12

Mik Kersten, "Project to Product: Thrive in the Age of Digital Disruption with the Flow Framework", vídeo do YouTube, de IT Revolution, de DevOps Enterprise Summit, Londres, 2019, https://www.youtube.com/watch?v=hrjvbTlirnk.

Capítulo 13

John Allspaw, "How Your Systems Keep Running Day after Day – John Allspaw", vídeo do YouTube, de IT Revolution, de DevOps Enterprise Summit, São Francisco, 2017, https://www.youtube.com/watch?v=xA5U85LSk0M&t=2s.

DD Woods, *STELLA: Report from the SNAFUcatchers Workshop on Coping with Complexity* (Columbus, OH: The Ohio State University, 2017) https://snafucatchers.github.io/.

Gene Kim, Jez Humble, Patrick Debois e John Willis, *The DevOps Handbook: How to Create World-Class Agility, Reliability e Security in Technology Organizations* (IT Revolution, 2016).

Gene Kim e John Willis, *Beyond The Fênix Project: The Origins and Evolution of DevOps* (IT Revolution, 2018).

"DOES15 – Courtney Kissler & Jason Josephy — Mindsets and Metrics and Mainframes… Oh My!" vídeo do YouTube, de DevOps Enterprise Summit, de DevOps Enterprise Summit, 2015, https://www.youtube.com/watch?v=88_y1YFsRig.

Capítulo 14

Jeffrey Dean e Sanjar Ghemawat, *MapReduce: Simplified Data Processing on Lage Clusters*, (Google Inc., 2004) https://static.googleusercontent.com/media/research.google.com/en//archive/mapreduce-osdi04.pdf.

Christoper Bergh, Gil Benghiat e Eran Strod, *The DataOps Cookbook: Methodologies and Tools that Reduce Analytics Cycle Time While Improving Quality* (DataKitchen, 2019).

"From Startups to Big-Business: Using Functional Programming Techniques to Transform Line of", vídeo do YouTube, de Microsoft Developer, 8 de maio de 2018, https://www.youtube.com/watch?v=dSCzCaiWgLM.

"Forging a Functional Enterprise: How Thinking Functionally Transforms Line-of-Business Applications", vídeo do YouTube, de IT Revolution, de DevOps Enterprise Summit, Londres, 2019, https://www.youtube.com/watch?v=n5S3hScE6dU&amp=&t=5s.

Capítulo 16

Stacey Vanek Smith, "Episode 724: Cat Scam", *Planet Money*, NPR, 13 de março de 2019, https://www.npr.org/sections/money/2019/03/13/703014256/episode-724-cat-scam.

"Digital Transformation: Thriving Through the Transition — Jeffrey Snover, Microsoft", vídeo do YouTube, de IT Revolution, de DevOps Enterprise Summit, Londres, 2018, https://www.youtube.com/watch?v=nKyF8fzed0w&feature=youtu.be.

"Zone to Win — Organizing to Compete in an Age of Disruption, de Geoffrey Moore", vídeo do YouTube, de TSIA, 6 de novembro de 2017, https://www.youtube.com/watch?v=FsV_cqde7w8.

"GOTO 2016 — Zone to Win — Geoffrey Moore", vídeo do YouTube, de GOTO Conferences, 7 de dezembro de 2016, https://www.youtube.com/watch?v=fG4Lndk=-PTI&t-391s.

"Digital Transformation: Thriving Through the Transition – Jeffrey Snover, Mircosoft", vídeo do YouTube, de IT Revolution, de DevOps Enterprise Summit, Las Vegas, 2018, https://www.youtube.com/watch?v=qHxkcndQAoI&t=1s.

"Discovering Your Way to Greatness: How Finding and Fixing Faults is the Path to Perfection", vídeo do YouTube, de IT Revolution, de DevOps Enterprise Summit, Londres, 2019, https://www.youtube.com/watch?v=h4XMoHhireY.

Capítulo 17

"DOES14 – Steve Neely – Rally Software", vídeo do YouTube, de DevOps Enterprise Summit, 2014, 5 de novembro de 2014, https://www.youtube.com/watch?v=BcvCR5FDvH8.

"Typescript at Google", Neugierig.org, 1º de setembro de 2018, http://neugierig.org/software/blog/2018/09/typescript-at-google.html.

Capítulo 19

Kim, Humble, Debois e Willis, *The DevOps Handbook*.

"More Culture, More Engineering, Less Duct-Tape (DOES17 US) — CSG International", vídeo do YouTube, de IT Revolution, de DevOps Enterprise Summit, São Francisco, 2017, https://www.youtube.com/watch?v=rCKONS4FTX4&t=247s.

"XI IOT — Facefeed Application Deployment Guide", site Nutanix Workshops, acessado em 20 de agosto de 2019, https://nutanix.handsonworkshops.com/workshops/e1c32f-92-1de8-4642-9d88-31a4159d0431/p/.

Compuware (compuwarecorp), "The racks keep leaving and space keeps opening up in our #datacenter, but our #mainframeswill never leave! #alwaysandforever #ibmz #hybridIT #cloudcomputing #cloud" Instragram, 7 de setembro de 2018, https://www.instagram.com/p/Bnb8B4iAQun/?utm_source=ig_embed.

"Keynote: Crossing the River by Feeling the Stones – Simon Wardley, Researcher, Leading Edge Forum", vídeo do YouTube, de CNCF [Cloud Native Computing Foundation], 6 de maio de 2018, https://www.youtube.com/watch?v=xlNYYy8pzB4.

"XI IOT — Facefeed Application Deployment Guide", site Nutanix Workshops, acessado em 20 de agosto de 2019, https://nutanix.handsonworkshops.com/workshops/e1c32f-92-1de8-4642-9d88-31a4159d0431/p/.

Epílogo

"Open Source is the Best Insurance for the Future: Eddie Satterly Talks About IAG", vídeo do YouTube, de The New Stack, 5 de dezembro de 2017, https://www.youtube.com/watch?v=k0rcNAzLzj4&t=2s.

"DevOpsat Target: Year 3", vídeo do YouTube, de ITRevolution, de DevOps Enterprise Summit, São Francisco, 2016, https://www.youtube.com/watch?v=1FMktLCYukQ.

Technological Revolutions and Financial Capital: The Dynamics of Bubbles and Golden Ages, de Carlota Perez (Edward Elgar Pub, 2003).

"Risto Siilasmaa on Machine Learning", vídeo do YouTube, de Nokia, 11 de novembro de 2017, https://www.youtube.com/watch?v=KNMy7NQADgk&t=3721s.

O Dockside foi baseado no Café Intención, onde a Adidas realizava reuniões regulares para planejar e, eventualmente, lançar sua liderança em uma transformação digital. Isso levou à criação de sua equipe de plataforma.